해커스 IFRS 정윤돈 고급회계

공인회계사(CPA) · 세무사(CTA) 1, 2차 시험 대비

해커스 경영아카데미

█이 책의 저자

정윤돈

학력

성균관대학교 경영학과 졸업

자격증

한국공인회계사, 세무사

경력

현 | 해커스 경영아카데미 교수
    해커스공무원 교수
    해커스금융 교수
    미래세무회계 대표 회계사
    삼일아카데미 외부교육 강사

전 | 삼정회계법인 감사본부(CM본부)
    한영회계법인 금융감사본부(FSO)
    한영회계법인 금융세무본부(FSO TAX)
    대안회계법인 이사
    이그잼 경영아카데미 재무회계 전임(회계사, 세무사)
    합격의 법학원 재무회계 전임(관세사, 감평사)
    와우패스 강사(CFA-FRA, 신용분석사, 경영지도사)
    KEB하나은행, KB국민은행, 신한은행, IBK기업은행, 부산은행 외부교육 강사

저서

해커스 IFRS 정윤돈 회계원리
해커스 IFRS 정윤돈 중급회계 1/2
해커스 IFRS 정윤돈 고급회계
해커스 IFRS 정윤돈 재무회계 키 핸드북
해커스 IFRS 정윤돈 객관식 재무회계
해커스 세무사 IFRS 정윤돈 재무회계 1차 FINAL
해커스 IFRS 정윤돈 재무회계연습
해커스공무원 정윤돈 회계학 재무회계 기본서
해커스공무원 정윤돈 회계학 원가관리회계·정부회계 기본서
해커스공무원 정윤돈 회계학 단원별 기출문제집
해커스 신용분석사 1부 이론 + 적중문제 + 모의고사
IFRS 중급회계 스터디가이드
IFRS 재무회계 기출 Choice 1/2
IFRS 객관식 재무회계 1/2
신용분석사 완전정복 이론 및 문제 1/2
신용분석사 기출 유형 정리 1부
신용분석사 최종정리문제집 1/2부

머리말

재무회계 학습에 있어서 가장 중요한 것은 '각 거래가 재무제표에 어떠한 영향을 가져오는지'를 파악하는 것입니다. 시중의 여러 교재들이 각 거래를 회계처리나 그림, 산식 등을 이용하여 풀이하고 있지만, 이로 인해 수험생들이 각 거래에 따른 재무제표의 영향은 뒤로하고 오로지 회계처리와 그림만을 학습하는 실수를 범하고 있습니다. 재무회계를 효과적으로 학습하기 위해서는 거래별로 재무제표에 어떠한 영향이 발생하는지를 늘 고민하는 습관을 지니셔야 합니다.

최근 공인회계사 재무회계에서 가장 중요한 파트는 고급회계입니다. 고급회계 실력에 따라 재무회계에서 고득점을 할 수도 있고 합격이 어려울 수도 있습니다. 정말 많은 학생들이 고급회계 학습에 어려움을 토로하는데, 가장 큰 이유는 고급회계를 효과적으로 학습하는 방법을 모르기 때문입니다. 고급회계는 단순히 연결조정분개를 공부하거나 정산표를 그려본다고 잘하게 되는 것이 아닙니다. 연결조정분개가 연결재무제표에 어떠한 영향을 미치는지 공부하는 것이 가장 중요하고, 이는 몇 번을 강조해도 부족하지 않습니다.

본서는 이러한 어려움을 해소할 수 있도록 각 계정별로 재무제표 효과를 자세히 기재하는 것에 중점을 두고 집필하였습니다.

본서의 특징은 다음과 같습니다.

1. 각 주제별로 핵심이 되는 내용을 우선 기재하고 이에 대한 부연 설명은 'Additional Comment'에 별도로 기재하여 가독성을 높였습니다.

2. 각 주제별로 관련 연결조정분개와 연결조정분개가 재무상태표와 포괄손익계산서에 어떤 영향을 미치는지 모두 기재하였습니다.

3. 수험생분들이 혼자 공부하실 때 놓치기 쉬운 부분은 'Self Study'에서 다시 한 번 정리하였습니다.

여러 수험생분들이 회계 공부를 하며 호소하는 어려움은 문제는 풀리지만 정확히 이해하지 않은 것 같다고 느껴지는 것입니다. 이를 해결하기 위해서는 본서를 눈으로만 보지 마시고 회계처리와 재무제표 효과를 직접 손으로 기재해 보아야 합니다. 회계는 눈으로만 이해하는 것이 아니라 손으로 이해하는 것이기 때문입니다.

끝으로 아내 현주와 소은, 소율에게 사랑한다는 말 전합니다.

정윤돈

목차

Chapter 3 | 연결회계의 기초

Chapter 4 | 내부거래와 미실현손익의 제거

목차

Chapter 7 | 파생상품회계

회계사 · 세무사 · 경영지도사 단번에 합격!
해커스 경영아카데미 cpa.Hackers.com

해커스 IFRS 정윤돈 고급회계

Chapter **1**

사업결합

1 사업결합의 기초개념

I 사업결합의 의의

사업결합은 취득자가 하나 이상의 사업에 대한 지배력을 획득하는 거래나 그 밖의 사건을 말한다. 취득자는 피취득자에 대한 지배력을 획득하는 기업을 말하며, 피취득자는 취득자가 사업결합으로 지배력을 획득하는 대상 사업 또는 사업들을 말한다.

II 사업결합의 식별요건

거래나 그 밖의 사건이 사업결합으로 식별되기 위해서는 다음의 두 가지 요건을 모두 충족하여야 한다.

① 취득 자산과 인수 부채가 사업을 구성할 것
② 지배력을 획득할 것

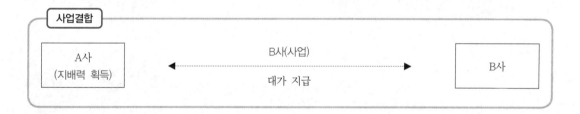

01 취득 자산과 인수 부채가 사업을 구성할 것

사업(business)은 고객에게 재화나 용역을 제공하거나, 투자수익을 창출하거나, 통상적인 활동에서 기타 수익을 창출할 목적으로 수행되고 관리될 수 있는 활동과 자산의 통합된 집합을 말한다. 사업은 투입물 그리고 그 투입물을 적용하여 산출물을 창출할 수 있는 과정으로 구성된다. 사업의 3가지 요소는 다음과 같이 정의된다.

① **투입물**: 하나 이상의 과정이 적용될 때 산출물을 창출하거나 창출할 능력을 가진 모든 경제적 자원을 말한다.
② **과정**: 투입물에 적용될 때 산출물을 창출하거나 창출할 능력을 가진 모든 시스템, 표준, 규약, 협정 또는 규칙을 말한다.
③ **산출물**: 투입물과 그 투입물에 적용되는 과정의 결과물로 투자자나 그 밖의 소유주, 조합원 또는 참여자에게 배당, 원가 감소 또는 그 밖의 경제적 효익의 형태로 직접 수익을 제공하거나 제공할 능력이 있는 것을 말한다.

Self Study

1. 사업은 보통 산출물을 갖지만, 산출물은 사업의 정의를 충족하기 위한 통합된 집합체에 반드시 필요한 요소는 아니다.
2. 자산과 활동의 특정 집합이 사업인지 여부는 시장참여자가 그 통합된 집합체를 사업으로 수행하고 운영할 수 있는지에 기초하여 결정한다. 따라서 특정 집합이 사업인지의 여부를 평가할 때, 매도자가 그 집합을 사업으로 운영하였는지 또는 취득자가 그 집합을 사업으로 운영할 의도가 있는지와는 관련이 없다.

Additional Comment

사업을 구성하지 않는 자산이나 자산 집단을 취득하는 경우에 취득자는 각각의 식별가능한 취득 자산과 인수 부채를 식별하고 인식한다. 자산집단의 원가는 매수일의 상대적 공정가치에 기초하여 각각의 식별가능한 자산과 부채에 배분한다. 이러한 거래나 사건에서는 영업권이 발생하지 않는다. 일반적으로 영업권이 존재하는 자산과 활동의 특정 집합은 사업으로 간주한다. 그러나 사업에 영업권이 반드시 필요한 것은 아니다.

(1) 사업결합

차) 피취득자의 자산	피취득자 자산의 FV	대) 피취득자의 부채	피취득자 부채의 FV
영업권(자산)	대차차액	현금 or 부채 or 납입자본	이전대가의 FV

(2) 자산 취득

차) 피취득자의 자산	매수일의 상대적FV로 배분	대) 피취득자의 부채	매수일의 상대적FV로 배분
		현금 or 부채 or 납입자본	이전대가의 FV

EX) 사업결합과 자산 취득

B사가 서울에서 과자를 만들어서 판매하는 장사를 하고 있었고, B사가 과자를 만드는 기계장치를 A사에게 매도하였으며, A사가 서울에서 계속 장사하는 조건으로 기계장치를 구입하였다. 이 경우에는 사업결합이 될 수 있다. 그러나 A사가 과자를 만드는 기계장치를 구입한 후 제주도에 가서 장사를 할 예정이라면, 이는 사업결합이 아니고 자산취득이 된다.

02 지배력을 획득할 것

투자자는 피투자자에 관여함에 따라 변동이익(= 영업활동과 관련)에 노출되거나 변동이익에 대한 권리가 있고, 피투자자에 대하여 자신의 힘으로 그러한 이익에 영향을 미치는 능력이 있을 때 피투자자를 지배한다. 취득자는 다음과 같이 다양한 방법으로 피취득자에 대한 지배력을 획득할 수 있다.

① 현금, 현금성자산이나 그 밖의 자산(사업을 구성하는 순자산 포함)의 이전
② 부채의 부담
③ 지분의 발행
④ 두 가지 형태 이상의 대가 제공
⑤ 계약만으로 이루어지는 경우를 포함하여 대가의 이전이 없는 방식

Ⅲ 사업결합의 유형

사업결합은 다양한 방법으로 이루어 질 수 있으며, 대표적인 사업결합의 형태는 합병과 지분인수가 있다.

01 합병

합병(merger)은 법적으로 독립된 두 개 이상의 기업이 법적으로 하나의 기업으로 형성되는 것을 말한다. 취득기업이 피취득기업의 모든 자산과 부채를 승계하여 피취득기업은 법적으로 소멸하고 취득기업이 법적으로 존속하는 경우를 흡수합병이라고 하며, 사업결합을 하는 기업들의 법률적 실체는 모두 소멸되고 새로운 기업이 설립되는 경우를 신설합병이라고 한다.

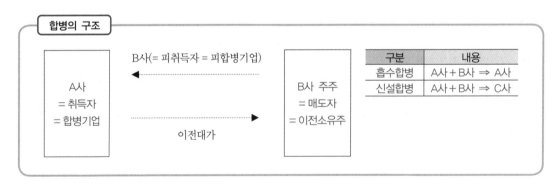

합병의 구조

구분	내용
흡수합병	A사 + B사 ⇒ A사
신설합병	A사 + B사 ⇒ C사

02 지분인수

지분인수(acquisition)는 한 기업이 다른 기업 주식의 전부 또는 일부를 취득하고 지배력을 획득하여 경제적으로 단일 실체를 형성하는 것을 말한다. 지분인수를 통한 사업결합을 일반적으로 연결이라고 한다.

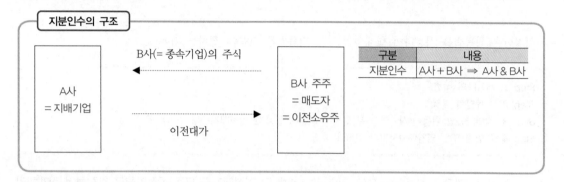

구분	내용
지분인수	A사 + B사 ⇒ A사 & B사

Self Study

사업결합은 법률상, 세무상 또는 그 밖의 다양한 방법으로 이루어질 수 있다.

2 사업결합의 회계처리

사업결합은 취득법을 적용하여 회계처리한다. 취득법은 다음의 절차를 따른다.

> Step 1: 취득자의 식별
> Step 2: 취득일의 결정
> Step 3: 식별가능한 취득 자산, 인수 부채 및 피취득자에 대한 비지배지분의 인식과 측정
> Step 4: 영업권 또는 염가매수차익의 인식과 측정

취득법은 사업결합으로 취득하는 자산, 인수하는 부채 및 이전대가를 모두 공정가치로 측정하여 회계처리하는 방법이다.

I   Step 1: 취득자의 식별

취득법으로 사업결합에 대한 회계처리를 하기 위해서는 결합기업 중 한 기업을 취득자로 식별하여야 한다. 취득자는 피취득자에 대한 지배력을 획득하는 기업이다. 사업결합이 발생하였으나 결합참여기업 중 취득자를 명확히 파악하지 못할 경우, 다음과 같이 결정한다.

> ① 주로 현금이나 그 밖의 자산을 이전하거나 부채를 부담하여 이루어지는 사업결합: 취득자는 보통 현금이나 그 밖의 자산을 이전한 기업 또는 부채를 부담하는 기업이다.
> ② 주로 지분을 교환하여 이루어지는 사업결합: 취득자는 보통 지분을 발행하는 기업이다. 다만, 역취득에서는 지분을 발행한 기업이 피취득자가 된다. 역취득은 '연결회계의 기타사항'에서 설명하기로 한다.

Self Study

1. 취득자는 보통 다른 결합참여기업이나 결합참여기업들보다 상대적 크기(예 자산, 수익, 이익으로 측정)가 유의적으로 큰 결합참여기업이다. 기업이 셋 이상 포함된 사업결합에서 취득자는 결합참여기업 중 어느 기업이 결합을 제안하였는지도 고려하여 결정한다.
2. 사업결합을 이루기 위하여 설립한 새로운 기업이 반드시 취득자는 아니다. 만약 사업결합을 이루기 위하여 새로운 기업이 지분을 발행하여 설립한 경우, 사업결합 전에 존재하였던 결합참여기업 중 한 기업을 취득자로 식별한다. 이와 반대로, 대가로 현금이나 그 밖의 자산을 이전하거나 부채를 부담하는 새로운 기업이 취득자가 될 수 있다.

EX) 사업결합 시 취득자의 식별

Case 1) A사와 B사가 합병하여 신설법인 C사가 설립되었다. C사는 A사 주주에게 900주의 C사 주식을 발행하고 B사의 주주에게 100주의 C사 주식을 발행하였다.

⇒ 결합참여기업 A사와 B사 중 일반적으로 상대적 크기가 큰 A사가 취득자가 될 것이다.

Case 2) C사는 새로운 주주들이 현금 ₩2,000,000을 출자하여 설립되었다. A사와 B사가 합병하여 신설법인 C사가 설립되었다. C사는 A사 주주에게 현금 ₩1,800,000을 지급하고, B사 주주에게 현금 ₩200,000을 지급하였다.

⇒ 취득자는 C사가 된다.

Ⅱ Step 2: 취득일의 결정

취득일은 취득자가 피취득자에 대한 지배력을 획득한 날을 말한다. 취득자가 피취득자에 대한 지배력을 획득한 날은 일반적으로 취득자가 법적으로 대가를 이전하여, 피취득자의 자산을 취득하고 부채를 인수한 날인 종료일이다. 그러나 취득자가 종료일보다 이른 날 또는 늦은 날에 지배력을 획득하는 경우도 있다.

Additional Comment

서면합의로 취득자가 종료일 전에 피취득자에 대한 지배력을 획득한다면 취득일은 종료일보다 이르다. 취득자는 모든 관련된 사실과 상황을 고려하여 취득일을 식별한다.

Ⅲ Step 3, 4: 식별가능한 취득 자산, 인수 부채 등과 영업권·염가매수선택권의 측정

01 식별가능한 취득 자산, 인수 부채 등과 영업권·염가매수선택권 측정의 기초개념

취득법은 사업결합으로 취득하는 자산, 인수하는 부채 및 이전대가를 모두 공정가치로 측정하여 회계처리하는 방법이다. 사업결합으로 취득하는 순자산 공정가치와 이전대가의 차액은 영업권 또는 염가매수차익으로 인식한다. 영업권은 취득자의 재무상태표 자산에 표시하며, 염가매수차익은 당기손익으로 인식한다.

```
┌─ 사업결합 시 회계처리 ────────────────────────────────────────┐
│                                                                 │
│  ① 영업권이 인식되는 경우: 이전대가 > 피취득자의 순자산 FV      │
│                                                                 │
│     차) 피취득자의 자산    피취득자 자산의 FV   대) 피취득자의 부채        피취득자 부채의 FV  │
│         영업권(자산)           대차차액            현금 or 부채 or 납입자본    이전대가의 FV    │
│                                                                 │
│  ② 염가매수차익이 인식되는 경우: 이전대가 < 피취득자의 순자산 FV  │
│                                                                 │
│     차) 피취득자의 자산    피취득자 자산의 FV   대) 피취득자의 부채        피취득자 부채의 FV  │
│                                                현금 or 부채 or 납입자본    이전대가의 FV    │
│                                                염가매수차익(N/I)          대차차액        │
│                                                                 │
└─────────────────────────────────────────────────────────────┘
```

02 영업권

영업권(goodwill)은 개별적으로 식별하여 별도로 인식할 수 없으나, 사업결합에서 획득한 그 밖의 자산에서 발생하는 미래경제적효익을 나타내는 자산이다.

(1) 영업권의 분류

1) 내부적으로 창출한 영업권

내부적으로 창출한 영업권은 원가를 신뢰성 있게 측정할 수 없고, 기업이 통제하고 있는 식별할 수 있는 자원이 아니기 때문에 자산으로 인식하지 않는다.

2) 외부구입 영업권

외부구입 영업권은 사업결합의 결과 기업실체 외부에서 유상으로 취득한 영업권으로, 사업결합의 이전대가가 취득일 현재 피취득자의 식별할 수 있는 순자산 공정가치를 초과하는 경우에 발생한다. 외부구입 영업권은 신뢰성 있는 측정이 가능하기 때문에 무형자산으로 인식한다.

(2) 영업권의 측정

취득자는 취득일 현재 이전대가가 피취득자의 식별할 수 있는 순자산 공정가치를 초과하는 경우 동 초과금액을 영업권으로 인식한다.

```
┌─ 영업권의 측정금액: 이전대가 − 피취득자의 순자산 FV ──────────────┐
│                                                                 │
│  차) 피취득자의 자산    피취득자 자산의 FV   대) 피취득자의 부채        피취득자 부채의 FV  │
│      영업권(자산)           대차차액            현금 or 부채 or 납입자본    이전대가의 FV    │
│                                                                 │
└─────────────────────────────────────────────────────────────┘
```

03 염가매수차익

염가매수는 취득일 현재 피취득자의 식별할 수 있는 순자산 공정가치가 이전대가를 초과하는 사업결합을 말한다. 염가매수차익을 인식하기 전에 취득자는 모든 취득 자산과 인수 부채를 정확하게 식별하였는지 재검토하고, 이러한 재검토에서 식별한 추가 자산이나 부채가 있다면 이를 인식한다. 염가매수차익은 취득일에 당기손익으로 인식한다.

염가매수차익의 측정금액: 피취득자의 순자산 FV − 이전대가			
차) 피취득자의 자산	피취득자 자산의 FV	대) 피취득자의 부채	피취득자 부채의 FV
		현금 or 부채 or 납입자본	이전대가의 FV
		염가매수차익(N/I)	대차차액

Additional Comment

식별할 수 있는 순자산 공정가치는 식별할 수 있는 자산들을 처분하여 식별할 수 있는 부채들을 모두 상환한 이후 남은 금액이므로 일반적으로 발생할 수 없다. 염가매수는 매도자가 매각을 강요받아 행한 사업결합에서 발생할 수 있다.

A사는 당기 중에 B사를 흡수합병 형태로 취득하였으며, 취득일 현재 두 회사의 식별가능한 자산 및 부채의 내역은 다음과 같다.

구분	A사		B사	
	장부금액	공정가치	장부금액	공정가치
자산	₩200,000	₩220,000	₩55,000	₩65,000
부채	₩60,000	₩67,000	₩30,000	₩35,000

1 A사가 이전대가로 보유하고 있던 현금 ₩35,000을 지급하였다면 합병과정에서 인식하게 될 영업권이나 염가매수차익을 구하시오.

2 A사가 이전대가로 보유하고 있던 현금 ₩20,000을 지급하였다면 합병과정에서 인식하게 될 영업권이나 염가매수차익을 구하시오.

[풀이]

1 영업권: 5,000

(1) 회계처리

차) B사 자산	65,000	대) B사 부채	35,000
영업권(자산)	5,000	현금	35,000

(2) 합병 후 A사의 재무상태표

재무상태표			
자산[1)]	230,000	부채	95,000
영업권	5,000	자본	140,000
	235,000		235,000

1) 200,000 - 35,000 + 65,000 = 230,000

2 염가매수차익: 10,000

(1) 회계처리

차) B사 자산	65,000	대) B사 부채	35,000
		현금	20,000
		염가매수차익(N/I)	10,000

(2) 합병 후 A사의 재무상태표

재무상태표			
자산[1)]	245,000	부채	95,000
		자본[2)]	150,000
	245,000		245,000

1) 200,000 - 20,000 + 65,000 = 245,000
2) 140,000 + 10,000(염가매수차익에 따른 이익잉여금 증가액) = 150,000

㈜한강은 20×3년 초 ㈜동해를 흡수합병하였다. 합병 당시 합병회사의 발행주식은 2,000주이고 피합병회사의 발행주식은 1,200주이며, 피합병회사 주식 1.5주당 합병회사 주식 1주를 교부하였다. 합병 당시 합병회사 주식의 공정가치는 주당 ₩300이다. 또한 합병과 직접 관련된 비용 ₩50,000을 현금으로 지급하였다. 합병회사와 피합병회사의 재무상태가 아래와 같을 때, 이 흡수합병에서 영업권은 얼마인가?   [공인회계사 2010년 이전]

| | ㈜한강 | ㈜동해 | |
	장부금액	장부금액	공정가치
당좌자산	₩50,000	₩36,000	₩32,000
재고자산	46,000	24,000	22,000
토지	190,000	40,000	96,000
건물(순액)	100,000	100,000	118,000
자산총계	₩386,000	₩200,000	₩268,000
유동부채	₩40,000	₩26,000	₩26,000
비유동부채	70,000	24,000	20,000
납입자본	200,000	120,000	
이익잉여금	44,000	22,000	
기타자본요소	32,000	8,000	
부채와 자본총계	₩386,000	₩200,000	

① ₩18,000   ② ₩30,000   ③ ₩35,000
④ ₩40,000   ⑤ ₩50,000

풀이

(1) 영업권의 측정
　1) 이전대가　　　　　　1,200주 ÷ 1.5주 × ₩300 =　　₩240,000
　2) 순자산 공정가치　　　₩268,000 − ₩46,000 =　　(222,000)
　3) 영업권　　　　　　　　　　　　　　　　　　　₩18,000

(2) 회계처리

차) ㈜동해 자산(총액)	268,000	대) ㈜동해 부채(총액)	46,000
영업권(자산)	18,000	자본금	1,200주 ÷ 1.5주 × 300
		주식발행초과금	= 240,000

정답: ①

3 취득 자산과 인수 부채의 인식과 측정

취득자는 식별가능한 취득 자산과 인수 부채를 취득일의 공정가치로 측정하며, 식별가능한 취득 자산과 인수 부채의 인식은 다음 조건에 따른다.

> ① 취득일에 '재무보고를 위한 개념체계'의 자산과 부채의 정의를 충족하여야 한다.
> ② 사업결합거래에서 취득자와 피취득자(또는 피취득자의 이전 소유주) 사이에서 교환한 항목의 일부이어야 한다.

Additional Comment

1. 피취득자의 영업활동 종료, 피취득자의 고용관계 종료, 피취득자의 종업원 재배치와 같은 계획의 실행에 따라 미래에 생길 것으로 예상하지만 의무가 아닌 원가는 취득일의 부채가 아니다(⇒ 취득일에 부채의 정의를 충족하지 않음). 그러므로 취득자는 그러한 원가는 인식하지 않으며, 다른 한국채택국제회계기준서에 따라 사업결합 후 재무제표에 인식한다.
2. 취득자가 인식의 원칙과 조건을 적용하면 피취득자의 이전 재무제표에서 자산과 부채로 인식되지 않았던 자산과 부채를 일부 인식할 수 있다. 그 예로 취득자는 피취득자가 내부에서 개발하고 관련 원가를 비용으로 처리하였기 때문에 피취득자 자신의 재무제표에 자산으로 인식하지 않았던 브랜드명, 특허권, 고객 관계와 같은 식별할 수 있는 무형자산의 취득을 인식한다.

Self Study

1. 미래에 생길 것으로 예상하지만 의무가 아닌 원가는 취득일의 부채가 아니다.
2. 피취득자의 이전 재무제표에서 자산과 부채로 인식되지 않았던 자산과 부채를 일부 인식할 수 있다.
3. 무형자산 기준서에서 내부적으로 창출한 브랜드, 제호, 출판표제, 고객목록과 이와 실질이 유사한 항목은 무형자산으로 인식하지 아니한다고 규정하고 있다. 그러나 사업결합 시 인식기준에 따르면 피취득자가 자산으로 인식하지 않았던 내부적으로 창출한 브랜드 등이 사업결합 시에는 무형자산으로 인식될 수 있다.

II   유형별 인식

취득자는 식별가능한 취득 자산과 인수 부채를 사업결합 시 인식기준에 따라 인식하고 취득 자산과 인수 부채를 취득일의 공정가치로 측정한다.

01 무형자산

취득자는 사업결합에서 취득한 식별할 수 있는 무형자산을 영업권과 분리하여 인식한다. 무형자산은 계약적·법적 기준이나 분리가능성 기준을 충족하는 경우 식별가능하다.

(1) 식별할 수 없는 경우

무형자산을 취득일에 식별할 수 없다면 영업권과 분리하여 별도의 무형자산으로 인식하지 않는다.

(2) 식별할 수 있는 경우

1) 계약적·법적 기준

계약적·법적 기준을 충족하는 무형자산은 피취득자로부터 또는 그 밖의 권리와 의무로부터 이전하거나 분리할 수 없더라도 식별가능하다.

2) 분리가능성 기준

분리가능성 기준은 취득한 무형자산이 피취득자에게서 분리되거나 분할될 수 있고, 개별적으로 또는 관련된 계약, 식별할 수 있는 자산이나 부채와 함께 매각·이전·라이선스·임대·교환할 수 있음을 의미한다.

① 취득자가 매각·라이선스·교환을 할 의도가 없더라도, 취득자가 매각·라이선스·그 밖의 기타 가치 있는 것과 교환할 수 있는 무형자산은 분리가능성 기준을 충족한다.
② 취득한 무형자산은 바로 그 형태의 자산이나 비슷한 형태의 자산과의 교환거래에 대한 증거가 있는 경우에 그러한 교환거래가 드물고 취득자가 그 거래와 관련이 있는지와 무관하게 분리가능성 기준을 충족한다.
③ 고객과 구독자목록은 자주 라이선스되므로 분리가능성 기준을 충족한다. 그러나 사업결합에서 취득한 고객목록이 비밀유지조건이나 그 밖의 약정조건에서 고객에 관한 정보를 매각, 리스, 그 밖의 교환을 할 수 없도록 금지한 경우에는 분리가능성 기준이 충족되지 않는다.
④ 피취득자나 결합기업에서 개별적으로 분리할 수 없는 무형자산이 관련 계약, 식별할 수 있는 자산이나 부채와 결합하여 분리할 수 있다면 분리가능성 기준을 충족한다.

[무형자산의 인식]

식별가능 ○	계약적·법적 기준 or 분리가능성 기준	영업권과 분리하여 별도의 무형자산으로 인식 ○
식별가능 ×		별도의 무형자산으로 인식 ×

Additional Comment

[분리할 수 없어도 식별가능한 무형자산의 예시]
피취득자는 시장조건에 비하여 유리한 조건으로 제조설비를 운용리스한다. 리스조건에서 리스의 이전(매각 또는 전대리스에 의한)을 명시적으로 금지한다. 리스조건이 동일하거나 유사한 항목에 대한 현행 시장거래조건에 비하여 유리할 경우 그 유리한 금액은 취득자가 그 리스계약을 매각하거나 그 밖의 방법으로 이전할 수 없더라도 영업권과 분리하여 인식하는 계약적·법적 기준을 충족하는 무형자산이다.

피취득자가 취득일 이전의 사업결합에서 인식한 영업권이 있는 경우 당해 영업권은 피취득자의 식별할 수 있는 순자산이 아니기 때문에 인식하지 않는다.

02 다시 취득한 권리

취득자가 사업결합 이전에 자신이 인식했거나 인식하지 않은 하나 이상의 자산을 사용하도록 피취득자에게 부여했던 권리(예 프랜차이즈 약정에 따라 취득자의 상표명을 사용할 권리)를 사업결합의 일부로서 다시 취득할 수 있다. 다시 취득한 권리는 취득자가 영업권과 분리하여 인식하는 식별가능한 무형자산이다. 시장참여자가 공정가치를 결정할 때 계약에 대한 잠재적 갱신을 고려하는지와 무관하게, 취득자는 무형자산으로 인식한 다시 취득한 권리의 가치를 관련 계약의 잔여 계약기간에 기초하여 측정한다. 무형자산으로 인식한 다시 취득한 권리는 그 권리가 부여된 계약의 남은 계약기간에 걸쳐 상각한다. 후속적으로 다시 취득한 권리를 제3자에게 매각하는 경우에는 무형자산의 매각차손익을 산정할 때 장부금액을 포함한다.

[다시 취득한 권리]

인식	영업권과 분리하여 인식
측정	관련 계약의 잔여 계약기간에 기초하여 측정

* 계약의 잠재적 갱신을 고려하는지와 무관하고, 비슷한 항목의 조건보다 유리하거나 불리할 경우 정산차손익을 인식한다.

03 집합적 노동력과 잠재적 계약

취득일 현재 식별할 수 없는 취득한 무형자산의 가치는 영업권에 포함한다. 그 예로 취득자는 취득한 사업의 운영을 취득한 날부터 계속 할 수 있게 해주는 현존하는 집합적 노동력인, 종업원 집단의 존재에 가치가 있다고 볼 수 있다. 그러나 집합적 노동력은 영업권과 분리하여 인식하는 식별할 수 있는 자산이 아니기 때문에 그에 귀속될 만한 가치가 있다면 그 가치를 영업권에 포함한다.

취득자는 취득일에 자산의 요건을 충족하지 못한 항목에 귀속될 만한 가치가 있다면 그 가치도 영업권에 포함한다. 그 예로 취득자는 취득일에 피취득자가 미래의 새로운 고객과 협상 중인 잠재적 계약에 가치가 있다고 볼 수 있다. 취득일에 그러한 잠재적 계약 그 자체는 자산이 아니기 때문에 영업권과 분리하여 인식하지 않는다. 그러한 계약의 가치는 취득일 후에 일어나는 사건에 따라 후속적으로도 영업권에서 재분류하지 않는다.

[집합적 노동력과 잠재적 계약]

집합적 노동력	영업권에 포함하여 인식(식별이 불가한 자산이므로)
잠재적 계약	영업권에 포함하여 인식(자산의 요건을 충족하지 못하므로)

* 잠재적 계약은 후속적으로도 영업권에서 별도의 자산으로 재분류하지 않는다.

04 우발부채, 우발자산

과거사건에서 발생한 현재의무이고 그 공정가치를 신뢰성 있게 측정할 수 있다면, 취득자는 취득일 현재 사업결합에서 인수한 우발부채를 인식한다. 그러므로 기업회계기준서 제1037호 '충당부채, 우발부채 및 우발자산'과는 달리 당해 의무를 이행하기 위하여 경제적 효익을 갖는 자원이 유출될 가능성이 높지 않더라도 취득자는 취득일에 사업결합으로 인수한 우발부채를 인식한다. 그러나 취득자는 취득일에 우발자산은 인식하지 않는다.

Self Study

기업회계기준서 제1037호 '충당부채, 우발부채 및 우발자산'에 따르면 과거사건의 결과로 현재의무가 존재하고, 당해 의무를 이행하기 위하여 경제적 효익을 갖는 자원이 유출될 가능성이 높으며 당해 의무의 이행에 소요되는 금액을 신뢰성 있게 추정할 수 있다는 요건을 모두 충족한 경우에만 충당부채로 인식할 수 있다. 그러나 사업결합에서는 자원의 유출가능성이 높지 않더라도 신뢰성 있게 측정할 수 있으면 우발부채를 부채로 인식한다.

05 법인세

취득자는 사업결합으로 인한 취득 자산과 인수 부채에서 발생하는 이연법인세자산이나 부채를 기업회계기준서 제1012호 '법인세'에 따라 인식하고 측정한다.

(1) 피취득자의 인식하지 못한 차감할 일시적차이나 결손금의 법인세효과

피취득자의 세무상 결손금 이월액 또는 기타 이연법인세자산의 잠재적 효익이 사업결합의 최초 회계처리 시 별도로 인식하는 조건을 충족하지 못할 수 있지만, 향후에 실현될 수도 있다. 이 경우 취득자는 사업결합 후에 실현되는 취득 이연법인세효익을 이연법인세자산으로 인식하고 측정한다.

Additional Comment

[피취득자의 인식하지 못한 차감할 일시적차이나 결손금의 법인세효과 예시]

A사는 B사를 흡수합병하였다. 취득일 현재 B사 재무상태표의 자산 공정가치는 ₩100,000이고 부채 공정가치는 ₩20,000이며, 이전대가는 ₩100,000이다. 취득일 현재 B사가 이연법인세자산으로 인식하지 않은 세무상 이월결손금 ₩10,000에 대하여 A사는 법인세효과를 얻을 수 있을 것으로 예상하고 있다. 법인세율이 20%일 때, 취득일의 회계처리는 다음과 같다.

[취득일의 회계처리]

차) B사 자산	100,000		대) B사 부채	20,000
이연법인세자산	2,000		현금	100,000
영업권(자산)	18,000			

(2) 피취득자의 순자산 공정가치와 장부금액(세무기준액)의 차이

취득일 현재 피취득자의 식별할 수 있는 순자산 장부금액과 순자산 공정가치가 차이 나고 피취득자의 세무기준액이 장부금액과 동일하다면 취득일 현재 순자산 장부금액과 공정가치의 차액은 일시적차이에 해당한다. 따라서 해당 차이금액에 따른 법인세효과를 취득일에 이연법인세자산(부채)으로 인식한다. 단, 이 경우 영업권의 최초 인식에서 발생하는 이연법인세부채는 인식하지 않는다.

취득일에 인식되는 영업권의 세무상 기준액은 '0'이므로 영업권의 장부금액은 가산할 일시적차이에 해당한다. 그런데 기업회계기준서 제1012호 '법인세'에서는 영업권에서 발생하는 일시적차이에 대한 법인세효과를 이연법인세부채로 인식하는 것을 금지한다. 그 이유는 사업결합에서 영업권이 잔여금액으로 측정되므로 이연법인세부채의 인식은 영업권의 장부금액을 다시 증가시키게 되고 이로 인해 다시 이연법인세부채가 증가하고 다시 영업권이 증가하는 과정이 계속 반복되기 때문이다.

(3) 취득자의 인식하지 못한 차감할 일시적차이나 결손금의 법인세효과

사업결합의 결과로서 사업결합 전에는 인식할 수 없었던 취득자의 이연법인세자산이 회수될 가능성이 변동할 수 있다. 이 경우 취득자는 사업결합이 이루어진 기간에 이연법인세자산의 변동을 인식하지만 사업결합에 대한 회계처리의 일부로 포함시키지 않는다. 즉, 취득자가 사업결합 전 인식하지 아니한 이연법인세자산은 사업결합으로 취득한 피취득자의 식별할 수 있는 자산이 아니므로 사업결합으로 실현가능해지는 경우에도 취득일에 인식하지 않고 취득자의 보고기간 말 재무제표에 인식한다.

사례연습 2 (2차): 사업결합 시 인식하는 자산과 부채(이연법인세)

A사는 20×1년 초에 B사의 지분 100%를 현금 ₩200,000에 취득하는 사업결합을 하였다. 사업결합을 통하여 A사가 취득한 B사의 식별가능한 자산 및 부채의 공정가치와 세법상 기준액은 다음과 같다.

구분	공정가치	세법상 기준액	차이금액
유형자산	₩200,000	₩120,000	₩80,000
무형자산	20,000	–	20,000
기타자산	400,000	400,000	–
부채	(480,000)	(480,000)	–
순자산	₩140,000		₩100,000

A사에게 적용될 세율은 20%이다.

1 이연법인세를 고려하지 않고 A사가 취득일에 인식해야 할 영업권을 계산하시오.

2 **1**에서 이연법인세를 고려하여 A사가 인식해야 할 영업권을 계산하시오.

3 **2**와 관련하여 현재 B사는 세무상 결손금 ₩40,000이 있으며, 동 사업결합이 적격합병에 해당되어 A사가 이를 전액 승계하였다고 가정하고 다시 답하시오.

4 **3**과 관련하여 사업결합일 현재 A사는 세무상 결손금 ₩20,000이 있으나 미래 실현가능성이 높지 않다고 판단하여 이연법인세자산을 인식하지 않았다. 그러나 A사는 B사와의 사업결합으로 인하여 동 세무상 결손금의 미래 실현가능성이 높아졌다고 판단하였을 때 어떤 회계처리를 하는지 보이시오.

> **풀이**
>
> **❶** 영업권: 200,000(이전대가) − 140,000(피취득자의 식별가능한 순자산) = 60,000
>
> **❷** 영업권: 200,000 − (140,000 − 20,000[1)]) = 80,000
>
>   [1)] 이연법인세부채: 가산할 일시적차이(80,000 + 20,000) × 20% = 20,000
>
> | 차) 유형자산 | 200,000 | 대) 부채 | 480,000 |
> |---|---|---|---|
> | 무형자산 | 20,000 | 이연법인세부채 | 20,000 |
> | 기타자산 | 400,000 | 현금 | 200,000 |
> | 영업권 | 80,000 | | |
>
> **❸** 영업권: 200,000 − (140,000 + 8,000[1)] − 20,000) = 72,000
>
>   [1)] 이연법인세자산: 차감할 일시적차이(40,000) × 20% = (8,000)
>
> | 차) 유형자산 | 200,000 | 대) 부채 | 480,000 |
> |---|---|---|---|
> | 무형자산 | 20,000 | 이연법인세부채 | 20,000 |
> | 기타자산 | 400,000 | 현금 | 200,000 |
> | 이연법인세자산 | 8,000 | | |
> | 영업권 | 72,000 | | |
>
> **❹** 20×1년 말 회계처리
>
> | 차) 이연법인세자산[1)] | 4,000 | 대) 법인세비용 | 4,000 |
> |---|---|---|---|
>
>   [1)] 20,000 × 20% = 4,000
>
> A사가 인식하지 않았던 세무상 결손금에 대한 이연법인세자산의 미래 실현가능성 변동은 사업결합거래와 별개의 거래이다. 따라서 영업권 금액에는 영향을 미치지 않고 법인세비용에 가감한다.

06 보상자산

사업결합에서 매도자는 취득자에게 특정 자산이나 부채의 전부 또는 일부와 관련된 우발상황이나 불확실성의 결과에 대하여 계약상 보상을 할 수 있다. 그 예로 매도자는 특정한 우발상황에서 생기는 부채에 대해 일정 금액을 초과하는 손실을 취득자에게 보상할 수 있다. 즉, 매도자는 취득자의 부채가 일정 금액을 초과하지 않을 것을 보증한 것이다. 그 결과 취득자는 보상자산을 획득한다. 취득자는 보상대상항목을 인식하면서 동시에 보상대상항목과 같은 근거로 측정한 보상자산을 인식하는데, 보상과 관련된 자산이나 부채를 공정가치로 측정하면 취득자는 보상자산을 취득일의 공정가치로 측정하여 취득일에 인식한다.

보상자산은 회수할 수 없는 금액에 대한 평가충당금이 필요한 대상이지만 공정가치로 측정한 보상자산의 경우에는 회수가능성으로 인한 미래현금흐름의 불확실성 영향을 공정가치 측정에 포함하였으므로 별도의 평가충당금은 필요하지 않다.

07 피취득자가 리스제공자인 경우의 운용리스자산

피취득자가 리스제공자인 경우에 취득자는 그 운용리스자산을 취득일의 공정가치로 측정할 때 해당 리스조건을 고려한다. 따라서 취득자는 시장조건과 비교할 때 그 운용리스의 조건이 유리하든 불리하든 별도의 자산이나 부채를 인식하지 않는다.

Additional Comment

운용리스자산의 공정가치는 해당 운용리스자산의 미래현금흐름에 대한 현재가치로 측정한다. 그러므로 유리한 조건이나 불리한 조건에 대한 현금흐름은 이미 운용리스자산의 공정가치에 반영되어 있다.

피취득자가 금융리스제공자인 경우 리스채권으로 인식하고 해당 채권의 공정가치를 인식한다.

08 피취득자가 리스이용자인 경우의 리스

피취득자가 리스이용자인 경우에 기업회계기준서 제1116호 '리스'에 따라 식별되는 리스에 대하여 취득자는 사용권자산과 리스부채를 인식한다.

취득자는 취득한 리스가 취득일에 새로운 리스인 것처럼 나머지 리스료의 현재가치로 리스부채를 측정한다. 취득자는 리스부채와 같은 금액으로 사용권자산을 측정하되, 시장조건과 비교하여 유리하거나 불리한 리스조건이 있다면 이를 반영하기 위하여 사용권자산을 조정한다.

> 사용권자산 = 리스부채(= PV(잔여 리스료) by 취득일 시장이자율) + 유리한 리스조건 – 불리한 리스조건

[피취득자가 리스이용자인 경우의 리스]

리스부채	잔여 리스료의 현재가치
사용권자산	리스부채 + 유리한 조건 – 불리한 조건

Additional Comment

리스개시일에는 리스개설직접원가가 없다면 리스부채와 사용권자산의 공정가치가 동일할 것이다. 그러나 시간이 지나면서 리스료는 변동이 없지만 사용권자산의 공정가치는 계속 변동하게 된다. 기업회계기준서 제1103호 '사업결합'에 따르면 사용권자산을 취득일의 공정가치로 측정하지 않고 잔여 리스료의 현재가치로 측정하도록 하고 있다. 그러므로 사용권자산의 공정가치는 취득일의 리스부채와 일치하지 않는다. 사용권자산의 공정가치는 취득일 현재 리스계약을 다시 체결한다면 지급할 리스료(= 시장조건에 따른 리스료)의 현재가치와 일치한다. 그러나 사용권자산은 기존 리스계약에 따른 잔여 리스료의 현재가치로 측정하였으므로 잔여 리스료와 시장조건에 따른 리스료의 차액(유리한 조건/불리한 조건)을 사용권자산에 조정하여야 사용권자산의 공정가치가 측정된다.

EX) 피취득자가 리스이용자인 경우의 리스

(1) 20×1년 1월 1일 A사는 B사를 흡수합병하였다. B사가 리스계약을 체결하여 사용하고 있는 건물은 3년의 잔여기간이 남아있고, 매년 말 ₩5,000의 리스료를 지급하고 취득일 현재 내재이자율은 10%이다. 취득일 현재 시장조건에 따른 리스료는 매년 말 ₩6,000이다.

⇒ 20×1년 1월 1일 회계처리

차) 사용권자산	14,921	대) 리스부채	12,434
...	××	...	××

  1) 취득일 현재 잔여리스료의 현재가치: 12,434(= 5,000 × 2.4868(3년, 10% 연금현가))
  2) 시장조건에 따른 리스료의 현재가치: 14,921(= 6,000 × 2.4868(3년, 10% 연금현가))
  3) 유리한 리스조건의 차이: 2) - 1) = 2,487

(2) 20×1년 1월 1일 A사는 B사를 흡수합병하였다. B사가 리스계약을 체결하여 사용하고 있는 건물은 3년의 잔여기간이 남아있고, 매년 말 ₩5,000의 리스료를 지급하고 취득일 현재 내재이자율은 10%이다. 취득일 현재 시장조건에 따른 리스료는 매년 말 ₩4,000이다.

⇒ 20×1년 1월 1일 회계처리

차) 사용권자산	9,947	대) 리스부채	12,434
...	××	...	××

  1) 취득일 현재 잔여리스료의 현재가치: 12,434(= 5,000 × 2.4868(3년, 10% 연금현가))
  2) 시장조건에 따른 리스료의 현재가치: 9,947(= 4,000 × 2.4868(3년, 10% 연금현가))
  3) 불리한 리스조건의 차이: 2) - 1) = (-)2,487

09 불확실한 현금흐름을 가지는 자산

취득일 현재 사업결합에서 취득일의 공정가치로 측정된 취득 자산에 대하여 별도의 평가충당금은 인식하지 않는다. 미래현금흐름의 불확실성 효과를 공정가치 측정에 포함하였기 때문이다.

Additional Comment

취득한 수취채권은 취득일의 공정가치로 측정하도록 규정하고 있으므로 취득일에 회수 불가능하다고 보는 계약상 현금흐름에 대하여 별도의 평가충당금 또는 기대신용손실에 대한 손실충당금은 인식하지 않는다. 예로 피취득자 재무상태표상 매출채권의 장부금액이 ₩1,000,000이며 회수가능한 금액이 ₩800,000이라면 사업결합으로 인식할 금액은 ₩800,000이 된다. 따라서 취득일에 매출채권에 대한 별도의 손실충당금을 인식할 필요가 없다.

10 취득자가 사용할 의도가 없거나 그 밖의 시장참여자와 다른 방법으로 사용할 자산

경쟁력 있는 지위를 보호하기 위하여 또는 그 밖의 이유로 취득자가 취득한 비금융자산을 활발히 이용하지 않으려고 하거나, 최고 최선으로 자산을 사용하지 않으려고 할 수 있다. 취득자가 무형자산을 다른 기업이 사용하는 것을 막음으로써 그 무형자산을 방어적으로 사용하려고 계획하는 경우가 이에 해당할 수 있다. 그렇지만 취득자는 최초에 그리고 후속 손상검사를 위하여 처분부대원가를 차감한 공정가치를 측정할 때에도 비금융자산의 공정가치를 적절한 평가 전제에 따라 시장참여자가 최고 최선으로 사용함을 가정하여 측정한다.

11 공정가치 측정의 예외

(1) 매각예정비유동자산

취득자는 기업회계기준서 제1105호 '매각예정비유동자산과 중단영업'에 따라 취득일에 매각예정자산으로 분류된 취득 비유동자산(또는 처분자산집단)을 순공정가치로 측정한다.

(2) 주식기준보상거래

취득자는 피취득자의 주식기준보상거래 또는 피취득자의 주식기준보상을 취득자 자신의 주식기준보상으로 대체하는 경우와 관련한 부채나 지분상품을 취득일에 기업회계기준서 제1102호 '주식기준보상'의 방법에 따라 측정한다.

(3) 종업원급여

취득자는 피취득자의 종업원급여 약정과 관련된 부채(자산인 경우에는 그 자산)를 기업회계기준서 제1019호 '종업원급여'에 따라 인식하고 측정한다.

㈜하늘은 20×1년 초 ㈜사과를 합병하였다. 합병시점의 ㈜사과의 자산과 부채의 공정가치와 장부금액은 아래와 같다.

	장부금액	공정가치		장부금액	공정가치
현금	₩5,000	₩5,000	부채	₩13,000	₩14,000
재고자산	3,000	4,000	자본금	5,000	
사용권자산	2,000	3,000	이익잉여금	2,000	
유형자산	10,000	12,000			
	₩20,000	₩24,000		₩20,000	₩14,000

재무상태표에 인식된 항목 이외에 다음과 같은 항목들이 존재한다.

(1) ㈜사과는 시장조건보다 유리한 조건의 리스계약을 체결하여 이용하고 있으며, 동 유리한 리스조건의 공정가치는 ₩1,000으로 추정된다. (단, 취득일에 새로운 리스인 것으로 보아 나머지 리스료의 현재가치를 재측정한 결과, 합병시점 ㈜사과의 재무상태표에 계상한 리스부채의 장부금액과 동일하다)

(2) ㈜사과는 시장조건의 리스료를 부담하는 리스계약을 체결하여 이용하고 있으며, 동 리스조건의 공정가치는 ₩3,000으로 추정된다. (단, 취득일에 새로운 리스인 것으로 보아 나머지 리스료의 현재가치를 재측정한 결과, 합병시점 ㈜사과의 재무상태표에 계상한 리스부채의 장부금액과 동일하다)

(3) ㈜사과의 유형자산에는 운용리스자산이 포함되어 있다. ㈜하늘은 동 운용리스계약이 시장조건에 비해 ₩5,000만큼 유리한 것으로 판단하였다. (단, 해당 유리한 조건은 운용리스자산의 공정가치에 반영되어 있다)

(4) ㈜사과는 고객정보를 가지고 있으며, 해당 고객정보의 공정가치는 ₩1,500으로 추정된다.

(5) ㈜사과는 20×0년 프로젝트에 대한 연구비 ₩400을 당기 비용으로 처리하였다. 20×1년 초 현재 해당 프로젝트는 자산의 인식기준을 충족하며 공정가치는 ₩1,000으로 추정된다.

(6) ㈜사과는 통신사업 진출을 추진 중이며 현재 교섭 중인 계약이 존재한다. 해당 항목의 공정가치는 ₩1,300으로 추정된다.

(7) ㈜사과는 현재 소송에 계류 중이며 패소할 확률이 높지 않다고 판단하여 충당부채를 인식하지 않았다. 해당 항목은 신뢰성있게 측정할 수 있으며, 그 금액은 ₩450이다. 또한 소송에 패소하였을 경우 보험회사가 일부 금액을 보상해 주기로 하였으며 해당 항목의 공정가치는 ₩300이다.

㈜사과의 식별가능한 순자산 공정가치는 얼마인가?

해커스 IFRS 정윤돈 고급회계

장부상 순자산 공정가치	₩10,000
(1) 유리한 조건의 리스계약(리스이용자)[1]	1,000
(2) 시장조건의 리스계약(리스이용자)[2]	–
(3) 피취득자가 리스제공자인 경우[3]	–
(4) 고객정보	1,500
(5) 연구개발 프로젝트	1,000
(6) 잠재적 계약[4]	–
(7) 우발부채	(450)
(7) 대리변제자산	300
식별가능한 순자산 공정가치	₩13,350

[1] 피취득자가 리스이용자인 경우, 취득한 리스가 취득일에 새로운 리스인 것으로 보아 나머지 리스료의 현재가치로 재측정하고 리스부채와 같은 금액으로 사용권자산을 측정한다. 시장조건과 비교하여 유리하거나 불리한 리스조건이 있다면 이를 반영하기 위하여 사용권자산을 조정한다.

⇒ 사용권자산 = 리스부채(잔여 리스료 현재가치) + 유리한 리스조건 가치 - 불리한 리스조건 가치

[2] 시장조건의 운용리스계약의 경우에는 유리하거나 불리한 조건의 리스계약이 아니므로 이와 관련하여 인식할 무형자산이나 부채는 존재하지 않는다.

[3] 피취득자가 운용리스제공자인 경우 조건이 유리하든 불리하든 별도의 자산이나 부채로 인식하지 않고, 운용리스로 제공하고 있는 그 자산의 공정가치에 반영한다.

[4] 집합적 노동력과 잠재적 계약의 가치는 영업권과 분리하여 인식되는 식별가능한 자산이 아니기 때문에 그에 귀속될 만한 가치가 있다면 그 가치를 영업권에 포함한다.

4 이전대가와 취득 관련 원가

01 일반적인 이전대가

이전대가는 취득자가 피취득자의 자산과 부채를 취득·인수하면서 매도자인 피취득자의 이전 소유주에게 지급한 대가를 말한다.

사업결합에서 이전대가는 공정가치로 측정하며 그 공정가치는 취득자가 이전하는 자산, 취득자가 피취득자의 이전 소유주에 대하여 부담하는 부채 및 취득자가 발행한 지분 취득일의 공정가치 합계로 산정한다.

> 이전대가 = 이전하는 자산의 공정가치 + 부담하는 부채의 공정가치 + 발행한 지분의 공정가치

취득일에 공정가치와 장부금액이 다른 취득자의 자산과 부채가 이전대가에 포함될 수 있다. 이러한 경우, 취득자는 이전된 자산이나 부채를 취득일 현재 공정가치로 재측정하고, 그 결과 차손익이 있다면 당기손익으로 인식한다.

Additional Comment

[공정가치와 장부금액이 다른 자산과 부채가 이전대가에 포함되는 경우 예시]
취득일에 A사는 B사를 흡수합병하였다. 취득일에 B사 자산의 공정가치는 ₩20,000이며, 부채의 공정가치는 ₩10,000이다. A사는 이전대가로 현금 ₩8,000과 장부금액이 ₩3,000인 토지를 이전하였다. 토지의 공정가치는 ₩5,000이다. 이 경우 취득일의 회계처리는 다음과 같다.

차) B사 자산	20,000	대) B사 부채	10,000
영업권	3,000	현금	8,000
		토지	3,000
		토지 처분이익(N/I)	2,000

02 조건부대가

조건부대가는 특정 미래사건이 일어나거나 특정 조건이 충족되는 경우에, 피취득자에 대한 지배력과 교환된 부분으로 피취득자의 이전 소유주에게 자산이나 지분을 추가적으로 이전하여야 하는 취득자의 의무를 말한다. 조건부대가는 특정 조건이 충족될 경우에 이전대가를 돌려받는 권리를 취득자에게 부여할 수도 있다. 취득자는 조건부대가의 지급 의무를 기업회계기준서 제1109호 '금융상품: 표시'의 지분상품과 금융부채의 정의에 기초하여 금융부채 또는 자본으로 분류하고, 특정 조건을 충족하는 경우 과거의 이전대가를 회수할 수 있는 권리를 자산으로 분류한다. 조건부대가는 취득일의 공정가치로 측정한다.

03 이전한 자산이나 부채가 사업결합을 한 후에도 결합기업에 남아 있는 경우

이전대가로 이전한 자산이나 부채가 사업결합을 한 후에도 결합기업에 여전히 남아 있어 취득자가 그 자산이나 부채를 계속 통제하는 경우가 있다. 이는 취득자의 자산이나 부채가 피취득자의 이전 소유주가 아니라 피취득자에게 이전되는 경우에 발생한다. 이러한 상황에서 취득자는 그 자산과 부채를 취득일 직전의 장부금액으로 측정하고 사업결합 전이나 후에도 여전히 통제하고 있는 자산과 부채에 대한 차손익은 당기손익으로 인식하지 않는다.

Self Study

이전한 자산이나 부채가 사업결합을 한 후에도 결합기업에 남아 있는 경우는 합병에서는 발생하지 않고, 연결에서 발생할 수 있다.

> **사례연습 4: 이전한 자산이나 부채가 사업결합을 한 후에도 결합기업에 남아 있는 경우**

20×1년 초에 A사는 B사의 자산과 부채를 모두 취득·인수하였으며, 이는 사업결합에 해당된다. 취득일 현재 B사의 식별가능한 자산의 공정가치는 ₩1,000,000이고 부채의 공정가치는 ₩600,000이다.

1 A사가 이전대가로 A사 주식 100주(액면총액 ₩400,000, 공정가치총액 ₩500,000)를 발행·교부하고 추가로 A사 보유 토지(장부금액 ₩40,000, 공정가치 ₩100,000)를 이전하기로 하였다. 단, 사업결합 후 A사는 이전한 토지에 대하여 통제를 하지 못한다. 20×1년 초에 A사가 사업결합과 관련하여 해야 할 회계처리를 하시오.

2 **1**과 관련하여 이전한 토지가 사업결합 후 A사에 계속 남아 있으며, A사가 동 토지에 대하여 통제를 한다고 가정하고 답하시오.

풀이

1

차) 자산	1,000,000	대) 부채	600,000
영업권	200,000	자본금	400,000
		주식발행초과금	100,000
		토지	40,000
		토지처분이익[1]	60,000

[1] 100,000 − 40,000 = 60,000
토지를 공정가치로 매각한 후 매각금액을 이전대가로 지급한 것처럼 회계처리한다.

2

차) 자산	1,040,000	대) 부채	600,000
영업권	100,000	자본금	400,000
		주식발행초과금	100,000
		토지[1]	40,000

[1] 토지를 공정가치로 재측정하지 않고, 장부금액을 이전대가와 취득 자산에 각각 포함시킨다.

> **참고** 지분만을 교환하여 사업결합하는 경우
>
> 취득자와 피취득자(또는 피취득자의 이전 소유자)가 지분만을 교환하여 사업결합을 하는 경우에는 취득일 현재 피취득자 지분의 공정가치가 취득자 지분의 공정가치보다 더 신뢰성 있게 측정되는 경우가 있다. 이 경우에 취득자는 이전한 지분의 취득일의 공정가치 대신에 피취득자 지분의 취득일의 공정가치를 사용한다. 피취득자의 지분은 활성시장에서 공시되는 시장가격이 있고 취득자의 지분은 활성시장에서 공시되는 시장가격이 없는 경우가 이에 해당한다.

04 취득 관련 원가

취득 관련 원가는 취득자가 사업결합을 이루기 위해 발생시킨 원가이다. 그러한 원가에는 중개수수료, 자문, 법률, 회계, 가치평가, 그 밖의 전문가나 컨설팅수수료, 내부 취득부서의 유지원가 등 일반관리원가, 채무증권과 지분증권의 등록, 발행원가 등이 포함된다.

취득자는 취득 관련 원가를 원가가 발생하고 용역을 제공받은 기간에 비용으로 처리한다. 다만, 채무증권과 지분증권의 등록, 발행원가는 해당 채무증권과 지분증권의 발행금액에서 차감한다. 또한 피취득자의 토지나 건물 등의 소유권을 이전하기 위한 취득세 등 특정 자산의 취득에 따른 부대원가는 특정 자산과 직접 관련된 원가이므로 해당 자산의 취득원가로 처리한다.

[취득 관련 원가]

구분	처리 방법	비고
사업결합중개수수료	당기비용 처리	법률, 회계 비용
일반관리원가	당기비용 처리	내부취득부서의 유지원가
채무·지분상품의 발행원가	발행금액에서 차감	
자산 취득 부대원가	당해 자산의 취득원가 가산	취득세 등 특정 자산 관련 비용

Self Study

취득 관련 원가는 영업권(또는 염가매수차익)에는 영향이 없다.

사업결합 거래의 일부에 해당하는지 판단 및 기존관계를 사실상 정산하는 거래

취득자는 취득법을 적용하면서 피취득자에 대한 이전대가와 피취득자에 대한 교환으로 취득한 자산과 인수한 부채만 인식한다. 따라서 취득자는 취득 자산과 인수 부채가 피취득자와의 사업결합으로 교환한 항목의 일부인지 아니면, 별도 거래의 결과인지를 먼저 결정하여야 한다. 취득법을 적용하지 않는 별도 거래의 대표적인 예가 취득자와 피취득자 사이의 기존 관계를 사실상 정산하는 거래이다.

사업결합을 고려하기 전에 취득자와 피취득자 사이에 어떤 관계가 존재하였을 수 있다. 여기에서는 이를 기존 관계라 한다. 취득자와 피취득자 사이의 기존 관계는 계약적(예 판매자와 고객, 라이선스 제공자와 라이선스 이용자) 또는 비계약적(예 원고와 피고)일 수 있다.

사업결합으로 기존 관계를 사실상 정산하는 경우에 취득자는 다음과 같이 측정한 차손익을 인식한다. 이 때 취득자가 사업결합 이전에 관련 자산이나 부채를 인식하였다면 동 금액을 차감한 후의 금액이 정산차손익이 된다.

(1) 계약관계의 정산차손익

⇒ Min[시정거래조건보다 유리·불리한 금액, 계약상의 정산금액 – 취득자가 사업결합 이전에 인식할 자산이나 부채]

(2) 비계약관계의 정산차손익

⇒ 공정가치 – 취득자가 사업결합 이전에 인식한 자산이나 부채

㈜하늘은 20×1년 말에 ㈜사과를 흡수합병하기로 하였다.

(1) 취득일까지 합병 관련 거래를 제외한 모든 거래를 반영한 ㈜사과의 시산표는 아래와 같다.

	장부금액	공정가치		장부금액	공정가치
현금	₩5,000	₩5,000	매입채무	₩3,000	₩3,000
재고자산	3,000	4,000	차입금	10,000	11,000
건물	2,000	3,000	자본금	5,000	
토지	10,000	12,000	이익잉여금	2,000	
매출원가	13,000		매출	20,000	
기타비용	7,000				
	₩40,000	₩24,000		₩40,000	₩14,000

(2) 취득일까지 합병 관련 거래를 제외한 모든 거래를 반영한 ㈜하늘의 시산표는 아래와 같다.

	장부금액	공정가치		장부금액	공정가치
현금	₩20,000	₩20,000	매입채무	₩12,000	₩12,000
재고자산	12,000	20,000	차입금	40,000	41,000
건물	8,000	10,000	자본금	20,000	
토지	50,000	50,000	이익잉여금	8,000	
매출원가	42,000		매출	80,000	
기타비용	28,000				
	₩160,000	₩100,000		₩160,000	₩53,000

(3) ㈜하늘이 제공한 합병대가는 아래와 같다.

   1) ㈜하늘은 ㈜사과의 주주에게 신주 30주를 발행하여 교부하였다. ㈜하늘의 주식 공정가치는 주당 ₩400이며, 액면금액은 주당 ₩100이다.

   2) ㈜하늘은 사채를 발행하여 ㈜사과의 주주들에게 교부하였다. 사채의 발행비용을 제외한 발행금액(액면금액)은 ₩2,000이다.

(4) 합병과정에서 발생한 비용은 다음과 같다.

   1) 법무법인 자문 수수료 ₩200과 합병 관련 업무를 수행하는 부서의 급여: ₩150

   2) 사채발행비용: ₩80

   3) 신주발행비용: ₩70

1 ㈜하늘이 사업결합과 관련하여 취득일에 인식할 영업권을 계산하시오.

2 사업결합 후 ㈜하늘의 20×1년 당기순이익을 구하시오.

3 사업결합 후 ㈜하늘의 20×1년 말 재무상태표를 작성하시오.

1 영업권: 4,000

[합병시점의 회계처리]

차) 현금	5,000	대) 매입채무	3,000
재고자산	4,000	차입금	11,000
건물	3,000	사채	2,000
토지	12,000	자본금	3,000
영업권	4,000	주식발행초과금	9,000
차) 수수료비용	200	대) 현금	500
급여	150		
사채할인발행차금	80		
주식발행초과금	70		

* 합병과정에서 발생한 비용은 영업권에 미치는 영향이 없다.

2 사업결합 후 ㈜하늘의 20×1년 당기순이익: 9,650
80,000 − 42,000 − 28,000 − 200 − 150 = 9,650

3 사업결합 후 ㈜하늘의 20×1년 말 재무상태표

재무상태표

현금[1]	24,500	매입채무	15,000
재고자산	16,000	차입금	51,000
건물	11,000	사채(순액)	1,920
토지	62,000	자본금	23,000
영업권	4,000	주식발행초과금	8,930
		이익잉여금[2]	17,650
	117,500		117,500

[1] 5,000 + 20,000 − 500 = 24,500
[2] 8,000 + 9,650 = 17,650

05 단계적으로 이루어지는 사업결합

단계적으로 이루어지는 사업결합은 취득일 직전에 이미 지분을 보유하고 있던 피취득자에 대하여 지배력을 획득한다.

Additional Comment

20×1년 초에 A사는 B사에 대한 지분 20%를 보유하고 있는데, B사의 지분 80%를 추가로 매수하여 B사에 대한 지배력을 갖게 되는 것을 단계적으로 이루어지는 사업결합이라고 한다.

단계적으로 이루어지는 사업결합은 취득일 직전에 보유하던 피취득자의 지분을 어떻게 처리하는지에 따라 다음과 같이 구분된다.

① 취득일 직전에 보유하던 피취득자의 지분을 소각하는 경우
② 취득일 직전에 보유하던 피취득자의 지분에 대해 취득자의 지분을 발행·교부하는 경우

(1) 취득일 직전에 보유하던 피취득자의 지분을 소각하는 경우

취득자가 취득일 직전에 보유하던 피취득자의 지분을 소각하는 방식으로 사업결합이 이루어지는 경우에는 취득일에 피취득자의 모든 지분을 일괄 취득한 것으로 간주한다. 이 경우 이전대가는 취득일 직전에 보유하고 있던 피취득자 지분의 공정가치와 취득일에 추가로 취득한 피취득자 지분에 대하여 지급된 대가의 합계액이다.

이전대가 = 취득일 직전 보유지분의 공정가치 + 취득일에 추가 취득한 지분의 취득대가

이때 취득일 직전에 보유하고 있던 피취득자 지분의 공정가치와 장부금액의 차액은 당기손익 또는 기타포괄손익으로 인식한다. 취득일의 공정가치와 장부금액의 차이를 기존에 보유하던 피취득자 지분의 분류에 따라 처리하는 방법은 다음과 같다.

구분	'취득일의 공정가치 − 장부금액'의 처리
관계기업이나 공동기업투자에 해당하는 경우	당기손익으로 처리
FVPL금융자산으로 분류한 경우	당기손익으로 처리
FVOCI금융자산으로 분류한 경우	기타포괄손익으로 처리

┌─ 취득일 직전에 보유하던 피취득자의 지분을 소각하는 경우 ──────────────────────────┐
│   │
│ [관계기업투자주식으로 분류한 경우]   │
│   차) 피취득자의 자산   FV   대) 피취득자의 부채   FV   │
│   영업권   대차차액   관계기업투자주식   BV   │
│   관계기업투자주식처분이익(N/I)   FV − BV │
│   현금(추가 취득 지분대가)   ××   │
│   │
│ [FVPL금융자산으로 분류한 경우]   │
│   차) FVPL금융자산   FV − BV   대) FVPL금융자산평가이익(N/I)   FV − BV │
│   차) 피취득자의 자산   FV   대) 피취득자의 부채   FV   │
│   영업권   대차차액   FVPL금융자산   FV   │
│   현금(추가 취득 지분대가)   ××   │
│   │
│ [FVOCI금융자산으로 분류한 경우]   │
│   차) FVOCI금융자산   FV − BV   대) FVOCI금융자산평가이익(OCI)   ①   │
│   차) FVOCI금융자산평가이익(OCI)[1)]   BV + ①   대) 미처분이익잉여금   ××   │
│   차) 피취득자의 자산   FV   대) 피취득자의 부채   FV   │
│   영업권   대차차액   FVOCI금융자산   FV   │
│   현금(추가 취득 지분대가)   ××   │
│   │
│ [1)] 선택 가능   │
└──┘

Self Study

취득일 직전에 보유하고 있던 피취득자 지분의 공정가치와 장부금액의 차액을 당기손익 또는 기타포괄손익으로 인식하는 것은 취득일 직전에 보유하던 피취득자 지분을 취득일에 공정가치로 재측정하고 동 금액으로 처분한 것으로 간주한다.

(2) 취득일 직전에 보유하던 피취득자의 지분에 대해 취득자의 지분을 발행·교부하는 경우

취득자가 취득일 직전에 보유하던 피취득자의 지분에 대해 취득자의 지분을 발행·교부하는 경우 이 전대가는 취득일 직전에 보유하던 피취득자의 지분에 대해 발행한 취득자 지분의 공정가치와 피취득자의 지분을 추가로 취득하기 위하여 지급한 대가의 공정가치 합계액이다.

┌──┐
│ 이전대가 = 취득일 직전 보유지분에 교부한 취득자 지분의 공정가치 + 취득일에 추가 취득한 지분의 취득대가   │
└──┘

취득자가 취득일 직전에 보유하던 피취득자의 지분에 대해 취득자의 지분을 발행·교부하게 되면 취 득자는 사업결합으로 자기지분상품을 보유하게 되는데, 취득한 신주는 자기주식으로 인식하며, 원가 는 기존에 보유하던 피취득자 주식의 장부금액으로 한다. 이때 피취득자에 대한 지분의 가치 변동을 기타포괄손익으로 인식한 금액은 취득자가 이전에 보유하던 지분을 직접 처분한다면 적용하였을 동 일한 근거로 인식한다.

Self Study

기업회계기준서 제1103호 '사업결합'에서는 자기주식의 최초 원가를 취득일 직전에 보유하던 피취득자 지분의 공정가치로 하거나 취득일 직전에 보유하던 피취득자 지분의 장부금액으로 할지에 대한 규정된 내용이 없으므로 자기주식의 최초 원가를 취득일 직전에 보유하던 피취득자 지분의 공정가치로 하고 직전에 보유하던 피취득자 지분의 장부금액과의 차액은 당기손익이나 기타포괄손익으로 처리할 수도 있다.

취득일 직전에 보유하던 피취득자의 지분에 대해 취득자의 지분을 발행·교부하는 경우

[관계기업투자주식으로 분류한 경우]

차) 자기주식	BV	대) 관계기업투자주식	BV
차) 피취득자의 자산	FV	대) 피취득자의 부채	FV
영업권	대차차액	자본금＋주식발행초과금(100% 취득 지분대가)	××

[FVPL금융자산으로 분류한 경우]

차) 자기주식	BV	대) FVPL금융자산	BV
차) 피취득자의 자산	FV	대) 피취득자의 부채	FV
영업권	대차차액	자본금＋주식발행초과금(100% 취득 지분대가)	××

[FVOCI금융자산으로 분류한 경우]

차) 자기주식	BV	대) FVOCI금융자산	BV
차) FVOCI금융자산평가이익(OCI)[1]	BV	대) 미처분이익잉여금	××
차) 피취득자의 자산	FV	대) 피취득자의 부채	FV
영업권	대차차액	자본금＋주식발행초과금(100% 취득 지분대가)	××

[1] 선택 가능

아래의 각 물음에 답하시오.

(1) A사는 20×0년 1월 1일 B사 지분의 10%를 ₩2,000에 취득하고 FVOCI금융자산으로 분류하였으며, B사 지분의 20×0년 말 현재 공정가치는 ₩2,400이다.

(2) A사는 20×1년 1월 1일 B사의 기존 주주들로부터 지분 90%를 취득하고 그 대가로 A사의 보통주 주식 120주를 발행하여 교부하고 흡수합병하였다. 취득일 현재 A사 보통주의 공정가치는 주당 ₩300, 액면금액은 주당 ₩100이며, 취득일 직전에 A사가 보유하고 있는 B사 지분의 공정가치는 ₩2,500이다.

(3) 취득일 현재 B사의 순자산 공정가치는 ₩30,000이다. 이는 B사가 진행 중인 연구개발과 관련하여 ₩4,000을 지출한 후에 재무상태표상 자산으로 인식하지 않았으나, 취득일 현재 무형자산의 정의를 충족하고 식별가능한 공정가치가 ₩5,000인 지출이 포함되지 않은 금액이다.

❶ A사가 사업결합으로 인식할 영업권을 계산하시오.

❷ A사가 사업결합과 관련하여 취득일에 해야 할 회계처리를 하고, 취득일의 회계처리가 당기순이익에 미치는 영향과 총포괄이익에 미치는 영향을 구하시오. (단, 감소인 경우에는 (−) 표시를 하고 영향이 없는 경우 '0'으로 표시하시오) (평가이익은 이익잉여금으로 대체한다)

❸ 만일 A사가 기존에 취득한 B사의 주식을 FVPL금융자산으로 분류하였다고 할 경우 A사가 사업결합과 관련하여 취득일에 해야 할 회계처리를 하고, 취득일의 회계처리가 당기순이익에 미치는 영향과 총포괄이익에 미치는 영향을 구하시오. (단, 감소인 경우에는 (−) 표시를 하고 영향이 없는 경우 '0'으로 표시하시오)

❹ 만일 A사가 기존에 취득한 B사의 주식에 대하여 A사의 보통주식 10주를 발행·교부하였다고 할 경우 영업권을 계산하고 취득일의 회계처리를 보이시오. (기존 FVOCI금융자산은 공정가치 평가하지 않고, 평가이익은 이익잉여금으로 대체한다)

풀이

❶ 영업권: $2,500 + 120주 \times 300 - 35,000 = 3,500$

❷

차) FVOCI금융자산	100	대) FVOCI금융자산평가이익	100
차) FVOCI금융자산평가이익	500	대) 미처분이익잉여금	500
차) B사 순자산	35,000	대) FVOCI금융자산	2,500
영업권	3,500	자본금	12,000
		주식발행초과금	24,000

당기순이익에 미치는 영향: 0
총포괄이익에 미치는 영향: 100(금융자산평가이익)

❸

차) FVPL금융자산	100	대) FVPL금융자산평가이익	100
차) B사 순자산	35,000	대) FVPL금융자산	2,500
영업권	3,500	자본금	12,000
		주식발행초과금	24,000

당기순이익에 미치는 영향: 100
총포괄이익에 미치는 영향: 100(금융자산평가이익)

❹ 영업권: $(120 + 10)주 \times 300 - 35,000 = 4,000$

차) 자기주식	2,400	대) FVOCI금융자산	2,400
차) FVOCI금융자산평가이익	400	대) 미처분이익잉여금	400
차) B사 순자산	35,000	대) 자본금	13,000
영업권	4,000	주식발행초과금	26,000

* 기존 보유지분이 취득자의 지분이 되어 자기주식으로 분류되는 경우 공정가치와 장부금액 중 어느 금액을 원가로 할지에 대한 규정은 없다.

5 사업결합의 후속 측정

I 잠정금액의 조정

01 측정기간

측정기간은 사업결합에서 인식한 잠정금액을 사업결합 후 조정할 수 있는 기간을 말한다. 취득자가 취득일 현재 존재하던 사실과 상황에 대하여 찾고자 하는 정보를 얻거나 더 이상의 정보를 얻을 수 없다는 것을 알게 된 시점에 측정기간은 종료된다. 그러나 측정기간은 취득일부터 1년을 초과할 수 없다.

02 잠정금액의 조정

(1) 측정기간 이내의 잠정금액 조정

사업결합에 대한 최초 회계처리를 사업결합이 생긴 보고기간 말까지 완료하지 못한다면, 취득자는 회계처리를 완료하지 못한 항목의 잠정금액을 재무제표에 보고한다.

측정기간 동안에 취득일 현재 존재하던 사실과 상황에 대하여 새롭게 입수한 정보가 있는 경우 취득자는 취득일에 이미 알았더라면 취득일에 인식한 금액의 측정에 영향을 주었을 그 정보를 반영하기 위하여 취득일에 인식한 잠정금액을 소급하여 조정한다. 따라서 취득자는 식별할 수 있는 자산이나 부채로 인식한 잠정금액의 변동금액을 영업권(또는 염가매수차익)에서 조정한다.

측정기간 이내의 잠정금액 조정(예) 유형자산의 잠정금액 조정)

| 차) 유형자산 | ×× | 대) 영업권 | ×× |
| 차) 이월이익잉여금[1] | ×× | 대) 감가상각누계액 | ×× |

[1] 유형자산의 잠정금액 조정으로 인한 소급수정분

Additional Comment

측정기간에 취득자는 마치 사업결합의 회계처리가 취득일에 완료된 것처럼 잠정금액의 조정을 인식한다. 그러므로 취득자는 재무제표에 표시한 과거기간의 비교정보를 필요한 경우에 수정하며, 이러한 수정에는 처음 회계처리를 완료하면서 이미 인식한 감가상각, 상각, 그 밖의 수익 영향의 변경 등이 있다.

(2) 측정기간 이후의 잠정금액 조정

측정기간이 종료된 후에는 기업회계기준서 제1008호 '회계정책, 회계추정치 변경과 오류'에 따른 오류수정의 경우에만 사업결합의 회계처리를 수정한다. 오류수정은 소급법을 적용하므로 측정기간이 종료된 후 오류수정에 해당하는 경우 영업권(또는 염가매수차익)을 조정한다.

측정기간 이후의 잠정금액 조정

[측정기간 이후의 잠정금액 조정(오류가 아닌 경우)]

−회계처리 없음−

[측정기간 이후의 잠정금액 조정(오류인 경우)]

차) 자산 등	××	대) 영업권		××
차) 이월이익잉여금	××	대) 자산 등		××

[잠정금액의 측정]

	취득일 최초측정	취득일의 공정가치		
식별가능한 자산·부채의 잠정금액 조정	후속측정	취득일에 존재하던 사실과 상황 관련 O & 취득일로부터 1년 이내		소급하여 조정(= GW영향)
		그 외	오류인 경우	소급하여 조정(= GW영향)
			오류가 아닌 경우	수정 ×

A사는 20×1년 7월 1일을 취득일로 하여 B사를 흡수합병하기로 하였다. 다음의 자료들은 이와 관련된 내용들이다.

(1) A사는 B사의 주주들에게 현금 ₩290,000을 지급하기로 하였다.

(2) 취득일 현재 B사의 식별가능한 순자산 공정가치는 ₩180,000이다. 취득일 현재 A사의 식별가능한 순자산 중 토지와 건물의 공정가치는 잠정금액으로 측정하였다. 취득일 현재 건물의 잔존내용연수는 10년, 내용연수 종료시점의 잔존가치는 없고 정액법으로 감가상각한다. 토지와 건물의 취득일 현재 잠정금액은 각각 ₩60,000과 ₩40,000이다.

(3) A사는 20×2년 4월 1일 잠정금액으로 측정한 토지와 건물의 공정가치를 각각 ₩70,000과 ₩44,000으로 측정하였다. 이러한 측정결과는 취득일 현재 존재하였던 정보를 추가로 입수한 결과를 반영한 것이다.

❶ A사가 20×1년 말과 20×2년 말의 재무상태표에 보고할 영업권금액을 구하시오.

❷ A사가 20×2년 재무보고 시에 비교 공시되는 20×1년 말 재무상태표와 20×2년 말 재무상태표에 표시될 토지와 건물의 장부금액을 구하시오.

❸ 20×2년 4월 1일에 A사가 수행할 회계처리를 보이시오.

풀이

❶ (1) 20×1년 말 영업권: 290,000 − 180,000 = 110,000
   (2) 20×2년 말 영업권: 290,000 − 180,000 − (70,000 − 60,000) − (44,000 − 40,000) = 96,000

❷

구분	20×1년 말	20×2년 말
토지의 장부금액	70,000	70,000
건물의 장부금액	44,000 − 2,200 = 41,800	44,000 − 2,200 − 4,400 = 37,400

* 토지 20×1년 감가상각비: 44,000/10 × 6/12 = 2,200
  토지 20×2년 감가상각비: 44,000/10 = 4,400

❸

차) 토지	10,000	대) 영업권	14,000
건물	4,000		
차) 이월이익잉여금	200	대) 감가상각누계액	200

* 20×1년 감가상각비 추가 인식액: (44,000 − 40,000)/10년 × 6/12 = 200

Ⅱ 조건부대가

01 취득일 현재 존재한 사실과 상황에 근거하여 발생한 변동에 해당하는 경우

취득자가 취득일 후에 인식하는 조건부대가의 공정가치 변동 중 일부는 취득일에 존재한 사실과 상황에 대하여 취득일 후에 추가로 입수한 정보에 의한 것일 수 있다. 그러한 변동은 측정기간의 조정 사항이므로 취득일부터 소급하여 수정한다. 따라서 조건부대가의 공정가치 변동을 영업권(또는 염가매수차익)에서 조정한다.

취득일 현재 존재한 사실과 상황에 근거하여 발생한 변동에 해당하는 경우

[자본으로 분류한 조건부대가]

차) 영업권	××	대) 조건부대가(자본)	××

[그 밖의 조건부대가]

차) 영업권	××	대) 조건부대가(부채)	××

02 취득일 이후에 발생한 사건에서 발생한 변동에 해당하는 경우

목표수익을 달성하거나, 특정 주가에 도달하거나, 연구개발 프로젝트의 주요 과제를 완료하는 등 취득일 이후에 발생한 사건에서 발생한 변동은 측정기간의 조정 사항이 아니다. 취득자는 측정기간의 조정 사항이 아닌 조건부대가의 공정가치 변동을 다음과 같이 회계처리한다.

① 자본으로 분류한 조건부대가: 다시 측정하지 않으며, 후속 정산은 자본 내에서 회계처리
② 그 밖의 조건부대가
    ㉠ 기업회계기준서 제1109호 '금융상품'의 적용범위에 해당하는 조건부대가: 각 보고기간 말에 공정가치로 측정하고 공정가치 변동은 당기손익으로 인식
    ㉡ 기업회계기준서 제1109호 '금융상품'의 적용범위에 해당하지 않는 조건부대가: 각 보고기간 말에 공정가치로 측정하고 공정가치 변동은 당기손익으로 인식

취득일 이후에 발생한 사건에서 발생한 변동에 해당하는 경우

[자본으로 분류한 조건부대가]

-회계처리 없음-

[그 밖의 조건부대가]

차) 조건부대가 평가손실	N/I	대) 조건부대가(부채)	××

[조건부대가의 측정]

조건부대가 at이전대가 확정	취득일 최초측정	취득일 조건부대가 FV측정		
	후속측정 (취득일로부터 1년 이내 기준 없음)	취득일에 존재하던 사실과 상황 관련 ○	소급하여 조정(= GW영향)	
		그 외	자본으로 분류	재측정 ×
			그 밖의 분류	각 보고기간 말 FV측정하여 N/I반영

각 물음은 서로 독립적이다.

❶ A사는 20×1년 10월 1일을 취득일로 하여 B사를 흡수합병하였다. A사는 B사의 기존 주주들에게 이전대가로 A사의 보통주식 100주를 발행·교부하였다. 취득일 현재 A사가 발행한 보통주의 공정가치는 주당 ₩300(액면 주당 ₩100)이다.

(1) A사는 경영성과에 따라 추가로 현금을 지급하기로 하였다. 취득일 현재 이러한 조건부대가의 공정가치는 ₩6,000으로 추정된다.

(2) B사의 순자산 공정가치는 ₩35,000이다.

(3) A사는 동 조건부대가를 자본으로 분류하지 않았다.

❶-① A사가 사업결합으로 인식할 영업권 또는 염가매수차익을 계산하시오.

❶-② 조건부대가의 공정가치가 20×1년 12월 31일 현재 ₩8,000으로 추정이 변경되었다고 할 경우 A사가 해야 할 회계처리를 하시오. (단, 공정가치 변동분이 취득일 현재 존재한 사실에 대하여 취득일 후에 추가로 입수한 정보에 의한 것이라고 가정한다)

❶-③ 조건부대가의 공정가치가 20×1년 12월 31일 현재 ₩8,000으로 추정이 변경되었다고 할 경우 A사가 해야 할 회계처리를 하시오. (단, 공정가치 변동분이 취득일 이후 발생한 사건으로 인한 것이라고 가정한다)

❷ A사는 20×1년 10월 1일을 취득일로 하여 B사를 흡수합병하였다. A사는 B사의 기존 주주들에게 이전대가로 A사의 보통주식 100주를 발행·교부하였다. 취득일 현재 A사가 발행한 보통주의 공정가치는 주당 ₩300(액면 주당 ₩100)이다.

(1) A사는 경영성과에 따라 추가로 보통주를 발행·교부하기로 하였다. 취득일 현재 이러한 조건부대가의 공정가치는 ₩6,000으로 추정된다.

(2) B사의 순자산 공정가치는 ₩35,000이다.

(3) A사는 동 조건부대가를 자본으로 분류하였다.

❷-① 조건부대가의 공정가치가 20×1년 12월 31일 현재 ₩8,000으로 추정이 변경되었다고 할 경우 A사가 해야 할 회계처리를 하시오. (단, 공정가치 변동분이 취득일 현재 존재한 사실에 대하여 취득일 후에 추가로 입수한 정보에 의한 것이라고 가정한다)

❷-② 조건부대가의 공정가치가 20×1년 12월 31일 현재 ₩8,000으로 추정이 변경되었다고 할 경우 A사가 해야 할 회계처리를 하시오. (단, 공정가치 변동분이 취득일 이후 발생한 사건으로 인한 것이라고 가정한다)

풀이

❶

❶-① 영업권: 100주 × 300 + 6,000 − 35,000 = 1,000

❶-②

| 차) 영업권 | 2,000 | 대) 조건부대가(부채) | 2,000 |

* 조건부대가의 공정가치 변동이 취득일 현재 존재한 사실에 대하여 추가로 입수한 정보에 의한 것이므로 측정기간 동안의 조정에 해당한다. 따라서 조건부대가의 공정가치 변동분은 영업권에 가산한다.

❶-③

| 차) 금융부채평가손실 | 2,000 | 대) 조건부대가(부채) | 2,000 |

* 조건부대가의 공정가치 변동이 취득일 이후 발생한 사건으로 인한 것이므로 공정가치 변동을 당기손익 등으로 처리한다.

❷

❷-①

| 차) 영업권 | 2,000 | 대) 조건부대가(자본) | 2,000 |

❷-②

−회계처리 없음−

* 조건부대가의 공정가치 변동이 취득일 이후 발생한 사건으로 인한 것이지만 조건부대가가 지분상품에 해당하므로 재측정하지 않고 자본 내에서 처리한다. 따라서 조건부대가의 공정가치 변동분은 회계처리하지 않는다.

Ⅲ   우발부채

취득자는 사업결합에서 인식한 우발부채를 최초 인식 이후 정산, 취소 또는 소멸되기 전까지 다음 중 큰 금액으로 측정한다.

① 기업회계기준서 제1037호 '충당부채, 우발부채 및 우발자산'에 따라 인식되어야 할 금액
② 최초 인식금액에서, 적절하다면 기업회계기준서 제1115호 '고객과의 계약에서 생기는 수익'의 원칙에 따라 누적수익금액을 차감한 금액

Ⅳ   다시 취득할 권리

무형자산으로 인식한 다시 취득할 권리는 그 권리가 부여된 계약의 남은 계약기간에 걸쳐 상각한다. 후속적으로 다시 취득할 권리를 제3자에게 매각하는 경우, 무형자산의 매각차손익을 결정할 때 장부금액을 포함한다.

각 후속 보고기간 말에 취득자는 취득일에 보상대상부채나 보상대상자산과 같은 근거로 인식한 보상자산을 측정한다. 이때 보상금액에 대한 계약상 제약과 보상자산의 회수가능성에 대한 경영진의 검토(보상자산을 후속적으로 공정가치로 측정하지 않는 경우)를 반영한다. 취득자는 보상자산을 회수하거나 팔거나 그 밖의 보상자산에 대한 권리를 상실하는 경우에만 그 보상자산을 제거한다.

Additional Comment

각 후속 보고기간 말에 보상자산을 측정하여 금액이 변동되는 경우는 회계기준에서 명시적인 규정이 없다. 그러나 당기손익으로 인식하는 것이 논리적으로 타당하다. 그러므로 후속적으로 보상자산의 공정가치가 변동한 금액이나, 공정가치로 측정하지 않는 경우 회수가능성이 낮아져 감소한 금액을 당기손익으로 인식한다. 또한 보상자산을 회수하거나 팔거나 권리가 상실하는 경우의 차액도 당기손익으로 인식한다.

사례연습 9: 보상자산 ▶

A사는 20×1년 7월 1일을 취득일로 하여 B사를 흡수합병하기로 하였다. A사는 B사의 주주들에게 현금 ₩100,000을 지급하기로 하고, B사의 주주들은 취득일 현재 존재하는 B사의 우발부채가 추후에 확정되는 경우 확정손실이 ₩50,000을 초과한다면 동 초과액 전액을 A사에게 보상하기로 약정하였다. 취득일 현재 보상자산의 공정가치는 ₩20,000으로 추정되며, 우발부채는 충당부채의 인식요건을 모두 충족시킨다. A사가 취득일 현재 보상자산으로 인식한 금액 중 20×1년 말 현재 회수가능한 금액이 ₩15,000으로 추정될 경우 20×1년 말에 수행할 회계처리를 보이시오.

풀이

차) 보상자산 손상차손[1]	5,000	대) 손실충당금	5,000

[1] 20,000 − 15,000 = 5,000

6 영업권의 후속 측정

Ⅰ 현금창출단위와 영업권의 배분

01 현금창출단위

현금창출단위는 다른 자산이나 자산집단에서의 현금유입과는 거의 독립적인 현금유입을 창출하는 식별가능한 최소 자산집단을 말한다. 여러 개의 현금창출단위는 현금창출단위집단을 구성한다.

02 영업권의 배분

사업결합의 결과로 인식한 영업권은 그 자산이 순현금유입을 창출할 것으로 기대되는 기간에 대하여 예측가능한 제한이 없으므로 내용연수가 비한정인 것으로 본다. 내용연수가 비한정인 영업권은 상각하지 않고 매년 그리고 손상징후가 있을 때마다 손상검사를 한다. 영업권은 식별할 수 있는 자산이 아니므로 개별적으로 손상검사를 하지 않고 현금창출단위별로 손상검사를 한다.

Additional Comment

> 사업결합에서 인식하는 영업권은 사업결합에서 획득하였지만 개별적으로 식별하여 별도로 인식하는 것이 불가능한 그 밖의 자산에서 발생하는 미래경제적효익을 나타내는 자산이다. 영업권은 다른 자산이나 자산집단과는 독립적으로 현금흐름을 창출하지 못하며, 종종 여러 현금창출단위의 현금흐름에 기여하기도 한다. 경우에 따라서는 영업권이 자의적이지 않은 기준에 따라 개별 현금창출단위에 배분될 수는 없고 현금창출단위집단에만 배분될 수 있다. 그러므로 영업권은 상각하지 않고 현금창출단위 또는 현금창출단위집단에 배분한 후 매년 그리고 손상징후가 있을 때마다 손상검사를 한다.

손상검사 목적상 사업결합으로 취득한 영업권은 취득한 날부터 사업결합의 시너지 효과에서 혜택을 받게 될 것으로 예상되는 각 현금흐름창출단위나 현금창출단위집단에 배분한다. 이는 그 현금창출단위나 현금창출단위집단에 피취득자의 다른 자산이나 부채가 할당되어 있는지와 관계없이 이루어진다.

Additional Comment

> ㈜대한이 ㈜포도를 흡수합병하면서 영업권을 인식하였다. ㈜대한의 현금창출단위는 A와 B가 있으며, ㈜포도의 현금창출단위는 C와 D가 있다. 사업결합으로 취득한 자산과 부채는 현금창출단위 C와 D에 할당되었다. 이 경우 사업결합으로 인식한 영업권을 반드시 현금창출단위 C와 D에 배분하는 것은 아니다. 사업결합으로 현금창출단위 A가 시너지 효과를 누릴 것으로 기대된다면 현금창출단위 A에 영업권이 배분된다.

사업결합을 한 회계연도 말 이전에 사업결합으로 취득한 영업권의 최초 배분을 완료할 수 없는 경우에는 취득한 날 다음에 처음으로 시작되는 회계연도 말 이전에 그 영업권의 최초 배분을 끝마쳐야 한다.

Ⅱ 영업권의 처분

영업권이 배분된 현금창출단위 내의 영업을 처분하는 경우, 처분되는 영업과 관련된 영업권은 처분손익을 결정할 때 그 영업의 장부금액에 포함된다. 기업이 처분되는 영업과 관련된 영업권을 더 잘 반영하는 다른 방법을 제시할 수 있는 경우를 제외하고는 현금창출단위 내에 존속하는 부분과 처분되는 영업의 상대적인 가치를 기준으로 측정한다.

EX) 처분되는 영업의 상대적인 가치를 통한 영업권 배분

A사는 영업권을 배분한 현금창출단위 내의 영업을 ₩10,000에 매각하였다. 현금창출단위에 존속하는 부분의 회수가능액은 ₩40,000이다. 이 경우 현금창출단위 내에 처분되는 영업의 상대적인 가치는 다음과 같다.

⇒ 처분되는 영업의 상대적인 가치: 10,000 ÷ (10,000 + 40,000) = 20%

Ⅲ 손상검사의 시기

01 영업권이 배분된 현금창출단위

영업권이 배분된 현금창출단위는 매년 그리고 손상을 시사하는 징후가 있을 때마다 영업권을 포함한 현금창출단위의 장부금액과 회수가능액을 비교하여 손상검사를 한다. 현금창출단위의 회수가능액이 장부금액을 초과하는 경우에는 그 현금창출단위와 배분된 영업권은 손상되지 않은 것으로 본다.

손상검사를 매년 같은 시기에 수행한다면 회계연도 중 어느 때라도 할 수 있다. 서로 다른 현금창출단위는 각기 다른 시점에 손상검사를 할 수도 있다. 그러나 현금창출단위에 배분한 영업권의 일부나 전부를 해당 회계연도 중에 일어난 사업결합에서 취득한 경우에는 해당 회계연도 말 전에 해당 현금창출단위를 손상검사한다.

영업권이 배분된 현금창출단위를 구성하는 자산을 해당 현금창출단위와 같은 시점에 손상검사를 하는 경우에는 영업권을 포함하는 해당 현금창출단위보다 그 자산을 먼저 손상검사한다. 이와 비슷하게 영업권이 배분된 현금창출단위집단을 구성하는 현금창출단위를 현금창출단위집단과 같은 시점에 손상검사를 하는 경우에도, 영업권을 포함하는 현금창출단위집단보다 개별 현금창출단위의 손상검사를 먼저 한다.

02 영업권이 배분되지 않은 현금창출단위

영업권과 관련되어 있지만 영업권이 배분되지 않은 현금창출단위는 손상징후가 있을 때마다 영업권을 제외한 현금창출단위의 장부금액을 회수가능액과 비교하여 손상검사를 한다.

Self Study

구분	손상검사시기	비고
영업권이 배분된 현금창출단위	매년 그리고 손상징후가 있을 때	① 매년 같은 시기에 실시하고 현금창출단위별로 다른 시점에 실시도 가능 ② 손상검사 순서 1st: 개별 자산 2nd: 현금창출단위 3rd: 현금창출집단
영업권이 배분되지 않은 현금창출단위	손상징후가 있을 때	

IV 영업권이 배분된 현금창출단위 손상차손

현금창출단위의 회수가능액이 장부금액에 미달하는 경우에는 손상차손을 인식한다. 현금창출단위의 회수가능액은 그 현금창출단위의 순공정가치와 사용가치 중 더 많은 금액으로 한다. 손상차손은 다음과 같은 순서로 배분하여 현금창출단위에 속하는 자산의 장부금액을 감소시킨다.

> 1st: 현금창출단위에 배분한 영업권의 장부금액을 감소시킨다.
> 2nd: 현금창출단위에 속하는 다른 자산에 각각 장부금액에 비례하여 배분한다.

현금창출단위의 손상차손을 배분할 때 개별 자산의 장부금액은 다음 중 가장 많은 금액 이하로 감액할 수 없다. 이러한 제약 때문에 특정 자산에 배분하지 않은 손상차손은 현금창출단위 내의 다른 자산에 각각의 장부금액에 비례하여 배분한다.

> ① 순공정가치(측정할 수 있는 경우)
> ② 사용가치(결정할 수 있는 경우)
> ③ 영(0)

참고

> 장부금액의 감소분은 개별 자산의 손상차손으로 회계처리하고, 손상차손은 즉시 당기손익으로 인식한다. 만일 재평가금액을 장부금액으로 하는 경우 재평가되는 자산의 손상차손은 재평가 감소액으로 처리한다. 현금창출단위에서 발생한 손상차손을 인식한 후에 남은 손상차손이 있다면 다른 한국채택국제회계기준에서 특별히 정하고 있는 경우에만 부채로 인식한다.

㈜조니워커는 현금창출단위에 대한 자산손상검사를 실시한 결과 자산손상이 ₩76,000 발생하였음을 알았다. 현금창출단위는 건물, 기계장치, 토지, 차량으로 구성되어 있고 각각의 장부금액은 다음과 같다. 단 건물의 순공정가치는 ₩1,490,000임을 확인하였다.

구분	건물	기계장치	토지	차량	영업권
장부금액	1,500,000	900,000	750,000	450,000	40,000

아래의 금액을 구하시오.

구분	손상차손	손상배분 후 장부금액
건물	①	⑤
기계장치	②	⑥
토지	③	⑦
차량	④	⑧

풀이

구분	손상차손	손상배분 후 장부금액
건물	① (10,000)	⑤ 1,490,000
기계장치	② (11,143)	⑥ 888,857
토지	③ (9,286)	⑦ 740,714
차량	④ (5,571)	⑧ 444,429

구분	손상 전 BV	회수가능액	손상배분	손상 후 BV	2차 배분	손상 후 BV
건물	1,500,000		(15,000)	1,485,000	5,000	1,490,000
기계장치	900,000		(9,000)[2]	891,000	(2,143)[3]	888,857
토지	750,000		(7,500)	742,500	(1,786)	740,714
차량	450,000		(4,500)	445,500	(1,071)	444,429
영업권	40,000		(40,000)[1]			
합계	3,640,000	3,564,000[4]	(76,000)	3,564,000	–	3,564,000

[1] 영업권 우선 손상인식
[2] 36,000 × 900,000 ÷ 3,600,000 = 9,000
[3] 5,000 × 900,000 ÷ (900,000 + 750,000 + 450,000) = 2,143
[4] 3,640,000 − 76,000 = 3,564,000

기업회계기준서 제1038호 '무형자산'에 따르면 내부에서 창출된 영업권은 자산으로 인식할 수 없다. 영업권의 손상차손을 인식하고 난 다음 후속 기간에 증가된 회수가능액은 사업결합으로 취득한 영업권의 손상차손환입액이 아니라 내부에서 창출된 영업권 증가액일 것이므로 영업권에 대해 인식한 손상차손은 후속 기간에 환입하지 않는다. 따라서 현금창출단위의 손상차손환입은 영업권을 제외한 현금창출단위를 구성하는 자산들의 장부금액에 비례하여 배분한다. 이 장부금액의 증가는 개별 자산의 손상차손환입으로 회계처리하고 당기손익으로 인식한다. 현금창출단위의 손상차손환입을 배분할 때 개별 자산의 장부금액은 다음 중 적은 금액을 초과하여 증액할 수 없다. 이러한 제약으로 특정 자산에 배분되지 않은 손상차손환입액은 현금창출단위 내의 영업권을 제외한 다른 자산에 각각 장부금액에 비례하여 배분한다.

① 회수가능액(산정할 수 있는 경우)
② 과거기간에 손상차손을 인식하지 않았다면 현재 산정되어 있을 감가상각 또는 상각 후 장부금액

㈜로얄살룻은 자산에 대한 손상발생 여부를 현금창출단위별로 검토하고 있다. 다음의 현금창출단위에는 영업권이 포함되어 있으며, 20×1년 말 손상차손 인식 전 개별 자산의 장부금액은 다음과 같다.

구분	건물	기계장치	토지	영업권	합계
장부금액	2,000,000	500,000	1,500,000	100,000	4,100,000

1 20×1년 말에 손상이 발생되었다고 판단되고 현금창출단위의 회수가능액은 ₩3,600,000이다. 아래의 금액을 구하시오.

구분	손상차손	손상배분 후 장부금액
건물	①	⑤
기계장치	②	⑥
토지	③	⑦
영업권	④	⑧

2 20×2년 말 회수가능액은 ₩3,675,000이며, 손상차손환입을 인식하기로 하였다. 개별 자산 회수가능액은 결정할 수 없으며, 20×2년 말 장부금액(①)과 손상이 발생하지 않았을 경우의 20×2년 말 장부금액(②)은 다음과 같다.

과목	건물	기계장치	토지	합계
①	1,687,500	337,500	1,350,000	3,375,000
②	1,800,000	400,000	1,500,000	3,700,000

아래의 금액을 구하시오.

구분	손상환입액	손상배분 후 장부금액
건물	①	⑤
기계장치	②	⑥
토지	③	⑦
영업권	④	⑧

풀이

❶

구분	손상차손	손상배분 후 장부금액
건물	① (200,000)	⑤ 1,800,000
기계장치	② (50,000)	⑥ 450,000
토지	③ (150,000)	⑦ 1,350,000
영업권	④ (100,000)	⑧ -

구분	손상 전 BV	회수가능액	손상배분	손상 후 BV
건물	2,000,000		(200,000)[1]	1,800,000
기계장치	500,000		(50,000)	450,000
토지	1,500,000		(150,000)	1,350,000
영업권	100,000		(100,000)	-
합계	4,100,000	3,600,000	(500,000)	3,600,000

[1] $(4,100,000 - 3,600,000 - 100,000) \times 2,000,000 \div 4,000,000 = 200,000$

❷

구분	손상환입액	손상배분 후 장부금액
건물	① 112,500	⑤ 1,800,000
기계장치	② 37,500	⑥ 375,000
토지	③ 150,000	⑦ 1,500,000
영업권	④ -	⑧ -

구분	배분 전 BV	환입배분	배분 후 BV
건물	1,687,500(50%)	150,000	1,837,500
기계장치	337,500(10%)	30,000	367,500
토지	1,350,000(40%)	120,000	1,470,000
영업권	-	-	-
합계	3,375,000	300,000	3,675,000

* 건물의 손상차손환입액 배분 후 회수가능액이 손상이 발생하지 않았을 경우의 장부금액을 초과하므로 2차 배분을 한다.

구분	1차 배분 후 BV	2차 배분	배분 후 BV
건물	1,837,500	(37,500)	1,800,000
기계장치	367,500 (20%)	7,500	375,000
토지	1,470,000 (80%)	30,000	1,500,000
영업권	-	-	-
합계	3,675,000	-	3,675,000

Chapter 1 | 핵심 빈출 문장

01 취득자는 보통 다른 결합참여기업이나 결합참여기업들보다 상대적 크기가 유의적으로 큰 결합참여기업이다.

02 사업결합을 이루기 위하여 설립한 새로운 기업이 반드시 취득자는 아니다.

03 취득자가 피취득자에 대한 지배력을 획득한 날은 일반적으로 취득자가 법적으로 대가를 이전하여, 피취득자의 자산을 취득하고 부채를 인수한 날인 종료일이다. 그러나 취득자가 종료일보다 이른 날 또는 늦은 날에 지배력을 획득하는 경우도 있다.

04 피취득자의 우발상황이나 과거사건에서 생긴 현재의무이고 그 공정가치를 신뢰성 있게 측정할 수 있다면, 취득자는 취득일 현재 사업결합에서 인수한 우발부채를 인식한다.

05 집합적 노동력, 잠재적 계약, 미래 예상되는 비용이나 손실은 식별가능하지 않으며 별도의 자산이나 부채로 인식하지 않는다.

06 피취득자가 운용리스의 리스제공자인 경우에는 이미 운용리스자산의 공정가치에 리스조건이 반영되어 있으므로 별도의 자산이나 부채로 인식하지 않는다.

07 취득자는 취득한 리스가 취득일에 새로운 리스인 것처럼 나머지 리스료의 현재가치로 리스부채를 측정한다. 취득자는 리스부채와 같은 금액으로 사용권자산을 측정하되, 시장조건과 비교하여 유리하거나 불리한 리스조건이 있다면 이를 반영하기 위하여 사용권자산을 조정한다.

08 단계적으로 이루어지는 사업결합에서 취득자는 이전에 보유하고 있던 피취득자에 대한 지분을 취득일에 공정가치로 측정하고 그 결과 차손익이 있다면 당기손익 또는 기타포괄손익으로 인식한다.

09 조건부대가는 취득일에 공정가치로 최초 인식하며, 조건부대가의 성격에 따라 자본 또는 부채로 분류한다.

10 측정기간은 사업결합에서 인식한 잠정금액을 조정할 수 있는 기간을 말하며, 1년을 초과할 수 없다.

11 현금창출단위의 회수가능액이 장부금액에 미달하여 손상차손을 인식하는 경우 우선 영업권의 장부금액을 감액하며, 영업권에 인식한 손상차손은 후속 기간에 환입하지 아니한다.

Chapter 1 | 객관식 문제

01 기업회계기준서 제1103호 '사업결합'에 대한 다음 설명 중 옳지 않은 것은?

[공인회계사 2022년]

① 취득자는 식별할 수 있는 취득 자산과 인수 부채를 취득일의 공정가치로 측정한다. 다만 일부 제한적인 예외항목은 취득일의 공정가치가 아닌 금액으로 측정한다.

② 취득자는 사업결합으로 취득 자산과 인수 부채에서 생기는 이연법인세자산이나 부채를 기업회계기준서 제1012호 '법인세'에 따라 인식하고 측정한다.

③ 시장참여자가 공정가치를 측정할 때 계약의 잠재적 갱신을 고려하는지와 무관하게, 취득자는 무형자산으로 인식하는 '다시 취득한 권리'의 가치를 관련 계약의 남은 계약기간에 기초하여 측정한다.

④ 조건부대가를 자본으로 분류한 경우, 조건부대가의 공정가치 변동이 측정기간의 조정 사항에 해당하지 않는다면 재측정하지 않는다.

⑤ 사업결합에서 인식한 우발부채는 이후 소멸하는 시점까지 기업회계기준서 제1037호 '충당부채, 우발부채, 우발자산'에 따라 후속 측정하여야 한다.

㈜대한은 20×1년 초 두 개의 현금창출단위(A사업부, B사업부)를 보유하고 있는 ㈜민국을 흡수합병(사업결합)하였으며, 이전대가로 지급한 ₩30,000은 각 현금창출단위에 다음과 같이 배분되었다.

구분	이전대가	식별가능한 순자산의 공정가치
A사업부	₩22,000	₩19,000
B사업부	8,000	6,000
합계	₩30,000	₩25,000

20×1년 말 현재 강력한 경쟁기업의 등장으로 인해 A사업부의 매출이 상당히 위축될 것으로 예상되자, ㈜대한은 A사업부(현금창출단위)의 회수가능액을 ₩13,500으로 추정하였다. 손상차손을 인식하기 전 A사업부에 속하는 모든 자산의 20×1년 말 장부금액과 추가 정보는 다음과 같다.

구분	손상 전 장부금액	추가 정보
토지	₩5,000	순공정가치는 ₩5,500임
건물	8,000	순공정가치는 ₩6,800이며, 사용가치는 ₩7,200임
기계장치	2,000	회수가능액을 측정할 수 없음
영업권	?	

손상차손을 인식한 후, ㈜대한의 20×1년 말 재무상태표에 보고되는 A사업부의 기계장치 장부금액은 얼마인가? (단, ㈜대한은 유형자산에 대해 원가모형을 적용하고 있다)

[공인회계사 2022년]

① ₩1,700   ② ₩1,300   ③ ₩1,200
④ ₩800   ⑤ ₩500

※ 다음 〈자료〉를 이용하여 **03**과 **04**에 답하시오.   [공인회계사 2021년]

〈자료〉

- 자동차제조사인 ㈜대한과 배터리제조사인 ㈜민국은 동일 지배하에 있는 기업이 아니다.
- ㈜대한은 향후 전기자동차 시장에서의 경쟁력 확보를 위해 20×1년 7월 1일을 취득일로 하여 ㈜민국을 흡수합병했으며, 합병대가로 ㈜민국의 기존 주주에게 ㈜민국의 보통주(1주당 액면가 ₩100) 2주당 ㈜대한의 보통주(1주당 액면가 ₩200, 1주당 공정가치 ₩1,400) 1주를 교부하였다.
- 취득일 현재 ㈜민국의 요약재무상태표는 다음과 같다.

요약재무상태표
20×1년 7월 1일 현재

	장부금액	공정가치
현금	₩50,000	₩50,000
재고자산	140,000	200,000
유형자산(순액)	740,000	800,000
무형자산(순액)	270,000	290,000
자산	₩1,200,000	
매입채무	₩80,000	₩80,000
차입금	450,000	450,000
자본금	160,000	
주식발행초과금	320,000	
이익잉여금	190,000	
부채와 자본	₩1,200,000	

- ㈜대한은 ㈜민국의 유형자산에 대해 독립적인 가치평가를 진행하려 하였으나, 20×1년 재무제표 발행이 승인되기 전까지 불가피한 사유로 인해 완료하지 못하였다. 이에 ㈜대한은 ㈜민국의 유형자산을 잠정적 공정가치인 ₩800,000으로 인식하였다. ㈜대한은 취득일 현재 동 유형자산(원가모형 적용)의 잔존내용연수를 5년으로 추정하였으며, 잔존가치 없이 정액법으로 감가상각(월할상각)하기로 하였다.
- ㈜대한은 합병 후 배터리사업 부문의 영업성과가 약정된 목표치를 초과할 경우 ㈜민국의 기존 주주에게 현금 ₩100,000의 추가 보상을 실시할 예정이며, 취득일 현재 이러한 조건부대가에 대한 합리적 추정치는 ₩60,000이다.
- 취득일 현재 ㈜민국은 배터리 급속 충전 기술에 대한 연구·개발 프로젝트를 진행 중이다. ㈜민국은 합병 전까지 동 프로젝트와 관련하여 총 ₩60,000을 지출하였으나, 아직 연구 단계임에 따라 무형자산으로 인식하지 않았다. ㈜대한은 합병과정에서 동 급속 충전 기술 프로젝트가 자산의 정의를 충족하고 있으며 개별적인 식별이 가능하다고 판단하였다. ㈜대한이 평가한 동 프로젝트의 공정가치는 ₩90,000이다.

03 ㈜대한이 취득일(20×1년 7월 1일)에 수행한 사업결합 관련 회계처리를 통해 최초 인식한 영업권은 얼마인가?

① ₩240,000   ② ₩260,000   ③ ₩280,000

④ ₩300,000   ⑤ ₩320,000

04 다음의 〈추가 자료〉 고려 시, 20×2년 12월 31일에 ㈜대한의 흡수합병과 관련하여 재무상태표에 계상될 영업권과 유형자산의 장부금액(순액)은 각각 얼마인가?

〈추가 자료〉
- 합병 후 ㈜민국의 배터리 제품에 대한 화재 위험성 문제가 제기되어 20×1년 12월 31일 현재 추가 현금보상을 위한 영업성과 목표치가 달성되지 못했다. 그 결과 ㈜민국의 기존 주주에 대한 ㈜대한의 추가 현금보상 지급의무가 소멸되었다. 이는 취득일 이후 발생한 사실과 상황으로 인한 조건부대가의 변동에 해당한다.
- ㈜대한이 ㈜민국으로부터 취득한 유형자산에 대한 독립적인 가치평가는 20×2년 4월 1일(즉, 20×1년 재무제표 발행 승인 후)에 완료되었으며, 동 가치평가에 의한 취득일 당시 ㈜민국의 유형자산 공정가치는 ₩900,000이다. 잔존내용연수, 잔존가치, 감가상각방법 등 기타 사항은 동일하다.
- 자산과 관련한 손상징후는 없다.

	영업권	유형자산(순액)
①	₩120,000	₩640,000
②	₩280,000	₩630,000
③	₩180,000	₩640,000
④	₩280,000	₩540,000
⑤	₩180,000	₩630,000

〈자료〉

㈜대한은 20×1년 7월 1일을 취득일로 하여 ㈜민국을 흡수합병하고, ㈜민국의 기존 주주들에게 현금 ₩350,000을 이전대가로 지급하였다. ㈜대한과 ㈜민국은 동일 지배하에 있는 기업이 아니다. 합병 직전 양사의 장부금액으로 작성된 요약재무상태표는 다음과 같다.

요약재무상태표

20×1. 7. 1. 현재 (단위: ₩)

계정과목	㈜대한	㈜민국
현금	200,000	100,000
재고자산	360,000	200,000
사용권자산(순액)	–	90,000
건물(순액)	200,000	50,000
토지	450,000	160,000
무형자산(순액)	90,000	50,000
	1,300,000	650,000
유동부채	250,000	90,000
리스부채	–	100,000
기타비유동부채	300,000	200,000
자본금	350,000	150,000
자본잉여금	100,000	50,000
이익잉여금	300,000	60,000
	1,300,000	650,000

〈추가 자료〉

다음에서 설명하는 사항을 제외하고 장부금액과 공정가치는 일치한다.

• ㈜대한은 ㈜민국이 보유하고 있는 건물에 대해 독립적인 평가를 하지 못하여 취득일에 잠정적인 공정가치로 ₩60,000을 인식하였다. ㈜대한은 20×1년 12월 31일에 종료하는 회계연도의 재무제표 발행을 승인할 때까지 건물에 대한 가치평가를 완료하지 못했다. 하지만 20×2년 5월 초 잠정금액으로 인식했던 건물에 대한 취득일의 공정가치가 ₩70,000이라는 독립된 가치평가 결과를 받았다. 취득일 현재 양사가 보유하고 있는 모든 건물은 잔존내용연수 4년, 잔존가치 ₩0, 정액법으로 감가상각한다.

• ㈜민국은 기계장치를 기초자산으로 하는 리스계약의 리스이용자로 취득일 현재 잔여 리스료의 현재가치로 측정된 리스부채는 ₩110,000이다. 리스의 조건은 시장조건에 비하여 유리하며, 유리한 금액은 취득일 현재 ₩10,000으로 추정된다. 동 리스는 취득일 현재 단기리스나 소액 기초자산 리스에 해당하지 않는다.

• ㈜민국은 취득일 현재 새로운 고객과 향후 5년간 제품을 공급하는 계약을 협상하고 있다. 동 계약의 체결가능성은 매우 높으며 공정가치는 ₩20,000으로 추정된다.

- ㈜민국의 무형자산 금액 ₩50,000 중 ₩30,000은 ㈜대한의 상표권을 3년 동안 사용할 수 있는 권리이다. 잔여 계약기간(2년)에 기초하여 측정한 동 상표권의 취득일 현재 공정가치는 ₩40,000 이다. 동 상표권을 제외하고 양사가 보유하고 있는 다른 무형자산의 잔존내용연수는 취득일 현재 모두 5년이며, 모든 무형자산(영업권 제외)은 잔존가치 없이 정액법으로 상각한다.
- ㈜민국은 취득일 현재 손해배상소송사건에 계류 중에 있으며 패소할 가능성이 높지 않아 이를 우발부채로 주석공시하였다. 동 소송사건에 따른 손해배상금액의 취득일 현재 신뢰성 있는 공정가치는 ₩10,000으로 추정된다.

05 ㈜대한이 취득일(20×1년 7월 1일)에 수행한 사업결합 관련 회계처리를 통해 최초 인식한 영업권은 얼마인가?

① ₩40,000   ② ₩50,000   ③ ₩60,000
④ ₩70,000   ⑤ ₩90,000

06 위에서 제시한 자료를 제외하고 추가사항이 없을 때 20×2년 6월 30일 ㈜대한의 재무상태표에 계상될 건물(순액)과 영업권을 제외한 무형자산(순액)의 금액은 각각 얼마인가? (단, ㈜대한은 건물과 무형자산에 대하여 원가모형을 적용하고 있으며, 감가상각비와 무형자산상각비는 월할계산한다)

	건물(순액)	영업권을 제외한 무형자산(순액)
①	₩187,500	₩108,000
②	₩195,000	₩108,000
③	₩195,000	₩116,000
④	₩202,500	₩108,000
⑤	₩202,500	₩116,000

07 기업회계기준서 제1103호 '사업결합'에 대한 다음 설명 중 옳지 않은 것은?

[공인회계사 2019년]

① 사업이라 함은 투입물, 산출물 및 산출물을 창출할 수 있는 과정으로 구성되며 이 세 가지 요소 모두 사업의 정의를 충족하기 위한 통합된 집합에 반드시 필요하다.

② 공동약정 자체의 재무제표에서 공동약정의 구성에 대한 회계처리에는 기업회계기준 서 제1103호 '사업결합'을 적용하지 않는다.

③ 동일 지배하에 있는 기업이나 사업 간의 결합에는 기업회계기준서 제1103호 '사업결합'을 적용하지 않는다.

④ 일반적으로 지배력을 획득한 날이라 함은 취득자가 법적으로 대가를 이전하여, 피취득자의 자산을 취득하고 부채를 인수한 날인 종료일이다.

⑤ 취득자가 피취득자에게 대가를 이전하지 않더라도 사업결합이 이루어질 수 있다.

08 ㈜대한은 20×1년 7월 1일 ㈜민국의 A부문을 ₩450,000에 인수하였다. 다음은 20×1년 7월 1일 현재 ㈜민국의 A부문 현황이다. A부문에 귀속되는 부채는 없다.

㈜민국 계정과목	A부문 20×1년 7월 1일 현재 장부금액	(단위: ₩) 공정가치
토지	200,000	220,000
건물	150,000	200,000
기계장치	50,000	80,000
	400,000	

공정가치는 실제보다 과대평가되지 않았다. 20×1년 7월 1일 현재 건물과 기계장치의 잔존내용연수는 각각 10년과 5년이며 모두 잔존가치 없이 정액법으로 감가상각한다. 20×1년 말까지 ㈜대한은 동 자산들을 보유하고 있으며 손상징후는 없다. 취득일 현재 ㈜민국의 A부문에 표시된 자산 외에 추가적으로 식별가능한 자산은 없으며 20×1년 말까지 다른 거래는 없다.

㈜민국의 A부문이 (가) 별도의 사업을 구성하고 ㈜대한이 지배력을 획득하여 사업결합 회계처리를 하는 상황과 (나) 별도의 사업을 구성하지 못하여 ㈜대한이 자산집단을 구성하는 각 자산의 취득원가를 결정하기 위한 회계처리를 하는 상황으로 나눈다. 각 상황이 20×1년 7월 1일부터 20×1년 12월 31일까지 ㈜대한의 당기순이익에 미치는 영향은 각각 얼마인가?

[공인회계사 2019년]

	(가)	(나)
①	₩32,000 증가	₩16,200 감소
②	₩32,000 감소	₩16,200 감소
③	₩18,000 감소	₩32,400 감소
④	₩18,000 증가	₩32,400 증가
⑤	₩18,000 감소	₩32,400 증가

09 ㈜대한은 20×1년 10월 1일에 ㈜민국의 모든 자산과 부채를 ₩450,000에 취득·인수하는 사업결합을 하였다. 20×1년 10월 1일 현재 ㈜민국의 요약재무상태표는 다음과 같다.

<table>
<tr><td colspan="6" align="center">요약재무상태표</td></tr>
<tr><td>㈜민국</td><td colspan="2" align="center">20×1. 10. 1. 현재</td><td colspan="3" align="right">(단위: ₩)</td></tr>
<tr><td>계정과목</td><td>장부금액</td><td>공정가치</td><td>계정과목</td><td>장부금액</td><td>공정가치</td></tr>
<tr><td>자산</td><td>500,000</td><td>600,000</td><td>부채</td><td>100,000</td><td>100,000</td></tr>
<tr><td></td><td></td><td></td><td>자본금</td><td>100,000</td><td></td></tr>
<tr><td></td><td></td><td></td><td>자본잉여금</td><td>200,000</td><td></td></tr>
<tr><td></td><td></td><td></td><td>이익잉여금</td><td>100,000</td><td></td></tr>
<tr><td></td><td>500,000</td><td></td><td></td><td>500,000</td><td></td></tr>
</table>

㈜대한은 20×2년 말에 시장점유율이 15%를 초과하면 ㈜민국의 기존 주주들에게 추가로 ₩100,000을 지급하기로 하였다. 20×1년 10월 1일 현재 이러한 조건부대가의 공정가치는 ₩60,000으로 추정되었다. 그러나 ㈜대한은 20×1년 12월 31일에 동 조건부대가의 추정된 공정가치를 ₩80,000으로 변경하였다. 이러한 공정가치 변동은 20×1년 10월 1일에 존재한 사실과 상황에 대하여 추가로 입수한 정보에 기초한 것이다. 20×2년 말 ㈜대한의 시장점유율이 18%가 되어 ㈜민국의 기존 주주들에게 ₩100,000을 지급하였다.

㈜대한의 20×1년 말 재무상태표에 계상되는 영업권과 20×2년도에 조건부대가 지급으로 ㈜대한이 인식할 당기손익은? [공인회계사 2017년]

	영업권	당기손익
①	₩10,000	₩20,000 손실
②	₩10,000	₩40,000 손실
③	₩30,000	₩20,000 손실
④	₩30,000	₩40,000 손실
⑤	₩50,000	₩0

※ 다음 〈자료〉를 이용하여 10번과 11번에 답하시오.

〈자료〉

- ㈜대한은 20×1년 중에 ㈜민국의 의결권 있는 보통주 150주(지분율 15%)를 ₩150,000에 취득하고, 이를 기타포괄손익－공정가치 측정 금융자산(FVOCI 금융자산)으로 분류하였다.

- ㈜대한은 20×2년 초에 추가로 ㈜민국의 나머지 의결권 있는 보통주 850주(지분율 85%)를 취득하여 합병하였다. 이 주식의 취득을 위해 ㈜대한은 ₩200,000의 현금과 함께 보통주 500주(액면총액 ₩500,000, 공정가치 ₩800,000)를 발행하여 ㈜민국의 주주들에게 지급하였다. 합병일 현재 ㈜민국의 의결권 있는 보통주 공정가치는 주당 ₩1,200, 액면가는 주당 ₩1,000이다. ㈜대한은 신주 발행과 관련하여 ₩10,000의 신주발행비용을 지출하였다.

- 취득일 현재 ㈜민국의 요약재무상태표는 다음과 같다.

요약재무상태표
20×2년 1월 1일 현재

	장부금액	공정가치
유동자산	₩150,000	₩200,000
유형자산(순액)	1,050,000	1,280,000
자산	₩1,200,000	
부채	₩600,000	₩600,000
자본금	200,000	
이익잉여금	400,000	
부채와 자본	₩1,200,000	

- ㈜대한은 합병과 관련하여 만세회계법인에게 ㈜민국의 재무상태 실사 용역을 의뢰하였고, ₩30,000의 용역수수료를 지급하였다. 그리고 ㈜대한은 합병업무 전담팀을 구성하였는데, 이 팀 유지 원가로 ₩20,000을 지출하였다.

- 합병일 현재 ㈜민국의 종업원들은 회사 경영권의 변동에도 불구하고 대부분 이직하지 않았다. 이 때문에 ㈜대한은 합병일 이후 즉시 ㈜민국이 영위하던 사업을 계속 진행할 수 있었으며, ㈜대한의 경영진은 이러한 ㈜민국의 종업원들의 가치를 ₩80,000으로 추정하였다.

- 합병일 현재 ㈜민국의 상표명 'K-World'는 상표권 등록이 되어 있지 않아 법적으로 보호받을 수 없는 것으로 밝혀졌다. 그러나 ㈜민국이 해당 상표를 오랫동안 사용해왔다는 것을 업계 및 고객들이 인지하고 있어, 합병 이후 ㈜대한이 이 상표를 제3자에게 매각하거나 라이선스 계약을 체결할 수 있을 것으로 확인되었다. ㈜대한은 이 상표권의 가치를 ₩30,000으로 추정하였다.

10 ㈜대한이 합병일(20×2년 1월 1일)에 수행한 사업결합 관련 회계처리를 통해 인식한 영업권은 얼마인가?   [2023년 공인회계사]

① ₩240,000   ② ₩270,000   ③ ₩290,000

④ ₩300,000   ⑤ ₩330,000

11 다음은 ㈜대한과 ㈜민국에 대한 〈추가자료〉이다.

〈추가자료〉
- 합병일 현재 ㈜대한은 ㈜민국이 제기한 손해배상청구소송에 피소된 상태이다. 합병일 현재 ㈜대한과 ㈜민국 간에 계류 중인 소송사건의 배상금의 공정가치는 ₩20,000으로 추정되고, 합병에 의해 이 소송관계는 정산되었다. ㈜대한은 이와 관련하여 충당부채를 설정하지 않았다.

위 〈자료〉와 〈추가자료〉가 ㈜대한의 20×2년도 당기순이익에 미치는 영향은 얼마인가?   [2023년 공인회계사]

① ₩0(영향 없음)   ② ₩20,000 감소   ③ ₩30,000 감소

④ ₩50,000 감소   ⑤ ₩70,000 감소

다음은 ㈜대한과 ㈜민국에 대한 자료이다.

- ㈜대한은 20×1년 1월 1일을 취득일로 하여 ㈜민국을 흡수합병하였다. 두 기업은 동일 지배하에 있는 기업이 아니다. 합병대가로 ㈜대한은 ㈜민국의 기존주주에게 ₩800,000 의 현금과 함께 ㈜민국의 보통주(1주당 액면가 ₩1,000) 3주당 ㈜대한의 보통주(1주당 액면가 ₩3,000, 1주당 공정가치 ₩10,000) 1주를 교부하였다.
- 취득일 현재 ㈜민국의 요약재무상태표는 다음과 같다.

요약재무상태표
20×1년 1월 1일 현재

	장부금액	공정가치
유동자산	₩600,000	₩800,000
유형자산(순액)	1,500,000	2,300,000
무형자산(순액)	500,000	700,000
자산	₩2,600,000	
부채	₩600,000	₩600,000
보통주자본금	900,000	
이익잉여금	1,100,000	
부채와 자본	₩2,600,000	

- ㈜대한은 합병 시 취득한 ㈜민국의 유형자산 중 일부를 기업회계기준서 제1105호 '매각 예정비유동자산과 중단영업'에 따라 매각예정자산으로 분류하였다. 20×1년 1월 1일 현재 해당 자산의 장부금액은 ₩200,000이고 공정가치는 ₩300,000이며, 이 금액은 취득일 현재 ㈜민국의 요약재무상태표에 반영되어 있다. 매각예정자산으로 분류된 동 유형자산 의 순공정가치는 ₩250,000이다.

㈜대한이 합병일(20×1년 1월 1일)에 수행한 사업결합 관련 회계처리를 통해 인식한 영업권은 얼마인가?

[공인회계사 2024년]

① ₩350,000 　　② ₩400,000 　　③ ₩600,000
④ ₩650,000 　　⑤ ₩700,000

Chapter 1 | 객관식 문제 정답 및 해설

01 ⑤ 사업결합에서 인식한 우발부채는 이후 소멸하는 시점까지 기업회계기준서 제1037호 '충당부채, 우발부채, 우발자산'에 따라 인식하여야 할 금액과, 최초 인식금액에서, 적절하다면 기업회계기준서 제1115호 '고객과의 계약에서 생기는 수익'의 원칙에 따라 누적 수익금액을 차감한 금액 중 큰 금액으로 측정한다.

02 ② A사업부의 영업권: 22,000 − 19,000 = 3,000

구분	장부금액	손상차손배분액	회수가능액	2차 배분	배분 후 장부금액
토지	5,000	(500)	4,500	500[1]	5,000
건물	8,000	(800)	7,200	−	7,200
기계장치	2,000	(200)	1,800	(500)	1,300
영업권	3,000	(3,000)	−		−
합계	18,000	(4,500)	13,500		13,500

[1] 손상을 인식한 이후의 장부금액은 개별 자산의 회수가능액을 초과할 수 없다. 그런데 토지의 경우 개별 자산의 회수가능액이 손상 전 장부금액을 초과하므로 손상 전 장부금액을 한도로 한다.

03 ③

차) 현금	50,000	대) 매입채무	80,000
재고자산	200,000	차입금	450,000
유형자산	800,000	자본금[1]	160,000
무형자산	290,000	주식발행초과금[2]	960,000
무형자산(개발 프로젝트)	90,000	조건부대가	60,000
영업권(대차차액)	280,000		

[1] 160,000 ÷ @100 ÷ 2 × @200 = 160,000
[2] 800주 × (@1,400 − @200) = 960,000

04 ⑤ (1) 영업권: 280,000 − 잠정금액 조정(900,000 − 800,000) = 180,000

(2) 유형자산의 장부금액(순액)

취득일 현재 유형자산의 공정가치		800,000
잠정금액의 조정	900,000 − 800,000 =	100,000
20×1년도 감가상각비	(900,000 − 0) ÷ 5년 × 6/12 =	(90,000)
20×2년도 감가상각비	(900,000 − 0) ÷ 5년 =	(180,000)
		630,000

05 ③

차) 현금	100,000	대) 유동부채	90,000
재고자산	200,000	리스부채	110,000
사용권자산[1]	120,000	기타비유동부채	200,000
건물	60,000	충당부채	10,000
토지	160,000	현금	350,000
무형자산[2]	60,000		
영업권(대차차액)	60,000		

[1] 110,000 + 10,000(유리한 조건) = 120,000
[2] 50,000 + (40,000 − 30,000) = 60,000

[참고]
(1) 사용권자산과 리스부채는 잔여 리스료의 현재가치로 측정하며, 리스조건이 시장조건보다 유리한 경우에는 유리한 금액을 사용권자산에 가산한다.
(2) 잠재적 계약의 가치는 무형자산으로 인식하지 않는다.
(3) 다시 취득한 리스는 잔여 계약기간에 기초하여 산정한 공정가치로 측정한다.
(4) 자원의 유출가능성이 높지 않아 주석기재한 우발부채는 취득일에 부채로 인식한다.

06 ④ (1) 건물(순액)

취득일 현재 ㈜대한의 건물 장부금액		200,000
취득일 현재 ㈜민국의 건물(잠정금액 조정 후 금액)		70,000
20×2년 6월 30일까지의 감가상각비	(200,000 + 70,000) ÷ 4년 =	(−)67,500
		202,500

* 잠정금액을 조정하는 경우에는 소급수정하므로 취득일부터 조정된 금액을 기준으로 장부금액을 계산하면 쉽게 계산할 수 있다.

(2) 영업권을 제외한 무형자산(순액)

취득일 현재 ㈜대한의 무형자산 장부금액		90,000
취득일 현재 ㈜민국의 무형자산		60,000
20×2년 6월 30일까지의 무형자산상각비	(90,000 + 60,000 − 40,000) ÷ 5년 =	(−)22,000
다시 취득한 권리의 무형자산상각비	40,000 ÷ 2년 =	(−)20,000
		108,000

07 ① 사업의 세 가지 요소를 모두 갖고 있어야 하는 것은 아니다.

08 ① (1) 사업결합에 해당하는 경우: A부분 유형자산의 취득원가는 모두 취득일의 공정가치이다.

취득일의 염가매수차익	(220,000 + 200,000 + 80,000) − 450,000 =	50,000
건물의 감가상각비	(200,000 − 0) ÷ 10년 × 6/12 =	(−)10,000
기계장치의 감가상각비	(80,000 − 0) ÷ 5년 × 6/12 =	(−)8,000
		32,000 증가

(2) 사업결합에 해당하지 않는 경우: A부분 유형자산의 취득원가는 일괄 구입가격 ₩450,000을 공정가치 비율로 배분한다.
1) 건물의 취득원가: 450,000 × 200,000/500,000 = 180,000
2) 기계장치의 취득원가: 450,000 × 80,000/500,000 = 72,000
3) 당기순이익에 미치는 영향: (−)16,200 감소
   ① 건물의 감가상각비: (180,000 − 0) ÷ 10년 × 6/12 = (−)9,000
   ② 기계장치의 감가상각비: (72,000 − 0) ÷ 5년 × 6/12 = (−)7,200

09 ③ (1) 이전대가: 450,000 + 80,000(변경된 이후의 조건부대가) = 530,000
(2) 순자산 공정가치: 600,000 − 100,000 = 500,000
(3) 영업권: (1) − (2) = 30,000
(4) 조건부대가의 상환손실: 80,000 − 100,000 = (−)20,000

* 취득일 현재 존재하는 사실과 상황에 대해 추가로 입수한 정보에 기초한 조건부대가의 공정가치 변동은 잠정금액의 수정으로 보아 영업권의 증감으로 처리한다. 따라서 영업권은 처음부터 변경된 이후 조건부대가의 공정가치를 이전대가로 보아 계산하면 된다. 취득일 이후 발생한 조건부대가의 공정가치 변동분은 조건부대가가 자본항목인 경우 수정하지 않으며, 자산이나 부채인 경우에는 공정가치로 재측정하고 당기손익으로 인식한다.

10 ② 합병일의 회계처리

차) FVOCI금융자산[1]	30,000	대) FVOCI금융자산평가이익(OCI)	30,000
차) 유동자산	200,000	대) 부채	600,000
유형자산	1,280,000	현금	200,000
상표권	30,000	자본금	500,000
영업권(대차차액)	270,000	주식발행초과금	300,000
		FVOCI금융자산	180,000
차) 주식발행초과금	10,000	대) 현금	10,000
차) 회계법인수수료	30,000	대) 현금	30,000
차) 급여	20,000	대) 현금	20,000

[1] 150주 × @1,200 − 150,000 = 30,000

[참고]
단계적취득: 단계적으로 이루어지는 사업결합에서 취득자는 이전에 보유하고 있던 피취득자에 대한 지분을 취득일의 공정가치로 재측정하고 그 결과 차손익이 있다면 당기손익 금융자산 또는 기타포괄손익으로 인식한다.

11 ② (1) 합병일의 회계처리

차)	FVOCI금융자산[1]	30,000	대)	FVOCI금융자산평가이익(OCI)	30,000
차)	유동자산	200,000	대)	부채	600,000
	유형자산	1,280,000		현금	200,000
	상표권	30,000		자본금	500,000
	영업권(대차차액)	270,000		주식발행초과금	300,000
				FVOCI금융자산	180,000
차)	주식발행초과금	10,000	대)	현금	10,000
차)	회계법인수수료	30,000	대)	현금	30,000
차)	급여	20,000	대)	현금	20,000
차)	합병비용(비계약적 기존관계 정산)[2]	20,000	대)	현금	20,000

[1] 150주 × @1,200 − 150,000 = 30,000
[2] 취득자가 매도자에게 지급한 이전대가 중 별도 거래의 정산으로 인한 20,000원을 제외한 금액이 사업결합의 이전대가로 인식된다.

(2) 20×2년 당기순이익에 미치는 영향: (−)30,000 − 20,000 − 20,000 = (−)70,000

12 ④ 합병일의 회계처리

차)	유동자산	800,000	대)	부채	600,000
	유형자산[1]	2,000,000		현금	800,000
	무형자산	700,000		자본금[3]	900,000
	매각예정비유동자산[2]	250,000		주식발행초과금[4]	2,100,000
	영업권(대차차액)	650,000			

[1] 2,300,000 − 300,000 = 2,000,000
[2] 취득일에 매각예정자산으로 분류된 취득 비유동자산(또는 처분자산집단)은 순공정가치로 측정한다.
[3] (900,000 ÷ 1,000)주 ÷ 3주 × 1주 × @3,000 = 900,000
[4] (900,000 ÷ 1,000)주 ÷ 3주 × 1주 × @(10,000 − 3,000) = 2,100,000

Chapter 1 | 주관식 문제

문제 01 **사업결합 종합(1)**

㈜대한은 20×1년 7월 1일 ㈜민국의 지분 100%를 취득하는 합병계약을 체결하였다. 취득일 현재 ㈜민국의 순자산 공정가치는 잠정적으로 ₩50,000(자산 ₩67,000, 부채 ₩17,000)인 것으로 파악되었다. (단, ㈜대한과 ㈜민국은 동일 지배하의 기업이 아니다)

물음 1) 사업결합과 관련하여 ㈜대한은 ㈜민국의 자산과 부채를 실사하는 과정에서 다음과 같은 항목들이 순자산 공정가치에 반영되지 않았음을 발견하였다. 이러한 추가 항목들을 한국채택국제회계기준서 제1103호 '사업결합'에 따라 반영할 경우, ㈜민국의 자산과 부채의 공정가치에 미치는 영향을 평가하시오. (단, 아래 영향평가에서 과목(항목)은 유형자산, 무형자산, 기타자산, 부채 및 영향 없음으로 구분하며, 해당 금액이 감소하는 경우 (−)를 숫자 앞에 표시하시오)

(1) ㈜민국에는 신기술을 개발하는 우수한 연구 인력들이 많이 있다. 이들은 합병으로 인해 더 큰 미래경제적효익을 창출할 것으로 기대된다. 이 연구 인력의 합병 전 공정가치는 ₩1,500이며, 합병 후 공정가치는 ₩3,000으로 측정된다.

(2) ㈜민국은 생산공정과 관련된 비밀기술을 보유하고 있다. 동 비밀기술은 특허는 받지 않았지만 미래경제적효익을 기대할 수 있으며, 그 공정가치는 ₩500이다.

(3) ㈜민국은 취득일 현재 새로운 고객과 5년 동안 제품을 공급하는 계약을 협상 중이다. 동 계약의 체결가능성은 매우 높으며, 그 공정가치는 ₩800이다.

(4) ㈜민국은 취득일 현재 계류 중인 손해배상소송과 관련하여 패소할 가능성이 높지 않아 관련 충당부채를 인식하지 않았다. 관련 충당부채의 공정가치는 ₩300이다.

(5) ㈜민국은 위의 손해배상소송과 관련하여 향후 손해배상액이 ₩300을 초과하는 경우 그 초과액을 ㈜대한에 보상해주기로 하였다. 손해배상충당부채와 동일한 근거로 측정한 보상의 공정가치는 ₩50이다.

(6) ㈜민국은 종업원에게 현금결제형 주식기준보상을 부여하였다. ㈜대한은 합병 후 이를 자신의 주식기준보상(현금결제형)으로 대체하려고 한다. 취득일 현재 한국채택국제회계기준서 제1102호 '주식기준보상'의 방법에 따라 ㈜대한이 측정한 금액은 ₩1,500이며, ㈜민국이 측정한 금액은 ₩1,700이다. 한편, 동 주식기준보상의 공정가치는 ₩2,100이다. 동 주식기준보상은 부채의 공정가치 측정에 ₩2,000으로 반영되어 있다.

추가 항목	영향평가
(1)	

〈예시〉

㈜민국은 진행 중인 연구개발 프로젝트가 있다. 취득일 현재 이 프로젝트의 공정가치는 ₩1,000이다.

〈답안〉

추가 항목	영향평가
〈예시〉	무형자산 1,000

물음 2) 취득자는 사업결합 이전에 자신이 인식했거나 인식하지 않은 무형자산을 사용하도록 피취득자에게 부여했던 권리를 사업결합의 결과로 다시 취득할 수 있다. 이처럼 다시 취득한 권리는 사업결합 과정에서 어떻게 인식 및 측정하여야 하며, 그 이유는 무엇인지 서술하시오.

물음 1)

추가 항목	영향평가
(1) ㈜민국에는 신기술을 개발하는 우수한 연구 인력들이 많이 있다. 이들은 합병으로 인해 더 큰 미래경제적효익을 창출할 것으로 기대된다. 이 연구 인력의 합병 전 공정가치는 ₩1,500이며, 합병 후 공정가치는 ₩3,000으로 측정된다.	영향 없음
(2) ㈜민국은 생산공정과 관련된 비밀기술을 보유하고 있다. 동 비밀기술은 특허는 받지 않았지만 미래경제적효익을 기대할 수 있으며, 그 공정가치는 ₩500이다.	무형자산 500
(3) ㈜민국은 취득일 현재 새로운 고객과 5년 동안 제품을 공급하는 계약을 협상 중이다. 동 계약의 체결가능성은 매우 높으며, 그 공정가치는 ₩800이다.	영향 없음
(4) ㈜민국은 취득일 현재 계류 중인 손해배상소송과 관련하여 패소할 가능성이 높지 않아 관련 충당부채를 인식하지 않았다. 관련 충당부채의 공정가치는 ₩300이다.	부채 300
(5) ㈜민국은 위의 손해배상소송과 관련하여 향후 손해배상액이 ₩300을 초과하는 경우 그 초과액을 ㈜대한에 보상해주기로 하였다. 손해배상충당부채와 동일한 근거로 측정한 보상의 공정가치는 ₩500이다.	기타자산 50
(6) ㈜민국은 종업원에게 현금결제형 주식기준보상을 부여하였다. ㈜대한은 합병 후 이를 자신의 주식기준보상(현금결제형)으로 대체하려고 한다. 취득일 현재 한국채택국제회계기준서 제1102호 '주식기준보상'의 방법에 따라 ㈜대한이 측정한 금액은 ₩1,500이며, ㈜민국이 측정한 금액은 ₩1,700이다. 한편, 동 주식기준보상의 공정가치는 ₩2,100이다. 동 주식기준보상은 부채의 공정가치 측정에 ₩2,000으로 반영되어 있다.	부채 (-)300

[판단근거]
(1) 집합적 노동력은 별도의 자산으로 인식하지 않는다.
(2) 비밀기술은 미래경제적효익을 기대할 수 있으므로 무형자산의 정의를 충족한다.
(3) 잠재적 계약의 가치는 별도의 자산으로 인식하지 않는다.
(4) 우발부채는 자원의 유출가능성에 관계없이 부채로 인식한다.
(5) 보상자산은 공정가치를 자산으로 인식한다.
(6) 대체보상의 경우 피취득자가 취득일에 기업회계기준서 제1102호 '주식기준보상'의 방법에 따라 측정한 금액을 부채로 인식한다. 이미 부채의 공정가치에 2,000이 인식되어 있으나 1,700을 인식하여야 하므로 부채에서 300을 차감한다.

물음 2) 계약의 잠재적 갱신을 고려하는지와 무관하게, 취득자는 다시 취득한 권리의 가치를 관련 계약의 남은 계약기간에 기초하여 측정하고 무형자산으로 인식한다. 피취득자가 남은 계약기간 동안 동 권리에서 발생하는 미래경제적효익을 통제할 수 있었으므로 이는 무형자산의 정의를 충족한다.

[공인회계사 2차 2021년]

〈공통 자료〉
㈜대한은 20×1년 1월 1일 ㈜민국의 지분 100%를 취득하여 ㈜민국을 흡수합병하였다. 합병 전 ㈜대한의 ㈜민국에 대한 예비실사 결과, ㈜민국의 취득 자산과 인수 부채의 공정가치는 각각 ₩35,000 및 ₩5,000으로 파악되었다. 합병대가로 ㈜대한은 ㈜민국의 주주에게 현금 ₩40,000을 지급하기로 하였다. ㈜대한과 ㈜민국은 동일 지배하의 기업이 아니다.

물음 1) 아래의 〈예시〉를 참고하여, 〈공통 자료〉에 아래의 독립된 상황별로 추가 제시내용을 반영할 경우, 각 상황별로 영업권(또는 염가매수차익) 금액을 계산하시오. 단, 염가매수차익인 경우 괄호 안에 금액(예 (1,000))을 표시하며, 별도의 언급이 있는 경우를 제외하고 법인세효과는 무시한다. 다음의 (상황 1) ~ (상황 5)는 상호 독립적이다.

〈예시〉
취득일 현재 ㈜민국은 무형자산의 정의를 충족하는 특허기술을 보유(공정가치 ₩5,000)하고 있고 새로운 고객인 ㈜서울과 협상 중에 있는 계약(공정가치 ₩3,000)이 있으나 예비실사에 반영되지 않았다. (〈공통 자료〉와 〈예시〉 자료를 적용하면 영업권은 ₩5,000임)

〈답안〉

구분	영업권(염가매수차익)
〈공통 자료〉 + 〈예시〉	₩5,000

(상황 1) ㈜민국은 차량 리스계약의 리스이용자로, 잔여기간 동안 리스료의 현재가치 측정금액이 취득 자산(사용권자산)과 인수 부채(리스부채)의 공정가치에 포함되어 있다. 다만, 취득일 현재 해당 리스조건은 시장조건에 비하여 불리하다. 예비실사 시 불리한 시장조건의 공정가치는 ₩1,000으로 측정되었으며 이는 취득 자산에 반영되지 않았다. 한편, ㈜민국이 인식하지 않은 고객목록의 공정가치 ₩3,000이 예비실사 시 반영되지 않았다.

구분	영업권(염가매수차익)
〈공통 자료〉 + (상황 1)	①

(상황 2) 취득일 현재 ㈜민국이 산정한 집합적 노동력의 공정가치 ₩3,000과 ㈜민국이 이전의 사업결합에서 인식한 영업권 ₩1,000이 반영되지 않았다. 또한 ㈜대한은 회계, 법률 자문 수수료로 ₩2,000을 추가로 지출하였다.

구분	영업권(염가매수차익)
〈공통 자료〉 + (상황 2)	②

(상황 3) ㈜대한은 합병 후 ㈜민국의 일부 사업부를 폐쇄할 예정이며 구조조정비용은 ₩1,000으로 예상되나, ㈜민국은 이를 인식하지 않았다. ㈜대한은 ㈜민국의 매출액이 합병 이후 일정 수준에 미달하는 경우 기존 이전대가의 일부를 반환받을 수 있으며, 해당 권리의 공정가치는 ₩4,000으로 추정되나 해당 거래가 반영되지 않았다. ㈜대한의 합병전담부서 유지비용으로 ₩500이 추가로 지출되었다.

구분	영업권(염가매수차익)
〈공통 자료〉 + (상황 3)	③

(상황 4) ㈜대한은 사업결합 전 ㈜민국에 부여한 프랜차이즈 권리(잔여 계약기간 2년)를 재취득하였는데, 취득 자산에 반영되지 않았다. 해당 권리의 공정가치는 ₩2,000이며, 잠재적인 갱신가능성을 고려할 경우의 공정가치는 ₩3,000이다. 추가로 ㈜대한은 기존 이전대가에 추가하여 ㈜민국의 주주에게 토지(공정가치 ₩3,000, 장부금액 ₩2,000)를 이전하기로 하였다. ㈜대한은 이전하는 토지를 사업결합 후 통제하지 않는다.

구분	영업권(염가매수차익)
〈공통 자료〉 + (상황 4)	④

(상황 5) ㈜대한은 사업결합일 현재 ₩20,000의 세무상 이월결손금을 보유하고 있는데, 과거에는 실현가능성이 높지 않다고 판단하여 이연법인세자산을 인식하지 않았다. 그러나 ㈜대한은 ㈜민국과의 사업결합으로 해당 이월결손금의 실현가능성이 높다고 판단하고 있다. 한편, ㈜대한과 ㈜민국의 적용 법인세율은 각각 20% 및 30%이며, ㈜민국의 자산과 부채의 장부금액과 공정가치의 차이는 없다.

구분	영업권(염가매수차익)
〈공통 자료〉 + (상황 5)	⑤

물음 2) 기업회계기준서 제1103호 '사업결합'에 따른 ① 조건부대가의 정의, ② 사업결합일의 조건부대가의 최초 측정방법 및 ③ 지급의무가 있는 조건부대가에 대한 회계처리상 분류방법을 간략히 기술하시오.

조건부대가의 정의	①
조건부대가의 최초 측정방법	②
조건부대가 지급의무의 회계처리 분류	③

물음 1) (상황 1)

구분	영업권(염가매수차익)
〈공통 자료〉 + (상황 1)	① 8,000

공통 자료에 의한 영업권	$40,000 - (35,000 - 5,000) = $ 10,000
불리한 리스조건의 공정가치	1,000
고객목록의 공정가치	(−)3,000
영업권	8,000

(1) 공통 자료에 의하여 피취득자의 식별가능한 순자산이 증가하면 영업권이 감소하고, 감소하면 영업권이 증가한다.
(2) 시장조건에 비해 불리한 리스조건은 사용권자산에서 차감하며, 식별가능한 무형자산(고객목록)은 인식기준의 충족 여부에 관계없이 공정가치로 인식한다.

(상황 2)

구분	영업권(염가매수차익)
〈공통 자료〉 + (상황 2)	② 10,000

공통 자료에 의한 영업권	$40,000 - (35,000 - 5,000) = $ 10,000
집합적 노동력의 공정가치	−
이전 사업결합에서 인식한 영업권	−
자문 수수료	−
영업권	10,000

집합적 노동력과 이전의 사업결합에서 인식한 영업권은 식별가능하지 않아 인식하지 않는다. 사업결합 과정에서 발생한 회계, 법률 등 자문 수수료는 취득일에 당기비용으로 인식한다.

(상황 3)

구분	영업권(염가매수차익)
〈공통 자료〉 + (상황 3)	③ 7,000

공통 자료에 의한 영업권	$40,000 - (35,000 - 5,000) = $ 10,000
구조조정비용	1,000
이전대가의 반환권리(조건부대가)	(−)4,000
합병전담부서의 유지비용	−
영업권	7,000

(1) 문제에서 구조조정비용이 의무에 해당하는지 여부를 명확하게 제시하지 않았지만 문제에 제시된 의도를 볼 때 별도의 부채로 인식한다.
(2) 이전대가를 반환받을 권리는 조건부대가에 해당하므로 영업권을 감소시키며, 합병전담부서의 유지비용은 취득일에 당기비용처리한다.

(상황 4)

구분	영업권(염가매수차익)
〈공통 자료〉 + (상황 4)	④ 11,000

공통 자료에 의한 영업권	40,000 − (35,000 − 5,000) =	10,000
다시 취득한 권리의 공정가치		(−)2,000
추가 이전대가의 공정가치		3,000
영업권		11,000

(1) 다시 취득한 권리는 취득일에 잔여 계약기간에 기초하여 측정하며, 잠재적인 갱신가능성은 고려하지 않는다.
(2) 이전대가로 이전하는 토지를 사업결합 후에도 통제하지 않으므로 공정가치로 이전대가를 측정한다.

(상황 5)

구분	영업권(염가매수차익)
〈공통 자료〉 + (상황 5)	⑤ 10,000

공통 자료에 의한 영업권	40,000 − (35,000 − 5,000) =	10,000
취득자의 이월결손금		−
영업권		10,000

취득자의 이월결손금에 대한 법인세효과는 피취득자의 식별가능한 순자산이 아니므로 사업결합과 관련이 없다. 만일 피취득자의 이월결손금이라면 실현가능한 법인세효과를 이연법인세자산으로 인식하여야 하며, 이때 법인세효과는 합병이므로 취득자의 법인세율을 사용하여 측정한다.

물음 2)

조건부대가의 정의	① 특정 미래사건이 일어나거나 특정 조건이 충족되는 경우 피취득자의 이전 소유주에게 자산이나 지분을 추가적으로 이전하여야 하는 취득자의 의무
조건부대가의 최초 측정방법	② 취득일의 공정가치
조건부대가 지급의무의 회계처리 분류	③ 자산을 이전하는 의무는 금융부채로, 지분을 이전하는 의무는 자본으로 각각 분류

사업결합 종합(3)

㈜대한은 20×1년 1월 1일에 ㈜민국의 보통주 90%를 취득함으로써 ㈜민국을 흡수합병하였다. ㈜대한과 ㈜민국은 동일 지배하에 있는 기업이 아니다. 합병과 관련된 다음 자료를 이용하여 물음에 답하시오.

〈자료〉

(1) 취득 자산과 인수 부채에 관한 자료
- 아래의 요소를 제외한 취득일 현재 ㈜민국의 순자산 공정가치는 ₩540,000이다.
- 취득일 현재 ㈜민국이 진행하고 있는 연구개발 프로젝트가 ㈜민국의 장부에 인식되어 있지 않다. ㈜대한은 동 프로젝트가 식별가능한 자산에 해당한다고 판단한다. 취득일 현재 ㈜대한은 동 프로젝트에 대한 공정가치를 ₩50,000으로 측정하였다.
- ㈜대한은 ㈜민국의 사업을 지속적으로 영위하기 위해 ㈜민국의 핵심 종업원이 반드시 필요한 것으로 판단하였다. 취득일 현재 ㈜대한은 이러한 집합적 노동력에 대한 가치를 ₩200,000으로 추정하고 있다.
- ㈜민국은 리스이용자로 취득일 현재 잔여 리스기간이 3년인 리스계약에 따라 매년 말 ₩83,271을 지급하고 있다. 이러한 리스계약은 시장조건에 비해 매년 말 ₩3,331을 더 지급한다. 리스계약 체결일에 적용된 내재이자율은 연 10%이며, 취득일에 재측정한 내재이자율은 연 12%이다. 동 리스는 취득일 현재 소액기초자산 리스에 해당하지 않는다.

(2) 이전대가에 관한 자료
- ㈜대한은 추가 취득의 대가로 취득일에 자사 보통주 200주(1주당 액면금액 ₩1,000, 1주당 공정가치 ₩3,000)를 신규로 발행·교부하고, 추가로 ㈜대한의 보유 토지(장부금액 ₩200,000, 공정가치 ₩250,000)를 이전하였다. 단, 이전한 토지는 사업결합 후 ㈜대한에 계속 남아 있으며, ㈜대한은 동 토지에 대한 통제를 계속 보유한다.
- ㈜대한은 합병을 위한 추가 취득 이전에 취득한 ㈜민국의 보통주 10주(발행주식 중 10%, 취득 시 1주당 공정가치 ₩1,000)를 보유하고 있으며, 이를 기타포괄손익–공정가치 측정 금융자산으로 분류하고 있다. 취득일 현재 ㈜민국의 보통주 1주당 공정가치는 ₩2,500이다. ㈜대한은 보유 중인 ㈜민국의 보통주에 대해 신주를 교부하지 않았으며, 합병(취득)일에 소각하였다.
- ㈜대한은 20×1년 시장점유율이 특정 비율을 초과하게 되면, ㈜대한의 보통주 30주를 추가로 발행하기로 약정하였으며, 이러한 조건부대가의 취득일 현재 공정가치는 ₩10,000이다.

(3) 합병과 관련한 ㈜대한의 추가 지출 내역
- 법률자문 수수료: ₩50,000
- 주식발행비용: ₩10,000
- 건물 소유권 이전비용: ₩15,000

물음 1) ㈜대한이 20×1년 1월 1일 지출한 취득 관련 원가(법률자문 수수료, 주식발행비용, 건물 소유권 이전비용)가 각각 사업결합 회계처리에 어떻게 반영(예 부채인식 등)되는지 간략히 서술하시오.

항목	회계처리 방법
법률자문 수수료	①
주식발행비용	②
건물 소유권 이전비용	③

물음 2) 사업결합을 통하여 취득일에 ㈜대한이 인식할 영업권을 계산하시오. (단, 3기간, 연 이자율 10%와 연 이자율 12%에 대한 정상연금 ₩1의 현가계수는 각각 2.4869와 2.4018이며, 답안 작성 시 원 이하는 반올림한다)

영업권	①

물음 3) 다른 모든 상황은 상기와 같으나 만약 ㈜대한이 취득일 이전에 보유하고 있던 ㈜민국의 보통주 10주에 대하여 취득일에 ㈜대한의 보통주 10주를 발행·교부하였다고 할 경우, 사업결합을 통하여 취득일에 ㈜대한이 인식할 영업권을 계산하시오. (단, 답안 작성 시 원 이하는 반올림한다)

영업권	①

물음 4) 다음의 〈추가 자료〉를 이용하여 물음에 답하시오.

〈추가 자료〉

(1) ㈜대한은 합병 후 ㈜민국을 독립된 사업부(민국사업부)로 운영하고 있다.

(2) ㈜대한은 ㈜민국과의 합병 시 인식한 영업권을 현금창출단위에 배분하여 매년 해당 현금창출단위에 대한 손상검사를 하고 있다.

(3) 20×1년 말 현재 민국사업부는 A사업부문과 B사업부문이라는 두 개의 현금창출단위로 구성되어 있으며, B사업부문의 20×1년 말 감가상각을 완료한 후 손상차손 인식 전 식별가능한 자산과 배분된 영업권의 장부금액 등에 대한 정보는 다음과 같다.

계정	장부금액	순공정가치	비고
건물(순액)	₩50,000	₩30,000	잔존내용연수: 5년 잔존가치: ₩0 정액법 상각
토지	100,000	105,000	
기계장치(순액)	30,000	알 수 없음	잔존내용연수: 5년 잔존가치: ₩0 정액법 상각
개발비(순액)	20,000	알 수 없음	잔존내용연수: 5년 잔존가치: ₩0 정액법 상각
영업권	20,000	알 수 없음	

(4) 20×1년 말 현재 B사업부문 내의 개별 자산에 대해 손상을 시사하는 징후는 없었으나, 경기 침체로 인해 B사업부문의 사용가치에 근거한 회수가능액이 ₩140,000으로 추정됨에 따라 동 현금창출단위의 손상에 대한 회계처리를 적정하게 수행하였다.

(5) 20×2년 경기가 빠르게 회복되어 B사업부문의 상황이 크게 호전되었으며, 그 결과 20×2년 말 현재 B사업부문의 회수가능액이 ₩160,000으로 회복된 것으로 나타났다.

B사업부문의 손상회계처리와 관련하여 다음 양식에 제시된 항목의 금액을 각각 계산하시오. (단, 20×2년 중 〈추가 자료〉의 표에 제시된 자산 외에 B사업부문에서 추가 취득한 자산은 없으며, 감가상각비와 손상차손 및 손상차손환입은 개별 자산별로 구분하여 회계처리한다. ㈜대한은 모든 유·무형자산에 대해 원가모형을 적용한다)

20×1년 기계장치에 배분된 손상차손	①
20×2년 기계장치의 손상차손환입	②
20×2년 말 개발비의 장부금액(순액)	③

물음 1)

항목	회계처리 방법
법률자문 수수료	① 취득일에 당기비용처리
주식발행비용	② 발행·교부되는 주식의 발행금액에서 차감
건물 소유권 이전비용	③ 건물의 취득원가에 가산

물음 2)

영업권	① 53,000

[취득일의 회계처리]

차) 순자산	540,000	대) 리스부채[2]	200,000
무형자산(연구개발)[1]	50,000	자본금[4]	200,000
사용권자산[3]	192,000	주식발행초과금[5]	400,000
영업권	53,000	FVOCI금융자산[6]	25,000
		조건부대가(자본)	10,000
차) 토지	200,000	대) 토지[7]	200,000
차) 지급수수료	50,000	대) 현금	75,000
주식발행초과금	10,000		
건물	15,000		

[1] 집합적 노동력에 대한 가치는 식별가능한 무형자산이 아니므로 별도로 인식하지 않는다.

[2] $83,271 \times 2.4018 = 200,000$

⇒ 피취득자가 리스이용자인 경우 피취득자는 취득일에 해당 리스가 새로운 리스인 것처럼 나머지 리스료의 현재가치로 리스부채를 측정한다. 그러므로 리스부채를 측정할 때는 공정가치로 측정하기 위하여 취득일의 이자율을 사용하여야 한다.

[3] $200,000 - 3,331 \times 2.4018 = 192,000$

⇒ 피취득자가 리스이용자인 경우 리스조건이 시장조건에 비해 불리하면 불리한 금액의 현재가치를 사용권자산에서 차감한다.

[4] $200주 \times @1,000 = 200,000$

[5] $200주 \times (@3,000 - @1,000) = 400,000$

[6] $10주 \times @2,500 = 25,000$

⇒ 취득일 이전에 취득하여 FVOCI금융자산으로 분류된 피취득자의 지분은 취득일 직전인 20×0년 12월 31일에 공정가치로 측정하고 있으므로 장부금액은 20×1년 초의 공정가치와 일치한다. 또한, 이와 관련된 기타포괄손익누계액은 당기손익으로 재분류하지 않고 다른 자본계정으로 대체할 수 있으나 문제에는 이에 대한 언급이 없으므로 별도의 회계처리는 필요 없다.

[7] 이전대가로 지급한 토지는 사업결합 후에도 계속 취득자인 ㈜대한이 통제하고 있으므로 장부금액을 이전대가로 본다.

물음 3)

영업권	① 58,000

[취득일의 회계처리]

차) 순자산	540,000	대) 리스부채	200,000
무형자산(연구개발)	50,000	자본금[1]	210,000
사용권자산	192,000	주식발행초과금[2]	420,000
영업권	58,000	조건부대가(자본)	10,000
차) 자기주식	25,000	대) FVOCI금융자산[3]	25,000
차) 토지	200,000	대) 토지	200,000
차) 지급수수료	50,000	대) 현금	75,000
주식발행초과금	10,000		
건물	15,000		

[1] (200주 + 10주) × @1,000 = 210,000
[2] (200주 + 10주) × (@3,000 − @1,000) = 420,000
[3] 10주 × @2,500 = 25,000

물음 4)

20×1년 기계장치에 배분된 손상차손	① 24,000
20×2년 기계장치의 손상차손환입	② 7,200
20×2년 말 개발비의 장부금액(순액)	③ 8,000

(1) 20×1년 기계장치에 배분된 손상차손

1) 손상차손 최초 배분

구분	장부금액	손상차손배분	회수가능액
건물	50,000	60,000 × 50/200 = (−)15,000	35,000
토지	100,000	60,000 × 100/200 = (−)30,000	70,000
기계장치	30,000	60,000 × 30/200 = (−)9,000	21,000
개발비	20,000	60,000 × 20/200 = (−)6,000	14,000
영업권	20,000	(−)20,000[1]	−
합계	220,000	(−)80,000	140,000

[1] 현금창출단위에 대한 손상차손을 인식하는 경우에는 전체 손상차손을 영업권에 먼저 배분하고 남은 손상차손 금액은 다른 자산들의 장부금액에 비례하여 배분한다.

2) 토지 손상차손의 2차 배분

구분	2차 배분 전	손상차손배분	2차 배분 후
건물	35,000	30,000 × 35/70 = (−)15,000	20,000
토지	70,000	30,000	100,000
기계장치	21,000	30,000 × 21/70 = (−)9,000	12,000
개발비	14,000	30,000 × 14/70 = (−)6,000	8,000
영업권	−	−	−
합계	140,000	−	140,000

⇒ 손상차손을 인식한 이후 개별 자산의 장부금액은 순공정가치, 사용가치, '0' 중 큰 금액보다 작아서는 안 된다. 토지의 경우 순공정가치가 장부금액을 초과하는 데 평가증을 인식할 수 없으므로 토지의 장부금액을 초과할 수 없다.

3) 건물 손상차손의 2차 배분

구분	2차 배분 전	손상차손배분	2차 배분 후
건물	20,000	10,000	30,000
토지	100,000	−	100,000
기계장치	12,000	10,000 × 12/20 = (−)6,000	6,000
개발비	8,000	10,000 × 8/20 = (−)4,000	4,000
영업권	−	−	−
합계	140,000	−	140,000

4) 20×1년 기계장치에 배분된 손상차손: 9,000 + 9,000 + 6,000 = 24,000

(2) 20×2년 기계장치의 손상차손환입

1) 손상차손환입 최초 배분

구분	장부금액	손상차손환입	회수가능액
건물	30,000 × 4/5 = 24,000	28,000 × 24/32 = 21,000	45,000
토지	100,000	−	100,000
기계장치	6,000 × 4/5 = 4,800	28,000 × 4.8/32 = 4,200	9,000
개발비	4,000 × 4/5 = 3,200	28,000 × 3.2/32 = 2,800	6,000
영업권	−	−	−
합계	132,000	28,000	160,000

* 토지는 이미 한도를 넘었으므로 배분대상에서 제외한다.

2) 손상차손환입 2차 배분
① 각 자산별 손상차손환입 후 한도금액(손상차손 인식 전 장부금액)

구분	한도금액	환입 후 장부금액	손상차손환입 취소액
건물	50,000 × 4/5 = 40,000	45,000	5,000
토지	100,000	100,000	−
기계장치	30,000 × 4/5 = 24,000	9,000	−
개발비	20,000 × 4/5 = 16,000	6,000	−

② 손상차손환입 2차 배분

구분	2차 배분 전	손상차손환입배분	2차 배분 후
건물	45,000	(−)5,000	40,000
토지	100,000	−	100,000
기계장치	9,000	5,000 × 9/15 = 3,000	12,000
개발비	6,000	5,000 × 6/15 = 2,000	8,000
영업권	−	−	−
합계	160,000	−	160,000

3) 20×2년 기계장치의 손상차손환입: 4,200 + 3,000 = 7,200

(3) 20×2년 말 개발비의 장부금액(순액): 8,000

cpa.Hackers.com

Chapter **2**

관계기업과 공동기업투자

I 관계기업과 공동기업투자의 의의

관계기업(associate)은 투자자가 유의적인 영향력을 보유하는 기업을 말한다. 유의적인 영향력(significant influence)은 피투자자의 재무정책과 영업정책에 관한 의사결정에 참여할 수 있는 능력을 뜻한다. 그러나 지배력이나 공동지배력(joint control)과는 다른 개념이다.

> **참고**
>
> 공동기업은 투자자가 공동지배력을 보유하는 대상기업이다. 여기서 공동지배력은 약정의 지배력에 대한 계약상 합의된 공유를 의미하는 것으로 공동지배력은 피투자자의 관련 활동을 결정하는 데 있어 지배력을 공유하는 당사자들 전체의 동의가 요구될 때에만 존재한다.

Additional Comment

1. 지배력(control)은 투자자가 피투자자에 관여함에 따라 변동이익에 노출되거나 변동이익에 대한 권리가 있고 피투자자에 대하여 자신의 힘으로 그러한 이익에 영향을 미치는 능력을 말한다. 투자자가 지배력을 행사하고 있는 대상기업이 종속기업(subsidiary)이다.
2. 유의적인 영향력은 피투자자의 재무정책과 영업정책에 관한 의사결정에 참여할 수 있는 능력을 말한다. 유의적인 영향력을 행사하고 있는 기업이 관계기업(associate)이다.

[지배력과 유의적인 영향력]

3. 공동지배력은 계약상 합의에 의하여 피투자자의 경제활동에 대한 지배력을 공유하는 것을 말한다. 공동지배력을 행사하고 있는 기업이 공동기업(joint venture)이다.

[공동지배력]

Ⅱ 　지분법 회계처리의 의의

투자자가 피투자자에 대하여 유의적인 영향력을 행사할 수 있는 지분을 소유하여 관계기업이 되거나 공동지배력을 행사할 수 있는 지분을 소유하여 공동기업이 되는 경우, 투자자는 당해 관계기업이나 공동기업의 영업, 투자, 재무활동에 대한 의사결정에 영향을 주게 된다. 따라서 이러한 투자지분에 대하여는 매각 목적으로 보유하고 있는 다른 금융자산과 다른 평가방법이 필요하다. 이때 사용하는 평가방법이 바로 지분법이다.

지분법은 투자자산을 최초에 취득원가로 인식하고, 취득시점 이후 발생한 피투자자의 순자산 변동액 중 투자자의 몫을 해당 투자자산에 가감하여 보고하는 회계처리 방법이다.

지분법에서는 피투자자의 당기순손익 중 투자자의 몫은 투자자의 당기순손익에 포함하고 피투자자의 기타포괄손익 중 투자자의 몫은 투자자의 기타포괄손익에 포함한다. 피투자자에게서 받은 분배액은 투자자산의 장부금액을 줄인다.

한편, 참여자가 보유하는 공동기업투자지분에 대하여는 추후 설명할 것이므로 이하 내용은 관계기업에 대한 투자지분을 위주로 서술한다.

Additional Comment

> 투자지분에 대하여 지분법을 적용하게 되면, 지분 취득일 이후에는 관계기업의 순자산 변동을 보유지분율만큼 투자자의 투자지분에 반영하게 되어 실질적으로 지분율만큼 관계기업이나 공동기업과 연결되는 효과가 발생하게 된다. 지분법을 한 줄로 된 연결이라 부르는 것도 이러한 이유 때문이다. 그 결과 지분법을 적용하면 투자자의 순자산과 당기순손익에 관하여 더 유익한 정보를 제공한다.

Ⅲ 　유의적인 영향력 행사 여부의 판단

투자자가 관계기업의 투자지분에 대하여 지분법을 적용하기 위해서는 피투자자의 의사결정활동에 유의적인 영향력을 행사할 수 있어야 한다. 이에 대한 기준은 다음과 같다.

01 현재 보유지분 기준

(1) 투자자가 직접으로 또는 종속기업을 통하여 간접으로 피투자자에 대한 의결권의 20% 이상을 소유하고 있다면 명백한 반증이 없는 한 유의적인 영향력이 있는 것으로 본다.

(2) 투자자가 직접으로 또는 종속기업을 통하여 간접으로 피투자자에 대한 의결권의 20% 미만을 소유하고 있다면 명백한 반증이 없는 한 유의적인 영향력이 없는 것으로 본다.

(3) 다른 투자자가 해당 피투자자의 주식을 상당한 부분 또는 과반수 이상을 소유하여 지배력을 행사하고 있다고 하여도 투자자가 피투자자에 대하여 유의적인 영향력을 보유하고 있다는 것을 반드시 배제하는 것은 아니다.

02 잠재적 의결권의 행사가능성 기준

(1) 기업이 유의적인 영향력을 보유하는지 평가할 때에는, 다른 기업이 보유한 잠재적 의결권을 포함하여 현재 행사할 수 있거나 전환할 수 있는 잠재적 의결권의 존재와 영향을 고려한다.

(2) 잠재적 의결권이 있는 경우에도, 피투자자의 당기순손익과 자본변동 중 투자자의 지분은 현재 소유하고 있는 지분율에 기초하여 산정하며 잠재적 의결권의 행사가능성이나 전환가능성은 반영하지 않는다.

참고

기업이 주식매입권, 주식콜옵션, 보통주식으로 전환할 수 있는 채무상품이나 지분상품, 또는 그 밖의 유사한 금융상품을 소유할 수 있다. 이러한 금융상품은 행사되거나 전환될 경우 해당 피투자자의 재무정책과 영업정책에 대한 기업의 의결권을 증가시키거나 다른 상대방의 의결권을 줄일 수 있는 잠재력을 가지고 있다.

03 지분율이 20% 미만인 경우에도 유의적인 영향력을 행사할 수 있는 경우

투자자가 다음 중 하나 이상에 해당하는 경우, 관계기업에 대한 지분율이 20% 미만인 경우에도 일반적으로 유의적인 영향력이 있는 것으로 본다.

① 피투자자의 이사회나 이에 준하는 의사결정기구에 참여
② 배당이나 다른 분배에 관한 의사결정에 참여하는 것을 포함하여 정책결정과정에 참여
③ 투자자와 피투자자 사이의 중요한 거래
④ 경영진의 상호 교류
⑤ 필수적 기술정보의 제공

Self Study

후속적으로 기업이 피투자자의 재무정책과 영업정책에 참여할 수 있는 능력을 상실하면, 기업은 피투자자에 대한 유의적인 영향력을 상실한 것이다.

04 지분율이 20% 이상인 경우에도 유의적인 영향력을 상실할 수 있는 경우

유의적인 영향력은 일반적으로 절대적이거나 상대적으로 소유지분율의 변동에 따라 상실될 수 있지만, 관계기업에 대한 지분율이 20% 이상인 경우에도 다음의 경우에는 유의적인 영향력이 상실될 수 있다.

① 관계기업이 정부, 법원, 관재인, 감독기관의 지배를 받게 되는 경우
② 계약상 합의의 결과로 유의적인 영향력이 상실되는 경우

05 지분법 적용배제

투자자가 피투자자에 대하여 유의적인 영향력을 행사하고 있는 경우에는 당해 관계기업에 대한 투자지분에 대하여 지분법을 적용하여 회계처리해야 한다. 그러나 예외적으로 다음의 경우에는 유의적인 영향력을 행사할 수 있음에도 불구하고 지분법을 적용하지 않고, 공정가치법이나 저가법을 적용하여 측정하고, 관련손익은 당기손익에 반영한다.

> ① 벤처캐피탈 투자기구, 뮤추얼 펀드, 단위신탁 및 이와 유사한 기업이 소유하고 있는 관계기업투자자산
> ② 관계기업투자자산이 기업회계기준서 제1105호 '매각예정비유동자산과 중단영업'에 따라 매각예정으로 분류된 경우

IV 관계기업의 재무제표

01 보고기간 종료일

기업은 지분법을 적용할 때 가장 최근의 이용가능한 관계기업의 재무제표를 사용한다. 기업의 보고기간 종료일과 관계기업의 보고기간 종료일이 다른 경우, 관계기업은 실무적으로 적용할 수 없는 경우가 아니면 기업의 사용을 위하여 기업의 재무제표와 동일한 보고기간 종료일의 재무제표를 작성한다.

지분법을 적용하기 위하여 사용하는 관계기업 재무제표의 보고기간 종료일이 기업 재무제표의 보고기간 종료일과 다른 경우에는 기업 재무제표의 보고기간 종료일과 관계기업 재무제표의 보고기간 종료일 사이에 발생한 유의적인 거래나 사건의 영향을 반영한다. 어떠한 경우라도 기업의 보고기간 종료일과 관계기업의 보고기간 종료일 간의 차이는 3개월 이내이어야 한다. 보고기간의 길이 그리고 보고기간 종료일의 차이는 매 기간마다 동일하여야 한다.

02 회계정책

투자자는 유사한 상황에서 발생한 동일한 거래와 사건에 대하여는 투자자와 동일한 회계정책을 적용한 관계기업의 재무제표를 이용하여 지분법을 적용해야 한다. 관계기업이 유사한 상황에서 발생한 동일한 거래와 사건에 대하여 투자자의 회계정책과 다른 회계정책을 사용한 경우, 투자자는 지분법을 적용하기 위하여 관계기업의 재무제표를 사용할 때 관계기업의 회계정책을 투자자의 회계정책과 일관되도록 수정하여 지분법을 적용해야 한다.

03 별도 재무제표

(1) 별도 재무제표는 기업이 종속기업, 공동기업 및 관계기업에 대한 투자를 원가법, 기업회계기준서 제1109호 '금융상품'에 따른 방법, 기업회계기준서 제1028호 '관계기업과 공동기업에 대한 투자'에서 규정하고 있는 지분법 중 어느 하나를 적용하여 표시한 재무제표를 말한다. 별도 재무제표는 투자자산의 각 범주별로 동일한 회계처리 방법을 적용하여야 한다.

(2) 별도 재무제표는 연결재무제표에 추가하여 표시하거나 종속기업에 대한 투자자산을 보유하고 있지 않지만 관계기업이나 공동기업에 대한 투자자산을 기업회계기준서 제1028호 '관계기업과 공동기업에 대한 투자'에 따라 지분법으로 회계처리해야 하는 투자자의 재무제표에 추가하여 표시하는 재무제표이다.

(3) 종속기업, 관계기업, 공동기업 참여자로서 투자지분을 소유하지 않은 기업의 재무제표는 별도 재무제표가 아니다. 연결이 면제되거나 지분법 적용이 면제되는 경우, 그 기업의 유일한 재무제표로서 별도 재무제표만을 재무제표로 작성할 수 있다.

(4) 종속기업, 관계기업, 공동기업에서 받는 배당금은 기업이 배당을 받을 권리가 확정되는 시점에 그 기업의 별도 재무제표에 인식한다. 기업이 배당금을 투자자산의 장부금액에서 차감하는 지분법을 사용하지 않는다면 배당금은 당기손익으로 인식한다.

2 지분법 회계처리

I 지분법 회계처리의 기초

관계기업에 대한 투자지분은 지분법으로 평가한다. 관계기업에 대한 투자는 기업회계기준서 제1105호 '매각예정비유동자산과 중단영업'에 따라 매각예정으로 분류되는 경우가 아니라면 비유동자산으로 분류한다. 지분법은 관계기업에 대한 주식을 최초에 원가로 인식하고, 취득시점 이후 발생한 관계기업의 순자산 변동액 중 투자자의 지분을 해당 주식에서 가감하여 보고하는 방법이므로 아래의 산식이 성립되어야 한다.

> 관계기업투자주식의 장부금액 = 관계기업 순자산 장부금액 × 투자지분율

그런데 투자주식의 장부금액과 관계기업의 순자산 장부금액에 대한 투자자 지분액은 일치하지 않는다. 이 두 금액이 서로 일치하지 않는 이유는 다음과 같다.

> ① **주식 취득일 이후의 차이:** 투자주식의 취득일 이후 관계기업의 순자산 장부금액이 변동하여 생기는 차이
> ② **주식 취득일의 차이:** 투자주식의 취득금액이 취득일 현재 관계기업의 식별할 수 있는 순자산 장부금액에 투자자 지분율을 곱한 금액과 일치하지 않아 생기는 차이

주식 취득일 이후의 차이는 관계기업의 순자산 장부금액이 변동할 때마다 조정하고, 주식 취득일의 차이는 발생원인별로 차이를 조정한다. 결국 지분법은 주식 취득일의 차이와 주식 취득일 이후의 차이를 조정하는 회계처리이다.

II 관계기업의 순자산 변동(주식 취득일 이후의 차이)

관계기업의 순자산은 당기순이익과 현금배당 이외의 사유로도 변동한다. 이 경우 순자산 변동 중 투자자 지분 해당액을 관계기업투자주식에 반영할 때에는 순자산의 변동원인별로 구분하여 처리해야 한다. 관계기업의 순자산 변동원인은 납입자본, 기타자본구성요소(자본의 조정항목과 기타포괄손익누계액)와 이익잉여금의 변동으로 구분되며, 이때 순자산의 변동원인에 따라 투자자의 지분법을 달리 적용한다.

01 관계기업의 당기순이익

관계기업의 순자산 장부금액이 당기순이익으로 변동하는 경우 동 변동액 중 투자자 지분액은 투자주식의 장부금액에 가산한다. 이때 관계기업의 순자산 변동액은 관계기업의 당기순이익으로 인한 것이므로 지분법이익의 계정으로 하여 당기순이익에 반영한다.

당기순이익	차) 관계기업투자주식 ×× 대) 지분법이익 ××

02 관계기업의 배당금 수령

관계기업이 현금으로 배당금을 지급하는 경우 관계기업의 순자산 장부금액은 감소하게 된다. 그러므로 투자자는 관계기업이 배당금 지급을 결의한 시점에 수취하게 될 배당금 금액을 관계기업투자주식의 장부금액에서 직접 차감한다.

한편, 관계기업이 주식배당을 실시한 경우에는 관계기업의 순자산 장부금액이 변동하지 않으므로 지분법에서는 별도의 회계처리를 할 필요가 없다.

현금배당금 수령	차) 현금 ×× 대) 관계기업투자주식 ××
주식배당금 수령	−회계처리 없음−

> **Self Study**
>
> 무상증자, 무상감자, 주식분할, 주식병합의 경우에도 관계기업의 순자산 장부금액은 변동하지 않으므로 지분법에서는 별도의 회계처리를 하지 않는다.

03 관계기업의 기타포괄손익 변동

관계기업의 순자산 장부금액이 기타포괄손익으로 변동하는 경우 동 변동액 중 투자자 지분액은 투자주식의 장부금액에 가감하고, 관계기업기타포괄손익의 과목으로 포괄손익계산서에 기타포괄손익으로 인식한다.

기타포괄손익	차) 관계기업투자주식 ×× 대) 관계기업기타포괄이익 ××

Additional Comment

투자자가 기타포괄손익으로 인식한 관계기업기타포괄이익이 관계기업의 관련 자산이나 부채를 직접 처분한 경우의 회계처리와 동일한 기준으로 그 관계기업과 관련하여 기타포괄손익으로 인식한 모든 금액에 대하여 회계처리한다.

EX) 관계기업이 FVOCI금융자산(채무상품)과 관련하여 누적 평가손익이 있고, 투자자가 지분법의 적용을 중단하는 경우 해당 채무상품과 관련하여 이전에 관계기업기타포괄손익으로 인식했던 손익은 당기손익으로 재분류한다. 그러나 FVOCI금융자산(지분상품)이라면 이 경우 재분류조정하지 않고 이익잉여금으로 대체한다.

재분류조정	차) 관계기업기타포괄이익	××	대) 관계기업투자주식 처분이익	××
직접대체	차) 관계기업기타포괄이익	××	대) 미처분이익잉여금	××

관계기업의 순자산 변동을 고려한 관계기업투자주식 장부금액의 구성

	〈────투자자의 지분율────〉	〈───기타 지분율───〉
관계기업 순자산 BV		
취득원가	+	
관계기업 N/I	지분법이익	
(±)관계기업 OCI 변동	+	
(−)관계기업 현금배당 지급	−	

= 관계기업투자주식 장부금액

Additional Comment

관계기업의 순자산 장부금액이 당기순이익이나 기타포괄손익이 아닌 다른 자본요소로 변동하는 경우도 있다. 기업회계기준서 제1028호 '관계기업과 공동기업에 대한 투자'에서는 이에 대한 규정이 없지만 우리나라 일반기업회계기준에서는 '지분법자본변동'이나 '지분법이익잉여금'으로 표기하고 있다.

20×1년 1월 1일 ㈜하늘은 ㈜포도의 보통주 20%를 영향력 행사 목적으로 ₩200,000에 취득하였다. 20×1년 1월 1일 현재 ㈜포도의 순자산 장부금액은 ₩1,000,000이며 주식 취득일 현재 ㈜포도의 순자산 장부금액과 공정가치는 일치하였다. ㈜포도의 매년 당기순이익과 현금배당액은 다음과 같다.

구분	당기순이익	기타포괄손익	현금배당
20×1년	₩200,000	₩50,000	₩100,000
20×2년	150,000	(20,000)	80,000

❶ 20×1년의 회계처리를 보이시오.

❷ 20×2년의 회계처리를 보이시오.

[풀이]

❶

취득	차) 관계기업투자주식	200,000	대) 현금	200,000
기말	차) 관계기업투자주식	40,000	대) 지분법이익	40,000
	차) 관계기업투자주식	10,000	대) 관계기업기타포괄이익	10,000
배당	차) 현금	20,000	대) 관계기업투자주식	20,000

❷

기말	차) 관계기업투자주식	30,000	대) 지분법이익	30,000
	차) 관계기업기타포괄이익	4,000	대) 관계기업투자주식	4,000
배당	차) 현금	16,000	대) 관계기업투자주식	16,000

[관계기업의 순자산 변동을 고려한 관계기업투자주식 장부금액의 구성]

	〈----투자자의 지분율(20%)-----〉	〈----기타 지분율----〉
관계기업 순자산 BV 1,000,000	200,000	
취득원가 1,000,000	+	
관계기업 N/I 20×1년 200,000 20×2년 150,000	지분법이익 20×1년 40,000 20×2년 30,000	
	+	
(±)관계기업 OCI 변동 20×1년 50,000 20×2년 (-)20,000	관계기업기타포괄이익 20×1년 10,000 20×2년 (-)4,000	
	-	
(-)관계기업 현금배당 지급 20×1년 (-)100,000 20×2년 (-)80,000	20×1년 (-)20,000 20×2년 (-)16,000	
	=	
	관계기업투자주식 장부금액 20×1년 230,000 20×2년 240,000	

Ⅲ 투자·평가차액(주식 취득일의 차이)

주식 취득일의 차이는 투자주식의 취득금액과 취득일 현재 관계기업의 식별할 수 있는 순자산 장부금액에 대한 투자자 지분의 차액으로 계산된다. 주식 취득일의 차이는 투자자가 투자주식을 취득할 때 공정가치로 측정하여 취득하였기 때문에 발생한다.

> 주식 취득일의 차이 = 투자주식의 취득금액(이전대가) − 관계기업의 식별할 수 있는 순자산 장부금액 × 지분율

취득시점의 차액은 순자산의 공정가치에 대한 평가차액과 투자차액 두 가지로 구분할 수 있다.

> ① 순자산 공정가치와 장부금액의 평가차액: (관계기업 순자산 공정가치 − 관계기업 순자산 장부금액) × 지분율
> ② 영업권(투자차액): 투자주식 취득원가 − 관계기업 순자산 공정가치 × 지분율

01 순자산 공정가치와 장부금액의 차액(평가차액)

투자주식의 취득시점에 관계기업의 식별가능한 자산과 부채를 공정가치로 평가한 금액과 장부금액의 차이금액인 평가차액은 다음과 같이 계산한다.

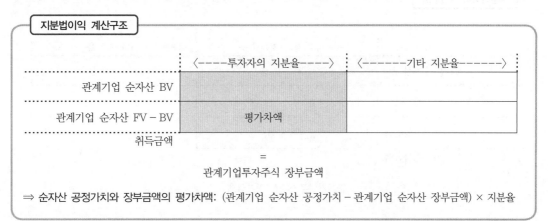

평가차액은 관계기업의 식별가능한 순자산 공정가치 장부금액을 초과하는 금액에 대해서 투자자가 추가로 지급한 프리미엄이다. 이 금액은 투자자의 투자주식 장부금액에 포함하여 인식되며, 즉시 비용으로 인식하지 않고, 투자자의 지분율에 해당하는 금액을 지분법이익 계산 시 해당 자산과 부채에 대한 관계기업의 처리 방법에 따라 상각한다.

구분	관계기업
관계기업 조정 전 N/I	××
평가차액 상각	
– 재고자산	(–)××
– 건물 감가상각비	(–)××
관계기업 조정 후 N/I	① ××

⇒ 지분법이익: ① × 지분율

Self Study

관계기업의 식별가능한 순자산 공정가치가 장부금액에 미달하는 상황이 발생할 수도 있다. 이 경우에는 발생한 평가차액은 즉시 수익으로 인식하지 않고, 투자자의 지분율에 해당하는 금액을 지분법이익 계산 시 해당 자산과 부채에 대한 관계기업의 처리 방법에 따라 환입한다.

02 투자차액

투자주식 취득시점에 당해 투자자산의 원가와 관계기업의 식별가능한 자산과 부채의 순공정가치 중 투자자의 지분에 해당하는 금액과의 차이를 투자차액(good will difference)이라 하며, 다음과 같이 계산한다.

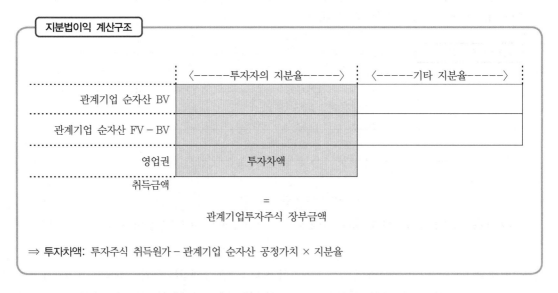

투자차액은 관계기업의 식별가능한 순자산 공정가치를 초과하여 투자자가 지급한 금액이므로 관계기업이 보유하고 있는 식별불가능한 내부창출 영업권에 대한 대가로 본다. 해당 영업권은 투자자의 투자주식 장부금액에 포함하여 인식된다. 그러나 영업권의 상각은 허용되지 않으므로 관계기업의 당기순손익에 대하여 투자자가 지분법손익을 인식하는 경우에는 당해 상각효과를 포함시키면 안 된다.

관계기업의 식별가능한 자산과 부채의 순공정가치 중 투자자의 지분이 투자자산의 원가를 초과하는 경우가 발생하기도 한다. 이 경우에 발생하는 투자차액은 영업권이 아니라 염가매수차익으로 당기순이익에 반영하게 된다.

지분법 회계처리 요약

	〈----투자자의 지분율----〉	〈-----기타 지분율-----〉
관계기업 순자산 BV		
관계기업 순자산 FV − BV		
영업권		
취득원가	+	
관계기업 조정 후 N/I(①)	지분법이익(A)	
	+	
(±)관계기업 자본조정, 이익잉여금 직접변동		
	+	
(±)관계기업 OCI 변동		
	−	
(−)관계기업 현금배당 지급		

= 관계기업투자주식 장부금액

구분	관계기업
관계기업 조정 전 N/I	××
평가차액 상각	(××)
관계기업 조정 후 N/I	① ××

20×1년 1월 1일 ㈜하늘은 ㈜포도의 보통주 20%를 영향력 행사 목적으로 ₩300,000에 취득하였다. 20×1년 1월 1일 현재 ㈜포도의 순자산 장부금액은 ₩1,000,000이다.

(1) 주식 취득일 현재 ㈜포도의 순자산 중 장부금액과 공정가치가 다른 항목은 다음과 같다.

구분	장부금액	공정가치	비고
건물	₩1,000,000	₩1,400,000	잔존내용연수 10년, 정액법, 잔존가치 0
재고	200,000	250,000	20×1년 중 판매

(2) 매년 순자산 변동액은 다음과 같다.

구분	당기순이익	현금배당
20×1년	₩500,000	₩100,000
20×2년	300,000	80,000

1 20×1년과 20×2년에 인식할 지분법이익을 구하시오.

2 20×1년과 20×2년 말의 관계기업투자주식 장부금액을 구하시오.

[풀이]

1 20×1년 지분법이익: 410,000 × 20% = 82,000
20×2년 지분법이익: 260,000 × 20% = 52,000

구분	20×1년	20×2년
조정 전 ㈜포도의 N/I	₩500,000	₩300,000
매출원가 조정	(50,000)	
감가상각비 조정	(40,000)	(40,000)
조정 후 ㈜포도의 N/I	410,000	260,000

2 20×1년 관계기업투자주식: 300,000 + 82,000 − 100,000 × 20% = 362,000
20×2년 관계기업투자주식: 300,000 + 82,000 + 52,000 − 180,000 × 20% = 398,000

(1) 20×1년 관계기업투자주식 장부금액의 변동 분석

	〈--투자자의 지분율(20%)---〉	〈----기타 지분율----〉
관계기업 순자산 BV 1,000,000	200,000	
관계기업 순자산 FV − BV 450,000	90,000	
영업권	10,000	
취득원가 300,000	+	
관계기업 조정 후 N/I(①) 410,000	지분법이익(A) 82,000	
	+	
(±)관계기업 자본조정, 이익잉여금 직접변동	−	
	+	
(±)관계기업 OCI 변동	−	
	+	
(−)관계기업 현금배당 지급 (−)100,000	(−)20,000	

=
관계기업투자주식 장부금액
362,000

구분	관계기업
관계기업 조정 전 N/I	500,000
평가차액 상각	
− 재고자산	(−)50,000
− 건물 감가상각비	(−)40,000
관계기업 조정 후 N/I	① 410,000

(2) 20×1년 회계처리

20×1. 1. 1.	차) 관계기업투자주식	300,000	대) 현금	300,000
20×1. 12. 31.	차) 관계기업투자주식	82,000	대) 지분법이익	82,000
	차) 현금	20,000	대) 관계기업투자주식	20,000

(3) 20×2년 관계기업투자주식 장부금액의 변동 분석

	〈--투자자의 지분율(20%)---〉	〈---기타 지분율---〉
관계기업 순자산 BV 1,000,000	200,000	
관계기업 순자산 FV − BV 450,000	90,000	
영업권	10,000	
취득원가 300,000	+	
관계기업 조정 후 N/I(①) 20×1년 410,000 20×2년 260,000	지분법이익(A) 20×1년 82,000 20×2년 52,000	
	+	
(±)관계기업 자본조정, 이익잉여금 직접변동	−	
	+	
(±)관계기업 OCI 변동	−	
	+	
(−)관계기업 현금배당 지급 20×1년 (−)100,000 20×2년 (−)80,000	20×1년 (−)20,000 20×2년 (−)16,000	
	=	

관계기업투자주식 장부금액
398,000

구분	관계기업
관계기업 조정 전 N/I	300,000
평가차액 상각	
− 재고자산	−
− 건물 감가상각비	(40,000)
내부거래 제거	
− 당기 미실현손익	(−)
− 전기 실현손익	−
관계기업 조정 후 N/I	① 260,000

(4) 20×2년 회계처리

20×2. 12. 31.	차) 관계기업투자주식	52,000	대) 지분법이익	52,000
	차) 현금	16,000	대) 관계기업투자주식	16,000

01 내부거래의 의의

지분법 회계처리에서는 관계기업이 당기순이익을 보고하면 투자자가 지분율에 해당하는 금액을 다시 당기순이익으로 인식하게 되는 순환구조를 가지고 있다. 그러므로 관계기업이 당기순이익을 일시적으로 과대계상하는 경우 지분법을 적용한 투자자도 당기순이익을 일시적으로 과대계상할 수 있게 되므로, 투자자와 관계기업은 그들의 특수관계를 이용하여 자산 등을 서로에게 매각하고, 이를 보유하는 내부거래를 통하여 손익을 일시적으로 조작할 수 있게 된다.

투자자와 관계기업은 지분법 평가 시 하나의 경제적 실체로 간주되므로 투자자와 관계기업 간에 발생한 재고자산, 유형자산 및 무형자산 등의 거래는 실질적인 거래가 아닌 내부거래에 해당한다. 따라서 투자자와 관계기업 간에 발생한 거래는 없었던 것으로 수정하여야 한다.

내부거래는 내부거래에 따른 손익을 어느 회사가 인식하였는지에 따라 다음과 같이 구분하게 된다.

> ① 하향거래(down-stream): 투자자가 내부거래에 따른 손익을 인식하거나 인식할 경우
> ② 상향거래(up-stream): 관계기업이 내부거래에 따른 손익을 인식하거나 인식할 경우

Additional Comment

> A사가 관계기업인 B사에 재고자산을 판매하였다면 A사는 재고자산 판매로 인하여 매출액과 매출원가를 인식함으로써 이익을 인식하게 된다. 이 경우 투자자인 A사가 내부거래와 관련된 이익을 인식하였으므로 재고자산거래는 하향거래가 된다. 반대의 경우에는 B사가 A사에 재고자산을 판매하였다면 관련 손익을 B사가 인식하였으므로 상향거래가 된다.

(1) 일반적인 내부거래

1) 내부거래 미실현손익의 제거

기업회계기준서 제1028호 '관계기업투자'에서는 투자자와 관계기업 사이의 상향판매거래나 하향판매거래에서 발생한 당기순손익에 대하여 투자자는 그 관계기업투자지분과 무관한 손익까지만 투자자의 재무제표에 인식하도록 규정하고 있다. 투자자와 관계기업 간의 내부거래에서 발생한 미실현이익은 하향판매와 상향판매의 구분 없이 이를 제거하여 관계기업투자주식과 지분법손익에 각각 반영하도록 한다.

> 지분법이익에서 가감할 내부미실현손익 = 보고기간 말 현재 미실현손익 × 지분율

Additional Comment

> 20×1년 중 A사가 관계기업인 B사에 장부금액 ₩100의 재고자산을 ₩200에 판매하였다고 하면 A사는 매출총이익 ₩100을 손익계산서에 인식하게 된다. 만약 B사가 동 재고자산을 당해 보유하고 있다면, 매출총이익 ₩100은 전부 미실현이익이 된다. 이 경우 지분율이 20%라면 내부미실현이익 중 관계기업투자주식과 지분법이익에서 차감할 금액은 ₩100(미실현이익)×20% = ₩20이 된다.

2) 내부거래 미실현손익의 실현

투자자와 관계기업 간의 거래에서 발생한 내부미실현이익은 당해 손익을 발생시킨 항목이 차기 이후의 기간에 비용으로 처리되거나 제3자에게 판매될 때 실현된다. 이때 실현된 내부미실현이익 중 투자자 지분액은 관계기업투자주식과 지분법이익에 각각 가산한다.

[내부거래를 고려한 지분법이익]

구분	관계기업
관계기업 조정 전 N/I	××
평가차액 상각	(-)××
내부거래 제거	
– 당기 미실현손익	(-)××
– 전기 실현손익	××
관계기업 조정 후 N/I	① ××

* 관계기업투자주식은 내부거래 시 상향·하향거래 구분 없이 미실현손익·실현손익을 관계기업 N/I에 반영한다.

⇒ 지분법이익: ① × 지분율

Additional Comment

20×1년 중 A사가 관계기업인 B사에 장부금액 ₩100의 재고자산을 ₩200에 판매하였다고 하면 A사는 매출총이익 ₩100을 손익계산서에 인식하게 된다. 만약 B사가 동 재고자산을 당해 보유하고 있다면, 매출총이익 ₩100은 전부 미실현이익이 된다. 이 경우 지분율이 20%라면 내부미실현이익 중 관계기업투자주식과 지분법이익에서 차감할 금액은 ₩100(미실현이익) × 20% = ₩20이 된다. 만약 20×2년 중에 B사가 동 재고자산을 제3자에게 판매하였다면, 동 내부미실현이익은 실현되어 ₩100(실현이익) × 20% = ₩20이 관계기업투자주식과 지분법이익에 각각 가산된다.

3) 내부거래가 손상차손의 증거를 제공하는 경우

하향판매에 따른 내부거래가 매각대상 자산의 순실현가능가치 감소나 그 자산에 대한 손상차손의 증거를 제공하는 경우에는 미실현손실로 보지 않으며, 투자자는 그러한 손실을 모두 인식한다. 이는 투자자가 손익계산서에 손실을 이미 인식하였으므로 이를 제거하지 않는다는 것을 의미한다.

동일한 논리로 상향판매에 따른 내부거래가 구입된 자산의 순실현가능가치 감소나 그 자산에 대한 손상차손의 증거를 제공하는 경우, 투자자는 그러한 손실 중 자신의 몫을 인식한다. 이는 관계기업이 손익계산서에 손실을 인식하였으므로 이 중 지분율에 해당하는 금액은 지분법손실에 반영한다는 것이다. 따라서 관계기업의 당기순이익에 대한 지분액을 지분법이익으로 인식하면 자동적으로 손실 중 자신의 몫을 인식하는 것이 되므로 이 역시 손실을 제거하지 않는다는 것을 의미한다.

Self Study

순실현가능가치의 감소로 인한 손실은 지분법이익에서 제거하지 않는다.

20×1년 1월 1일 ㈜하늘은 ㈜포도의 보통주 20%를 영향력 행사 목적으로 ₩200,000에 취득하였다. 20×1년 1월 1일 현재 ㈜포도의 순자산 장부금액은 ₩1,000,000이며 주식 취득일 현재 ㈜포도의 순자산 중 장부금액과 공정가치가 일치하였다.

20×1년 중 ㈜하늘은 ㈜포도에게 원가 ₩100,000의 재고자산을 ₩150,000에 처분하였다. ㈜포도는 20×1년 중 해당 재고자산의 80%를 외부에 판매하였다. 나머지는 20×2년에 외부에 판매되었다. ㈜포도의 매년 당기순이익은 다음과 같다.

20×1년 당기순이익: ₩200,000, 20×2년 당기순이익: ₩150,000

❶ 20×1년의 지분법손익과 20×1년 말의 관계기업투자주식의 장부금액을 구하시오.

❷ 20×2년의 지분법손익과 20×2년 말의 관계기업투자주식의 장부금액을 구하시오.

❸ 위의 물음과 독립적으로 20×1년 중에 ㈜포도가 ㈜하늘에게 원가 ₩100,000인 상품을 순실현가능가치인 ₩80,000에 판매하였으며, 해당 재고 중 ₩30,000을 ㈜하늘이 보유하고 있다. 이 경우 20×1년과 20×2년의 지분법손익을 구하시오.

풀이

❶ 20×1년 지분법이익: 190,000 × 20% = 38,000
20×1년 말 관계기업투자주식의 장부금액: 200,000 + 38,000 = 238,000

구분	20×1년	20×2년
조정 전 ㈜포도의 N/I	₩200,000	₩150,000
내부거래 미실현이익	(10,000)	
내부거래 이익 실현		10,000
조정 후 ㈜포도의 N/I	190,000	160,000

* 내부거래 미실현이익: (150,000 − 100,000) × 20% = 10,000

❷ 20×2년 지분법이익: 160,000 × 20% = 32,000
20×2년 말 관계기업투자주식의 장부금액: 238,000 + 32,000 = 270,000

20×1. 1. 1.	차) 관계기업투자주식	200,000	대) 현금	200,000
20×1. 12. 31.	차) 관계기업투자주식	38,000	대) 지분법이익	38,000
20×2. 12. 31.	차) 관계기업투자주식	32,000	대) 지분법이익	32,000

* if) ㈜포도가 ㈜하늘에게 재고자산을 판매하는 경우에도 상향판매와 하향판매 모두 미실현이익에 지분율을 곱하여 제거하고, 실현시키므로 지분법손익에는 차이가 없다.

❸ 20×1년 지분법이익: 200,000 × 20% = 40,000
20×2년 지분법이익: 150,000 × 20% = 30,000
* 내부거래 미실현손실이 순실현가능가치의 하락을 반영한 경우에는 지분법이익에서 제거하지 않는다.

(2) 현물출자에 따른 내부거래 미실현손익

1) 상업적 실질이 결여된 경우

관계기업지분과의 교환으로 관계기업에 비화폐성 자산을 출자하는 경우 출자에 상업적 실질이 결여되어 있다면, 해당 손익은 미실현된 것으로 보아 인식하지 않는다. 그러므로 미실현손익의 제거논리를 적용할 필요가 없다.

차) 관계기업투자주식	BV	대) 유형자산	BV

Self Study

구분	관계기업투자주식의 취득원가	현물출자자산의 처분이익
상업적 실질 결여	현물출자한 자산의 장부금액	인식하지 않음

* 상업적 실질이 결여된 경우 일부를 현금으로 받았다면 현물출자자산의 처분이익을 인식하여야 하는지에 대한 기준의 규정은 없다.

2) 상업적 실질이 있는 경우

관계기업지분과의 교환으로 관계기업에 비화폐성 자산을 출자하는 경우 출자에 상업적 실질이 있다면, 현물출자된 자산의 처분손익 중 투자자의 지분에 상당하는 금액만큼 제거한다. 미실현손익은 지분법을 이용하여 회계처리하는 투자주식과 상쇄되어 제거되며, 재무상태표에 별도의 이연손익으로 표시하지 않는다. 제거한 미실현이익은 차기 이후에 실현되는 경우 실현되는 보고기간의 관계기업투자주식과 지분법손익에 다시 가산하여 인식한다. 즉, 출자에 상업적 실질이 있는 경우에는 해당 손익은 인식하되 내부미실현손익으로 보아 지분법이익을 인식할 때 반영한다.

차) 관계기업투자주식	××	대) 유형자산	××
		유형자산처분이익	××

Self Study

구분	관계기업투자주식의 취득원가	현물출자자산의 처분이익
상업적 실질 있음	현물출자한 자산의 공정가치	인식하고 내부거래 미실현이익으로 제거함

한편, 관계기업이나 공동기업의 지분을 수령하면서 추가로 화폐성이나 비화폐성 자산을 받는 경우, 기업은 수령한 화폐성이나 비화폐성 자산과 관련하여 비화폐성 출자에 대한 손익에 해당 부분을 당기순손익으로 모두 인식한다. 즉, 관계기업의 지분을 수령한 부분에 해당하는 손익만 미실현된 것이다.

[현물출자에 따른 내부거래 미실현손익]

구분	제거대상 미실현이익
지분만 수령한 경우	전체 미실현이익 × 지분율
지분과 현금 등을 수령한 경우	[미실현이익 × (총공정가치 − 수령한 자산의 가치)/현물출자자산의 가치] × 지분율

[현물출자를 고려한 지분법이익]

구분	관계기업
관계기업 조정 전 N/I	× ×
투자평가차액 상각	(−) × ×
내부거래 제거	
− 당기 미실현손익	(−) × ×
− 전기 실현손익	× ×
현물출자 미실현손익	(−) × ×
현물출자 실현손익	× ×
관계기업 조정 후 N/I	① × ×

* 관계기업투자주식은 내부거래 시 상향·하향거래 구분 없이 미실현손익·실현손익을 관계기업 N/I에 반영한다.

⇒ 지분법이익: ① × 지분율

20×1년 1월 1일 A사는 B사에 장부금액 ₩1,000, 공정가치 ₩2,000의 토지를 현물출자하고 보통주식 20%를 취득하였다. 동 출자는 상업적 실질이 있다. 취득일 현재 B사의 순자산 장부금액은 공정가치와 일치하였으며 영업권 중 손상된 것은 없다. B사의 20×1년도 당기순이익은 ₩2,000이다.

❶ 20×1년에 A사가 인식할 지분법손익을 구하고, 각 일자에 해야 할 회계처리를 보이시오.

❷ 만약, 동 현물출자에 상업적 실질이 결여되어 있다고 할 경우, 20×1년에 A사가 인식할 지분법손익을 구하고, 각 일자에 해야 할 회계처리를 보이시오.

❸ 만약, A사가 토지를 B사에 현물출자하면서 보통주식 20% 이외에 현금 ₩500을 수령하였다고 할 경우 20×1년에 A사가 인식할 지분법손익을 구하고, 각 일자에 해야 할 회계처리를 보이시오. (단, 현물출자에 상업적 실질이 있는 것으로 가정한다)

❹ ❸에 이어서 B사는 20×1년에 A사로부터 현물출자받은 토지를 20×2년에 일괄 매각하였다. 20×2년 B사의 당기순이익이 ₩3,000일 경우, A사가 인식할 20×2년의 지분법손익을 구하시오.

[풀이]

❶ 20×1년 지분법이익: 200
   (1) 미실현손익: (2,000 – 1,000) = 1,000
   (2) 조정 후 B사의 N/I: (2,000 – 1,000) = 1,000
   (3) 지분법이익: 1,000 × 20% = 200

20×1. 1. 1.	차) 관계기업투자주식	2,000	대) 토지	1,000
			유형자산처분이익	1,000
20×1. 12. 31.	차) 관계기업투자주식	200	대) 지분법이익	200

❷ 20×1년 지분법이익: 2,000 × 20% = 400
   * 상업적 실질이 결여된 경우에는 현물출자자산의 처분이익을 인식하지 않으므로 내부미실현이익은 없다.

| 20×1. 1. 1. | 차) 관계기업투자주식 | 1,000 | 대) 토지 | 1,000 |
| 20×1. 12. 31. | 차) 관계기업투자주식 | 400 | 대) 지분법이익 | 400 |

3 20×1년 지분법이익: 250
  (1) 미실현손익: (2,000 − 1,000) × (2,000 − 500)/2,000 = 750
  (2) 조정 후 N/I: (2,000 − 750) = 1,250
  (3) 지분법이익: 1,250 × 20% = 250

20×1. 1. 1.	차) 관계기업투자주식	2,000	대) 토지		1,000
			유형자산처분이익		1,000
	차) 현금	500	대) 관계기업투자주식		500
20×1. 12. 31.	차) 관계기업투자주식	250	대) 지분법이익		250

4 20×2년 지분법이익: (3,000 + 750) × 20% = 750

20×2. 12. 31.	차) 관계기업투자주식	750	대) 지분법이익	750

기출 Check 1

㈜대한은 20×1년 초에 보유하던 토지(장부금액 ₩20,000, 공정가치 ₩30,000)를 ㈜민국에 출자하고, 현금 ₩10,000과 ㈜민국의 보통주 30%를 수취하여 유의적인 영향력을 행사하게 되었다. 출자 당시 ㈜민국의 순자산 장부금액은 ₩50,000이며 이는 공정가치와 일치하였다. 20×1년 말 현재 해당 토지는 ㈜민국이 소유하고 있으며, ㈜민국은 20×1년도 당기순이익으로 ₩10,000을 보고하였다. ㈜민국에 대한 현물출자와 지분법 회계처리가 ㈜대한의 20×1년도 당기순이익에 미치는 영향은 얼마인가? (단, 현물출자는 상업적 실질이 결여되어 있지 않다)

[공인회계사 2023년]

① ₩6,000 증가 ② ₩8,000 증가 ③ ₩9,000 증가
④ ₩11,000 증가 ⑤ ₩13,000 증가

풀이

(1) 영업권: (30,000 − 10,000) − 50,000 × 30% = 5,000
(2) 현물출자에 따른 내부거래 미실현손익: (30,000 − 20,000) × (30,000 − 10,000)/30,000 = 6,667
(3) 지분법이익: (10,000 − 6,667) × 30% = 1,000
(4) 20×1년도 당기순이익에 미치는 영향: 10,000 + 1,000 = 11,000
(5) 회계처리

20×1. 1. 1.	차) 관계기업투자주식	30,000	대) 토지		20,000
			유형자산처분이익		10,000
	차) 현금	10,000	대) 관계기업투자주식		10,000
20×1. 12. 31.	차) 관계기업투자주식	2,800	대) 지분법이익		2,800

정답: ④

3 지분변동

I 단계적 취득

단계적 취득은 투자자가 피투자자의 주식을 2회 이상 취득하여 피투자자에 대한 지분을 증가시키는 거래를 말한다. 이는 유의적인 영향력을 획득하는지에 따라 다음과 같은 상황으로 간주한다.

01 유의적인 영향력을 처음으로 행사할 수 있게 되는 경우

투자자가 관계기업의 주식을 단계적으로 취득하여 유의적인 영향력을 행사하게 되는 경우에는 유의적인 영향력을 처음으로 행사하게 된 날에 전체 주식을 일괄 취득한 것으로 간주한다.

Additional Comment

예를 들어, 20×1년 1월 1일에 10%를 취득하고 20×1년 6월 1일에 30%를 취득하는 경우에 20×1년 6월 1일 현재 유의적인 영향력을 처음으로 행사할 수 있게 된 경우로 20×1년 6월 1일에 40%의 주식을 일괄하여 취득한 것으로 본다.

단계적으로 이루어지는 주식 취득으로 유의적인 영향력을 행사하게 되는 경우 투자자는 이전에 보유하고 있던 관계기업에 대한 지분을 취득일의 공정가치로 재측정하고, 그 결과 차손익이 발생한다면 기존 보유지분의 회계처리 방법에 따라 당기순손익이나 기타포괄손익으로 인식한다. 따라서 단계적 취득으로 관계기업투자주식을 취득하는 경우 취득금액은 다음과 같다.

> 단계적 취득으로 인한 관계기업투자주식의 취득금액 = 기존 보유지분의 공정가치 + 추가 취득 지분의 취득원가

Self Study

유의적인 영향력을 행사하게 된 날 현재 기존에 보유하던 투자주식의 공정가치와 장부금액과의 차액은 기존에 보유하던 투자지분의 분류에 따라 다음과 같이 처리한다.
① FVPL금융자산으로 분류한 경우: 당기순손익으로 처리
② FVOCI금융자산으로 분류한 경우: 기타포괄손익으로 처리

이전의 보고기간에 취득자가 피취득자 지분의 가치 변동을 기타포괄손익으로 인식할 수 있다. 이 경우 기타포괄손익으로 인식한 금액은 취득자가 이전에 보유하던 지분을 직접 처분하였다면 적용할 기준과 동일하게 인식한다. 즉, 기존 보유주식에 대한 기인식 기타포괄손익누계액은 당기손익으로 재분류하지 않고, 이익잉여금으로 대체할 수는 있다.

단계적 취득으로 유의적인 영향력을 행사하게 되는 경우 기존 보유주식을 영향력 행사가능일에 처분하고 다시 일괄 취득한 것으로 본다.

[기존 보유주식을 FVPL금융자산으로 분류한 경우 – 유의적인 영향력 최초 취득일의 회계처리]

차) FVPL금융자산	FV – BV	대) FVPL금융자산평가이익	N/I
차) 관계기업투자주식	××	대) FVPL금융자산	FV
		현금	추가 취득 지분대가

[기존 보유주식을 FVOCI금융자산으로 분류한 경우 – 유의적인 영향력 최초 취득일의 회계처리]

차) FVOCI금융자산	FV – BV	대) FVOCI금융자산평가이익	OCI
차) 관계기업투자주식	××	대) FVOCI금융자산	FV
		현금	추가 취득 지분대가

㈜갑은 ㈜을의 주식 10%를 20×1년 1월 1일에 ₩50,000에 취득하고 FVOCI금융자산으로 분류하였다. 20×2년 1월 1일 ㈜갑은 ㈜을 주식 20%를 추가 취득하여 유의적인 영향력을 행사할 수 있게 되었다. ㈜을 자본의 변동 내역은 아래와 같다. ㈜을의 이익잉여금은 모두 당기순이익으로 인해 증가한 것이며, 이익의 처분은 없다.

구분	20×1. 1. 1.	20×2. 1. 1.	20×3. 1. 1.	20×3. 12. 31.
자본금	₩200,000	₩200,000	₩200,000	₩200,000
자본잉여금	100,000	100,000	100,000	100,000
이익잉여금	100,000	170,000	200,000	250,000
계	₩400,000	₩470,000	₩500,000	₩550,000
주식 취득원가	₩50,000	₩120,000		
지분율	10%	20%		

㈜갑과 ㈜을 간에 상호거래는 없었다.

1 20×1년에 필요한 모든 회계처리를 하시오. (단, 20×1년 말 ㈜갑이 보유한 ㈜을 주식의 공정가치는 ₩60,000이다)

2 20×2년에 필요한 모든 회계처리를 하시오. (단, 20×2년 초 ㈜을의 순자산 공정가치는 ₩510,000이며, 장부금액과의 차이 원인은 선물(잔존내용연수 10년, 잔존가치 없이 정액법 상각)에서 비롯되었고, 20×2년 초에 ㈜갑이 보유한 ㈜을 주식(10%)의 공정가치는 ₩70,000이다. 또한 ㈜갑은 FVOCI금융자산(지분상품)의 평가이익을 이익잉여금으로 대체하는 정책을 채택하고 있다)

3 위 물음과 독립적으로 ㈜갑이 ㈜을의 보유주식 10%를 FVPL금융자산으로 분류한 경우, **2**를 다시 답하시오.

풀이

1

20×1. 1. 1.	차) FVOCI금융자산	50,000	대) 현금	50,000
20×1. 12. 31.	차) FVOCI금융자산[1]	10,000	대) FVOCI금융자산평가이익	10,000

[1] 60,000 – 50,000 = 10,000

2 (1) 20×2년 1월 1일

차) FVOCI금융자산	10,000	대) FVOCI금융자산평가이익(OCI)	10,000	
차) 관계기업투자주식	190,000	대) FVOCI금융자산	70,000	
		현금	120,000	
차) FVOCI금융자산평가이익	20,000	대) 미처분이익잉여금	20,000	

(2) 기말

| 차) 관계기업투자주식 | 7,800 | 대) 지분법이익 | 7,800 |

구분	관계기업
관계기업 조정 전 N/I	30,000(= 200,000 − 170,000)
투자평가차액 상각	(−)4,000[= (510,000 − 470,000)/10년]
내부거래 제거	
− 당기 미실현손익	
− 전기 실현손익	
현물출자 미실현손익	
현물출자 실현손익	
관계기업 조정 후 N/I	① 26,000

⇒ 지분법이익: 26,000 × 30% = 7,800

3 (1) 20×2년 1월 1일

차) FVPL금융자산	10,000	대) FVPL금융자산평가이익(N/I)	10,000
차) 관계기업투자주식	190,000	대) FVPL금융자산	70,000
		현금	120,000

(2) 기말

| 차) 관계기업투자주식 | 7,800 | 대) 지분법이익 | 7,800 |

구분	관계기업
관계기업 조정 전 N/I	30,000(= 200,000 − 170,000)
투자평가차액 상각	(−)4,000[= (510,000 − 470,000)/10년]
내부거래 제거	
− 당기 미실현손익	
− 전기 실현손익	
현물출자 미실현손익	
현물출자 실현손익	
관계기업 조정 후 N/I	① 26,000

⇒ 지분법이익: 26,000 × 30% = 7,800

02 유의적인 영향력을 행사할 수 있는 주식의 추가 취득

투자자가 관계기업에 대하여 유의적인 영향력을 행사하게 된 이후 기타 주주로부터 관계기업의 주식을 추가로 취득하는 경우 추가 취득한 주식에 대한 주식 취득일의 차이는 별도로 계산한다. 즉, 기존 취득분에 대해서는 이전의 방법에 따라 계속 지분법을 적용하고, 추가 취득한 주식은 추가 취득일부터 별도로 지분법을 적용한다. 따라서 지분법이익은 기존에 취득한 주식에 대한 지분법이익과 추가 취득 주식에 대한 지분법이익의 합계가 된다.

사례연습 6: 단계적 취득 – 유의적 영향력의 추가 취득

A사는 B사의 지분을 다음과 같이 취득하였다.

주식 취득일	A사 투자주식		B사 자본
	추가 취득 지분율	취득원가	
20×1년 1월 1일	30%	₩375,000	₩1,000,000
20×2년 1월 1일	10%	₩150,000	₩1,200,000

(1) B사의 순자산 장부금액과 공정가치는 항상 일치한다.
(2) B사의 20×1년과 20×2년의 당기순이익은 각각 ₩400,000, ₩300,000이다.

1 20×1년에 A사가 수행할 회계처리를 보이시오.

2 20×2년에 A사가 수행할 회계처리를 보이시오.

풀이

1

20×1. 1. 1.	차) 관계기업투자주식	375,000	대) 현금	375,000
20×1. 12. 31.	차) 관계기업투자주식	120,000	대) 지분법이익	120,000

(1) 30% 취득 시 영업권: 375,000 − 1,000,000 × 30% = 75,000
(2) 지분법이익: 400,000 × 30% = 120,000

2

20×2. 1. 1.	차) 관계기업투자주식	150,000	대) 현금	150,000
20×2. 12. 31.	차) 관계기업투자주식	120,000	대) 지분법이익	120,000

(1) 10% 취득 시 영업권: 150,000 − 1,200,000 × 10% = 30,000
(2) 지분법이익: 300,000 × 40% = 120,000

II 단계적 처분

투자자가 보유 중인 관계기업투자주식을 처분하는 경우 처분대가와 처분된 주식의 장부금액과의 차이를 관계기업투자주식처분손익으로 처리한다. 이때 처분된 관계기업투자주식 관련 지분법기타포괄이익은 기타포괄손익의 발생원인에 따라 당기손익으로 재분류하거나 이익잉여금으로 대체한다.

01 유의적인 영향력을 유지하는 경우

투자자가 보유 중인 관계기업투자주식 일부를 처분한 이후에도 유의적인 영향력을 유지하고 있는 경우에는 관계기업투자주식의 일부를 처분한 것으로 본다. 처분대가와 처분된 주식의 장부금액과의 차이를 관계기업투자주식처분손익으로 처리하고, 관계기업투자주식과 관련하여 이전에 기타포괄손익으로 인식한 손익 중 처분과 관련한 비례적 금액만을 당해 기타포괄손익의 발생원인에 따라 당기손익으로 재분류하거나 이익잉여금으로 대체한다. 한편, 일부 처분 후 잔여 관계기업투자주식에 대해서는 지분법을 계속적으로 적용한다.

유의적인 영향력을 유지하는 경우 회계처리

차) 현금	처분대가	대) 관계기업투자주식	BV × 처분비율
		관계기업투자주식처분이익	N/I

+

① 관계기업기타포괄손익이 재분류항목인 경우

차) 관계기업기타포괄이익	BV × 처분비율	대) 관계기업투자주식처분이익	N/I

② 관계기업기타포괄손익이 재분류항목이 아닌 경우

차) 관계기업기타포괄이익	BV × 처분비율	대) 미처분이익잉여금	××

Self Study

영향력을 유지하는 단계적 처분 정리

처분한 주식	처분대가와 장부금액의 차이를 처분손익(N/I)으로 처리
보유 중인 주식	잔여지분에 대해 지분법을 적용
관계기업기타포괄손익	처분한 관계기업투자주식과 관련하여 인식한 기타포괄손익만 당해 발생원인에 따라 재분류하거나 이익잉여금으로 대체

A사는 B사의 보통주 30%를 보유하여 유의적인 영향력을 행사하던 중 20×1년 1월 1일 A사는 B사의 보통주식 10%를 ₩5,000에 처분하여 지분율이 20%로 하락하였으며, A사는 B사에 대한 유의적인 영향력을 계속적으로 행사하고 있다.

(1) A사의 20×1년 1월 1일 현재 재무상태표의 관계기업투자주식 관련 계정들은 다음과 같다. 관계기업기타포괄이익은 전액 B사의 FVOCI금융자산(채무상품)의 평가이익으로 인한 것이다.

관계기업투자주식	관계기업기타포괄이익
₩12,000	₩300

(2) 20×1년 1월 1일 현재 평가차액은 건물의 공정가치와 장부금액의 차이 ₩2,000이다. 동 건물의 잔여내용연수는 5년이며, 정액법으로 감가상각한다.

(3) B사는 20×1년도에 당기순이익으로 ₩4,000을 보고하였다.

❶ 20×1년 1월 1일에 관계기업투자주식 처분 시 A사가 해야 할 회계처리를 보이시오.

❷ A사가 20×1년도에 인식할 지분법이익을 계산하시오.

❸ 만일 A사가 20×1년 1월 1일에 보고한 관계기업기타포괄이익이 B사의 유형자산 재평가잉여금으로 인한 것이라고 할 경우, 20×1년에 해야 할 회계처리를 하시오. (단, 유형자산의 재평가금액은 처분할 때 이익잉여금으로 대체한다)

❶ 20×1년 1월 1일의 회계처리

차) 현금	5,000	대) 관계기업투자주식[1]	4,000
		관계기업투자주식처분이익	1,000

+

관계기업기타포괄손익이 재분류항목인 경우

차) 관계기업기타포괄이익[2]	100	대) 관계기업투자주식처분이익	100

[1] 12,000 × 10%/30% = 4,000
[2] 300 × 10%/30% = 100

❷ 20×1년 지분법이익: $(4,000 - 2,000/5) \times 20\% = 720$

❸ (1) 20×1년 1월 1일의 회계처리

차) 현금	5,000	대) 관계기업투자주식[1]	4,000
		관계기업투자주식처분이익	1,000

+

관계기업기타포괄손익이 재분류항목이 아닌 경우

차) 관계기업기타포괄이익[2]	100	대) 미처분이익잉여금	100

[1] 12,000 × 10%/30% = 4,000
[2] 300 × 10%/30% = 100

(2) 20×1년 12월 31일 회계처리

차) 관계기업투자주식	720	대) 지분법이익[3]	720

[3] $(4,000 - 2,000/5) \times 20\% = 720$

02 유의적인 영향력을 상실하는 경우

투자자가 보유 중인 관계기업투자주식 일부를 처분한 이후 유의적인 영향력을 상실하는 경우에는 관계기업투자주식의 전부를 처분한 것으로 본다. 이 경우 관계기업에 대한 지분의 일부 처분으로 발생한 대가의 공정가치와 잔여 보유지분의 공정가치 합계를 지분법을 중단한 시점의 투자자산의 장부금액과 비교하여 그 차이를 당기손익으로 인식한다.

> 유의적인 영향력을 상실한 경우의 처분금액: 잔여 보유지분의 공정가치 + 처분으로 받은 대가의 공정가치

유의적인 영향력을 상실한 잔여 보유지분은 공정가치로 재측정한 후 FVPL금융자산이나 FVOCI금융자산으로 분류변경한다.

한편, 관계기업투자주식과 관련하여 이전에 기타포괄손익으로 인식한 금액은 당해 기타포괄손익의 발생원인에 따라 전액을 당기손익으로 재분류하거나 이익잉여금으로 대체한다.

유의적인 영향력을 상실하는 경우 회계처리

| 차) 현금 | 처분대가 | 대) 관계기업투자주식 | BV |
| 차) FVPL or FVOCI금융자산 | 잔여분의 FV | 대) 관계기업투자주식처분이익 | N/I |

+

① 관계기업기타포괄손익이 재분류항목인 경우

| 차) 관계기업기타포괄이익 | BV | 대) 관계기업투자주식처분이익 | N/I |

② 관계기업기타포괄손익이 재분류항목이 아닌 경우

| 차) 관계기업기타포괄이익 | BV | 대) 미처분이익잉여금 | ×× |

Self Study

영향력을 상실하는 단계적 처분 정리

처분한 주식	처분대가와 장부금액의 차이를 처분손익(N/I)으로 처리
보유 중인 주식	공정가치와 장부금액의 차이를 처분손익으로 인식
관계기업기타포괄손익	처분한 관계기업투자주식과 관련하여 인식한 기타포괄손익만 당해 발생원인에 따라 재분류하거나 이익잉여금으로 대체

A사는 B사의 보통주 30%를 보유하여 유의적인 영향력을 행사하던 중 20×1년 1월 1일 A사는 B사의 보통주식 20%를 ₩11,000에 처분하여 지분율이 10%로 하락하였으며, A사는 B사에 대한 유의적인 영향력을 상실하게 되었다.

A사의 20×1년 1월 1일 현재 재무상태표의 관계기업투자주식 관련 계정들은 다음과 같다. 관계기업기타포괄이익은 전액 B사의 FVOCI금융자산(채무상품)평가이익으로 인한 것이다.

관계기업투자주식	관계기업기타포괄이익
₩12,000	₩300

B사 주식의 처분 후 A사가 보유하고 있는 B사의 주식 공정가치는 다음과 같으며 FVOCI금융자산으로 분류한다.

20×1년 1월 1일	20×1년 12월 31일
₩5,000	₩5,500

1 A사가 20×1년 초에 수행할 회계처리를 보이시오.

2 만일 A사가 20×1년 1월 1일에 보고한 관계기업기타포괄이익이 B사의 유형자산 재평가로 인한 것이라고 할 경우, A사가 20×1년 초에 수행할 회계처리를 보이시오. (단, 유형자산의 재평가금액은 처분할 때 이익잉여금으로 대체한다)

풀이

1 20×1년 1월 1일의 회계처리

차) 현금	11,000	대) 관계기업투자주식	12,000
FVOCI금융자산	5,000	관계기업투자주식처분이익[1]	4,000

+

관계기업기타포괄손익이 재분류항목인 경우

차) 관계기업기타포괄이익	300	대) 관계기업투자주식처분이익	300

[1] 12,000 × 10%/30% = 4,000

2 20×1년 1월 1일의 회계처리

차) 현금	11,000	대) 관계기업투자주식	12,000
FVOCI금융자산	5,000	관계기업투자주식처분이익	4,000

+

관계기업기타포괄손익이 재분류항목이 아닌 경우

차) 관계기업기타포괄이익	300	대) 미처분이익잉여금	300

관계기업에 대한 투자 또는 그 투자의 일부가 매각예정분류기준을 충족하는 경우, 기업회계기준서 제1105호 '매각예정비유동자산과 중단영업'을 적용하여 매각예정비유동자산으로 분류한다. 매각예정으로 분류된 관계기업에 대한 투자는 지분법 적용을 중단하며, 매각예정으로 분류되지 않은 관계기업에 대한 투자의 잔여 보유분은 매각예정으로 분류된 부분이 매각될 때까지 지분법을 적용하여 회계처리한다.

매각예정으로 분류된 관계기업에 대한 투자는 매각예정으로 분류된 날 현재의 장부금액을 매각예정비유동자산으로 대체한다. 매각예정비유동자산으로 분류한 관계기업투자주식은 순공정가치가 장부금액에 미달하는 경우 동 미달액을 당기손익(손상차손)으로 인식한다.

[매각예정으로 분류된 날]

차) 매각예정비유동자산	BV	대) 관계기업투자주식		BV
차) 손상차손	BV – 순공정가치	대) 손상차손누계액		××

매각예정으로 분류된 관계기업에 투자를 처분한 후 잔여 보유지분이 더 이상 관계기업에 해당하지 않는다면 관계기업에 대한 잔여 보유지분은 기업회계기준서 제1109호 '금융상품'에 따라 회계처리한다. 즉, 관계기업투자주식을 FVPL금융자산이나 FVOCI금융자산으로 분류하며, 분류시점의 공정가치를 최초 원가로 한다.

구분		회계처리
매각예정	매각 예정지분	지분법 적용을 중지하고 순공정가치를 기준으로 손상차손인식
	계속 보유 예정지분	지분법 계속 적용
실제매각	매각된 지분	매각예정비유동자산의 처분손익으로 인식
	계속 보유지분	영향력을 상실한 경우 FVPL금융자산이나 FVOCI금융자산으로 대체

한편, 이전에 매각예정으로 분류된 관계기업에 대한 투자 또는 그 투자의 일부가 더 이상 매각예정분류기준을 충족하지 않는다면 당초 매각예정으로 분류되었던 시점부터 소급하여 지분법으로 회계처리한다. 이 경우 매각예정으로 분류된 시점 이후 기간의 재무제표는 수정되어야 한다.

[더 이상 매각예정분류기준을 충족하지 않을 때]

차) 관계기업투자주식	지분법 적용 시 BV	대) 매각예정비유동자산	BV
		미처분이익잉여금	대차차액

㈜대한은 20×1년 1월 1일에 ㈜민국의 의결권 있는 보통주식 300주(30%)를 ₩500,000에 취득하여 유의적인 영향력을 가지게 되었다. ㈜대한의 지분법적용투자주식은 ㈜민국 이외에는 없다. 다음은 20×2년까지의 회계처리와 관련된 〈자료〉이다.　　　　　　　　　　[공인회계사 2차 2021년]

〈자료〉

(1) ㈜대한의 지분 취득시점에 ㈜민국의 순자산 장부금액은 ₩1,300,000이다. 공정가치와 장부금액의 차이가 발생하는 항목은 다음과 같다.

계정과목	장부금액	공정가치	비고
재고자산	₩150,000	₩210,000	20×1년과 20×2년에 각각 50%씩 판매되었다.
기계장치	200,000	350,000	잔존내용연수는 5년이며 잔존가치 없이 정액법으로 감가상각한다.

(2) 20×1년 4월 1일 ㈜민국은 ㈜대한에 장부금액 ₩150,000인 비품을 ₩180,000에 매각하였다. ㈜대한은 20×2년 12월 31일 현재 동 비품을 보유 중이며, 잔존가치 없이 잔존내용연수 5년 동안 정액법으로 감가상각한다.

(3) ㈜민국의 20×1년도 포괄손익계산서상 당기순이익은 ₩235,500이다.

(4) ㈜대한은 20×2년 12월 31일에 지분법적용투자주식 중 150주를 향후에 매각하기로 결정하고 매각예정비유동자산으로 분류하였다.

(5) 20×2년 12월 31일 현재 매각예정인 지분법적용투자주식의 순공정가치는 ₩270,000이며, ㈜민국의 20×2년도 포괄손익계산서상 당기순이익은 ₩154,000이다.

1 20×1년 12월 31일 ㈜대한의 재무상태표에 표시되는 ㈜민국에 대한 ① 지분법적용투자주식 장부금액과 20×1년도 포괄손익계산서상 ② 지분법이익을 계산하시오. (단, 지분법손실인 경우에는 금액 앞에 (−)를 표시하시오)

지분법적용투자주식	①
지분법이익	②

2 20×2년 12월 31일 회계처리가 ㈜대한의 20×2년도 포괄손익계산서상 당기순이익에 미치는 영향을 계산하시오. (단, 보유주식에 대한 지분법 평가 후 매각예정비유동자산으로의 대체를 가정하며, 당기순이익이 감소하는 경우 금액 앞에 (−)를 표시하시오)

당기순이익에 미치는 영향	①

❶

지분법적용투자주식	① 545,000
지분법이익	② 45,000

(1) 지분법이익: [235,500 − 60,000 × 50% − 150,000/5 − (30,000 − 30,000/5 × 9/12)] × 30% = 45,000

(2) 지분법적용투자주식: 500,000 + 45,000 = 545,000

❷

당기순이익에 미치는 영향	① 12,500

(1) 지분법이익: (154,000 − 60,000 × 50% − 150,000/5 + 30,000/5) × 30% = 30,000
(2) 매각예정비유동자산 손상차손: 270,000 − (545,000 + 30,000) × 150주/300주 = (−)17,500
(3) 당기순이익에 미치는 영향: 30,000 − 17,500 = 12,500
(4) 20×2년 말 회계처리

차) 관계기업투자주식	30,000	대) 지분법이익	30,000
차) 매각예정비유동자산	287,500	대) 관계기업투자주식	287,500
차) 손상차손	17,500	대) 손상차손누계액	17,500

4 지분법의 기타사항

Ⅰ 지분법 적용의 중지와 재개

01 지분법 적용의 중지

관계기업의 손실 중 투자자의 지분이 관계기업투자지분과 같거나 초과하는 경우 투자자는 관계기업투자 지분 이상의 손실에 대하여 인식을 중지한다. 즉, 피투자자의 결손금 등이 누적되어 투자자의 관계기업투 자주식의 장부금액이 영(0) 이하가 될 경우에는 지분법 적용을 중지하고, 투자주식의 장부금액은 영(0)으 로 처리한다. 이때 관계기업투자주식과 관련하여 자본항목으로 인식된 관계기업기타포괄손익누계액은 지 분법을 중지하는 경우에도 계속 자본항목으로 표시된다.

한편, 기업의 지분이 영(0)으로 감소된 이후 추가 손실분에 대하여 기업은 법적의무 또는 의제의무가 있거 나 관계기업을 대신하여 지급하여야 하는 경우 그 금액까지만 손실과 부채로 인식한다.

Additional Comment

주식회사제도는 주주들이 출자금액을 한도로 책임지는 유한책임을 근간으로 한다. 관계기업투자주식의 장부금액을 (−)로 계상한다는 것은 피투자자의 자본잠식분 등에 대하여 투자자가 추가 출자의무(부채)를 부담한다는 의미가 된다. 그러나 주식회사 주주는 출자액을 한도로 하여 유한책임만 부담하므로 (−)투자주식은 계상하지 않는다.

Self Study

이때 관계기업투자주식과 관련하여 자본항목으로 인식된 관계기업기타포괄손익누계액은 지분법을 중지하는 경우에도 계속 자본항목으로 표시하는지 재분류하는지에 대한 언급은 기준서에 규정이 없다.

---

02 지분법 적용의 재개

지분법 적용을 중지한 후 관계기업이 추후에 이익을 보고할 경우 투자자는 자신의 지분에 해당하는 이익 의 인식을 재개하되, 과거 회계기간에 인식하지 못한 손실을 초과한 금액만을 이익으로 인식한다. 따라서 지분법 적용을 재개한 이후 회계연도의 지분법이익은 다음과 같다.

> 지분법 적용 재개 이후의 지분법이익 = 지분법이익 − 과거 회계기간에 인식하지 못한 손실

03 지분법손실이 관계기업투자지분을 초과한 경우에도 지분법손실을 인식하는 경우

(1) 관계기업에 대해 다른 투자자산을 보유하고 있는 경우

투자자가 관계기업에 대해 실질적으로 투자자의 순투자의 일부를 구성하는 장기투자지분항목을 보유하고 있으면, 그 금액까지도 지분법손실을 계속하여 인식하고 관련 자산을 차감해야 한다. 관계기업에 대한 투자지분은 지분법을 사용하여 결정되는 관계기업에 대한 투자자산의 장부금액과 실질적으로 기업의 관계기업에 대한 순투자의 일부를 구성하는 장기투자지분항목을 합한 금액이다. 실질적 장기투자지분은 예측가능한 미래에 상환받을 계획도 없고 상환가능성도 높지 않은 항목들로 관계기업에 대한 투자자산의 연장으로 볼 수 있다. 이러한 실질적 장기투자지분에는 우선주와 장기수취채권이나 장기대여금이 포함될 수 있으나 매출채권, 매입채무 또는 적절한 담보가 있는 장기수취채권은 제외한다.

> 관계기업에 대한 투자지분 = 관계기업에 대한 투자자산의 장부금액 + 실질적 장기투자지분

(2) 관계기업에 대해 손실을 보전해주기로 한 경우

투자자의 지분이 영(0)으로 감소된 이후 추가 손실분에 대하여 투자자에게 법적의무 또는 의제의무가 있거나 관계기업을 대신하여 지급하여야 하는 경우, 그 금액까지는 손실과 부채를 추가로 인식해야 한다.

Additional Comment

> 지분법손실 인식 시 영(0)까지 감소되는 기준의 범위는 잔여지분투자보다 넓어야 하며 장기수취채권과 같이 실질적으로 관계기업이나 공동기업에 대한 순투자자산의 일부인 그 밖의 비지분투자도 포함하여야 한다. 이를 포함시키지 않는다면, 기업은 지분법에 따른 관계기업이나 공동기업의 손실 인식을 회피하기 위하여 투자의 대부분을 비지분투자에 투자함으로써 자신의 투자자산을 재구성할 것이기 때문이다.

[지분법 적용 중지와 재개의 회계처리 정리]

구분		회계처리
지분법 적용 중지	원칙	추가 손실의 인식을 중지
	다른 투자자산이 있는 경우	지분법손실을 계속 인식하고 관련 자산을 차감
	손실보전의무가 있는 경우	지분법손실을 계속 인식하고 관련 부채를 인식
지분법 적용 재개		미인식손실을 초과하는 금액부터 지분법이익으로 인식

20×1년 초 A사는 B사의 보통주 300주(지분율 30%)를 ₩260,000에 취득하여 유의적인 영향력을 행사할 수 있게 되었다. 20×1년 초 현재 B사의 순자산 장부금액은 ₩600,000이며, 순자산 공정가치와 일치한다.

(1) 20×1년 중 A사는 B사에 원가 ₩16,000인 재고자산을 ₩20,000에 판매하였다. B사는 이 재고자산 중 80%는 20×1년에 판매하고, 나머지는 20×2년에 외부에 판매하였다.

(2) 20×1년 B사의 당기순이익은 ₩40,000이다.

(3) 20×1년 B사의 포괄손익계산서에 인식한 기타포괄이익은 ₩2,000이다.

1 20×1년 지분법손익 및 20×1년 말 관계기업투자주식 장부금액을 구하시오.

2 20×2년 B사의 당기순손실은 ₩1,000,000이고, 20×3년 B사의 당기순이익이 ₩120,000이며 그 밖의 순자산 변동은 없다고 가정한다. 아래의 표를 채우시오.

구분	지분법손익	관계기업투자주식 장부금액
20×2년	①	②
20×3년	③	④

3 **2**의 상황에서 A사는 B사에 대한 장기수취채권 ₩5,000과 매출채권 ₩3,000을 보유하고 있을 경우, 아래의 표를 채우시오.

구분	지분법손익	관계기업투자주식 장부금액
20×2년	①	②
20×3년	③	④

1 20×1년 지분법이익: 11,760

20×1년 말 관계기업투자주식 장부금액: 272,360

	〈――투자자의 지분율(30%)―――〉	〈―――――기타 지분율―――――〉
관계기업 순자산 BV 600,000	180,000	
관계기업 순자산 FV − BV –	–	
영업권	80,000	
취득금액 260,000	+	
관계기업 조정 후 N/I(①) 39,200	지분법이익(A) 11,760	
	+	
(±)관계기업 자본조정, 이익잉여금 직접변동	–	
	+	
(±)관계기업 OCI 변동 2,000	600	
	+	
(±)영업권 손상차손 및 환입	–	
(−)관계기업 현금배당 지급	–	

=

관계기업투자주식 장부금액

272,360

구분	관계기업
관계기업 조정 전 N/I	40,000
투자평가차액 상각	
– 재고자산	–
– 건물	–
내부거래 제거	
– 당기 미실현손익	(20,000 − 16,000) × 20% = (800)
– 전기 실현손익	–
현물출자 미실현손익	–
현물출자 실현손익	–
우선주 귀속배당	–
관계기업 조정 후 N/I	① 39,200

* 관계기업투자주식은 내부거래 시 상향·하향거래 구분 없이 미실현손익·실현손익을 관계기업 N/I에 반영한다.

2

구분	지분법손익	관계기업투자주식 장부금액
20×2년	① (272,360)	② 0
20×3년	③ 8,600	④ 8,600

(1) 20×2년 지분법손실: Min[A, B] = (272,360)
- A 지분법손실: [(−)1,000,000 + 800(전기 내부거래 실현이익)] × 30% = (299,760)
- B 20×2년 말 지분법손실 반영 전 관계기업투자주식 장부금액: 272,360

  * 관계기업의 손실 중 투자자의 지분이 관계기업투자지분과 같거나 초과하는 경우 투자자는 관계기업투자지분 이상의 손실에 대하여 인식을 중지한다.
  * 한국채택국제회계기준은 지분법 적용을 중지할 때 기타포괄손익의 처리에 대해서는 언급하고 있지 않다. 따라서 동 문제 풀이에서는 기타포괄손익을 제거하지 않았다.
  * 투자자의 지분이 '0'으로 감소된 이후 추가 손실분에 대하여는 투자자가 법적의무 또는 의제의무가 있거나 관계기업을 대신하여 지불하여야 하는 경우에 해당하는 금액까지만 손실과 부채를 인식한다.

(2) 20×3년 지분법이익: 120,000 × 30% − (299,760 − 272,360) = 8,600

  * 관계기업이 추후에 이익을 보고할 경우 투자자는 투자자의 지분에 해당하는 이익의 인식을 재개하되, 인식하지 못한 손실을 초과한 금액만을 이익으로 인식한다.

3

구분	지분법손익	관계기업투자주식 장부금액
20×2년	① (277,360)	② 0
20×3년	③ 13,600	④ 8,600

(1) 20×2년 지분법손실: Min[A, B] + 5,000 = (277,360)
- A 지분법손실: [(−)1,000,000 + 800(전기 내부거래 실현이익)] × 30% = (299,760)
- B 20×2년 말 지분법손실 반영 전 관계기업투자주식 장부금액: 272,360

  * 관계기업의 손실 중 투자자의 지분이 관계기업투자지분과 같거나 초과하는 경우 투자자는 관계기업투자지분 이상의 손실에 대하여 인식을 중지한다. 이러한 항목에는 우선주와 장기수취채권, 장기대여금이 포함될 수 있으나 매출채권, 매입채무 또는 담보부대여금과 같이 적절한 담보가 있는 장기수취채권은 제외한다.

[20×2년 말 회계처리]

차) 지분법손실	277,360	대) 관계기업투자주식	272,360
		손실충당금(장기수취채권)	5,000

(2) 20×3년 지분법이익: 120,000 × 30% − (299,760 − 277,360) = 13,600

[20×3년 말 회계처리]

차) 손실충당금(장기수취채권)	5,000	대) 지분법이익	13,600
관계기업투자주식	8,600		

관계기업이나 공동기업의 손실 인식을 포함하여 지분법을 적용한 이후, 기업은 관계기업이나 공동기업에 대한 순투자자산에 대하여 추가적인 손상차손을 인식할 필요가 있는지 검토해야 한다. 관계기업과 공동기업에 대한 순투자의 최초 인식 이후 발생한 하나 또는 그 이상의 사건이 발생한 결과 손상되었다는 객관적인 증거가 있으며, 그 손실사건이 신뢰성 있게 추정할 수 있는 순투자의 추정 미래현금흐름에 영향을 미친 경우에만 해당 순투자는 손상된 것이고 손상차손이 발생한 것이다.

01 손실사건

관계기업에 대한 순투자의 최초 인식 이후 발생한 하나 또는 그 이상의 손실사건이 발생한 결과 손상되었다는 객관적인 증거가 있으며, 그 손실사건이 신뢰성 있게 추정할 수 있는 순투자의 추정 미래현금흐름에 영향을 미친 경우에만 해당 순투자는 손상된 것이다. 순투자가 손상되었다는 객관적인 증거에 해당하는 손실사건은 다음과 같다. 미래사건의 결과로 예상되는 손실은 발생가능성에 관계없이 인식하지 않는다.

① 관계기업의 유의적인 재무적 어려움
② 관계기업의 채무불이행 또는 연체와 같은 계약의 위반
③ 관계기업의 재무적 어려움에 관련된 경제적 또는 법률적 이유로 인한 다른 경우라면 고려하지 않았을 양보를 그 관계기업에게 제공
④ 관계기업이 파산이나 그 밖의 재무적 구조조정의 가능성이 높은 상태가 됨
⑤ 관계기업의 재무적 어려움으로 순투자에 대한 활성시장의 소멸
⑥ 지분상품의 투자의 공정가치가 원가 이하로 유의적이거나 지속적으로 하락

Additional Comment

다음의 경우에는 순투자가 손상되었다는 객관적인 증거에 해당하지 않는다.
① 관계기업의 지분 또는 금융상품이 더 이상 공개적으로 거래되지 않아 활성시장이 소멸(그 자체만으로는 손상의 증거가 아님)
② 관계기업의 신용등급 또는 공정가치가 하락(단, 이용할 수 있는 그 밖의 정보를 함께 고려하는 경우에는 손상의 증거가 될 수도 있음)

02 회수가능액의 추정

관계기업에 대한 투자의 회수가능액은 각 관계기업별로 평가하여야 한다. 다만, 관계기업이 창출하는 현금유입이 그 기업의 다른 자산에서 창출되는 현금흐름과 거의 독립적으로 구별되지 않는 경우에는 그러하지 아니한다. 투자주식의 회수가능액은 순공정가치와 사용가치 중 큰 금액으로 한다.

관계기업투자주식의 회수가능액 = Max[순공정가치, 사용가치]

관계기업투자주식의 사용가치는 다음 중 하나를 추정하여 결정한다.
① 관계기업이 영업 등을 통하여 창출할 것으로 기대되는 추정 미래현금흐름의 현재가치 중 기업의 지분과 해당 투자
  자산의 최종 처분금액의 현재가치
② 투자자산에서 배당으로 기대되는 추정 미래현금흐름의 현재가치와 해당 투자자산의 최종 처분금액의 현재가치

참고 회수가능액

A사는 B사의 보통주식의 30%(300주)를 보유하여 유의적인 영향력을 획득하였다. 20×1년 말 현재 회수가능액을 추
정하기 위한 자료는 다음과 같다.
(1) 처분하는 경우: 주당 공정가치 ₩300, 주당 매각부대원가 ₩20
(2) 계속 보유하는 경우: 3년간 보유할 예정으로 보유기간 동안 매년 말 B사에 유입되는 순현금흐름은 ₩50,000이며,
  3년 후 예상처분금액은 주당 ₩200이다.
A사가 사용가치를 계산할 때 적용할 이자율은 10%이며, 3기간의 연금현가계수는 2.48, 현재가치계수는 0.75이다.

⇒ 회수가능액: Max[①, ②] = 84,000
  ① 순공정가치: 300주 × @300 − 300주 × @20 = 84,000
  ② 사용가치: 50,000 × 2.48 × 30% + 300주 × @200 × 0.75 = 82,200

03 손상차손의 인식

관계기업투자주식의 손상차손을 인식하는 경우에는 관계기업의 순자산 변동에 대해 지분법을 먼저 적용
한 후 손상차손은 나중에 인식한다. 관계기업투자의 장부금액과 회수가능액의 차액은 관계기업투자주식
손상차손의 과목으로 하여 당기순손익에 반영한다. 이때 관계기업투자주식이 손상되어 인식된 손상차손
은 투자주식의 장부금액의 일부를 구성하는 영업권을 포함한 어떠한 자산에도 배분하지 않는다.

[손상차손의 회계처리]

차) 관계기업투자주식 손상차손	N/I	대) 관계기업투자주식	BV − 회수가능액

04 손상차손환입의 인식

관계기업투자주식의 손상으로 인식된 손상차손은 투자주식의 장부금액의 일부를 구성하는 영업권을 포함
한 어떠한 자산에도 배분하지 않았으므로 관계기업투자주식 손상차손의 모든 환입은 기업회계기준서 제
1036호 '자산손상'에 따른 이러한 관계기업투자주식의 회수가능액이 후속적으로 증가하는 만큼 인식한다.
기업회계기준서 제1028호 '관계기업과 공동기업에 대한 투자'에서는 관계기업투자주식 손상차손환입으로
인식할 금액의 한도에 대해서는 별도로 규정하고 있지 않으나 손상차손으로 인식한 금액을 한도로 환입
하는 것이 타당하다.

[손상차손환입의 회계처리]

차) 관계기업투자주식	회수가능액 − BV	대) 관계기업투자주식 손상차손환입	N/I

20×1년 초 A사는 B사의 보통주 300주(지분율 30%)를 ₩260,000에 취득하여 유의적인 영향력을 행사할 수 있게 되었다. 20×1년 초 현재 B사의 순자산 장부금액은 ₩600,000이며, 순자산 공정가치와 일치한다.

(1) 20×1년 중 A사는 B사에 원가 ₩16,000인 재고자산을 ₩20,000에 판매하였다. B사는 이 재고자산 중 80%는 20×1년에 판매하고, 나머지는 20×2년에 외부에 판매하였다.
(2) 20×1년 B사의 당기순이익은 ₩40,000이다.
(3) 20×1년 B사의 포괄손익계산서에 인식한 기타포괄이익은 ₩2,000이다.

1 20×1년 지분법손익 및 20×1년 말 관계기업투자주식 장부금액을 구하시오.

2 B사의 20×2년 당기순손실이 ₩200,000이며, 20×2년 말 관계기업투자주식의 회수가능액은 ₩30,000이고 손상의 사유를 충족한다. 20×2년에 A사가 인식할 관계기업투자손상차손을 구하시오.

풀이

1 20×1년 지분법이익: 11,760
　20×1년 말 관계기업투자주식 장부금액: 272,360
　* 사례연습 10 해설 참고

2 20×2년 관계기업투자손상차손: 182,600

차) 지분법손실[1]	59,760	대) 관계기업투자주식	59,760
차) 관계기업투자손상차손[2]	182,600	대) 관계기업투자주식	182,600

[1] [(−)200,000 + 800(전기 내부거래 실현손익)] × 30% = (59,760)
[2] (272,360 − 59,760) − 회수가능액 30,000 = 182,600
* 한국채택국제회계기준에는 관계기업투자주식에 대한 손상차손을 인식할 때, 관련 관계기업기타포괄손익의 처리 방법에 대하여는 언급이 없다.

Ⅲ   피투자자의 누적적 우선주

피투자자가 우선주를 발행한 경우 보통주와 우선주의 지분변동액은 그 우선주의 특성을 고려하여 산정해야 한다. 그리고 우선주와 보통주로 배분된 지분변동액을 기준으로 지분법을 적용한다. 지분변동액의 배분 시 우선주는 보통주에 비하여 상위청구권자이므로 피투자자의 자본변동 중 우선주지분을 먼저 배분하고 그 나머지를 보통주지분으로 계산한다. 따라서 관계기업이 자본으로 분류하는 누적적 우선주를 발행하였고 이를 다른 투자자가 소유하고 있는 경우, 투자자는 배당결의 여부에 관계없이 이러한 주식의 배당금에 대하여 조정한 후 보통주당기순손익에 대한 투자자의 지분을 산정해서 지분법이익을 인식한다.

> 누적적 우선주가 있는 경우의 지분법이익 = (관계기업의 당기순손익 – 누적적 우선주배당금) × 지분율

사례연습 12: 피투자자의 누적적 우선주

A회사는 20×1년 초 B회사가 발행한 보통주의 20%를 취득하였다. 주식 취득 시 순자산 장부금액과 공정가치는 일치하였다.

(1) 20×1년 말 현재 B회사의 유통 중인 우선주 자본금은 ₩20,000이며, 보통주 자본금은 ₩140,000이다. 우선주는 누적적 우선주로 10%의 배당률이 보장되어 있다.
(2) B회사는 20×1년 ₩20,000의 당기순이익을 보고하였다. B회사는 우선주와 보통주 배당에 대하여 20×1년 귀속배당을 지급하지 않기로 하였다.

20×1년 A사가 인식할 지분법이익을 구하시오.

[풀이]

지분법이익: 18,000[1] × 20% = 3,600
[1] 조정 후 당기순이익: 20,000 – 20,000 × 10% = 18,000

공동약정은 둘 이상의 당사자들이 공동영업이나 공동기업에 대한 공동지배력을 보유하는 약정이며, 다음과 같은 특징이 있다.

> ① **강제력 있는 약정**: 당사자들이 계약상 약정에 구속된다.
> ② **공동지배력의 존재**: 계약상 약정은 둘 이상의 당사자들에게 약정의 공동지배력을 부여한다.

공동지배력은 약정의 지배력에 대한 합의된 공유인데, 관련 활동에 대한 결정에 지배력을 공유하는 당사자들 전체의 동의가 요구될 때에만 존재한다. 공동약정에서, 단일의 당사자는 그 약정을 단독으로 지배할 수 없다. 약정의 공동지배력을 보유하는 한 당사자는 다른 당사자들이나 일부 당사자들 집단이 약정을 지배하는 것을 방해할 수 있다. 약정의 모든 당사자들이 약정의 공동지배력을 보유하지 않더라도 그 약정이 공동약정이 될 수 있다. 공동약정은 공동지배력을 보유하는 당사자들(공동영업자들 또는 공동기업 참여자들)과 공동약정에는 참여하지만 공동지배력을 보유하지 않는 당사자들로 구성된다.

[공동약정의 사례]

> ① 약정에서 A는 의결권의 50%, B는 30% 그리고 C는 20%를 보유한다. A, B, C 사이의 계약상 약정에는 약정의 관련 활동에 대한 결정을 위하여 최소한 의결권의 75%가 요구된다고 명시한다. A는 어떠한 결정이라도 막을 수 있지만, B의 합의를 필요로 하기 때문에 약정을 지배하지는 못한다. 관련 활동에 대한 결정을 위해 최소한 의결권의 7%를 요구하는 계약상 약정의 조건은 A와 B 모두 동의해야 약정의 관련 활동에 대한 결정이 이루어질 수 있기 때문에 A와 B사 약정의 공동지배력을 보유한다는 것을 의미한다.
> ② 약정에서 A는 의결권의 50%, B와 C는 각각 25%를 보유한다. A, B, C 사이의 계약상 약정에는 약정의 관련 활동에 대한 결정을 위하여 최소한 의결권의 75%가 요구된다고 명시한다. A는 어떠한 결정이라도 막을 수 있지만, B 또는 C의 합의가 필요하기 때문에 약정을 지배하지는 못한다. 이 예시에서 A, B ,C는 집합적으로 약정을 지배한다. 그러나 하나 이상의 당사자들의 조합은 의결권의 75%를 충족할 수 있다. 이러한 경우 공동약정이 되려면, 계약상 약정에, 약정에 대한 관련 활동을 결정하기 위하여 어떤 당사자들 결합의 전체 동의를 요구하여야 하는지 명시할 필요가 있다.

기업은 자신이 관여된 공동약정의 유형을 결정해야 한다. 공동약정은 약정의 당사자들의 권리와 의무에 따라 공동영업이나 공동기업 두 가지로 분류된다.

구분	내용	비고
정의	둘 이상의 당사자들이 공동지배력을 보유하는 약정	① 공동지배력을 공유하는 당사자들 전체의 동의가 요구될 때에만 존재 ② 단일의 당사자가 단독으로 약정을 지배할 수 없음 ③ 약정의 모든 당사자들이 약정의 공동지배력을 보유하지 않아도 됨
분류	약정의 당사자들의 원리와 의무에 따른 공동영업 또는 공동기업	
특징	① 당사자들이 계약상 약정에 구속 ② 계약상 약정은 둘 이상의 당사자들에게 약정의 공동지배력 부여	

I 공동영업

01 공동영업의 의의

공동영업(joint operation)은 약정의 공동지배력을 보유하는 당사자들이 약정의 자산에 대한 권리와 부채에 대해 의무를 보유하는 공동약정이다. 공동영업의 당사자들을 공동영업자라고 한다. 공동영업자는 공동영업에 대한 자신의 지분과 관련하여 재무제표에 다음을 인식한다.

① 공동으로 보유하는 자산 중 자신의 몫을 포함한 자신의 자산
② 공동으로 발생한 부채 중 자신의 몫을 포함한 자신의 부채
③ 공동영업에서 발생한 산출물 중 자신의 몫의 판매 수익
④ 공동영업의 산출물 판매 수익 중 자신의 몫
⑤ 공동으로 발생한 비용 중 자신의 몫을 포함한 자신의 비용

Additional Comment

A사와 B사가 각각 현금 ₩700과 ₩300을 출자하여 C사를 설립하였다고 할 때, 계약상 약정은 A사와 B사에 공동지배력을 부여하고 있으며, C사가 보유하는 자산의 권리와 부채에 대한 의무를 A사와 B사가 70%와 30%의 비율로 보유하는 것을 명시하고 있어 공동약정에 해당한다. 이 경우 A사와 B사는 공동영업자가 되고, C사는 공동영업이 된다.

(1) 공동영업인 C사의 출자일 회계처리

차) 현금	1,000	대) 납입자본	1,000

(2) 공동영업자인 A사의 출자일 회계처리

차) 현금(C사의 보유분)	1,000 × 70% = 700	대) 현금	700

02 공동영업자가 공동영업에게 자산을 판매한 경우

공동영업자인 기업이 공동영업에 자산을 판매하거나 출자하는 것과 같은 거래를 하는 경우, 그것은 공동영업의 다른 당사자와의 거래를 수행하는 것이고, 공동영업자는 거래의 결과인 손익을 다른 당사자들의 지분 한도까지만 인식한다. 그러한 거래가 공동영업에 판매되거나 출자되는 자산의 순실현가능가치 감소 또는 그러한 자산의 손상차손의 증거를 제공하는 경우, 공동영업자는 그러한 손실을 전부 인식한다.

Additional Comment

A사와 B사가 각각 현금 ₩700과 ₩300을 출자하여 C사를 설립하였다고 할 때, 계약상 약정은 A사와 B사에 공동지배력을 부여하고 있으며, C사가 보유하는 자산의 권리와 부채에 대한 의무를 A사와 B사가 70%와 30%의 비율로 보유하는 것을 명시하고 있어 공동약정에 해당한다. 이 경우, 공동영업자인 A사가 공동영업인 C사에게 장부금액 ₩500인 토지를 ₩800에 처분하였다면 C사가 보유한 토지 중 A사의 지분액은 다시 A사의 토지가 되므로 토지는 30%만 처분한 것이다. 따라서 토지처분이익도 ₩90만 인식하여야 한다.

(1) 공동영업인 C사의 토지 취득 시 회계처리

차) 토지	800	대) 현금	800

(2) 공동영업자인 A사의 토지 처분 시 회계처리

차) 현금	800	대) 현금(C사 보유분)[1]	560
		토지[2]	150
		유형자산처분이익	90

[1] 800 × 70% = 560
[2] 500 × 30% = 150

---

03 공동영업이 공동영업자에게 자산을 판매한 경우

공동영업자인 기업이 공동영업과 자산의 구매와 같은 거래를 하는 경우, 기업은 자산을 제3자에게 재판매하기 전까지 손익에 대한 자신의 몫을 인식하지 않는다. 그러한 거래가 공동영업으로 구매되는 자산의 순실현가능가치 감소 또는 그러한 자산의 손상차손의 증거를 제공하는 경우, 공동영업자는 그러한 손실에 대한 자신의 몫을 인식한다.

A사와 B사가 각각 현금 ₩700과 ₩300을 출자하여 C사를 설립하였다고 할 때, 계약상 약정은 A사와 B사에 공동지배력을 부여하고 있으며, C사가 보유하는 자산의 권리와 부채에 대한 의무를 A사와 B사가 70%와 30%의 비율로 보유하는 것을 명시하고 있어 공동약정에 해당한다. 이 경우, 공동영업인 C사가 공동영업자인 A사에게 장부금액 ₩500인 토지를 ₩800에 처분하였다고 한다면, 취득으로 A사가 보유한 토지 중 A사의 지분액은 원래부터 A사의 토지이므로 토지는 30%만 취득한 것이다. 그러므로 토지의 취득원가는 원래부터 A사의 장부에 반영되어 있던 토지 ₩350(= ₩500 × 70%)에 B사로부터 취득한 토지 ₩240(= ₩800 × 30%)의 합계액인 ₩590이 된다.

(1) 공동영업인 C사의 토지 처분 시 회계처리

차) 토지	800	대) 토지	500
		유형자산처분이익	300

(2) 공동영업자인 A사의 토지 취득 시 회계처리

차) 현금[1]	560	대) 현금	800
토지[2]	240		

[1] 800 × 70% = 560
[2] 800 × 30% = 240

Ⅱ 공동기업

01 공동기업의 의의

공동기업(joint venture)은 약정의 공동지배력을 보유하는 당사자들이 그 약정의 순자산에 대한 권리를 보유하는 공동약정이다. 공동기업은 별도기구(별도의 법적기업 또는 법에 의해 인식되는 기업)로 구조화된 공동약정만 해당된다.

공동기업의 공동지배력을 보유하고 있는 그 공동기업의 당사자를 공동기업의 참여자라고 한다. 공동기업 참여자는 공동기업에 대한 자신의 지분을 투자자산으로 인식하며, 그 투자자산은 기업회계기준서 제1028호 '관계기업과 공동기업에 대한 투자'에 따라 지분법으로 회계처리한다.

A사와 B사가 각각 현금 ₩700과 ₩300을 출자하여 별도기구인 C사를 설립하였다고 할 때, 계약상 약정은 A사와 B사에 공동지배력을 부여하고 있으며, C사가 보유하는 자산의 권리와 부채에 대한 의무를 A사와 B사가 70%와 30%의 비율로 보유하는 것을 명시하고 있어 공동기업에 해당한다. 이 경우 A사와 B사는 공동기업 참여자가 되고, C사는 공동기업이 된다.

(1) 공동기업인 C사의 출자일 회계처리

차) 현금	1,000	대) 납입자본	1,000

(2) 공동기업 참여자인 A사의 출자일 회계처리

차) 공동기업투자주식	700	대) 현금	700

02 공동기업 참여자가 공동기업에게 자산을 판매한 경우 사례

A사와 B사가 각각 현금 ₩700과 ₩300을 출자하여 별도기구인 C사를 설립하였다고 할 때, 계약상 약정은 A사와 B사에 공동지배력을 부여하고 있으며, C사가 보유하는 자산의 권리와 부채에 대한 의무를 A사와 B사가 70%와 30%의 비율로 보유하는 것을 명시하고 있어 공동기업에 해당한다. A사가 C사에 장부금액 ₩500인 토지를 ₩800에 처분하였다.

(1) 공동기업인 C사의 토지 취득 시 회계처리

차) 토지	800	대) 현금	800

(2) 공동기업 참여자인 A사의 토지 처분 시 회계처리

차) 현금	800	대) 토지	500
		유형자산처분이익	300
차) 지분법손실[1]	210	대) 공동기업투자주식	210

[1] 300 × 70% = 210
　지분법을 적용하고 C사의 다른 손익은 없다고 가정한다.

03 공동기업이 공동기업 참여자에게 자산을 판매한 경우 사례

A사와 B사가 각각 현금 ₩700과 ₩300을 출자하여 별도기구인 C사를 설립하였다고 할 때, 계약상 약정은 A사와 B사에 공동지배력을 부여하고 있으며, C사가 보유하는 자산의 권리와 부채에 대한 의무를 A사와 B사가 70%와 30%의 비율로 보유하는 것을 명시하고 있어 공동기업에 해당한다. C사가 A사에 장부금액 ₩500인 토지를 ₩800에 처분하였다.

(1) 공동기업인 C사의 토지 처분 시 회계처리

차) 현금	800	대) 토지	500
		유형자산처분이익	300

(2) 공동기업 참여자인 A사의 토지 취득 시 회계처리

차) 토지	800	대) 현금	800
차) 지분법손실[1]	210	대) 공동기업투자주식	210

[1] 300 × 70% = 210
　지분법을 적용하고 C사의 다른 손익은 없다고 가정한다.

다음의 각 물음은 독립적이다. [공인회계사 2차 2016년]

〈공통 자료〉

㈜갑과 ㈜을은 쇼핑센터를 취득하여 영업할 목적으로 20×1년 1월 1일에 각각 ₩20,000과 ₩30,000을 현금으로 출자하여 별도기구인 ㈜병을 설립하였다. 계약상 약정의 조건은 다음과 같다.

〈계약상 약정의 조건〉
• 계약상 약정은 ㈜갑과 ㈜을에 공동지배력을 부여하고 있다.
• 아울러 계약상 약정은 ㈜병이 보유하는 약정의 자산에 대한 권리와 부채에 대한 의무를 당사자들인 ㈜갑과 ㈜을이 보유하는 것을 명시하고 있다.

약정의 자산, 부채, 수익, 비용에 대한 ㈜갑의 배분비율은 40%이고, ㈜을의 배분비율은 60%이다. ㈜병을 설립하기 직전인 20×0년 12월 31일 현재 ㈜갑의 재무상태표는 다음과 같다.

재무상태표

㈜갑 　　　　　　　　　　　　　　20×0. 12. 31. 현재

계정과목	장부금액	계정과목	장부금액
현금	₩100,000	부채	₩0
토지	50,000	자본금	120,000
공동기업투자주식	0	이익잉여금	30,000
자산총계	₩150,000	부채·자본총계	₩150,000

㈜갑의 경우 20×1년 중 위 현금출자 및 아래 각 물음에 제시된 상황과 관련된 것을 제외한 다른 당기손익 항목은 없었다고 가정한다.

1 〈공통 자료〉에 추가하여, ㈜병을 설립하면서 ㈜갑은 ㈜병에 장부금액이 ₩30,000인 토지를 공정가치인 ₩40,000에 판매하였다고 가정하라. 20×1년 12월 31일 현재 ㈜갑의 재무상태표에 계상될 다음의 금액을 구하시오. (단, ㈜병을 설립한 이후에도 ㈜갑은 위 재무상태표에 보고된 계정과목만을 이용한다고 가정하라. 또한 해당 금액이 없는 경우에는 '0'으로 표시하시오)

〈㈜갑의 재무상태표〉

현금	①
토지	②
공동기업투자주식	③

2 〈공통 자료〉에 추가하여, ㈜병을 설립하면서 ㈜갑이 ㈜병에 장부금액이 ₩30,000인 토지를 공정가치인 ₩25,000에 판매하였고, 동 공정가치는 손상차손의 증거를 제공한다고 가정하라. 이 밖의 다른 상황은 〈공통 자료〉에 주어진 바와 같다. 20×1년 12월 31일 현재 ㈜갑의 재무상태표에 계상될 현금과 토지의 금액을 구하시오. (단, ㈜병을 설립한 이후에도 ㈜갑은 〈공통 자료〉에 제시된 20×0년 12월 31일 현재 재무상태표에 보고된 계정과목만을 이용한다고 가정하라. 또한 해당 금액이 없는 경우에는 '0'으로 표시하시오)

〈㈜갑의 재무상태표〉

현금	①
토지	②

3 〈공통 자료〉에 추가하여, ㈜병을 설립하면서 ㈜갑은 ㈜병에 장부금액이 ₩30,000인 토지를 공정가치인 ₩40,000에 출자하였다고 가정하라.
또한, 계약상 약정의 조건을 다음과 같이 수정한다.

〈계약상 약정의 조건〉
- 계약상 약정은 ㈜갑과 ㈜을에 공동지배력을 부여하고 있다.
- 아울러 계약상 약정은 당사자들인 ㈜갑과 ㈜을에게 약정의 자산에 대한 권리와 부채에 대한 의무를 명시하지 않고 있으며, 대신 ㈜갑과 ㈜을이 ㈜병의 순자산에 대한 권리를 보유하도록 정하고 있다.

이 밖의 다른 상황은 〈공통 자료〉에 주어진 바와 같다. 20×1년 12월 31일 현재 ㈜갑의 재무상태표에 계상될 다음의 금액을 구하시오. (단, ㈜병을 설립한 이후에도 ㈜갑은 〈공통 자료〉에 제시된 20×0년 12월 31일 현재 재무상태표에 보고된 계정과목만을 이용한다고 가정하라. 또한 해당 금액이 없는 경우에는 '0'으로 표시하시오)

〈㈜갑의 재무상태표〉

현금	①
토지	②
공동기업투자주식	③

[풀이]

1 〈㈜갑의 재무상태표〉

현금	① 124,000
토지	② 36,000
공동기업투자주식	③ 0

(1) 20×1년 말 재무상태표상 현금: 100,000 − 20,000(출자) + 40,000 + (50,000 − 40,000) × 40% = 124,000
(2) 20×1년 말 재무상태표상 토지: 50,000 − 30,000(처분) + 40,000(병의 토지) × 40% = 36,000
(3) 20×1년 말 재무상태표상 공동기업투자주식: 공동영업에 해당하므로 공동기업투자주식은 없다.

2 〈㈜갑의 재무상태표〉

현금	① 115,000
토지	② 30,000

(1) 20×1년 말 재무상태표상 현금: 100,000 – 20,000(출자) + 25,000 + (50,000 – 25,000) × 40% = 115,000

(2) 20×1년 말 재무상태표상 토지: 50,000 – 30,000(처분) + 25,000(병의 토지) × 40% = 30,000

3 〈㈜갑의 재무상태표〉

현금	① 80,000
토지	② 20,000
공동기업투자주식	③ 53,333

(1) 계약상 약정의 조건을 확인했을 때 공동영업이 아니라 공동기업으로 분류된다. 따라서 ㈜갑은 공동기업투자주식을 장부에 인식하고 지분법으로 회계처리하게 된다.

(2) ㈜갑이 ㈜병에 현금출자 시 ㈜갑의 회계처리

차) 공동기업투자주식	20,000	대) 현금	20,000

(3) ㈜갑이 ㈜병에 토지출자 시 ㈜갑의 회계처리

차) 공동기업투자주식	40,000	대) 토지	30,000
		처분이익	10,000

(4) ㈜갑이 ㈜병에 토지출자 시 ㈜병의 회계처리

차) 토지	40,000	대) 자본금	40,000

(5) 지분법손실의 인식

차) 지분법손실	6,667	대) 공동기업투자주식	6,667

1) 처분이익: 10,000 × 2/3 = 6,667
2) 현물출자 전 병의 순자산: 20,000 + 30,000 = 50,000
3) 현물출자 후 병의 순자산: 50,000 + 40,000 = 90,000
4) 갑의 병에 대한 투자: 20,000 + 40,000 = 60,000
5) 갑의 병에 대한 지분율: 60,000/90,000 = 2/3
⇒ 처분이익 10,000 × 2/3 = 6,667

(6) ㈜갑의 20×1년 말 재무상태표상 현금: 100,000 – 20,000(출자) = 80,000

　* 공동기업 보유 현금은 ₩50,000이지만 ㈜갑은 공동기업지분을 지분법으로 평가하기 때문에 공동기업의 현금이 ㈜갑의 재무상태표에 표시되지 않는다.

(7) ㈜갑의 20×1년 말 재무상태표상 토지: 50,000 – 30,000(출자) = 20,000

　* 공동기업 보유 토지는 ₩40,000이지만 ㈜갑은 공동기업지분을 평가하기 때문에 공동기업의 토지가 ㈜갑의 재무상태표에 표시되지 않는다.

(8) ㈜갑의 20×1년 말 재무상태표상 공동기업투자주식: 60,000 – 6,667 = 53,333

Chapter 2 | 핵심 빈출 문장

01 투자자가 피투자자에 대한 의결권의 20% 이상을 소유하고 있다면 유의적인 영향력이 있는 것으로 본다. 또한, 다른 투자자가 해당 피투자자의 주식을 상당한 부분 또는 과반수 이상을 소유하고 있다고 하여도 투자자가 피투자자에 대하여 유의적인 영향력을 보유하고 있다는 것을 반드시 배제하는 것은 아니다.

02 잠재적 의결권이 있는 경우, 피투자자의 당기순손익과 자본변동 중 투자자의 지분은 현재 소유하고 있는 지분율에 기초하여 산정하며 잠재적 의결권의 행사가능성이나 전환가능성은 반영하지 않는다.

03 종속기업, 관계기업, 공동기업 참여자로서 투자지분을 소유하지 않은 기업의 재무제표는 별도 재무제표가 아니다.

04 단계적 처분으로 관계기업의 정의를 충족하지 못하게 된 시점의 당해 투자자산의 공정가치를 금융자산의 최초 원가로 간주한다.

05 투자자와 관계기업 사이의 상향판매거래나 하향판매거래에서 발생한 당기순손익에 대하여 투자자는 그 관계기업투자지분과 무관한 손익까지만 투자자의 재무제표에 인식한다.

06 이전에 기타포괄손익으로 인식했던 손익이 관련 자산이나 부채의 처분에 따라 당기순손익으로 재분류되는 경우라면, 그 손익 중 소유지분의 감소와 관련된 비례적 부분을 당기순손익으로 재분류한다.

07 투자자는 지분법을 적용할 때 가장 최근의 이용가능한 관계기업 재무제표를 사용한다. 투자자와 관계기업의 보고기간 종료일이 다른 경우, 관계기업은 실무적으로 적용할 수 없지 않다면 투자자의 사용을 위하여 투자자의 재무제표와 동일한 보고기간 종료일의 재무제표를 작성한다.

08 관계기업의 손실누적으로 지분법이 중지되고 관계기업이 추후에 이익을 보고할 경우 투자자는 투자자의 지분에 해당하는 이익의 인식을 재개하되, 인식하지 못한 손실을 초과한 금액만을 이익으로 인식한다.

09 관계기업투자가 공동기업투자로 되거나 공동기업투자가 관계기업투자로 되는 경우, 기업은 지분법을 계속 적용하며 잔여 보유지분을 재측정하지 않는다.

Chapter 2 | 객관식 문제

01 관계기업과 공동기업에 대한 투자 및 지분법 회계처리에 대한 다음 설명 중 옳지 않은 것은? [공인회계사 2023년]

① 지분법은 투자자산을 최초에 원가로 인식하고, 취득시점 이후 발생한 피투자자의 순자산 변동액 중 투자자의 몫을 해당 투자자산에 가감하여 보고하는 회계처리방법이다.

② 투자자와 관계기업 사이의 상향거래가 구입된 자산의 순실현가능가치의 감소나 그 자산에 대한 손상차손의 증거를 제공하는 경우, 투자자는 그러한 손실 중 자신의 몫을 인식한다.

③ 유의적인 영향력을 상실하지 않는 범위 내에서 관계기업에 대한 보유지분의 변동은 자본거래로 회계처리한다.

④ 관계기업에 대한 순투자 장부금액의 일부를 구성하는 영업권은 분리하여 인식하지 않으므로 별도의 손상검사를 하지 않는다.

⑤ 관계기업이 자본으로 분류되는 누적적 우선주를 발행하였고 이를 제3자가 소유하고 있는 경우, 투자자는 배당결의 여부에 관계없이 이러한 주식의 배당금에 대하여 조정한 후 당기순손익에 대한 자신의 몫을 산정한다.

02 ㈜대한은 20×1년 초 ㈜민국의 의결권 있는 주식 20%를 ₩60,000에 취득하여 유의적인 영향력을 행사할 수 있게 되었다. ㈜민국에 대한 추가 정보는 다음과 같다.

> • 20×1년 1월 1일 현재 ㈜민국의 순자산 장부금액은 ₩200,000이며, 자산과 부채는 장부금액과 공정가치가 모두 일치한다.
> • ㈜대한은 20×1년 중 ㈜민국에게 원가 ₩20,000인 제품을 ₩25,000에 판매하였다. ㈜민국은 20×1년 말 현재 ㈜대한으로부터 취득한 제품 ₩25,000 중 ₩10,000을 기말재고로 보유하고 있다.
> • ㈜민국의 20×1년 당기순이익은 ₩28,000이며, 기타포괄이익은 ₩5,000이다.

㈜민국에 대한 지분법적용투자주식과 관련하여 ㈜대한이 20×1년도 포괄손익계산서상 당기손익에 반영할 지분법이익은 얼마인가? [공인회계사 2022년]

① ₩5,200 ② ₩5,700 ③ ₩6,200
④ ₩6,700 ⑤ ₩7,200

03 기업회계기준서 제1028호 '관계기업과 공동기업에 대한 투자'에 관한 다음 설명 중 옳지 않은 것은? [공인회계사 2021년]

① A기업이 보유하고 있는 B기업의 지분이 10%에 불과하더라도 A기업의 종속회사인 C기업이 B기업 지분 15%를 보유하고 있는 경우, 명백한 반증이 제시되지 않는 한 A기업이 B기업에 대해 유의한 영향력을 행사할 수 있는 것으로 본다.

② 관계기업투자가 공동기업투자로 되거나 공동기업투자가 관계기업투자로 되는 경우, 기업은 보유지분을 투자 성격 변경시점의 공정가치로 재측정한다.

③ 기업이 유의적인 영향력을 보유하는지를 평가할 때에는 다른 기업이 보유한 잠재적 의결권을 포함하여 현재 행사할 수 있거나 전환할 수 있는 잠재적 의결권의 존재와 영향을 고려한다.

④ 손상차손 판단 시 관계기업이나 공동기업에 대한 투자의 회수가능액은 각 관계기업이나 공동기업별로 평가하여야 한다. 다만, 관계기업이나 공동기업이 창출하는 현금유입이 그 기업의 다른 자산에서 창출되는 현금흐름과 거의 독립적으로 구별되지 않는 경우에는 그러하지 아니한다.

⑤ 관계기업이나 공동기업에 대한 지분 일부를 처분하여 잔여 보유지분이 금융자산이 되는 경우, 기업은 해당 잔여 보유지분을 공정가치로 재측정한다.

04 20×1년 1월 1일에 ㈜대한은 ㈜민국의 의결권 있는 주식 20%를 ₩600,000에 취득하여 유의적인 영향력을 가지게 되었다. 20×1년 1월 1일 현재 ㈜민국의 순자산 장부금액은 ₩2,000,000이다.

> - ㈜대한의 주식 취득일 현재 ㈜민국의 자산 및 부채 가운데 장부금액과 공정가치가 일치하지 않는 계정과목은 다음과 같다.
>
> | 계정과목 | 장부금액 | 공정가치 |
> |---|---|---|
> | 토지 | ₩350,000 | ₩400,000 |
> | 재고자산 | 180,000 | 230,000 |
>
> - ㈜민국은 20×1년 7월 1일에 토지 전부를 ₩420,000에 매각하였으며, 이 외에 20×1년 동안 토지의 추가 취득이나 처분은 없었다.
> - ㈜민국의 20×1년 1월 1일 재고자산 중 20×1년 12월 31일 현재 보유하고 있는 재고자산의 장부금액은 ₩36,000이다.
> - ㈜민국은 20×1년 8월 31일에 이사회 결의로 ₩100,000의 현금배당(중간배당)을 선언·지급하였으며, ㈜민국의 20×1년 당기순이익은 ₩300,000이다.

㈜대한의 20×1년 12월 31일 현재 재무상태표에 표시되는 ㈜민국에 대한 지분법적용투자주식의 장부금액은 얼마인가? (단, 상기 기간 중 ㈜민국의 기타포괄손익은 발생하지 않은 것으로 가정한다) [공인회계사 2021년]

① ₩622,000
② ₩642,000
③ ₩646,000
④ ₩650,000
⑤ ₩666,000

05 관계기업과 공동기업에 대한 투자 및 지분법 회계처리에 대한 다음 설명 중 옳은 것은?

[공인회계사 2020년]

① 관계기업의 결손이 누적되면 관계기업에 대한 투자지분이 부(−)의 잔액이 되는 경우가 발생할 수 있다.

② 피투자자의 순자산 변동 중 투자자의 몫은 전액 투자자의 당기순손익으로 인식한다.

③ 관계기업의 정의를 충족하지 못하게 되어 지분법 사용을 중단하는 경우로서 종전 관계기업에 대한 잔여 보유지분이 금융자산이면 기업은 잔여 보유지분을 공정가치로 측정하고, '잔여 보유지분의 공정가치와 관계기업에 대한 지분의 일부 처분으로 발생한 대가의 공정가치'와 '지분법을 중단한 시점의 투자자산의 장부금액'의 차이를 기타포괄손익으로 인식한다.

④ 하향거래가 매각대상 또는 출자대상 자산의 순실현가능가치의 감소나 그 자산에 대한 손상차손의 증거를 제공하는 경우 투자자는 그러한 손실 중 자신의 몫을 인식한다.

⑤ 관계기업이 해외사업장과 관련된 누적 외환차이가 있고 기업이 지분법의 사용을 중단하는 경우, 기업은 해외사업장과 관련하여 이전에 기타포괄손익으로 인식했던 손익을 당기손익으로 재분류한다.

06 20×1년 1월 1일 ㈜대한은 ㈜민국의 의결권 있는 보통주 30주(총 발행주식의 30%)를 ₩400,000에 취득하여 유의적인 영향력을 행사하게 되었다. 취득일 현재 ㈜민국의 순자산 장부금액은 ₩1,300,000이며, ㈜민국의 자산·부채 중에서 장부금액과 공정가치가 일치하지 않는 항목은 다음과 같다. ㈜대한이 20×1년 지분법이익으로 인식할 금액은 얼마인가?

[공인회계사 2020년]

- 주식 취득일 현재 공정가치와 장부금액이 다른 자산은 다음과 같다.

구분	재고자산	건물(순액)
공정가치	₩150,000	₩300,000
장부금액	100,000	200,000

- 재고자산은 20×1년 중에 전액 외부로 판매되었다.
- 20×1년 초 건물의 잔존내용연수는 5년, 잔존가치 ₩0, 정액법으로 감가상각한다.
- ㈜민국은 20×1년 5월 말에 총 ₩20,000의 현금배당을 실시하였으며, 20×1년 당기순이익으로 ₩150,000을 보고하였다.

① ₩59,000 　　② ₩53,000 　　③ ₩45,000

④ ₩30,000 　　⑤ ₩24,000

07 기업회계기준서 제1027호 '별도 재무제표'에 대한 다음 설명 중 옳지 않은 것은?

[공인회계사 2019년]

① 별도 재무제표를 작성할 때, 종속기업, 공동기업, 관계기업에 대한 투자자산은 원가법, 기업회계기준서 제1109호 '금융상품'에 따른 방법, 제1028호 '관계기업과 공동기업에 대한 투자'에서 규정하고 있는 지분법 중 하나를 선택하여 회계처리한다.

② 종속기업, 공동기업, 관계기업으로부터 받는 배당금은 기업이 배당을 받을 권리가 확정되는 시점에 투자자산의 장부금액에서 차감하므로 당기손익으로 반영되는 경우는 없다.

③ 종속기업, 관계기업, 공동기업 참여자로서 투자지분을 소유하지 않은 기업의 재무제표는 별도 재무제표가 아니다.

④ 기업회계기준서 제1109호 '금융상품'에 따라 회계처리하는 투자의 측정은 매각예정이나 분배예정으로 분류되는 경우라 하더라도 기업회계기준서 제1105호 '매각예정 비유동자산과 중단영업'을 적용하지 않는다.

⑤ 기업회계기준서 제1110호 '연결재무제표'에 따라 연결이 면제되는 경우, 그 기업의 유일한 재무제표로서 별도 재무제표만을 재무제표로 작성할 수 있다.

㈜대한은 20×1년 초에 ㈜민국의 보통주 30%를 ₩350,000에 취득하여 유의적인 영향력을 행사하고 있으며 지분법을 적용하여 회계처리한다. 20×1년 초 현재 ㈜민국의 순자산 장부금액과 공정가치는 동일하게 ₩1,200,000이다.

〈추가 자료〉

• 다음은 ㈜대한과 ㈜민국 간의 20×1년 재고자산 내부거래 내역이다.

판매회사 → 매입회사	판매회사 매출액	판매회사 매출원가	매입회사 장부상 기말재고
㈜대한 → ㈜민국	₩25,000	₩20,000	₩17,500

• 20×2년 3월 31일 ㈜민국은 주주에게 현금배당금 ₩10,000을 지급하였다.
• 20×2년 중 ㈜민국은 20×1년 ㈜대한으로부터 매입한 재고자산을 외부에 모두 판매하였다.
• 다음은 ㈜민국의 20×1년도 및 20×2년도 포괄손익계산서 내용의 일부이다.

구분	20×1년	20×2년
당기순이익	₩100,000	₩(-)100,000
기타포괄이익	₩50,000	₩110,000

08 20×1년 말 현재 ㈜대한의 재무상태표에 표시되는 ㈜민국에 대한 지분법적용투자주식 기말장부금액은 얼마인가?

① ₩403,950　　　　　② ₩400,000　　　　　③ ₩395,000
④ ₩393,950　　　　　⑤ ₩350,000

09 지분법 적용이 ㈜대한의 20×2년도 당기순이익에 미치는 영향은 얼마인가?

① ₩18,950 감소　　　② ₩28,950 감소　　　③ ₩33,950 증가
④ ₩38,950 증가　　　⑤ ₩38,950 감소

Chapter 2 | 객관식 문제 정답 및 해설

01 ③ 지배력을 상실하지 않는 종속기업에 대한 소유지분의 변동(예 지배기업이 종속기업의 지분상품을 후속적으로 매입하거나 처분하는 경우)은 종속기업이 그 투자기업에 의해 보유되어 공정가치로 측정하여 당기손익에 반영되도록 요구되지 않는 한, 자본거래로 회계처리한다. 그러나 관계기업투자주식의 일부를 처분한 후에도 계속 유의적인 영향력을 유지하는 경우에는 투자자가 관계기업투자주식의 일부를 처분한 것(처분손익을 당기손익 인식)으로 본다.

02 ① 지분법이익: [28,000 − (25,000 − 20,000) × 10,000/25,000] × 20% = 5,200

03 ② 관계기업투자가 공동기업투자로 되거나 공동기업투자가 관계기업투자로 되는 경우, 기업은 보유지분을 투자 성격 변경시점의 공정가치로 재측정하지 않는다.

04 ① (1) ㈜민국의 조정 후 당기순이익: 300,000 − (400,000 − 350,000) − (230,000 − 180,000) ×
(180,000 − 36,000)/180,000 = 210,000
(2) 20×1년 말 지분법적용투자주식의 장부금액: 600,000 + 210,000 × 20% − 100,000 × 20%
= 622,000

05 ⑤ ① 관계기업의 결손이 누적되면 관계기업에 대한 투자지분이 부(−)의 금액이 되는 경우 지분법을 중지하므로 부(−)의 금액이 될 수 없다.
② 피투자자의 순자산 변동 중 투자자의 몫은 전액 투자자의 당기순손익으로 인식하지 않고, 기타포괄손익이나 다른 자본의 변동으로 인한 부분은 투자자의 기타포괄손익이나 다른 자본의 변동으로 표시된다.
③ 관계기업의 정의를 충족하지 못하게 되어 지분법 사용을 중단하는 경우로서 종전 관계기업에 대한 잔여 보유지분이 금융자산이면 기업은 잔여 보유지분을 공정가치로 측정하고, '잔여 보유지분의 공정가치와 관계기업에 대한 지분의 일부 처분으로 발생한 대가의 공정가치'와 '지분법을 중단한 시점의 투자자산의 장부금액'의 차이를 당기손익으로 인식한다.
④ 하향거래에서는 그러한 손실을 모두 인식한다.

06 ① (1) 염가매수차익: (1,300,000 + 50,000 + 100,000) × 30% − 400,000 = 35,000
(2) 지분법이익: [150,000 − (150,000 − 100,000) − (300,000 − 200,000)/5] × 30% + 35,000
= 59,000

07 ② 원가법이나 공정가치법의 경우에는 배당을 받을 권리가 확정되는 시점에 배당수익으로 인식하므로 당기손익에 반영된다.

08 ① (1) 염가매수차익: 1,200,000 × 30% − 350,000 = 10,000
(2) ㈜민국의 조정 전 당기순이익: 100,000 − (25,000 − 20,000) × 17,500/25,000 = 96,500
(3) 지분법적용투자주식 장부금액: 350,000 + 96,500 × 30% + 10,000 + 50,000 × 30% = 403,950

09 ② (1) ㈜민국의 조정 전 당기순이익: (−)100,000 + (25,000 − 20,000) × 17,500/25,000 = (−)96,500
(2) 지분법손실: (−)96,500 × 30% = (−)28,950

Chapter 2 | 주관식 문제

문제 01   지분법 투자평가차액과 내부거래

20×1년 1월 1일 A사는 B사의 보통주 40%를 ₩1,000,000에 취득하여 유의적인 영향력을 행사할 수 있게 되었다. 주식 취득일 현재 B사의 순자산 장부가치는 ₩2,000,000이며 장부금액과 공정가치가 다른 항목은 다음과 같다.

구분	장부금액	공정가치	비고
재고자산	₩100,000	₩200,000	20×1년 중 모두 판매
건물	500,000	700,000	잔존내용연수 5년, 정액법 상각

또한 A사는 B사에게 장부가치 ₩200,000인 재고자산을 ₩300,000에 판매하였다. B사는 20×1년 중에 80%, 20×2년 중에 20%를 외부에 판매하였다.

20×1년과 20×2년 B사의 순자산 장부금액의 변동 내역은 다음과 같다.

구분	20×1년	20×2년
당기순이익	₩200,000	₩300,000
기타포괄손익	100,000	(100,000)
현금배당	(30,000)	(40,000)

물음 1) A사가 B사의 보통주를 취득하면서 B사에 지불한 영업권의 가치를 구하시오.

물음 2) A사가 인식할 20×1년 지분법손익과 20×1년 말 관계기업투자주식의 장부금액을 구하시오.

물음 3) A사가 인식할 20×2년 지분법손익과 20×2년 말 관계기업투자주식의 장부금액을 구하시오.

물음 1) 영업권의 가치: 80,000

  * 물음 3) 해설 참고

물음 2) 20×1년 지분법손익: 16,000

  20×1년 말 관계기업투자주식의 장부금액: 1,044,000

구분	관계기업
관계기업 조정 전 N/I	200,000
투자평가차액 상각	
– 재고자산	(–)100,000
– 건물	200,000/5년 = (–)40,000
내부거래 제거	
– 당기 미실현손익	(300,000 − 200,000) × 20% = (−)20,000
– 전기 실현손익	–
현물출자 미실현손익	–
현물출자 실현손익	–
우선주 귀속배당	–
관계기업 조정 후 N/I	① 40,000

* 관계기업투자주식은 내부거래 시 상향·하향거래 구분 없이 미실현손익·실현손익을 관계기업 N/I에 반영한다.

물음 3) 20×2년 지분법손익: 112,000

20×2년 말 관계기업투자주식의 장부금액: 1,100,000

	〈--투자자의 지분율(40%)---〉	〈----기타 지분율----〉
관계기업 순자산 BV 2,000,000	800,000	
관계기업 순자산 FV – BV 300,000	120,000	
영업권	80,000	

취득원가 1,000,000

\+

관계기업 조정 후 N/I(①) 20×1년 40,000 20×2년 280,000	지분법이익(A) 20×1년 16,000 20×2년 112,000	

\+

(±)관계기업 자본조정, 이익잉여금 직접변동	–	

\+

(±)관계기업 OCI 변동 20×1년 100,000 20×2년 (-)100,000	20×1년 40,000 20×2년 (-)40,000	

\+

(±)영업권 손상차손 및 환입	–	

(-)관계기업 현금배당 지급 20×1년 (-)30,000 20×2년 (-)40,000	20×1년 (-)12,000 20×2년 (-)16,000	

\=

관계기업투자주식 장부금액
1,100,000

구분	관계기업
관계기업 조정 전 N/I	300,000
평가차액 상각	
– 재고자산	–
– 건물	200,000/5년 = (-)40,000
내부거래 제거	
– 당기 미실현손익	–
– 전기 실현손익	(300,000 − 200,000) × 20% = 20,000
현물출자 미실현손익	–
현물출자 실현손익	–
우선주 귀속배당	–
관계기업 조정 후 N/I	① 280,000

* 관계기업투자주식은 내부거래 시 상향·하향거래 구분 없이 미실현손익·실현손익을 관계기업 N/I에 반영한다.

| 문제 02 | 비화폐성 자산의 출자에 의한 관계기업투자의 취득 |

㈜대한은 20×1년 1월 1일에 토지 A(장부금액 ₩260,000, 공정가치 ₩300,000)를 ㈜민국에 출자하고 주식 30%(보통주)와 현금 ₩30,000을 수취하여 유의적인 영향력을 행사할 수 있게 되었다. 아래 〈자료〉를 이용하여 각 물음에 답하시오. [공인회계사 2023년]

〈자료〉

1. ㈜민국의 20×1년 1월 1일 다음의 자산을 제외한 모든 자산과 부채의 장부금액과 공정가치는 일치하였다.

(단위: ₩)

계정과목	장부금액	공정가치	비고
재고자산	80,000	120,000	20×1년에 50%를 판매하고 나머지는 20×2년에 판매
기계장치	120,000	150,000	잔존내용연수는 6년, 잔존가치는 없으며, 정액법으로 감가상각
토지 B	200,000	220,000	20×2년 중에 매각

2. ㈜민국의 순자산 변동은 다음과 같다.

(단위: ₩)

항목	20×1년도	20×2년도
순자산장부금액(기초)	800,000	870,000
현금배당	–	(20,000)
당기순이익	70,000	90,000
기타포괄이익	–	40,000
순자산장부금액(기말)	870,000	980,000

3. 20×1년 중에 ㈜대한과 ㈜민국 간에 다음과 같은 상호거래가 발생하였다.
   • ㈜대한과 ㈜민국 간의 재고자산 거래는 다음과 같으며, 기말재고자산은 20×2년에 모두 판매된다.

(단위: ₩)

판매회사	매입회사	매출액	매출 총이익률	기말 보유비율
㈜대한	㈜민국	30,000	30%	40%
㈜민국	㈜대한	15,000	20%	20%

   • 20×1년 5월 1일 ㈜대한은 ㈜민국에게 비품(취득원가 ₩40,000, 감가상각누계액 ₩20,000, 잔존내용연수 3년, 잔존가치 없이 정액법 상각)을 ₩16,400에 매각하였으며, ㈜민국은 20×2년 말 현재 계속 사용 중이다.

4. ㈜대한과 ㈜민국은 유형자산(기계장치, 토지, 비품)에 대해 원가모형을 적용하고 있다.

물음 1) 20×1년 12월 31일 ㈜대한의 재무상태표에 표시되는 ㈜민국에 대한 관계기업투자주식과 20×1년도 포괄손익계산서에 인식되는 지분법이익을 계산하시오.

관계기업투자주식	①
지분법이익	②

물음 2) 20×2년 12월 31일 ㈜대한의 재무상태표에 표시되는 ㈜민국에 대한 관계기업투자주식을 계산하시오.

관계기업투자주식	①

풀이

물음 1)

관계기업투자주식	① 272,280
지분법이익	② 2,280

물음 2)

관계기업투자주식	① 292,680

(1) 관계기업투자주식 취득일 회계처리

차) 관계기업투자주식	300,000	대) 토지	260,000
		처분이익	40,000
차) 현금	30,000	대) 관계기업투자주식	30,000

(2) 조정 후당기순이익 계산

구분	20×1년	20×2년
조정 전 당기순이익	70,000	90,000
평가차액의 상각		
−재고자산	(−)20,000[1]	(−)20,000
−기계장치	(−)5,000[2]	(−)5,000
−토지		(−)20,000[3]
내부거래 제거		
−재고자산	(−)3,600[4]	3,600
	(−)600[5]	600
−비품	3,600[6]	
	(−)800[7]	(−)1,200
현물출자	(−)36,000[8]	
조정 후 당기순이익	7,600	48,000

[1] $(120,000 - 80,000) \times 50\% = 20,000$
[2] $(150,000 - 120,000)/6 = 5,000$
[3] $(220,000 - 200,000) = 20,000$
[4] $30,000 \times 30\% \times 40\% = 3,600$
[5] $15,000 \times 20\% \times 20\% = 600$
[6] $(40,000 - 20,000) - 16,400 = 3,600$
[7] $3,600/3 \times 8/12 = 800$
[8] $40,000 \times (300,000 - 30,000)/300,000 = 36,000$

(3) 관계기업투자주식 계산구조

	〈-----(30%)------〉	
800,000 관계기업순자산BV	240,000	
90,000 관계기업순자산FV−BV	27,000	
영업권 or (−)염가매수차익	3,000	
270,000 이전대가		
7,600 관계기업 조정 후 × 1년 N/I	2,280	
48,000 관계기업 조정 후 × 2년 N/I	14,400	
40,000 관계기업 × 2년 OCI	12,000	
20,000 × 2년 배당	(−)6,000	

(4) 20×1년 관계기업투자주식: 270,000 + 2,280 = 272,280
(5) 20×1년 지분법이익: 2,280
(6) 20×2년 관계기업투자주식: 272,280 + 14,400 + 12,000 − 6,000 = 292,680

㈜대한은 20×1년 1월 1일 ㈜서울의 보통주 400주(발행주식의 40%)를 주당 ₩1,800에 취득하여 ㈜서울의 영업 및 재무정책에 유의적인 영향력을 행사할 수 있게 됨에 따라 ㈜서울의 보통주를 '관계기업투자주식'으로 회계처리하였다. 20×1년 1월 1일 ㈜서울의 순자산 장부금액은 ₩1,000,000이었으며 재고자산과 건물의 공정가치는 장부금액에 비해 각각 ₩150,000과 ₩500,000이 더 많고, 이외의 자산과 부채의 공정가치는 장부금액과 일치하였다. ㈜서울의 재고자산은 20×1년에 모두 판매되었고, 건물의 잔존내용연수는 10년이며 정액법으로 감가상각한다. 20×1년도와 20×2년도 ㈜서울이 보고한 당기순이익은 각각 ₩300,000과 ₩400,000이며, 20×1년도 기타포괄손익(FVOCI금융자산 채무상품에서 발생)은 ₩60,000이고 20×2년도 기타포괄손실(FVOCI금융자산)은 ₩25,000이었다. ㈜서울은 20×1년도와 20×2년도에 각각 ₩50,000과 ₩80,000의 현금배당을 실시하였다.

20×3년 1월 1일 ㈜대한은 ㈜서울의 보통주 300주를 시장가격인 주당 ₩3,000에 처분함에 따라 ㈜서울에 대하여 유의적인 영향력을 상실하였으며, 남아 있는 ㈜서울의 보통주 100주는 FVOCI금융자산으로 회계처리하였다. (단, ㈜서울은 자기주식을 보유하고 있지 않고 ㈜대한과 ㈜서울 간 내부거래는 없으며, 20×1년도와 20×2년도 ㈜대한이 보유하고 있는 ㈜서울의 보통주에 대한 손상징후는 없다고 가정한다)

물음 1) ㈜대한이 ㈜서울의 보통주를 취득하면서 ㈜서울에 지불한 영업권의 가치를 구하시오.

물음 2) ㈜대한이 20×1년 말 재무상태표에 보고할 ㈜서울의 보통주에 대한 관계기업투자주식의 장부금액을 구하시오.

※ ㈜대한이 보유하고 있는 ㈜서울의 보통주에 대한 20×2년도 기말장부금액이 ₩862,000일 때, 물음 3)과 물음 4)에 대해 답하시오.

물음 3) 20×3년 1월 1일 ㈜대한이 처분한 ㈜서울의 보통주 300주에 대한 관계기업투자주식처분이익을 구하시오.

물음 4) 20×3년 1월 1일에 ㈜대한이 남아 있는 ㈜서울의 보통주 100주를 FVOCI금융자산으로 분류를 변경하여 회계처리한 경우, 이러한 회계처리로 인하여 ㈜대한이 FVOCI금융자산으로 새로이 인식할 금액과 관계기업투자주식처분이익으로 인식할 금액을 각각 구하시오.

물음 1) 영업권의 가치: 60,000

물음 2) 20×1년 말 관계기업투자주식 장부금액: 764,000

	〈---투자자의 지분율(40%)---〉	〈---기타 지분율---〉
관계기업 순자산 BV 1,000,000	400,000	
관계기업 순자산 FV - BV 650,000	260,000	
영업권	60,000	
취득원가 400주 × 1,800 = 720,000	+	
관계기업 조정 후 N/I(①) 100,000	지분법이익(A) 40,000	
	+	
(±)관계기업 자본조정, 이익잉여금 직접변동	–	
	+	
(±)관계기업 OCI 변동 60,000	24,000	
	+	
(±)영업권 손상차손 및 환입	–	
(−)관계기업 현금배당 지급 (−)50,000	(−)20,000	
	=	
관계기업투자주식 장부금액 764,000		

구분	관계기업
관계기업 조정 전 N/I	300,000
투자평가차액 상각	
− 재고자산	(150,000)
− 건물	500,000/10 = (50,000)
내부거래 제거	
− 당기 미실현손익	–
− 전기 실현손익	–
현물출자 미실현손익	–
현물출자 실현손익	–
우선주 귀속배당	–
관계기업 조정 후 N/I	① 100,000

* 관계기업투자주식은 내부거래 시 상향·하향거래 구분 없이 미실현손익·실현손익을 관계기업 N/I에 반영한다.

물음 3)   관계기업투자주식처분이익: 253,500

물음 4)   FVOCI금융자산 인식액: 300,000
관계기업투자주식처분이익: 84,500

처분한 관계기업투자주식	차) 현금[1]	900,000	대) 관계기업투자주식[2]	646,500
			관계기업투자주식처분이익	253,500
보유한 관계기업투자주식	차) FVOCI금융자산[3]	300,000	대) 관계기업투자주식[4]	215,500
			관계기업투자주식처분이익	84,500

[1] 300주 × 3,000 = 900,000
[2] 862,000 × 300주/400주 = 646,500
[3] 100주 × 3,000 = 300,000
[4] 862,000 × 100주/400주 = 215,500

※ **다음의 각 물음은 독립적이다.** 　　　　　　　　　　　　[공인회계사 2차 2020년]

㈜대한은 20×2년 1월 1일에 상장기업 A사, B사, C사의 의결권 있는 보통주를 추가 취득 또는 일괄 취득하면서 이들 기업에 대해 유의적인 영향력을 행사할 수 있게 되었다. ㈜대한이 20×2년 1월 1일에 취득한 주식의 세부 내역은 다음과 같다.

〈20×2년 1월 1일 취득 주식 세부 내역〉

피투자기업	취득 주식수(지분율)	취득원가	비고
A사	150주(15%)	₩390,000	추가 취득
B사	300주(30%)	450,000	일괄 취득
C사	400주(40%)	900,000	일괄 취득

물음 1) 다음의 〈자료 1〉을 이용하여 〈요구사항〉에 답하시오.

〈자료 1〉

(1) ㈜대한은 20×1년 10월 1일에 A사 보통주 100주(지분율: 10%)를 ₩250,000에 취득하고, 동 주식을 기타포괄손익-공정가치 측정 금융자산으로 분류하였다. A사 주식 100주의 20×1년 12월 31일과 20×2년 1월 1일 공정가치는 각각 ₩275,000과 ₩245,000이었다.

(2) ㈜대한은 A사에 대해 기업회계기준서 제1103호 '사업결합'의 단계적 취득을 준용하여 지분법을 적용한다.

(3) 20×2년 1월 1일 현재 A사의 순자산 장부금액은 ₩2,520,000이며, 자산·부채의 장부금액은 공정가치와 일치하였다.

(4) A사는 20×2년 6월 30일에 1주당 ₩200의 현금배당을 실시하였으며, 20×2년도 당기순이익과 기타포괄이익을 각각 ₩150,000과 ₩50,000으로 보고하였다.

〈요구사항〉

A사 지분투자와 관련하여, ㈜대한의 관계기업투자주식 취득원가에 포함된 영업권 금액과 ㈜대한의 20×2년 말 재무상태표에 표시해야 할 관계기업투자주식의 장부금액을 계산하시오.

영업권	①
관계기업투자주식 장부금액	②

물음 2) 다음의 〈자료 2〉를 이용하여 〈요구사항〉에 답하시오.

〈자료 2〉

(1) 20×2년 1월 1일 현재 B사의 순자산은 납입자본 ₩1,000,000과 이익잉여금 ₩400,000으로 구성되어 있으며, 자산·부채의 장부금액은 공정가치와 일치하였다.

(2) 20×2년 이후 B사가 보고한 순자산 변동 내역은 다음과 같으며, 순자산의 변동은 전부 당기손익에 의해서만 발생하였다.

구분	20×2. 12. 31.	20×3. 12. 31.
납입자본	₩1,000,000	₩1,000,000
이익잉여금	100,000	300,000

(3) B사는 20×2년 중에 유의적인 재무적 어려움에 처하게 됨으로써 20×2년 말 현재 ㈜대한이 보유한 B사 투자주식의 회수가능액이 ₩250,000으로 결정되었다. 그러나 20×3년도에는 B사의 유의적인 재무적 어려움이 일부 해소되어 20×3년 말 현재 ㈜대한이 보유한 B사 투자주식의 회수가능액은 ₩350,000으로 회복되었다.

〈요구사항〉

B사 지분투자와 관련하여, ㈜대한이 20×2년도에 인식할 손상차손과 20×3년도에 인식할 손상차손환입을 계산하시오.

20×2년 손상차손	①
20×3년 손상차손환입	②

물음 3) 다음의 〈자료 3〉을 이용하여 〈요구사항〉에 답하시오.

〈자료 3〉

(1) 20×2년 1월 1일 현재 C사의 순자산 장부금액은 ₩2,100,000이며, 자산·부채 중 장부금액과 공정가치가 일치하지 않는 항목은 다음과 같다.

계정	장부금액	공정가치	비고
재고자산	₩40,000	₩55,000	20×2년 중 전액 외부판매되었음
건물	1,000,000	1,250,000	잔존내용연수: 5년 잔존가치: ₩0 정액법 상각

(2) 20×2년 중에 C사는 ㈜대한으로부터 원가 ₩120,000인 재고자산을 ₩100,000에 매입하여 20×2년 말 현재 전부 보유하고 있다. 동 하향거래는 재고자산의 순실현가능가치 감소에 대한 증거를 제공한다.

(3) 20×2년 중에 C사는 ㈜대한에 재고자산을 판매(매출액은 ₩350,000이며, 매출총이익률은 30%)하였는데, 20×2년 말 현재 ㈜대한은 매입한 재고자산의 80%를 외부에 판매하였다.

(4) C사는 20×2년도 당기순손실을 ₩60,000으로 보고하였다.

〈요구사항 1〉

C사 지분투자와 관련하여, ㈜대한이 염가매수차익에 해당하는 금액을 인식하기 위한 회계처리에 대해 기업회계기준서 제1028호 '관계기업과 공동기업에 대한 투자'에 근거하여 간략히 서술하시오.

〈요구사항 2〉

C사 지분투자와 관련하여, ㈜대한의 20×2년도 포괄손익계산서에 표시되는 지분법손익을 계산하시오. (단, 지분법손실은 (−)를 숫자 앞에 표시하시오)

지분법손익	①

풀이

물음 1)

영업권	① 5,000
관계기업투자주식 장부금액	② 635,000

(1) 영업권: $(245,000 + 390,000) - 2,520,000 \times 25\% = 5,000$

> * 관계기업의 순자산 장부금액과 공정가치가 일치하므로 주식 취득일의 차이는 전액 영업권에 해당한다. 한편, 단계적으로 유의적인 영향력을 행사하는 경우에는 기존에 취득한 지분의 공정가치와 신규 취득한 지분의 취득원가의 합계금액을 취득금액으로 간주한다.

[참고] 20×2년 1월 1일 회계처리

차) 관계기업투자주식	390,000	대) 현금	390,000
차) 관계기업투자주식	245,000	대) FVOCI금융자산	275,000
금융자산평가이익	25,000		
금융자산평가손실	5,000		

(2) 관계기업투자주식 장부금액: $635,000 - 250주 \times @200 + 150,000 \times 25\% + 50,000 \times 25\% = 635,000$

물음 2)

20×2년 손상차손	① 110,000
20×3년 손상차손환입	② 40,000

[20×2년 초]

차) 관계기업투자주식	450,000	대) 현금	450,000

[20×2년 말]

차) 지분법손실	90,000	대) 관계기업투자주식[1]	90,000
차) 손상차손	110,000	대) 관계기업투자주식[2]	110,000

[20×3년 말]

차) 관계기업투자주식	60,000	대) 지분법이익[3]	60,000
차) 관계기업투자주식	40,000	대) 손상차손환입액[4]	40,000

[1] $(100,000 - 400,000) \times 30\% - 0 = (-)90,000$
[2] $(450,000 - 90,000) - 250,000 = 110,000$
[3] $(300,000 - 100,000) \times 30\% - 0 = 60,000$
[4] $Min[(360,000 + 60,000), 350,000] - (250,000 + 60,000) = 40,000$

물음 3) 〈요구사항 1〉

염가매수차익은 관계기업지분을 염가로 매수하여 발생한 차액이므로 취득 즉시 당기손익에 반영한다. 지분법을 적용할 때 이를 별도의 항목으로 인식하지 않고 전액 지분법이익에 반영한다.

〈요구사항 2〉

지분법손익	① (-)12,400

(1) 염가매수차익: $[2,100,000 + (55,000 - 40,000) + (1,250,000 - 1,000,000)] \times 40\% - 900,000 = 46,000$

(2) 지분법손실: $[(-)60,000 - 15,000 - 250,000/5 - 350,000 \times 30\% \times (1 - 80\%)] \times 40\% + 46,000 = (-)12,400$

> * 하향거래에서 발생한 재고자산처분손실은 순실현가능가치의 감소에 대한 증거를 제공하므로 미실현손익이 아니다.

Chapter **3**

연결회계의 기초

1 연결회계의 이론

I 연결회계와 연결재무제표

01 연결회계

연결회계는 지분인수를 통한 사업결합을 말한다. 지분인수는 한 기업이 다른 기업 주식의 전부 또는 일부를 취득하고 지배력을 획득하여 경제적으로 단일 실체를 형성한다. 지배력을 획득하여 하나 이상의 기업을 지배하는 기업을 지배기업이라고 하며, 다른 기업의 지배를 받고 있는 기업을 종속기업이라고 한다.

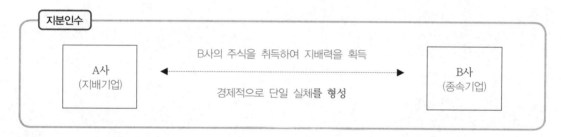

02 연결재무제표

연결재무제표(consolidated financial statements)는 지배기업이 지배력 획득시점에 종속기업을 합병하였다고 가정하고 작성한 재무제표이다. 즉, 지배기업과 그 종속기업의 자산, 부채, 자본, 수익, 비용, 현금흐름을 하나의 경제적 실체로 표시하는 연결실체의 재무제표를 말한다. 여기서 연결실체는 지배기업과 그 종속기업을 의미한다.

연결재무제표는 그 이용자가 연결실체와 관련하여 합리적인 의사결정을 할 수 있도록 연결실체의 재무상태와 성과 및 현금흐름 등에 관한 유용하고 적정한 정보를 제공함을 목적으로 한다.

Self Study

지배기업과 종속기업은 법적으로 독립된 실체로 존재하면서 각각 별도의 회계시스템에 따라 재무제표를 작성하므로, 연결재무제표는 지배기업과 종속기업이 작성한 각각의 재무제표를 합산하여 작성한다.

합병은 지배력을 획득한 날에 재무제표를 합산한 시점부터 법적으로 하나의 기업이 되기 때문에 지배력을 획득한 날의 회계처리만 하면 되지만 연결은 지배력을 획득한 날에 법적으로 하나의 실체가 되지 않기 때문에 지배력 획득일 이후에 연결재무제표를 작성할 때도 항상 지배력 획득일에 합병하였다고 가정하고 지배기업과 종속기업의 재무제표를 합산하여 작성하는 점에서 차이가 있다.

참고 **연결재무제표의 유용성과 한계점**

1. 연결재무제표의 유용성
   (1) 지배기업과 종속기업은 경제적으로 단일의 실체이므로 별도 재무제표보다는 연결재무제표가 연결실체를 총체적으로 파악하는 데 유용하다.
   (2) 내부거래와 관련된 미실현손익을 제거함으로써 연결실체 내에 속하는 기업들 간의 거래를 통한 개별 기업의 재무제표 조작가능성을 배제할 수 있다.
   (3) 특정 연결실체에 의한 경제적 집중에 대한 지표로 사용될 수 있다.
   (4) 지배기업은 종속기업의 재무정책과 영업정책을 결정할 수 있으므로 연결재무제표는 지배기업과 종속기업으로 구성된 경제적 실체의 재무상태와 경영성과를 평가하는 데 유용할 수 있다.

2. 연결재무제표의 한계점
   (1) 채권자나 법적인 계약당사자, 과세당국 등 개별 기업의 이해관계자들에게 연결재무제표만을 제공하는 경우에는 정보의 유용성에 한계가 있을 수 있다.
   (2) 재무적 기초가 서로 다른 기업에 대하여 연결재무제표를 작성하게 되면 개별 기업의 경제적 실질을 반영하지 못하게 된다.
   (3) 연결대상에 포함되는 기업들의 업종이나 회계처리 방법이 서로 다른 경우 이를 무시하고 연결재무제표를 작성한다면 연결재무제표의 각 수치들은 무의미한 것이 될 수 있다.

Ⅱ   지배력

기업회계기준서 제1110호 '연결재무제표'에서는 하나 이상의 다른 기업(종속기업)을 지배하는 기업(지배기업)은 당해 다른 기업을 포함한 연결재무제표를 작성하도록 규정하고 있다. 여기서 지배력은 투자자가 피투자자에 관여함에 따라 변동이익에 노출되거나 변동이익에 대한 권리가 있고 피투자자에 대하여 자신의 힘으로 그러한 이익에 영향을 미치는 능력을 말한다.

01 지배력의 평가

투자자가 다음의 모두에 해당하는 경우에만 피투자자를 지배한다.

① 피투자자에 대한 힘이 있다.
② 피투자자에 관여함에 따라 변동이익에 노출되거나 변동이익에 대한 권리가 있다.
③ 투자자의 이익금액에 영향을 미치기 위하여 피투자자에 대한 자신의 힘을 사용하는 능력이 있다.

투자자는 자신이 피투자자를 지배하는지 평가할 때 모든 사실과 상황을 고려한다. 지배력의 세 가지 요소 중 하나 이상이 달라진 사실이 있거나 그러한 상황이 벌어진 경우 투자자는 자신이 피투자자를 지배하는지를 다시 평가하여야 한다. 그러한 평가는 법적인 형식이 아닌 경제적 실질에 근거해야 한다.

Self Study

둘 이상의 투자자가 관련 활동을 지시하기 위해 함께 행동해야 하는 경우 그들은 피투자자를 집합적으로 지배한다. 그러한 경우에는 어떠한 투자자도 다른 투자자의 협력 없이 관련 활동을 지시할 수 없으므로 어느 누구도 개별적으로 피투자자를 지배하지 못한다. 이는 공동지배의 상황으로 보아야 하며 연결재무제표를 작성하지 않는다.

(1) 피투자자에 대한 힘

피투자자에 대한 힘을 갖기 위하여 투자자는 관련 활동을 지시하는 현재의 능력을 갖게 하는 현존 권리를 보유하여야 한다. 관련 활동은 피투자자의 이익에 유의적인 영향을 미치는 피투자자의 활동을 말한다.

투자자의 권리가 피투자자에 대한 힘을 투자자가 갖게 하기에 충분하다는 증거를 제공할 수 있는 사항은 다음과 같으며, 이에 한정되는 것은 아니다.

> ① 투자자는 관련 활동을 지시하는 능력을 가지는 피투자자의 주요 경영진을 계약상의 권리가 없어도 선임 또는 승인할 수 있다.
> ② 투자자는 계약상의 권리가 없어도 자신의 효익을 위하여 유의적인 거래를 체결하거나 거래의 변경을 거부하도록 피투자자를 지시할 수 있다.
> ③ 투자자는 피투자자의 의사결정기구 구성원을 선출하는 선임 절차를 지배할 수 있거나, 다른 의결권 보유자로부터 위임장 획득을 장악할 수 있다.
> ④ 피투자자의 주요 경영진이 투자자의 특수관계자이다.
> ⑤ 피투자자의 의사결정기구 구성원의 과반수가 투자자의 특수관계자이다.

Self Study

1. 힘은 권리에서 생긴다. 관련 활동을 지시하는 현재의 능력이 있는 투자자는 지시하는 권리를 행사하기 전일지라도 힘을 가진다.
2. 둘 이상의 투자자 각각이 다른 관련 활동을 지시하는 일방적인 능력을 갖게 하는 현존 권리를 보유하는 경우, 피투자자의 이익에 가장 유의적으로 영향을 미치는 활동을 지시하는 현재의 능력이 있는 투자자가 피투자자에 대한 힘이 있다.
3. 다른 기업들이 관련 활동의 지시에 참여하는 현재의 능력을 갖게 하는 현존 권리를 보유하고 있다 하더라도, 투자자는 피투자자에 대한 힘이 있을 수 있다. 그러나 방어권만을 보유하는 투자자는 피투자자에 대한 힘이 없다. 여기서 방어권이란 당사자에게 방어권 관련 기업에 대한 힘을 갖게 하지는 않지만 방어권을 보유하고 있는 당사자의 이익을 보호하기 위해 설계된 권리를 말한다.

(2) 변동이익에 대한 노출 또는 권리

피투자자에 대한 투자자의 관여로 투자자의 이익이 피투자자의 성과에 따라 달라질 가능성이 있는 경우 투자자는 변동이익에 노출되거나 변동이익에 대한 권리를 가진다. 투자자의 이익은 양(+)의 금액만이거나, 부(-)의 금액만이거나, 또는 두 경우 모두에 해당될 수 있다. 한 투자자만이 피투자자를 지배할 수 있다 하더라도, 둘 이상의 투자자가 피투자자의 이익을 나누어 가질 수 있다. 예를 들어 비지배지분 소유주들은 피투자자의 이익이나 분배의 몫을 가질 수 있다.

(3) 자신의 힘을 사용하는 능력

투자자가 피투자자에 대한 힘이 있고 피투자자에 관여함에 따라 변동이익에 노출되거나 변동이익에 대한 권리가 있을 뿐만 아니라, 자신의 이익금액에 영향을 미치도록 자신의 힘을 사용하는 능력이 있다면 투자자는 피투자자를 지배한다.

그러므로 의사결정권이 있는 투자자는 자신이 본인인지 또는 대리인인지를 결정해야 한다. 대리인의 투자자가 자신에게 위임된 의사결정권을 행사하는 경우에는 피투자자를 지배하는 것이 아니다.

Ⅲ 지배력 보유 여부의 판단

01 의결권 기준

피투자자의 목적과 설계를 고려할 때, 피투자자의 보통주와 같이 보유자에게 비례의결권을 제공하는 지분상품을 수단으로 피투자자를 지배하는 것은 명백할 수 있다. 이 경우 의사결정을 변경하는 추가 약정이 없다면, 지배력의 평가는 누가 피투자자의 영업정책과 재무정책을 결정하기 위한 충분한 의결권을 행사할 수 있는지에 중점을 둔다. 가장 단순한 경우, 다른 요소가 없다면 피투자자 의결권의 과반수를 보유하는 투자자는 다음의 조건을 만족하는 경우에 한하여 피투자자에 대하여 지배력을 가진다고 볼 수 있다.

> ① 의결권 과반수 보유자의 결정에 의해 관련 활동이 지시된다.
> ② 관련 활동을 지시하는 의사결정기구 구성원의 과반수가 의결권 과반수 보유자의 결의에 의해 선임된다.

02 실질지배력 기준

투자자가 피투자자에 대한 의결권 과반수를 보유하고 있더라도 그러한 권리가 실질적이지 않다면 피투자자에 대하여 지배력을 가질 수 없다. 반면, 투자자가 피투자자 의결권의 과반수 미만을 보유하더라도 지배력을 가질 수도 있다. 피투자자 의결권의 과반수 미만을 보유하는 경우에도 투자자는 다음의 예를 통하여 지배력을 가질 수 있기 때문이다.

> ① 투자자와 다른 의결권 보유자산의 계약상 약정에 의하여 과반수의 의결권을 행사할 수 있는 경우
> ② 계약상 약정에서 발생하는 권리가 의결권과 결합하여 피투자자의 관련 활동을 지시할 수 있는 경우
> ③ 투자자의 의결권이 과반수 미만이지만, 다른 의결권 보유자의 주식분산정도에 의해 투자자가 일방적으로 관련 활동을 지시하는 실질적 능력을 가진 경우
> ④ 투자자가 보유하고 있는 잠재적 의결권과 결합하여 피투자자의 관련 활동을 지시할 수 있는 경우
> ⑤ 위의 ①부터 ④까지의 조합

03 잠재적 의결권의 고려 여부

지배력을 평가할 때, 투자자는 자신이 힘을 갖는지 결정하기 위하여 다른 당사자가 보유한 잠재적 의결권 뿐만 아니라 자신이 보유한 잠재적 의결권도 고려한다. 잠재적 의결권은 선도계약을 포함하는 전환상품이나 옵션에서 발생하는 권리와 같이 피투자자의 의결권을 획득하는 권리이다. 잠재적 의결권은 권리가 실질적일 경우에만 고려한다. 실질적인 잠재적 의결권은 단독으로 또는 다른 권리와 결합하여 투자자에게 관련 활동을 지시하는 현재의 능력을 부여할 수 있기 때문이다.

Additional Comment

투자자가 피투자자의 의결권 30%를 보유하고 있고 추가로 의결권의 30%를 취득할 수 있는 옵션에서 발생하는 실질적인 권리를 갖고 있을 때, 이러한 경우가 될 가능성이 높다.

Self Study

연결재무제표를 작성할 때 잠재적 의결권이나 잠재적 의결권을 포함하는 그 밖의 파생상품이 있는 경우 당기순손익과 자본변동을 지배기업지분과 비지배주주에 배분하는 비율은 현재의 소유지분에만 기초하여 결정하고 잠재적 의결권과 그 밖의 파생상품의 행사가능성이나 전환가능성은 반영하지 아니한다. 지배력 여부에 대한 판단은 잠재적 의결권의 행사 여부를 고려하지만, 실제 연결재무제표의 작성 시에는 이를 고려하지 않는다.

Ⅳ 연결재무제표 작성의무의 면제

01 중간 지배기업

지배·종속관계가 순차적으로 이루어지는 경우에는 최상위 지배기업만이 아니라, 중간 지배기업도 원칙적으로 자신의 종속기업을 대상으로 연결재무제표를 작성하여야 한다. 다만, 지배기업이 다음의 조건을 모두 충족하는 경우에 연결재무제표를 표시하지 아니할 수 있다. 이 경우 중간 지배기업은 연결재무제표를 작성하지 않고 별도 재무제표만을 작성하면 된다.

① 지배기업 그 자체의 지분 전부를 소유하고 있는 다른 기업의 종속기업이거나, 지배기업이 그 자체의 지분 일부를 소유하고 있는 다른 기업의 종속기업이면서 그 지배기업이 연결재무제표를 작성하지 않는다는 사실을 그 지배기업의 다른 소유주들(의결권이 없는 소유주 포함)에게 알리고 그 다른 소유주들이 그것을 반대하지 않는 경우
② 지배기업의 채무상품이나 지분상품이 공개시장(국내·국외 증권거래소나 장외시장, 지역시장 포함)에서 거래되지 않는 경우
③ 지배기업이 공개시장에서 증권을 발행할 목적으로 증권감독기구나 그 밖의 감독기관에 재무제표를 제출한 적이 없으며 제출하는 과정에 있지도 않는 경우
④ 지배기업의 최상위 지배기업이나 중간 지배기업이 한국채택국제회계기준을 적용하여 작성한 공용가능한 재무제표에 종속기업을 연결하거나 종속기업을 공정가치로 측정하여 당기손익에 반영하는 경우

02 투자기업

투자기업인 지배기업이 모든 종속기업을 공정가치로 측정하여 당기손익에 반영하여야 한다면, 연결재무제표를 작성하지 않는다. 이 경우 투자기업은 연결재무제표를 작성하지 않고 별도 재무제표만을 작성해야 한다. 그러나 투자기업의 지배기업은 자신의 투자기업이 아니라면, 종속기업인 투자기업을 통해 지배하는 기업을 포함하여 지배하는 모든 기업을 연결한다.

Additional Comment

투자기업은 다음을 모두 충족하는 기업이다.
① 투자관리용역을 제공할 목적으로 하나 이상의 투자자로부터 자금을 얻는다.
② 사업 목적이 시세차익, 투자수익이나 둘 다를 위해서만 자금을 투자하는 것이므로 투자자에게 확약한다.
③ 실질적으로 모든 투자자산에 대한 성과를 공정가치로 측정하여 평가한다.

참고 **투자지분상품의 분류**

구분	내용
금융자산	매매차익 또는 배당수익을 위한 투자 목적으로 취득하는 경우, 공정가치법으로 회계처리
관계기업투자주식	피투자자에 유의적인 영향력을 행사하는 경우, 지분법으로 회계처리
공동기업투자주식	약정을 통해 공동지배력을 보유하는 경우, 지분법으로 회계처리
종속기업투자주식	지배력을 획득한 경우, 연결재무제표 작성

V 연결재무제표 작성 관련 사항

01 보고기간 종료일

연결재무제표를 작성할 때 사용되는 지배기업과 종속기업의 재무제표는 동일한 보고기간 종료일을 가진다. 지배기업의 보고기간 종료일과 종속기업의 보고기간 종료일이 다른 경우, 종속기업은 연결재무제표를 작성하기 위하여 지배기업이 종속기업의 재무정보를 연결할 수 있도록 지배기업의 재무제표와 동일한 보고기간 종료일의 추가적인 재무정보를 작성한다. 다만, 실무적으로 적용할 수 없는 경우에는 그러하지 아니한다.

종속기업이 실무적으로 적용할 수 없다면, 지배기업은 종속기업의 재무제표일과 연결재무제표일 사이에 발생한 유의적인 거래나 사건의 영향을 조정한 종속기업의 가장 최근의 재무제표를 사용하여 종속기업의 재무정보를 연결한다. 어떠한 경우라도 종속기업의 재무제표일과 연결재무제표일의 차이가 3개월을 초과해서는 안 된다. 보고기간의 길이 그리고 재무제표일의 차이는 매 기간마다 동일하여야 한다.

02 동일한 회계정책

연결실체를 구성하는 기업이 유사한 상황에서 발생한 동일한 거래와 사건에 대하여 연결재무제표에서 채택한 회계정책과 다른 회계정책을 사용한 경우에는 연결실체의 회계정책과 일치하도록 그 재무제표를 적절히 수정하여 연결재무제표를 작성한다.

03 잠재적 의결권

연결재무제표를 작성할 때 잠재적 의결권이나 잠재적 의결권을 포함하는 그 밖의 파생상품이 있는 경우 당기순손익과 자본변동을 지배기업지분과 비지배주주지분에 배분하는 비율은 현재의 소유지분에만 기초하여 결정하고 잠재적 의결권과 그 밖의 파생상품의 행사가능성이나 전환가능성은 반영하지 아니한다.

Additional Comment

비지배지분은 종속기업에 대한 지분 중 지배기업에 직접이나 간접으로 귀속되지 않는 지분을 말한다.

VI 별도 재무제표와 연결재무제표

01 별도 재무제표

(1) 별도 재무제표는 기업이 종속기업, 공동기업 및 관계기업에 대한 투자를 원가법, 기업회계기준서 제1109호 '금융상품'에 따른 방법, 기업회계기준서 제1028호 '관계기업과 공동기업에 대한 투자'에서 규정하고 있는 지분법 중 어느 하나를 적용하여 표시한 재무제표를 말한다. 별도 재무제표는 투자자산의 각 범주별로 동일한 회계처리 방법을 적용하여야 한다.

(2) 별도 재무제표는 연결재무제표에 추가하여 표시하거나 종속기업에 대한 투자자산을 보유하고 있지 않지만 관계기업이나 공동기업에 대한 투자자산을 기업회계기준서 제1028호 '관계기업과 공동기업에 대한 투자'에 따라 지분법으로 회계처리해야 하는 투자자의 재무제표에 추가하여 표시하는 재무제표이다.

(3) 종속기업, 관계기업, 공동기업 참여자로서의 투자지분을 소유하지 않은 기업의 재무제표는 별도 재무제표가 아니다. 연결이 면제되거나 지분법 적용이 면제되는 경우, 그 기업의 유일한 재무제표로서 별도 재무제표만을 재무제표로 작성할 수 있다.

(4) 종속기업, 공동기업, 관계기업에서 받는 배당금은 기업이 배당을 받을 권리가 확정되는 시점에 그 기업의 별도 재무제표에 인식한다. 기업이 배당금을 투자자산의 장부금액에서 차감하는 지분법을 사용하지 않는다면 배당금은 당기손익으로 인식한다.

1. 종속기업, 관계기업 및 공동기업 참여자로서 투자지분을 소유하지 않은 기업의 재무제표는 개별 재무제표라고 한다. 따라서 재무제표에는 연결재무제표, 별도 재무제표 및 개별 재무제표가 있다.
2. 연결재무제표는 지배기업 재무제표와 종속기업 재무제표를 합산하여 작성하는데, 지배기업은 연결재무제표를 작성하기 전에 자신의 재무제표를 별도 재무제표로 작성한다. 수험 목적상 연결문제에서는 지배기업이 종속기업투자주식을 원가법으로 회계처리한 별도 재무제표를 제시한다.

02 연결재무제표

연결재무제표는 연결재무상태표, 연결포괄손익계산서, 연결자본변동표 및 연결현금흐름표로 구성되며 주석을 포함한다.

(1) 연결재무상태표

연결재무상태표에서 자본은 지배기업의 소유주에게 귀속되는 자본과 비지배지분으로 구분하여 표시한다. 지배기업소유주에게 귀속되는 자본은 납입자본, 이익잉여금 및 기타자본구성요소로 구분하지만, 비지배지분은 세부 항목별로 구분하지 않고 단일금액으로 표시한다.

연결재무상태표
20×1년 12월 31일 현재

지배기업과 종속기업 (단위: 원)

유동자산		**유동부채**	
현금및현금성자산		매입채무 및 기타채무	
매출채권 및 기타채권		단기차입금	
재고자산		당기법인세부채	
기타 유동자산		단기충당부채	
매각예정비유동자산		**비유동부채**	
비유동자산		장기차입금	
FVOCI금융자산		이연법인세부채	
AC금융자산		확정급여채무	
관계기업투자주식		장기충당부채	
투자부동산		**부채총계**	× ×
유형자산		지배기업소유지분	
영업권		납입자본	
기타 무형자산		이익잉여금	
기타 비유동자산		기타자본구성요소	
		비지배지분	
		자본총계	× ×
자산총계	× ×	**부채와 자본총계**	× ×

해커스 IFRS 정윤돈 고급회계

CH 3

연결회계의 기초

(2) 연결포괄손익계산서

연결포괄손익계산서는 성격별 분류법과 기능별 분류법 중 하나의 방법을 선택하여 작성한다. 연결포괄손익계산서는 단일의 연결포괄손익계산서를 작성하거나, 별개의 연결손익계산서 및 연결포괄손익계산서의 두 개의 보고서를 작성할 수 있다. 연결포괄손익계산서의 당기순이익과 총포괄이익은 지배기업소유주 귀속 이익과 비지배지분이익으로 구분하여 표시한다.

연결포괄손익계산서
20×1년 1월 1일부터 20×1년 12월 31일까지

지배기업과 종속기업	(단위: 원)
매출액	××
매출원가	(××)
매출총이익	××
판매비와 관리비	(××)
영업이익	××
영업외수익과 차익	××
영업외비용과 차손	(××)
법인세비용차감전순이익	××
법인세비용	(××)
계속영업이익	××
세후중단영업손익	××
당기순이익	××
재분류조정대상인 기타포괄손익	××
재분류조정대상이 아닌 기타포괄손익	××
총포괄이익	××
당기순이익의 귀속	
지배기업소유주	××
비지배지분	××
	××
총포괄이익의 귀속	
지배기업소유주	××
비지배지분	××
	××
주당이익	
기본 및 희석	××

(3) 연결자본변동표

연결자본변동표는 당해 기간 동안 변동된 자본의 증가 및 감소의 내용을 보고하는 재무제표이다. 자본변동표는 다음의 정보를 포함한다. 여기서 주의할 점은, 연결자본변동표의 구성요소 중 연결실체의 자본변동은 지배기업의 소유지분과 비지배지분으로 구분하여 변동을 표시해야 한다는 것이다.

> ① 지배기업의 소유주와 비지배지분에게 각각 귀속되는 금액으로 구분하여 표시한 해당 기간의 총포괄손익
> ② 자본의 각 구성요소별로 기업회계기준서 제1008호 '회계정책, 회계추정치 변경과 오류'에 따라 인식된 소급적용이나 소급재작성의 영향
> ③ 자본의 각 구성요소별로 다음의 각 항목에 따른 변동액을 구분하여 표시한 기초시점과 기말시점의 장부금액 조정 내역
>   ⊙ 당기순손익
>   ⓒ 기타포괄손익
>   ⓒ 소유주로서의 자격을 행사하는 소유주와의 거래(소유주에 의한 출자와 소유주에 대한 배분, 그리고 지배력을 상실하지 않는 종속기업에 대한 소유지분의 변동을 구분하여 표시)

연결자본변동표
20×1년 1월 1일부터 20×1년 12월 31일까지

지배기업과 종속기업 (단위: 원)

구분	납입자본	이익잉여금	기타자본요소	지배기업지분총계	비지배지분	총계
20×1년 1월 1일	××	××	××	××	××	××
회계정책변경 누적효과		××		××	××	××
전기오류수정효과		××		××	××	××
재작성된 금액	××	××	××	××	××	××
연차배당		(××)		(××)		(××)
유상증자	××					
총포괄이익		××		××	××	××
재평가잉여금 대체		××	(××)			××
20×1년 12월 31일	××	××	××	××	××	××

(4) 연결현금흐름표

연결현금흐름표는 직접법과 간접법으로 작성할 수 있다. 연결현금흐름표에서 주의할 점은, 연결현금흐름표의 구성요소 중 종속기업과 기타 사업에 대한 지배력의 획득 또는 상실에 따른 총현금흐름은 별도로 표시하고 투자활동으로 분류한다는 것이다.

연결현금흐름표
20×1년 1월 1일부터 20×1년 12월 31일까지

지배기업과 종속기업		(단위: 원)
I. 영업활동으로 인한 현금흐름		××
(1) 고객으로부터 유입된 현금	××	
(2) 공급자와 종업원에 대한 현금	(××)	
(3) 이자의 수령	××	
(4) 이자의 지급	(××)	
(5) 법인세의 납부	(××)	
II. 투자활동으로 인한 현금흐름		××
(1) 종속기업의 취득에 따른 순현금흐름	××	
(2) 유형자산의 취득	(××)	
(3) 무형자산의 취득	(××)	
III. 재무활동으로 인한 현금흐름		××
(1) 유상증자	××	
(2) 장기차입금의 차입	××	
(3) 금융리스부채의 상환	(××)	
(4) 배당금 지급	(××)	
IV. 현금및현금성자산의 순증가		××
V. 기초현금및현금성자산		××
VI. 기말현금및현금성자산		××

연결재무제표의 작성방법은 연결실체의 두 이해관계자인 지배기업의 소유주와 비지배주주를 어떻게 보느냐에 따라 이론적으로 두 가지 방법이 존재한다. 지배기업의 소유주와 비지배주주를 모두 연결실체의 주주로 간주하는 접근법도 있으며, 지배기업의 소유주만 연결실체의 주주이며 비지배주주는 채권자로 간주하는 접근법도 있다. 전자를 실체이론이라 하며, 후자를 지배기업이론이라고 한다.

01 실체이론

실체이론에서 연결재무제표는 지배기업과 종속기업으로 구성된 단일 기업실체에 대한 정보를 제공하는 것을 목적으로 한다. 따라서 실체이론에서는 연결실체를 구성하는 두 이해관계자인 지배기업의 소유주와 비지배주주를 모두 주주로 간주하여 재무제표를 작성하며, 연결실체를 구성하는 지배기업과 종속기업의 자산, 부채, 수익과 비용이 그대로 연결실체의 자산, 부채, 수익과 비용으로 보고된다. 실체이론에서는 비지배주주지분을 자본으로 인식하면, 비지배주주지분 귀속 순이익을 연결당기순이익의 구성요소로 인식한다.

[실체이론에서 연결재무제표의 작성원리]

영업권	지배주주지분과 비지배주주에 대한 영업권을 모두 인식
종속기업의 순자산	전체를 공정가치로 재측정
상향거래 미실현손익	전액 제거 후 지분율에 따라 안분
연결당기순이익	지배주주지분 귀속 이익과 비지배주주 귀속 이익으로 구분
비지배지분의 성격	자본으로 인식
부의 비지배주주지분	비지배주주지분에 (−)효과를 반영

02 지배기업이론

지배기업이론에서 연결재무제표는 지배기업 자체의 순자산과 종속기업의 순자산 중에서 지배기업에 속하는 지분에 대한 정보를 반영하는 것을 목적으로 한다. 따라서 지배기업이론에서는 연결실체를 구성하는 두 이해관계자 중에서 지배기업의 소유주만을 주주로 간주하고, 비지배주주는 채권자로 간주하여 재무제표를 작성하며, 연결실체를 구성하는 지배기업과 종속기업의 자산, 부채, 수익과 비용에서 종속기업에 대한 비지배주주지분의 해당액이 차감되는 형식으로 보고한다. 지배기업이론에서는 비지배주주지분을 부채로 인식하며, 비지배주주지분 귀속 순이익을 연결당기순이익 계산 시 비용으로 인식한다.

[지배기업이론에서 연결재무제표의 작성원리]

영업권	지배주주지분에 대한 영업권만 인식
종속기업의 순자산	지배주주지분만 공정가치로 재측정
상향거래 미실현손익	지배주주지분만 제거
연결당기순이익	비지배주주지분 귀속 이익을 비용으로 인식하여 당기순이익에 차감
비지배지분의 성격	채권자로 보아 부채로 인식
부의 비지배주주지분	인식하지 않음

03 한국채택국제회계기준

한국채택국제회계기준에서는 다음과 같이 실체이론에 근거하여 연결재무제표를 작성하도록 규정하고 있으며, 일부 회계처리는 지배기업이론의 논리도 사용하고 있다.

[한국채택국제회계기준에서 연결재무제표의 작성원리]

영업권(실체이론 or 지배기업이론)	지배주주지분에 대한 영업권만 인식 or 지배주주지분과 비지배주주에 대한 영업권을 모두 인식
종속기업의 순자산(실체이론)	전체를 공정가치로 재측정
상향거래 미실현손익(실체이론)	상향판매 미실현이익을 전액 제거하고 지분율에 따라 안분
연결당기순이익(실체이론)	지배주주지분 귀속 이익과 비지배주주 귀속 이익으로 구분하고 합계를 연결당기순이익으로 인식
비지배지분의 성격(실체이론)	연결재무상태표에서 비지배지분도 자본으로 인식
부의 비지배주주지분(실체이론)	비지배주주지분에 (-)효과를 반영

2 연결재무제표 작성

I 비지배주주지분이 없는 경우의 연결

01 연결재무제표 작성원리

연결재무제표는 지배력 획득일에 지배기업이 종속기업을 합병하였다고 가정하고 작성한다.

---

(1) 지배기업 재무상태표

	재무상태표		
지배기업 자산	BV	지배기업 부채	BV
종속기업투자주식(100%)	BV	지배기업 자본	BV

(2) 종속기업 재무상태표

	재무상태표		
종속기업 자산	BV	종속기업 부채	BV
		종속기업 자본	BV

(3) 연결재무상태표

	재무상태표		
지배기업 자산	BV	지배기업 부채	BV
종속기업 자산(100%)	FV	종속기업 부채(100%)	FV
(종속기업투자주식 제외)		지배기업 자본	BV

Self Study

연결재무상태표에는 지배기업이 보유한 종속기업투자주식과 종속기업 자본은 합산되지 않는다.

---

(1) 주식을 취득하여 보유하고 있는 경우

EX) 연결재무제표와 합병재무제표가 동일하다는 점을 이용하여 연결재무제표의 작성과정을 설명하기 위해 종속기업(B)에 대한 지배기업(A)의 지분율이 100%가 된 것으로 가정한다.

(1) 지배력 획득일 직전 지배기업과 종속기업의 재무상태표

재무상태표

지배기업 A			
자산(A)	1,000	부채(A)	300
		자본(A)	700

재무상태표

종속기업 B			
자산(B)	500	부채(B)	200
		자본(B)	300

(2) 지배기업이 종속기업의 주식 100%를 ₩300에 취득하여 지배력을 획득하였다. 지배기업이 종속기업의 주식을 취득하여 전액 보유하고 있다면 다음과 같이 회계처리하고 지배기업의 재무상태표는 다음과 같다.

차) 종속기업투자주식	300	대) 현금	300

재무상태표

지배기업 A			
자산(A)	700	부채(A)	300
종속기업투자주식	300	자본(A)	700

(2) 합병한 경우

위의 사례에서 지배기업이 종속기업의 주식 100%를 취득하여 즉시 소각하고 합병하였다면 주식 취득에 관한 회계처리가 아닌 합병에 관한 회계처리를 하여야 한다. 그에 대한 회계처리와 합병 후 재무상태표는 다음과 같다.

차) 자산(B' 100%)	500	대) 부채(B' 100%)	200
		현금	300

재무상태표

자산(A + B' 100%)	1,200	부채(A + B' 100%)	500
		자본(A)	700

(3) 연결재무제표의 작성

연결재무제표는 합병재무제표와 동일한 것이므로 주식을 취득하고 보유하고 있는 경우 종속기업의 별도 재무제표를 합병재무제표로 수정하면 된다. 지배기업의 주식 취득 직후 재무상태표와 합병 직후 재무상태표를 비교하면 두 재무상태표에 차이가 발생한다. 이는 주식 취득 직후의 재무상태표와 합병 직후의 재무상태표는 지배기업이 주식을 취득한 직후 서로 다른 회계처리를 하였기 때문이다.

[주식 취득의 회계처리]				
차) 종속기업투자주식	300	대) 현금		300
[합병의 회계처리]				
차) 자산(B' 100%)	500	대) 부채(B' 100%)		200
		현금		300

그러므로 지배기업이 종속기업주식을 취득하여 보유한 경우의 회계처리를 종속기업을 합병한 경우의 회계처리로 수정하면 주식 취득 직후의 재무상태표가 합병 직후의 재무상태표가 될 것이다. 이러한 수정의 회계처리를 수행하면 다음과 같다.

차) 자산(B' 100%)	500	대) 부채(B' 100%)	200
		종속기업투자주식(100%)	300

수정분개를 수행한 후에 이를 반영한 지배기업의 재무상태표는 합병을 가정한 경우의 재무제표, 즉 연결재무제표가 되는데 이는 다음과 같다.

재무상태표			
자산(A + B' 100%)	1,200	부채(A + B' 100%)	500
		자본(A)	700

위의 내용을 통하여 연결재무제표와 합병 직후의 재무상태표를 비교한 비교재무상태표는 동일한 것을 확인할 수 있다.

(4) 연결접근법으로 작성

앞에서는 지배기업의 별도 재무제표에 연결제거분개를 반영하여 연결재무제표를 작성하는 합병접근법으로 연결재무제표의 작성방법을 설명하였다. 그러나 일반적으로 연결재무제표는 지배기업의 별도 재무제표와 종속기업의 개별 재무제표를 단순합산 후 두 기업 사이에 발생한 거래들을 제거하는 연결제거분개를 반영하여 작성한다.

(1) 단순합산

구분	지배회사	+	종속회사	=	단순합산
자산	700		500		1,200
종속기업투자주식	300		–		300
부채	300		200		500
자본	700		300		1,000

(2) 연결재무상태표

재무상태표

자산(A + B' 100%)	1,200	부채(A + B' 100%)	500
		자본(A)	700

(3) 연결제거분개

차) 자본(B' 100%)	300	대) 종속기업투자주식(100%)	300

연결제거분개는 지배기업이 보유한 종속기업주식과 종속기업의 자본을 상계제거한 것이다. 이러한 연결제거분개를 투자주식과 자본계정의 상계제거라고 하며, 연결제거분개에서 가장 중요한 회계처리이다.

Self Study

연결재무상태표 = 지배기업 재무상태표 + 종속기업 재무상태표 ± 연결제거분개

02 투자·평가차액이 없는 경우의 연결

(1) 지배력 획득일의 연결

EX) 다음의 내용은 상황을 단순화시켜서 연결재무제표 작성의 논리를 이해하기 위하여 지배기업이 종속기업의 주식을 취득하면서 투자·평가차액이 없는 경우를 가정하고, 비지배지분 없이 종속기업의 주식을 100% 취득하였다고 가정한다.

(1) 지배력 획득일 직전 지배회사와 종속회사의 재무상태표

재무상태표

지배회사 A

| 자산(A) | 1,000 | 부채(A) | 300 |
| | | 자본(A) | 700 |

재무상태표

종속회사 B

| 자산(B) | 500 | 부채(B) | 200 |
| | | 자본(B) | 300 |

(2) 지배회사가 종속회사의 주식 100%를 ₩300에 취득하여 지배력을 획득하였다. 지배회사가 종속회사의 주식을 취득하여 전액 보유하고 있다면 다음과 같이 회계처리하고 지배회사의 재무상태표는 다음과 같다.

차) 종속기업투자주식(100%) 300 대) 현금 300

재무상태표

지배회사 A

| 자산(A) | 700 | 부채(A) | 300 |
| 종속기업투자주식(100%) | 300 | 자본(A) | 700 |

(3) 단순합산

구분	지배회사	+	종속회사	=	단순합산
자산	700		500		1,200
종속기업투자주식	300		–		300
부채	300		200		500
자본	700		300		1,000

(4) 단순합산재무제표

재무상태표

자산(A)	700	부채(A)	300
자산(B' 100%)	500	부채(B' 100%)	200
종속기업투자주식(100%)	300	자본(A)	700
		자본(B' 100%)	300

(5) 투자주식과 자본계정의 상계

차) 자본(B' 100%)	300	대) 종속기업투자주식(100%)	300

(6) 연결재무상태표

재무상태표

자산(A + B' 100%)	1,200	부채(A + B' 100%)	500
		자본(A)	700

지배력 획득일의 구조분석

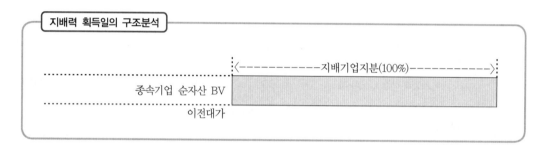

20×1년 초에 A사는 B사의 보통주 100%를 지배력 행사 목적으로 ₩1,000,000에 취득하였다. 20×1년 초 B사의 순자산 장부금액은 ₩1,000,000이며 식별가능한 순자산 장부금액과 공정가치는 동일하다.

	A사	B사		A사	B사
현금및현금성자산	₩200,000	₩100,000	차입금	₩2,200,000	₩1,000,000
재고자산	1,000,000	700,000			
유형자산(순액)	2,000,000	1,200,000	자본금	1,500,000	600,000
종속기업투자주식	1,000,000		이익잉여금	500,000	400,000

1 A사와 B사의 재무제표를 단순합산하시오.

2 연결조정분개를 하시오.

3 연결재무상태표를 작성하시오.

[풀이]

1

단순합산재무상태표

현금및현금성자산	300,000	차입금	3,200,000
재고자산	1,700,000	자본금	2,100,000
유형자산(순액)	3,200,000	이익잉여금	900,000
종속기업투자주식	1,000,000		

2 투자주식과 자본계정의 상계

차) 자본금	600,000	대) 종속기업투자주식	1,000,000
이익잉여금	400,000		

3

연결재무상태표

현금및현금성자산	300,000	차입금	3,200,000
재고자산	1,700,000	자본금	1,500,000
유형자산(순액)	3,200,000	이익잉여금	500,000

(2) 지배력 획득일 이후의 연결

연결제거분개는 비망적인 회계처리이므로 지배기업의 별도 재무제표와 종속기업의 개별 재무제표에는 이전 회계연도의 연결재무제표 작성과정에서 실시한 연결제거분개는 반영되어 있지 않다. 따라서 이전 회계연도에 실시한 연결제거분개는 연결재무제표 작성과정에서 계속 반영되어야 한다.

---

(1) 지배력 획득일(×1년 초) 직전 지배회사와 종속회사의 재무상태표

재무상태표

지배회사 A			×1년 초
자산(A)	1,000	부채(A)	300
		자본금(A)	500
		이익잉여금(A)	200

재무상태표

종속회사 B			×1년 초
자산(B)	500	부채(B)	200
		자본금(B)	200
		이익잉여금(B)	100

(2) 지배회사가 종속회사의 주식 100%를 ₩300에 취득하여 지배력을 획득하였다. 지배회사가 종속회사의 주식을 취득하여 전액 보유하고 있다면 다음과 같이 회계처리하고 지배회사의 재무상태표는 다음과 같다.

차) 종속기업투자주식(100%)	300	대) 현금	300

재무상태표

지배회사 A			×1년 초
자산(A)	700	부채(A)	300
종속기업투자주식(100%)	300	자본금(A)	500
		이익잉여금(A)	200

(3) 지배력 획득일(×1년 초) 이후 20×1년 말 두 회사의 재무상태표는 다음과 같다.

재무상태표

지배회사 A			×1년 말
자산(A)	900	부채(A)	300
종속기업투자주식(100%)	300	자본금(A)	500
		이익잉여금(A)	400

재무상태표

종속회사 B			×1년 말
자산(B)	600	부채(B)	200
		자본금(B)	200
		이익잉여금(B – 취득일 현재)	100
		이익잉여금(B – 취득일 이후)	100

(4) 단순합산

구분	지배회사	+	종속회사	=	단순합산
자산	900		600		1,500
종속기업투자주식	300		–		300
부채	300		200		500
자본금	500		200		700
이익잉여금	400		200		600

(5) 단순합산재무제표

<table>
<tr><td colspan="4" align="center">재무상태표</td></tr>
<tr><td>자산(A)</td><td align="right">900</td><td>부채(A)</td><td align="right">300</td></tr>
<tr><td>자산(B' 100%)</td><td align="right">600</td><td>부채(B' 100%)</td><td align="right">200</td></tr>
<tr><td>종속기업투자주식(100%)</td><td align="right">300</td><td>자본금(A)</td><td align="right">500</td></tr>
<tr><td></td><td></td><td>자본금(B' 100%)</td><td align="right">200</td></tr>
<tr><td></td><td></td><td>이익잉여금(A)</td><td align="right">400</td></tr>
<tr><td></td><td></td><td>이익잉여금(B – 취득일 현재)</td><td align="right">100</td></tr>
<tr><td></td><td></td><td>이익잉여금(B – 취득일 이후)</td><td align="right">100</td></tr>
</table>

(6) 투자주식과 자본계정의 상계

차) 자본금(B' 100%)	200	대) 종속기업투자주식(100%)	300
이익잉여금(B – 취득일 현재)	100		

(7) 연결재무상태표

<table>
<tr><td colspan="4" align="center">재무상태표</td></tr>
<tr><td>자산(A)</td><td align="right">900</td><td>부채(A)</td><td align="right">300</td></tr>
<tr><td>자산(B' 100%)</td><td align="right">600</td><td>부채(B' 100%)</td><td align="right">200</td></tr>
<tr><td></td><td></td><td>자본금(A)</td><td align="right">500</td></tr>
<tr><td></td><td></td><td>이익잉여금(A)</td><td align="right">400</td></tr>
<tr><td></td><td></td><td>이익잉여금(B – 취득일 이후)</td><td align="right">100</td></tr>
</table>

Self Study

1. 종속기업 개별 재무제표의 이익잉여금 중 지배력 획득일의 이익잉여금은 지배기업의 종속기업투자주식과 상계될 금액이므로 연결재무제표에 이익잉여금으로 보고될 금액은 지배력 획득일 이후에 증가한 이익잉여금에 대한 지배기업지분액이 된다.
2. 합산대상 재무제표는 지배기업과 종속기업의 보고기간 말의 재무상태표가 아니라 보고기간 말의 수정후시산표이다. 지배력 획득일 이후에는 연결재무상태표와 연결포괄손익계산서를 모두 작성하여야 하므로, 수익과 비용계정을 마감하지 않는 지배기업과 종속기업의 수정후시산표를 이용하여 연결분개를 수행하여야 한다.

20×1년 초에 A사는 B사의 보통주 100%를 지배력 행사 목적으로 ₩1,000,000에 취득하였다. 20×1년 초 B사의 순자산 장부금액은 ₩1,000,000이며 식별가능한 순자산 장부금액과 공정가치는 동일하다. 단, A사의 종속기업은 전액 B사에 대한 것으로 A사는 이를 원가법으로 평가하고 있다.

(1) 20×1년 초 재무상태표

	A사	B사		A사	B사
현금	₩200,000	₩100,000	차입금	₩2,200,000	₩1,000,000
재고자산	1,000,000	700,000			
유형자산(순액)	2,000,000	1,200,000	자본금	1,500,000	600,000
종속기업투자주식	1,000,000		이익잉여금	500,000	400,000

(2) 20×1년 말 재무상태표

	A사	B사		A사	B사
현금	₩500,000	₩200,000	차입금	₩2,200,000	₩1,000,000
재고자산	1,200,000	800,000			
유형자산(순액)	2,000,000	1,200,000	자본금	1,500,000	600,000
종속기업투자주식	1,000,000		이익잉여금	1,000,000	600,000

(3) 20×1년 포괄손익계산서

	A사	B사
매출	₩1,000,000	₩600,000
매출원가	(300,000)	(300,000)
매출총이익	700,000	300,000
판매관리비	(200,000)	(100,000)
당기순이익	500,000	200,000

1 A사와 B사의 재무제표를 단순합산하시오.

2 연결조정분개를 하시오.

3 연결재무상태표와 연결포괄손익계산서를 작성하시오.

❶

단순합산재무상태표

현금	700,000	차입금	3,200,000
재고자산	2,000,000	자본금	2,100,000
유형자산(순액)	3,200,000	이익잉여금	1,600,000
종속기업투자주식	1,000,000		

단순합산포괄손익계산서

매출	1,600,000
매출원가	(600,000)
매출총이익	1,000,000
판매관리비	(300,000)
당기순이익	700,000

❷ 투자주식과 자본계정의 상계

차) 자본금	600,000	대) 종속기업투자주식(100%)	1,000,000
이익잉여금	400,000		

❸

연결재무상태표

현금	700,000	차입금	3,200,000
재고자산	2,000,000	자본금	1,500,000
유형자산(순액)	3,200,000	이익잉여금	1,200,000

연결포괄손익계산서

매출	1,600,000
매출원가	(600,000)
매출총이익	1,000,000
판매관리비	(300,000)
당기순이익	700,000

20×1년 초에 A사는 B사의 보통주 100%를 지배력 행사 목적으로 ₩1,000,000에 취득하였다. 20×1년 초 B사의 순자산 장부금액은 ₩1,000,000이며 식별가능한 순자산 장부금액과 공정가치는 동일하다. 단, A사의 종속기업은 전액 B사에 대한 것으로 A사는 이를 원가법으로 평가하고 있다.

(1) 20×1년 초 재무상태표

	A사	B사		A사	B사
현금	₩200,000	₩100,000	차입금	₩2,200,000	₩1,000,000
재고자산	1,000,000	700,000			
유형자산	2,000,000	1,200,000	자본금	1,500,000	600,000
종속기업투자주식	1,000,000		이익잉여금	500,000	400,000

(2) 20×2년 말 재무상태표

	A사	B사		A사	B사
현금	₩700,000	₩200,000	차입금	₩2,200,000	₩1,000,000
재고자산	1,200,000	900,000			
유형자산	2,400,000	1,200,000	자본금	1,500,000	600,000
종속기업투자주식	1,000,000		이익잉여금	1,600,000	700,000

* 20×1년 B사의 이익잉여금 증가액: 200,000

(3) 20×2년 포괄손익계산서

	A사	B사
매출	₩1,200,000	₩700,000
매출원가	(400,000)	(400,000)
매출총이익	800,000	300,000
판매관리비	(200,000)	(200,000)
당기순이익	600,000	100,000

❶ A사와 B사의 재무제표를 단순합산하시오.

❷ 연결조정분개를 하시오.

❸ 연결재무상태표와 연결포괄손익계산서를 작성하시오.

❶

단순합산재무상태표

현금	900,000	차입금	3,200,000
재고자산	2,100,000	자본금	2,100,000
유형자산(순액)	3,600,000	이익잉여금	2,300,000
종속기업투자주식	1,000,000		

단순합산포괄손익계산서

매출	1,900,000
매출원가	(800,000)
매출총이익	1,100,000
판매관리비	(400,000)
당기순이익	700,000

❷ [투자주식과 자본계정의 상계]

차) 자본금	600,000	대) 종속기업투자주식	1,000,000
이익잉여금	400,000		

[지배력 획득일 이후 변동한 자본의 배분]

차) 이익잉여금(×1년)	200,000	대) 이익잉여금(×1년)	200,000

❸

연결재무상태표

현금	900,000	차입금	3,200,000
재고자산	2,100,000	자본금	1,500,000
유형자산(순액)	3,600,000	이익잉여금	1,900,000

연결포괄손익계산서

매출	1,900,000
매출원가	(800,000)
매출총이익	1,100,000
판매관리비	(400,000)
당기순이익	700,000

해커스 IFRS 정윤돈 고급회계

CH 3

연결회계의 기초

지배력 획득 2년 이후의 연결재무제표 작성 시 주의사항은 다음과 같다.
(1) 2차년도 말 지배기업과 종속기업의 재무제표를 합산한 후 2차년도 말 연결조정분개를 더하여 2차년도 연결재무제표를 작성한다. 2년차 연결조정분개는 1년차 연결조정분개에 추가로 2년차의 추가적인 조정을 더하는 방식이다.
(2) 1년차의 손익항목은 2년차 연결조정분개에 포함된 1년차 손익항목들을 이익잉여금으로 대체한다.

(3) 지배기업이 종속기업으로부터 배당을 수령한 경우

회계연도 중에 종속기업이 지배기업에게 현금배당을 지급할 수 있다. 이 경우 종속기업의 현금이 감소하지만, 다시 지배기업의 현금이 증가하기에 연결실체의 순자산 변동은 없다. 이는 지배기업과 종속기업 간의 현금의 이동거래에 불과하므로 회계적 거래로 볼 수 없다. 그러므로 지배기업의 별도 재무제표에 종속기업으로부터 현금배당을 수령하여 배당금수익을 인식한 금액이 있다면, 당해 배당금수익을 취소하고, 동 금액만큼 다시 이익잉여금을 증가시켜야 한다. 여기서 유의할 점은 배당금수익을 취소하는 연결분개는 배당을 수령한 연도만 수행하면 되고, 이후 연도의 연결분개에서는 이를 반영할 필요가 없다는 것이다.

---

(1) 종속기업으로부터 배당을 수령한 회계연도의 연결 예시
⇒ 지분율 100%로 종속회사가 지배회사에 지급한 배당: ₩1,000

시산표

지배회사 A

현금	1,000	배당금수익	1,000
		자본금(A)	500
		이익잉여금(A)	400

시산표

종속회사 B

현금	−	이익잉여금	−

재무제표

단순합산

현금	1,000	배당금수익	1,000

[연결제거분개 – 배당금 수령 취소]

차) 배당금수익	1,000	대) 이익잉여금	1,000

연결재무제표

단순합산

현금	1,000	이익잉여금	1,000

(2) 종속기업으로부터 배당을 수령한 이후 회계연도의 연결 예시
⇒ 지분율 100%로 종속회사가 전기 지배회사에 지급한 배당: ₩1,000

재무제표

단순합산

현금	1,000	이익잉여금	1,000

연결제거분개: 필요하지 않음

20×1년 초에 A사는 B사의 보통주 100%를 지배력 행사 목적으로 ₩1,000,000에 취득하였다. 20×1년 초 B사의 순자산 장부금액은 ₩1,000,000이며 식별가능한 순자산 장부금액과 공정가치는 동일하다. 단, A사의 종속기업은 전액 B사에 대한 것으로 A사는 이를 원가법으로 평가하고 있다.

(1) 20×1년 초 재무상태표

	A사	B사		A사	B사
현금	₩200,000	₩100,000	차입금	₩2,200,000	₩1,000,000
재고자산	1,000,000	700,000			
유형자산(순액)	2,000,000	1,200,000	자본금	1,500,000	600,000
종속기업투자주식	1,000,000		이익잉여금	500,000	400,000

(2) 20×2년 말 재무상태표

	A사	B사		A사	B사
현금	₩750,000	₩150,000	차입금	₩2,200,000	₩1,000,000
재고자산	1,200,000	900,000			
유형자산(순액)	2,400,000	1,200,000	자본금	1,500,000	600,000
종속기업투자주식	1,000,000		이익잉여금	1,650,000	650,000

* 20×1년 B사의 이익잉여금 증가액: 200,000

(3) 20×2년 포괄손익계산서

	A사	B사
매출	₩1,200,000	₩700,000
매출원가	(400,000)	(400,000)
매출총이익	800,000	300,000
판매관리비	(200,000)	(200,000)
배당금수익	50,000	0
당기순이익	650,000	100,000

(4) B사는 20×2년 중에 ₩50,000의 배당을 결의하였으며, 이를 지급하였다.

❶ A사와 B사의 재무제표를 단순합산하시오.

❷ 연결조정분개를 하시오.

❸ 연결재무상태표와 연결포괄손익계산서를 작성하시오.

1

단순합산재무상태표

현금	900,000	차입금	3,200,000
재고자산	2,100,000	자본금	2,100,000
유형자산(순액)	3,600,000	이익잉여금	2,300,000
종속기업투자주식	1,000,000		

단순합산포괄손익계산서

매출	1,900,000
매출원가	(800,000)
매출총이익	1,100,000
판매관리비	(400,000)
배당금수익	50,000
당기순이익	750,000

2 [배당수령액 취소]

차) 배당금수익	50,000	대) 이익잉여금	50,000

[투자주식과 자본계정의 상계]

차) 자본금	600,000	대) 종속기업투자주식	1,000,000
이익잉여금	400,000		

[지배력 획득일 이후 변동한 자본의 배분]

차) 이익잉여금(×1년)	200,000	대) 이익잉여금(×1년)	200,000

3

연결재무상태표

현금	900,000	차입금	3,200,000
재고자산	2,100,000	자본금	1,500,000
유형자산(순액)	3,600,000	이익잉여금	1,900,000

연결포괄손익계산서

매출	1,900,000
매출원가	(800,000)
매출총이익	1,100,000
판매관리비	(400,000)
당기순이익	700,000

03 투자·평가차액이 있는 경우의 연결

지배기업이 종속기업의 주식을 취득할 때 종속기업의 순자산 장부금액과 일치하는 이전대가를 지급하지 않는 경우에는 다음과 같은 차이가 발생하게 되며, 이 차이가 향후의 연결회계처리에 영향을 주게 된다.

> 주식 취득일의 차이 = 지배력 획득을 위한 이전대가 – 종속기업 순자산 장부금액

주식 취득시점의 차액은 순자산의 공정가치에 대한 평가차액과 투자차액 두 가지로 구분할 수 있다. 이는 지분법회계에서 발생하는 두 가지 차이와 동일한 논리이다.

> ① 순자산 공정가치와 장부금액의 평가차액: 종속기업 순자산 공정가치 – 종속기업 순자산 장부금액
> ② 영업권(투자차액): 지배력 획득을 위한 이전대가 – 관계기업 순자산 공정가치

(1) 순자산 공정가치와 장부금액의 평가차액

주식의 취득시점에 종속기업의 식별가능한 자산과 부채를 공정가치로 평가한 금액과 장부금액의 차이 금액인 평가차액은 다음과 같이 계산한다.

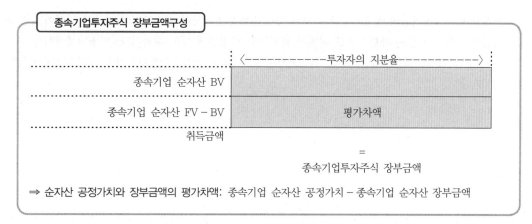

종속기업의 순자산 과소금액인 평가차액은 종속기업의 순자산 장부금액에 추가하여 지배기업이 지급한 금액이다. 합병회계에서는 동 금액을 개별 자산별로 배분하지만, 주식 취득 방식에서는 이 금액이 종속기업투자주식의 장부금액에 포함되어 인식된다.

(2) **투자차액**

취득시점에 확인되는 종속기업의 식별가능한 자산·부채의 순공정가치와 이전대가에 해당하는 금액과의 차이를 투자차액이라고 하며, 다음과 같이 계산한다.

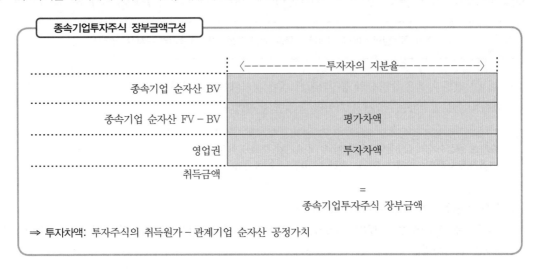

투자차액은 종속기업의 식별가능한 순자산 공정가치에 추가하여 지배기업이 지급한 금액이므로 종속기업이 보유하고 있는 개별적으로 식별이 불가능한 영업권에 대한 대가이다. 합병회계에서는 투자차액이 영업권으로 배분되지만, 주식 취득에서는 동 금액이 종속기업투자주식의 장부금액에 포함되어 인식된다.

(3) 지배력 획득일의 연결

(1) 지배력 획득일 직전 지배회사와 종속회사의 재무상태표

재무상태표

지배회사 A

자산(A)	1,000	부채(A)	300
		자본(A)	700

재무상태표

종속회사 B

자산(B)	500	부채(B)	200
		자본(B)	300

(2) 지배회사가 종속회사의 주식 100%를 ₩500에 취득하여 지배력을 획득하였다. 지배회사가 종속회사의 주식을 취득하여 전액 보유하고 있다면 다음과 같이 회계처리하고 지배회사의 재무상태표는 다음과 같다.

차) 종속기업투자주식(100%)	500	대) 현금	500

이때 종속회사 자산의 공정가치는 ₩600으로 종속회사가 보유한 재고자산의 장부금액보다 공정가치가 ₩100만큼 크다.

재무상태표

지배회사 A

자산(A)	500	부채(A)	300
종속기업투자주식(100%)	500	자본(A)	700

(3) 지배기업의 종속기업투자주식 ₩500의 구성은 다음과 같다.

	⟨--------투자자의 지분율--------⟩
종속기업 순자산 BV 500 − 200 = 300	300
종속기업 순자산 FV − BV 100	평가차액 100
영업권	투자차액 100
취득금액 500	= 종속기업투자주식 장부금액 500

(4) 단순합산

구분	지배회사	+	종속회사	=	단순합산
자산	500		500		1,000
종속기업투자주식	500		–		500
부채	300		200		500
자본	700		300		1,000

(5) 단순합산재무제표

재무상태표

자산(A)	500	부채(A)	300
자산(B' 100%)	500	부채(B' 100%)	200
종속기업투자주식(100%)	500	자본(A)	700
		자본(B' 100%)	300

(6) [투자주식과 자본계정의 상계]

차) 자본(B' 100%)	300	대) 종속기업투자주식(100%)	300

[평가차액]

차) B자산(B' FV − BV 100%)	100	대) 종속기업투자주식(100%)	100

[투자차액]

차) 영업권	100	대) 종속기업투자주식(100%)	100

(7) 연결재무상태표

재무상태표

자산(A)	500	부채(A + B' 100%)	500
자산(B' FV 100%)	600	자본(A)	700
영업권	100		

20×1년 초에 A사는 B사의 보통주 100%를 지배력 행사 목적으로 ₩1,600,000에 취득하였다. 20×1년 초 B사의 순자산 장부금액은 ₩1,000,000이며 식별가능한 순자산 장부금액과 공정가치의 차이 내역은 아래와 같다.

	A사	B사		A사	B사
재고자산	₩200,000	₩100,000	차입금	₩2,000,000	₩1,000,000
토지	1,000,000	700,000			
건물(순액)	2,000,000	1,200,000	자본금	1,500,000	600,000
종속기업투자주식	1,600,000		이익잉여금	1,300,000	400,000

B사의 자산 중 장부금액과 공정가치가 다른 내역은 다음과 같다.

	장부금액	공정가치
재고자산	₩100,000	₩200,000
토지	700,000	1,000,000
건물	1,200,000	1,300,000

1 종속기업투자주식의 취득원가 ₩1,600,000을 종속기업의 순자산 장부금액에 대한 대가, 장부금액과 공정가치의 차이, 영업권에 대한 대가로 나누시오.

2 A사와 B사의 재무제표를 단순합산하시오.

3 연결제거분개를 하시오.

4 연결재무상태표를 작성하시오.

[풀이]

1

	〈─────지배기업지분(100%)─────〉
종속기업 순자산 BV 1,000,000	1,000,000
종속기업 순자산 FV − BV 500,000	500,000
영업권	100,000
이전대가 1,600,000	

해커스 IFRS 정윤돈 고급회계

CH 3

연결회계의 기초

2

재무상태표(단순합산)			
재고자산	300,000	차입금	3,000,000
토지	1,700,000	자본금	2,100,000
건물(순액)	3,200,000	이익잉여금	1,700,000
종속기업투자주식	1,600,000		

3 [투자주식과 자본계정의 상계]

차) 자본금	600,000	대) 종속기업투자주식	1,000,000
이익잉여금	400,000		

[평가차액]

차) 재고자산	100,000	대) 종속기업투자주식	500,000
토지	300,000		
건물	100,000		

[투자차액]

차) 영업권	100,000	대) 종속기업투자주식	100,000

⇒ 종속기업투자주식을 통합하여 투자와 자본상계를 한번에 회계처리하면 간편하다.

차) 자본금	600,000	대) 종속기업투자주식	1,600,000
이익잉여금	400,000		
재고자산	100,000		
토지	300,000		
건물	100,000		
영업권	100,000		

4

연결재무상태표			
재고자산	400,000	차입금	3,000,000
토지	2,000,000	자본금	1,500,000
건물(순액)	3,300,000	이익잉여금	1,300,000
영업권	100,000		

(4) 지배력 획득일 이후의 연결

지배력 획득일 이후에도 보고기간 말 지배기업의 재무제표와 종속기업의 재무제표를 단순합산하여 연결제거분개를 반영하면 연결재무제표를 산출할 수 있다. 다만, 종속기업의 재무제표에는 평가차액의 상각효과가 반영되어 있지 않으므로 연결분개에서 이를 추가시켜주어야 한다.

종속기업의 재무제표에 식별가능한 순자산 장부금액만이 반영되어 종속기업은 공정가치가 아닌 장부금액을 기준으로 비용을 인식하게 된다. 그러므로 평가차액 상각효과를 연결제거분개에 추가시켜야 종속기업의 재무제표에 순자산 평가차액 상각효과를 추가로 인식하여 합병방식의 사업결합과 동일하게 공정가치 기준의 손익으로 연결재무제표에도 인식된다.

Additional Comment

순자산 평가차액이 과소평가차액이 아닌, 과대평가차액이 나올 수도 있다. 이 경우 연결재무제표를 작성할 때 순자산 평가차액의 환입효과를 추가로 인식해야 한다.

20×1년 초에 A사는 B사의 보통주 100%를 지배력 행사 목적으로 ₩1,600,000에 취득하였다. 20×1년 초 B사의 순자산 장부금액은 ₩1,000,000이며 식별가능한 순자산 장부금액과 공정가치는 동일하다.

(1) 20×1년 초 재무상태표

	A사	B사		A사	B사
재고자산	₩200,000	₩100,000	차입금	₩2,000,000	₩1,000,000
토지	1,000,000	700,000			
건물(순액)	2,000,000	1,200,000	자본금	1,500,000	600,000
종속기업투자주식	1,600,000		이익잉여금	1,300,000	400,000

(2) 20×1년 말 재무상태표

	A사	B사		A사	B사
재고자산	₩400,000	₩200,000	차입금	₩2,000,000	₩1,000,000
토지	1,200,000	700,000			
건물(순액)	2,100,000	1,300,000	자본금	1,500,000	600,000
종속기업투자주식	1,600,000		이익잉여금	1,800,000	600,000

(3) 지배력 획득일 시점 B사의 자산 중 장부금액와 공정가치가 다른 내역은 다음과 같다. 단, 재고자산은 20×1년에 모두 판매되었고, 토지는 보유 중이다. 건물의 20×1년 초 잔존내용연수는 10년이고, 잔존가치는 없으며 정액법으로 상각한다.

	장부금액	공정가치
재고자산	₩100,000	₩200,000
토지	700,000	1,000,000
건물	1,200,000	1,300,000

(4) 20×1년 포괄손익계산서

	A사	B사
매출	₩1,000,000	₩500,000
매출원가	(300,000)	(150,000)
매출총이익	700,000	350,000
판매관리비	(200,000)	(150,000)
당기순이익	500,000	200,000

❶ A사와 B사의 재무제표를 단순합산하시오.

❷ 연결제거분개를 하시오.

❸ 연결재무상태표와 연결포괄손익계산서를 작성하시오.

풀이

❶

단순합산재무상태표

재고자산	600,000	차입금	3,000,000
토지	1,900,000	자본금	2,100,000
건물(순액)	3,400,000	이익잉여금	2,400,000
종속기업투자주식	1,600,000		

단순합산포괄손익계산서

매출	1,500,000
매출원가	(450,000)
매출총이익	1,050,000
판매관리비	(350,000)
당기순이익	700,000

❷ [투자주식과 자본의 상계제거]

차) 자본금	600,000	대) 종속기업투자주식	1,600,000
이익잉여금	400,000		
재고자산	100,000		
토지	300,000		
건물	100,000		
영업권	100,000		

[평가차액의 상각]

차) 매출원가	100,000	대) 재고자산	100,000
차) 감가상각비	10,000	대) 감가상각누계액	10,000

❸

연결재무상태표

재고자산	600,000	차입금	3,000,000
토지	2,200,000	자본금	1,500,000
건물(순액)	3,490,000	이익잉여금	1,890,000
영업권	100,000		

연결포괄손익계산서

매출	1,500,000
매출원가	(550,000)
매출총이익	950,000
판매관리비	(360,000)
당기순이익	590,000

20×1년 초에 A사는 B사의 보통주 100%를 지배력 행사 목적으로 ₩1,600,000에 취득하였다. 20×1년 초 B사의 순자산 장부금액은 ₩1,000,000이며 식별가능한 순자산 장부금액과 공정가치는 동일하다.

(1) 20×1년 초 재무상태표

	A사	B사		A사	B사
재고자산	₩200,000	₩100,000	차입금	₩2,000,000	₩1,000,000
토지	1,000,000	700,000			
건물(순액)	2,000,000	1,200,000	자본금	1,500,000	600,000
종속기업투자주식	1,600,000		이익잉여금	1,300,000	400,000

(2) 지배력 획득일 시점 B사의 자산 중 장부금액와 공정가치가 다른 내역은 다음과 같다. 단, 재고자산은 20×1년에 모두 판매되었고, 토지는 보유 중이다. 건물의 20×1년 초 잔존내용연수는 10년이고, 잔존가치는 없으며 정액법으로 상각한다.

	장부금액	공정가치
재고자산	₩100,000	₩200,000
토지	700,000	1,000,000
건물	1,200,000	1,300,000

(3) 20×2년 말 재무상태표

	A사	B사		A사	B사
재고자산	₩700,000	₩200,000	차입금	₩2,000,000	₩1,000,000
토지	1,200,000	900,000			
건물(순액)	2,400,000	1,200,000	자본금	1,500,000	600,000
종속기업투자주식	1,600,000		이익잉여금	2,400,000	700,000

* 20×1년 B사의 이익잉여금 증가액: 200,000

(4) 20×2년 포괄손익계산서

	A사	B사
매출	₩1,200,000	₩700,000
매출원가	(400,000)	(400,000)
매출총이익	800,000	300,000
판매관리비	(200,000)	(200,000)
당기순이익	600,000	100,000

❶ A사와 B사의 재무제표를 단순합산하시오.

❷ 연결조정분개를 하시오.

❸ 연결재무상태표와 연결포괄손익계산서를 작성하시오.

1

재무상태표(단순합산)

재고자산	900,000	차입금	3,000,000
토지	2,100,000	자본금	2,100,000
건물(순액)	3,600,000	이익잉여금	3,100,000
종속기업투자주식	1,600,000		

단순합산포괄손익계산서

매출	1,900,000
매출원가	(800,000)
매출총이익	1,100,000
판매관리비	(400,000)
당기순이익	700,000

2 [투자주식과 자본의 상계제거]

차) 자본금	600,000	대) 종속기업투자주식	1,600,000
이익잉여금	400,000		
재고자산	100,000		
토지	300,000		
건물	100,000		
영업권	100,000		

[지배력 획득일 이후 변동한 자본의 배분]

차) 이익잉여금(×1년)	200,000	대) 이익잉여금(×1년)	200,000

[평가차액의 상각 – 전기분]

차) 이익잉여금(×1년)	100,000	대) 재고자산	100,000
차) 이익잉여금(×1년)	10,000	대) 감가상각누계액	10,000

[평가차액의 상각 – 당기분]

차) 감가상각비(×2년)	10,000	대) 감가상각누계액	10,000

3

연결재무상태표

재고자산	900,000	차입금	3,000,000
토지	2,400,000	자본금	1,500,000
건물(순액)	3,680,000	이익잉여금	2,580,000
영업권	100,000		

연결포괄손익계산서

매출	1,900,000
매출원가	(800,000)
매출총이익	1,100,000
판매관리비	(410,000)
당기순이익	690,000

01 연결재무제표 작성원리

지배기업의 지분율이 100% 미만인 경우 종속기업에는 지배기업이 소유하고 있는 지분을 제외한 나머지 지분을 보유하는 주주가 존재한다. 이들을 비지배주주라고 하며, 이들이 보유하고 있는 종속기업에 대한 지분을 비지배지분이라 한다. 기업회계기준서 제1110호 '연결재무제표'에서는 비지배지분을 종속기업에 대한 지분 중 지배기업에 직접 또는 간접으로 귀속되지 않는 지분으로 정의하고 있다. 비지배지분은 비지배주주에게 귀속되는 종속기업의 자본계정으로, 연결재무상태표의 자본항목에 포함되지만 지배기업의 소유지분과는 별도로 표시된다.

(1) 지배기업 재무상태표

재무상태표

지배기업 자산	BV	지배기업 부채	BV
종속기업투자주식(70%)	BV	지배기업 자본	BV

(2) 종속기업 재무상태표

재무상태표

종속기업 자산	BV	종속기업 부채	BV
		종속기업 자본	BV

(3) 연결재무상태표

재무상태표

지배기업 자산	BV	지배기업 부채	BV
종속기업 자산(100%)	FV	종속기업 부채(100%)	FV
(종속기업투자주식 제외)		지배기업 자본	BV
		비지배지분(30%)	

Self Study

연결재무상태표의 자본항목 중 지배기업주주지분의 경우 해당 자본의 성격에 따라 자본금과 자본잉여금, 자본조정, 기타포괄손익누계액, 이익잉여금을 세분하여 표시한다. 하지만 비지배주주지분의 경우 이를 세분화하지 않고 비지배지분의 계정으로 통합하여 표시한다.

(1) 주식을 취득하여 보유하고 있는 경우

EX) 만약 지배기업이 20×1년 1월 1일에 종속기업의 주식 60%를 ₩180에 취득하여 지배력을 획득하고 취득한 종속기업주식을 전액 보유하고 있다면 지배회사는 다음과 같이 회계처리하고 주식 취득 직후 지배기업의 재무상태표는 다음과 같다.

(1) 지배력 획득일 직전 지배회사와 종속회사의 재무상태표

재무상태표

지배회사 A

자산(A)	1,000	부채(A)	300
		자본(A)	700

재무상태표

종속회사 B

자산(B)	500	부채(B)	200
		자본(B)	300

(2) 종속기업의 주식 60%를 취득

차) 종속기업투자주식	180	대) 현금	180

재무상태표

지배회사 A

자산(A)	820	부채(A)	300
종속기업투자주식	180	자본(A)	700

(2) 합병한 경우

EX) 지배기업이 종속기업의 주식 중 60%를 취득하고 나머지 40%는 비지배주주가 취득한 것이다. 따라서 지배력 획득일 현재 합병을 하였다고 가정하면 이전대가는 지배기업의 취득금액과 비지배주주의 취득금액의 합계액이 된다. 이때 비지배주주가 취득한 금액은 지배기업의 현금이 지급된 것이 아니므로 비지배지분이라는 계정과목으로 회계처리한다. 합병한 경우의 회계처리와 합병 직후 지배기업의 재무상태표는 다음과 같다.

차) 자산(B)	500	대) 부채(B)	200
		현금	180
		비지배지분[1]	120

[1] 180 × 40%/60% = 120

재무상태표

자산(A + B' 100%)	1,320	부채(A + B' 100%)	500
		자본(A)	700
		비지배지분(40%)	120

(3) 연결재무제표의 작성

연결재무제표는 합병재무제표와 동일한 것이므로 주식을 취득하여 보유하고 있는 경우 지배기업의 별도 재무제표를 합병재무제표로 수정하면 된다. 그러나 일반적으로 연결재무제표는 지배기업의 별도 재무제표와 종속기업의 개별 재무제표를 단순합산 후 두 기업 사이에 발생한 거래들을 제거하는 연결 제거분개를 반영하여 작성한다. 연결제거분개를 작성하면 다음과 같다.

(1) 단순합산

구분	지배회사	+	종속회사	=	단순합산
자산	820		500		1,320
종속기업투자주식	180		–		180
부채	300		200		500
자본	700		300		1,000

(2) 연결재무상태표

재무상태표			
자산(A + B' 100%)	1,320	부채(A + B' 100%)	500
		자본(A)	700
		비지배지분(40%)	120

(3) 연결제거분개

차) 자본(B)	300	대) 종속기업투자주식(60%)	180
		비지배지분(40%)	120

02 투자·평가차액이 없는 경우의 연결

(1) 지배력 획득일의 연결

(1) 지배력 획득일 직전 지배회사와 종속회사의 재무상태표

재무상태표

지배회사 A

자산(A)	1,000	부채(A)	300
		자본(A)	700

재무상태표

종속회사 B

자산(B)	500	부채(B)	200
		자본(B)	300

(2) 지배회사가 종속회사의 주식 80%를 ₩240에 취득하여 지배력을 획득하였다. 지배회사가 종속회사의 주식을 취득하여 전액 보유하고 있다면 다음과 같이 회계처리하고 지배회사의 재무상태표는 다음과 같다.

차) 종속기업투자주식(80%)　240　대) 현금　240

재무상태표

지배회사 A

자산(A)	760	부채(A)	300
종속기업투자주식(80%)	240	자본(A)	700

(3) 단순합산

구분	지배회사	+	종속회사	=	단순합산
자산	760		500		1,260
종속기업투자주식	240		-		240
부채	300		200		500
자본	700		300		1,000

(4) 단순합산재무제표

재무상태표

자산(A)	760	부채(A)	300
자산(B' 100%)	500	부채(B' 100%)	200
종속기업투자주식(80%)	240	자본(A)	700
		자본(B' 100%)	300

(5) 투자주식과 자본계정의 상계

차) 자본(B' 100%)	300	대) 종속기업투자주식(80%)	240
		비지배지분(20%)	60

(6) 연결재무상태표

재무상태표

자산(A + B' 100%)	1,260	부채(A + B' 100%)	500
		자본(A)	700
		비지배지분(20%)	60

지배력 획득일의 구조분석

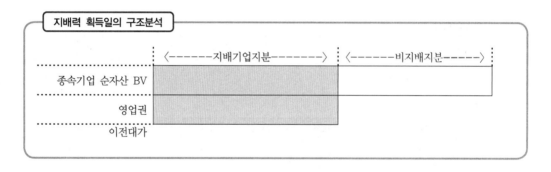

20×1년 초에 A사는 B사의 보통주 80%를 지배력 행사 목적으로 ₩800,000에 취득하였다. 20×1년 초 B사의 순자산 장부금액은 ₩1,000,000이며 식별가능한 순자산 장부금액과 공정가치는 동일하다.

	A사	B사		A사	B사
현금및현금성자산	₩200,000	₩100,000	차입금	₩2,000,000	₩1,000,000
재고자산	1,000,000	700,000			
유형자산(순액)	2,000,000	1,200,000	자본금	1,500,000	600,000
종속기업투자주식	800,000		이익잉여금	500,000	400,000

1 A사와 B사의 재무제표를 단순합산하시오.

2 연결조정분개를 하시오.

3 연결재무상태표를 작성하시오.

[풀이]

1

단순합산재무상태표

현금및현금성자산	300,000	차입금	3,000,000
재고자산	1,700,000	자본금	2,100,000
유형자산(순액)	3,200,000	이익잉여금	900,000
종속기업투자주식	800,000		

2 투자주식과 자본계정의 상계

차) 자본금	600,000	대) 종속기업투자주식(80%)	800,000
이익잉여금	400,000	비지배지분(20%)	200,000

3

연결재무상태표

현금및현금성자산	300,000	차입금	3,000,000
재고자산	1,700,000	자본금	1,500,000
유형자산(순액)	3,200,000	이익잉여금	500,000
		비지배지분	200,000

(2) 지배력 획득일 이후의 연결

지배력 획득일 이후에는 종속기업의 순자산 증가효과 중에 비지배지분 귀속분만을 지배지분의 이익잉여금에서 비지배지분으로 대체하는 회계처리만 추가로 수행하면 된다.

(1) 지배력 획득일(×1년 초) 직전 지배회사와 종속회사의 재무상태표

재무상태표

지배회사 A			×1년 초
자산(A)	1,000	부채(A)	300
		자본금(A)	500
		이익잉여금(A)	200

재무상태표

종속회사 B			×1년 초
자산(B)	500	부채(B)	200
		자본금(B)	200
		이익잉여금(B)	100

(2) 지배회사가 종속회사의 주식 80%를 ₩240에 취득하여 지배력을 획득하였다. 지배회사가 종속회사의 주식을 취득하여 전액 보유하고 있다면 다음과 같이 회계처리하고 지배회사의 재무상태표는 다음과 같다.

차) 종속기업투자주식(80%)	240	대) 현금	240

재무상태표

지배회사 A			×1년 초
자산(A)	760	부채(A)	300
종속기업투자주식(80%)	240	자본금(A)	500
		이익잉여금(A)	200

(3) 지배력 획득일(×1년 초) 이후 20×1년 말의 두 회사의 재무상태표는 다음과 같다.

재무상태표

지배회사 A			×1년 말
자산(A)	960	부채(A)	300
종속기업투자주식(100%)	240	자본금(A)	500
		이익잉여금(A)	400

재무상태표

종속회사 B			×1년 말
자산(B)	600	부채(B)	200
		자본금(B)	200
		이익잉여금(B - 취득일 현재)	100
		이익잉여금(B - 취득일 이후)	100

(4) 단순합산

구분	지배회사	+	종속회사	=	단순합산
자산	960		600		1,560
종속기업투자주식	240		–		240
부채	300		200		500
자본금	500		200		700
이익잉여금	400		200		600

(5) 단순합산재무제표

재무상태표

자산(A)	960	부채(A)		300
자산(B' 100%)	600	부채(B' 100%)		200
종속기업투자주식(100%)	240	자본금(A)		500
		자본금(B' 100%)		200
		이익잉여금(A)		400
		이익잉여금(B – 취득일 현재)		100
		이익잉여금(B – 취득일 이후)		100

(6) [투자주식과 자본계정의 상계]

차) 자본금(B' 100%)	200	대) 종속기업투자주식(80%)	240
이익잉여금(B – 취득일 현재)	100	비지배지분(20%)	60

[지배력 획득일 이후 변동한 자본의 배분]

차) 이익잉여금(B – 취득일 이후의 20%)	20	대) 비지배지분(20%)	20

(7) 연결재무상태표

재무상태표

자산(A)	960	부채(A)		300
자산(B' 100%)	600	부채(B' 100%)		200
		자본금(A)		500
		이익잉여금(A)		400
		이익잉여금(B – 취득일 이후)		80
		비지배지분		80

20×1년 초에 A사는 B사의 보통주 80%를 지배력 행사 목적으로 ₩800,000에 취득하였다. 20×1년 초 B사의 순자산 장부금액은 ₩1,000,000이며 식별가능한 순자산 장부금액과 공정가치는 동일하다. 단, A사의 종속기업은 전액 B사에 대한 것으로 A사는 이를 원가법으로 평가하고 있다.

(1) 20×1년 초 재무상태표

	A사	B사		A사	B사
현금	₩200,000	₩100,000	차입금	₩2,000,000	₩1,000,000
재고자산	1,000,000	700,000			
유형자산(순액)	2,000,000	1,200,000	자본금	1,500,000	600,000
종속기업투자주식	800,000		이익잉여금	500,000	400,000

(2) 20×1년 말 재무상태표

	A사	B사		A사	B사
현금	₩500,000	₩200,000	차입금	₩2,000,000	₩1,000,000
재고자산	1,200,000	800,000			
유형자산(순액)	2,000,000	1,200,000	자본금	1,500,000	600,000
종속기업투자주식	800,000		이익잉여금	1,000,000	600,000

(3) 20×1년 포괄손익계산서

	A사	B사
매출	₩1,000,000	₩600,000
매출원가	(300,000)	(300,000)
매출총이익	700,000	300,000
판매관리비	(200,000)	(100,000)
당기순이익	500,000	200,000

1 A사와 B사의 재무제표를 단순합산하시오.

2 연결조정분개를 하시오.

3 연결재무상태표와 연결포괄손익계산서를 작성하시오.

❶

단순합산재무상태표

현금	700,000	차입금	3,000,000
재고자산	2,000,000	자본금	2,100,000
유형자산(순액)	3,200,000	이익잉여금	1,600,000
종속기업투자주식	800,000		

단순합산포괄손익계산서

매출	1,600,000
매출원가	(600,000)
매출총이익	1,000,000
판매관리비	(300,000)
당기순이익	700,000

❷ [투자주식과 자본계정의 상계]

차) 자본금	600,000	대) 종속기업투자주식	800,000
이익잉여금	400,000	비지배지분	200,000

[지배력 획득일 이후 자본변동의 배분]

차) 이익잉여금(×1년)	40,000	대) 비지배지분	40,000

❸

연결재무상태표

현금	700,000	차입금	3,000,000
재고자산	2,000,000	자본금	1,500,000
유형자산(순액)	3,200,000	이익잉여금	1,160,000
		비지배지분	240,000

연결포괄손익계산서

매출	1,600,000
매출원가	(600,000)
매출총이익	1,000,000
판매관리비	(300,000)
당기순이익	700,000

20×1년 초에 A사는 B사의 보통주 80%를 지배력 행사 목적으로 ₩800,000에 취득하였다. 20×1년 초 B사의 순자산 장부금액은 ₩1,000,000이며 식별가능한 순자산 장부금액과 공정가치는 동일하다. 단, A사의 종속기업은 전액 B사에 대한 것으로 A사는 이를 원가법으로 평가하고 있다.

(1) 20×1년 초 재무상태표

	A사	B사		A사	B사
현금	₩200,000	₩100,000	차입금	₩2,000,000	₩1,000,000
재고자산	1,000,000	700,000			
유형자산	2,000,000	1,200,000	자본금	1,500,000	600,000
종속기업투자주식	800,000		이익잉여금	500,000	400,000

(2) 20×2년 말 재무상태표

	A사	B사		A사	B사
현금	₩700,000	₩200,000	차입금	₩2,000,000	₩1,000,000
재고자산	1,200,000	900,000			
유형자산	2,400,000	1,200,000	자본금	1,500,000	600,000
종속기업투자주식	800,000		이익잉여금	1,600,000	700,000

* 20×1년 B사의 이익잉여금 증가액: 200,000

(3) 20×2년 포괄손익계산서

	A사	B사
매출	₩1,200,000	₩700,000
매출원가	(400,000)	(400,000)
매출총이익	800,000	300,000
판매관리비	(200,000)	(200,000)
당기순이익	600,000	100,000

1 A사와 B사의 재무제표를 단순합산하시오.

2 연결조정분개를 하시오.

3 연결재무상태표와 연결포괄손익계산서를 작성하시오.

❶

단순합산재무상태표

현금	900,000	차입금	3,000,000
재고자산	2,100,000	자본금	2,100,000
유형자산(순액)	3,600,000	이익잉여금	2,300,000
종속기업투자주식	800,000		

단순합산포괄손익계산서

매출	1,900,000
매출원가	(800,000)
매출총이익	1,100,000
판매관리비	(400,000)
당기순이익	700,000

❷ [투자주식과 자본계정의 상계]

차)	자본금	600,000	대) 종속기업투자주식	800,000
	이익잉여금	400,000	비지배지분	200,000

[지배력 획득일 이후 변동한 자본의 배분 – 전기분]

차)	이익잉여금(×1년)	200,000	대) 이익잉여금(×1년)	160,000
			비지배지분(×1년)	40,000

[지배력 획득일 이후 변동한 자본의 배분 – 당기분]

차)	이익잉여금(×2년)	20,000	대) 비지배지분(×2년)	20,000

❸

연결재무상태표

현금	900,000	차입금	3,000,000
재고자산	2,100,000	자본금	1,500,000
유형자산(순액)	3,600,000	이익잉여금	1,840,000
		비지배지분	260,000

연결포괄손익계산서

매출	1,900,000
매출원가	(800,000)
매출총이익	1,100,000
판매관리비	(400,000)
당기순이익	700,000
– 지배기업 귀속 순이익	680,000
– 비지배지분 귀속 순이익	20,000

	<------지배기업지분------>	<------비지배지분----->
종속기업 순자산 BV		
영업권		
이전대가 종속회사 조정 후 N/I(②)	지배기업소유주 귀속 순이익(A)	비지배기업 귀속 순이익(B)

* 지배기업소유주 귀속 순이익: 지배기업 별도 F/S의 N/I(①) + A
* 연결당기순이익: 지배기업소유주 귀속 순이익 + B

구분	지배지분	비지배지분
조정 전 N/I	× ×	× ×
조정 후 N/I	① × ×	② × ×

(3) 지배지업이 종속기업으로부터 배당을 수령한 경우

회계연도 중에 종속기업이 지배기업에게 현금배당을 지급할 수 있다. 이 경우 종속기업의 현금이 감소하지만, 다시 지배기업의 현금이 증가하기에 연결실체의 순자산 변동은 없다. 이는 지배기업과 종속기업 간의 현금의 이동서래에 불과하므로 회계적 거래로 볼 수 없다. 그러므로 지배기업의 별도 재무제표에 종속기업으로부터 현금배당을 수령하여 배당금수익을 인식한 금액이 있다면, 당해 배당금수익을 취소하고, 동 금액만큼 다시 이익잉여금을 증가시켜야 한다. 여기서 유의할 점은 배당금수익을 취소하는 연결분개는 배당을 수령한 연도만 수행하면 되고, 이후 연도의 연결분개에서는 이를 반영할 필요가 없다는 것이다.

배당금의 수령은 지배기업과 종속기업 간의 거래로 연결실체 내에서의 내부거래에 해당하므로 반드시 제거하여야 한다. 그러나 지배기업이 배당금수익으로 인식한 금액과 종속기업이 배당금을 지급한 금액이 일치하지 않는데, 이는 비지배주주가 수령한 배당금이 있기 때문이다. 따라서 지배기업이 배당금수익으로 인식한 금액과 종속기업이 배당금으로 지급한 금액의 차액은 비지배주주가 수령한 배당금이므로 비지배지분으로 처리한다.

Self Study

종속기업이 비지배주주에게 지급하는 현금배당은 실제로 연결실체의 외부주주에게 연결실체가 지급하는 배당이다. 그러므로 연결에서는 연결실체인 지배기업과 종속기업 간의 거래만 제거대상이 되고, 종속기업과 비지배주주 사이의 배당거래는 제거대상이 아니다. 그러나 이 경우, 연결제거분개로 투자주식과 자본계정의 상계 이후에도 종속기업의 이익잉여금이 지배력 획득일의 이익잉여금으로 수정되지 않아서 추가적으로 고려할 사항이 생기게 된다.

(1) 종속기업으로부터 배당을 수령한 회계연도의 연결 예시
⇒ 지분율 80%로 종속회사가 주주에게 지급한 배당: ₩1,000

시산표

지배회사 A

현금	800	배당금수익	800

시산표

종속회사 B

현금	–	이익잉여금	–

재무제표

단순합산

현금	800	배당금수익	800

[연결제거분개 – 배당금 수령 취소]

차) 배당금수익	800	대) 이익잉여금	1,000
비지배지분	200		

연결재무제표

현금	800	이익잉여금	800
		비지배지분	(−)200

(2) 종속기업으로부터 배당을 수령한 이후 회계연도의 연결 예시
⇒ 지분율 100%로 종속회사가 전기 주주에게 지급한 배당: ₩1,000

재무제표

단순합산

현금	800	이익잉여금	800

연결제거분개: 필요하지 않음

20×1년 초에 A사는 B사의 보통주 80%를 지배력 행사 목적으로 ₩800,000에 취득하였다. 20×1년 초 B사의 순자산 장부금액은 ₩1,000,000이며 식별가능한 순자산 장부금액과 공정 가치는 동일하다. 단, A사의 종속기업은 전액 B사에 대한 것으로 A사는 이를 원가법으로 평가하고 있다.

(1) 20×1년 초 재무상태표

	A사	B사		A사	B사
현금	₩200,000	₩100,000	차입금	₩2,000,000	₩1,000,000
재고자산	1,000,000	700,000			
유형자산(순액)	2,000,000	1,200,000	자본금	1,500,000	600,000
종속기업투자주식	800,000		이익잉여금	500,000	400,000

(2) 20×2년 말 재무상태표

	A사	B사		A사	B사
현금	₩740,000	₩150,000	차입금	₩2,000,000	₩1,000,000
재고자산	1,200,000	900,000			
유형자산(순액)	2,400,000	1,200,000	자본금	1,500,000	600,000
종속기업투자주식	800,000		이익잉여금	1,640,000	650,000

* 20×1년 B사의 이익잉여금 증가액: 200,000

(3) 20×2년 포괄손익계산서

	A사	B사
매출	₩1,200,000	₩700,000
매출원가	(400,000)	(400,000)
매출총이익	800,000	300,000
판매관리비	(200,000)	(200,000)
배당금수익	40,000	0
당기순이익	640,000	100,000

(4) B사는 20×2년 중에 ₩50,000의 배당을 결의하였으며, 이를 지급하였다.

❶ A사와 B사의 재무제표를 단순합산하시오.

❷ 연결조정분개를 하시오.

❸ 연결재무상태표와 연결포괄손익계산서를 작성하시오.

1

단순합산재무상태표

현금	890,000	차입금	3,000,000
재고자산	2,100,000	자본금	2,100,000
유형자산(순액)	3,600,000	이익잉여금	2,300,000
종속기업투자주식	800,000		

단순합산포괄손익계산서

매출	1,900,000
매출원가	(800,000)
매출총이익	1,100,000
판매관리비	(400,000)
배당금수익	40,000
당기순이익	740,000

2 [배당수령액 취소]

차) 배당금수익[1]	40,000	대) 이익잉여금	50,000
비지배지분	10,000		

[1] 50,000 × 80% = 40,000

[투자주식과 자본계정의 상계]

차) 자본금	600,000	대) 종속기업투자주식	800,000
이익잉여금	400,000	비지배지분	200,000

[지배력 획득일 이후 변동한 자본의 배분 – 전기분]

차) 이익잉여금($\times$1년)[2]	200,000	대) 이익잉여금($\times$1년)	160,000
		비지배지분($\times$1년)	40,000

[2] 전기배당금 지급 전 이익잉여금

[지배력 획득일 이후 변동한 자본의 배분 – 당기분]

차) 이익잉여금($\times$2년)	20,000	대) 비지배지분($\times$2년)	20,000

3

연결재무상태표

현금	890,000	차입금	3,000,000
재고자산	2,100,000	자본금	1,500,000
유형자산(순액)	3,600,000	이익잉여금	1,840,000
		비지배지분	250,000

연결포괄손익계산서	
매출	1,900,000
매출원가	(800,000)
매출총이익	1,100,000
판매관리비	(400,000)
당기순이익	700,000
– 지배주주 귀속 순이익	680,000
– 비지배주주 귀속 순이익	20,000

03 투자·평가차액이 있는 경우의 연결

(1) 비지배지분의 인식과 측정

지배기업이 종속기업에 대하여 100% 미만의 지분을 취득하는 모든 사업결합에서 지배기업은 종속기업에 대한 비지배지분을 다음의 두 가지 측정 방법 중 하나를 선택하여 최초 인식한다.

> ① 부분 영업권: 종속기업의 식별가능한 순자산 중 비지배주주의 비례적 지분으로 측정
> ② 전부 영업권: 비지배지분의 공정가치로 측정

1) 부분 영업권

부분 영업권을 인식하는 방법은 비지배지분을 지배력 획득일 현재 종속기업의 식별가능한 순자산 공정가치에 비지배지분율을 곱하여 측정하는 방식이다. 이 방법으로 비지배지분을 측정하게 되면 영업권에 대하여는 비지배지분을 인식하지 않게 되므로 지배기업소유지분만의 부분 영업권이 발생하게 된다.

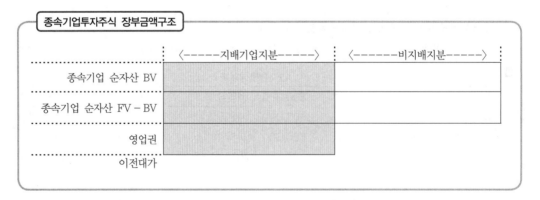

2) 전부 영업권

전부 영업권을 인식하는 방법은 지배력 획득일 현재 비지배지분을 당해 비지배지분의 공정가치(= 비지배지분 주식수 × 지배권이 없는 주식의 주당 공정가치)로 측정하는 방식에서 사용한다. 이 방법은 비지배지분을 측정하게 되면 영업권에 대하여도 비지배지분을 인식하게 되므로 전부 영업권이 발생하게 된다.

종속기업투자주식 장부금액구조

	〈─────지배기업지분─────〉	〈──────비지배지분──────〉
종속기업 순자산 BV		
종속기업 순자산 FV − BV		
영업권		공정가치 측정 시 영업권 계상가능
이전대가		

Self Study

종속기업에 대한 지배기업소유지분의 주당 공정가치와 비지배지분의 주당 공정가치는 다를 수 있기 때문에 영업권의 인식금액이 지배기업과 비지배지분에 비례하여 배분되지 않는다.

(2) 지배력 획득일의 연결

(1) 지배력 획득일 직전 지배회사와 종속회사의 재무상태표

재무상태표

지배회사 A

자산(A)	1,000	부채(A)	300
		자본(A)	700

재무상태표

종속회사 B

자산(B)	500	부채(B)	200
		자본(B)	300

(2) 지배회사가 종속회사의 주식 80%를 ₩400에 취득하여 지배력을 획득하였다. 지배회사가 종속회사의 주식을 취득하여 전액 보유하고 있다면 다음과 같이 회계처리하고 지배회사의 재무상태표는 다음과 같다.

차) 종속기업투자주식(80%)   400   대) 현금   400

이때 종속회사 자산의 공정가치는 ₩600으로 종속회사가 보유한 재고자산의 장부금액보다 공정가치가 ₩200만큼 크다.

재무상태표

지배회사 A

자산(A)	600	부채(A)	300
종속기업투자주식(80%)	400	자본(A)	700

(3) 지배기업의 종속기업투자주식 ₩400의 구성은 다음과 같다.

	<---지배기업지분(80%)--->	<---비지배지분(20%)--->
종속기업 순자산 BV 300	240	60
종속기업 순자산 FV – BV 100	80	20
영업권	80	공정가치 측정 시 영업권 계상가능
이전대가 400		

(4) 단순합산

구분	지배회사	+	종속회사	=	단순합산
자산	600		500		1,100
종속기업투자주식	400		–		400
부채	300		200		500
자본	700		300		1,000

(5) 단순합산재무제표

재무상태표

자산(A)	600	부채(A)	300
자산(B' 100%)	500	부채(B' 100%)	200
종속기업투자주식(80%)	400	자본(A)	700
		자본(B' 100%)	300

(6) [투자주식과 자본계정의 상계]

차) 자본(B' 100%)	300	대) 종속기업투자주식(80%)	240		
		비지배지분	60		

[평가차액]

차) B자산(B' FV – BV 100%)	100	대) 종속기업투자주식(80%)	80
		비지배지분	20

[투자차액]

차) 영업권	80	대) 종속기업투자주식(80%)	80

(7) 연결재무상태표

재무상태표

자산(A)	600	부채(A + B' 100%)	500
자산(B' FV 100%)	600	자본(A)	700
영업권	80	비지배지분	80

20×1년 초에 A사는 B사의 보통주 80%를 지배력 행사 목적으로 ₩1,300,000에 취득하였다. 20×1년 초 B사의 순자산 장부금액은 ₩1,000,000이며 식별가능한 순자산 장부금액과 공정가치의 차이 내역은 아래와 같다.

	A사	B사		A사	B사
재고자산	₩500,000	₩100,000	차입금	₩2,000,000	₩1,000,000
토지	1,000,000	700,000			
건물(순액)	2,000,000	1,200,000	자본금	1,500,000	600,000
종속기업투자주식	1,300,000		이익잉여금	1,300,000	400,000

B사의 자산 중 장부금액과 공정가치가 다른 내역은 다음과 같다.

	장부금액	공정가치
재고자산	₩100,000	₩200,000
토지	700,000	1,000,000
건물	1,200,000	1,300,000

1 종속기업투자주식의 취득원가 ₩1,300,000을 종속기업의 순자산 장부가치에 대한 대가, 장부가치와 공정가치의 차이, 영업권에 대한 대가로 나누시오.

2 A사와 B사의 재무제표를 단순합산하시오.

3 연결제거분개를 하시오.

4 연결재무상태표를 작성하시오.

5 A사가 비지배지분을 취득일 현재 공정가치로 측정하는 경우, 연결제거분개를 보이시오. (단, 20×1년 1월 1일 현재 B사의 발행주식수는 100주이며, 지배력이 있는 B사 주식의 주당 공정가치는 ₩18,000이고, 지배력이 없는 B사 주식의 주당 공정가치는 ₩17,000이다)

풀이

❶

	〈--지배기업지분(80%)--〉	〈-----비지배지분(20%)-----〉
종속기업 순자산 BV 1,000,000	800,000	200,000
종속기업 순자산 FV − BV 500,000	400,000	100,000
영업권	100,000	공정가치 측정 시 영업권 계상가능
이전대가 1,300,000		

❷

단순합산재무상태표

재고자산	600,000	차입금	3,000,000
토지	1,700,000	자본금	2,100,000
건물(순액)	3,200,000	이익잉여금	1,700,000
종속기업투자주식	1,300,000		

❸ [투자주식과 자본계정의 상계]

차) 자본금	600,000	대) 종속기업투자주식	800,000
이익잉여금	400,000	비지배지분	200,000

[평가차액]

차) 재고자산	100,000	대) 종속기업투자주식	400,000
토지	300,000	비지배지분	100,000
건물	100,000		

[투자차액]

차) 영업권	100,000	대) 종속기업투자주식	100,000

⇒ 종속기업투자주식을 통합하여 투자와 자본상계를 한번에 회계처리하면 간편하다.

차) 자본금	600,000	대) 종속기업투자주식	1,300,000
이익잉여금	400,000	비지배지분	300,000
재고자산	100,000		
토지	300,000		
건물	100,000		
영업권	100,000		

❹

연결재무상태표

재고자산	700,000	차입금	3,000,000
토지	2,000,000	자본금	1,500,000
건물(순액)	3,300,000	이익잉여금	1,300,000
영업권	100,000	비지배지분	300,000

5 (1) 비지배지분의 영업권: @17,000 × 100주 × 20% − (200,000 + 100,000) = 40,000

	〈--지배기업지분(80%)--〉	〈-----비지배지분(20%)-----〉
종속기업 순자산 BV 1,000,000	800,000	200,000
종속기업 순자산 FV − BV 500,000	400,000	100,000
영업권	100,000	공정가치 측정 시 영업권 계상가능
이전대가 1,300,000		

(2) 연결제거분개

차) 자본금	600,000	대) 종속기업투자주식	1,300,000
이익잉여금	400,000	비지배지분	340,000
재고자산	100,000		
토지	300,000		
건물	100,000		
영업권	140,000		

(3) 지배력 획득일 이후의 연결

지배력 획득일 이후에도 보고기간 말 지배기업의 재무제표와 종속기업의 재무제표를 단순합산하여 연결제거분개를 반영하면 연결재무제표를 산출할 수 있다. 다만, 종속기업의 재무제표에는 평가차액의 상각효과가 반영되어 있지 않으므로 연결분개에서 이를 추가시켜주어야 한다.

종속기업의 재무제표에 식별가능한 순자산 장부금액만이 반영되어 종속기업은 공정가치가 아닌 장부금액을 기준으로 비용을 인식하게 된다. 그러므로 평가차액 상각효과를 연결제거분개에 추가시켜야 종속기업의 재무제표에 순자산 평가차액 상각효과를 추가로 인식하여 합병방식의 사업결합과 동일하게 공정가치 기준의 손익으로 연결재무제표에도 인식된다.

지배력 획득일 이후 2년차의 연결부터는 전기 이전의 평가차액 상각효과를 지분율에 비례하여 전기이월이익잉여금과 전기이월비지배지분에 직접 반영하여 인식하여야 한다. 이는 전기 이전의 평가차액 상각효과가 종속기업의 재무제표에 반영되어 있지 않기 때문이다.

20×1년 초에 A사는 B사의 보통주 80%를 지배력 행사 목적으로 ₩1,300,000에 취득하였다. 20×1년 초 B사의 순자산 장부금액은 ₩1,000,000이다.

(1) 20×1년 초 재무상태표

	A사	B사		A사	B사
재고자산	₩500,000	₩100,000	차입금	₩2,000,000	₩1,000,000
토지	1,000,000	700,000			
건물(순액)	2,000,000	1,200,000	자본금	1,500,000	600,000
종속기업투자주식	1,300,000		이익잉여금	1,300,000	400,000

(2) 20×1년 말 재무상태표

	A사	B사		A사	B사
재고자산	₩700,000	₩200,000	차입금	₩2,000,000	₩1,000,000
토지	1,200,000	700,000			
건물(순액)	2,100,000	1,300,000	자본금	1,500,000	600,000
종속기업투자주식	1,300,000		이익잉여금	1,800,000	600,000

(3) 지배력 획득일 시점 B사의 자산 중 장부금액와 공정가치가 다른 내역은 다음과 같다. (단, 재고자산은 20×1년에 모두 판매되었고, 토지는 보유 중이다. 건물의 20×1년 초 잔존내용연수는 10년이고, 잔존가치는 없으며 정액법으로 상각한다)

	장부금액	공정가치
재고자산	₩100,000	₩200,000
토지	700,000	1,000,000
건물	1,200,000	1,300,000

(4) 20×1년 포괄손익계산서

	A사	B사
매출	₩1,000,000	₩500,000
매출원가	(300,000)	(150,000)
매출총이익	700,000	350,000
판매관리비	(200,000)	(150,000)
당기순이익	500,000	200,000

1 A사와 B사의 재무제표를 단순합산하시오.

2 연결제거분개를 하시오.

3 연결재무상태표와 연결포괄손익계산서를 작성하시오.

[풀이]

1

<table>
<tr><th colspan="4">단순합산재무상태표</th></tr>
<tr><td>재고자산</td><td>900,000</td><td>차입금</td><td>3,000,000</td></tr>
<tr><td>토지</td><td>1,900,000</td><td>자본금</td><td>2,100,000</td></tr>
<tr><td>건물(순액)</td><td>3,400,000</td><td>이익잉여금</td><td>2,400,000</td></tr>
<tr><td>종속기업투자주식</td><td>1,300,000</td><td></td><td></td></tr>
</table>

<table>
<tr><th colspan="2">단순합산포괄손익계산서</th></tr>
<tr><td>매출</td><td>1,500,000</td></tr>
<tr><td>매출원가</td><td>(450,000)</td></tr>
<tr><td>매출총이익</td><td>1,050,000</td></tr>
<tr><td>판매관리비</td><td>(350,000)</td></tr>
<tr><td>당기순이익</td><td>700,000</td></tr>
</table>

2 [투자주식과 자본의 상계제거]

차) 자본금	600,000	대) 종속기업투자주식	1,300,000
이익잉여금	400,000	비지배지분	300,000
재고자산	100,000		
토지	300,000		
건물	100,000		
영업권	100,000		

[평가차액의 상각]

차) 매출원가	100,000	대) 재고자산	100,000
차) 감가상각비	10,000	대) 감가상각누계액	10,000

[지배력 획득일 이후 자본변동의 배분]

차) 이익잉여금(×1년)	18,000	대) 비지배지분	18,000

* $(200,000 - 100,000 - 10,000) \times 20\% = 18,000$

③

연결재무상태표

재고자산	900,000	차입금	3,000,000
토지	2,200,000	자본금	1,500,000
건물(순액)	3,490,000	이익잉여금	1,872,000
영업권	100,000	비지배지분	318,000

연결포괄손익계산서

매출	1,500,000
매출원가	(550,000)
매출총이익	950,000
판매관리비	(360,000)
당기순이익	590,000
− 지배주주 귀속 순이익	572,000
− 비지배지분 귀속 순이익	18,000

[계산구조]

	〈−−−지배기업지분(80%)−−−〉	〈−−−비지배지분(20%)−−−〉
종속기업 순자산 BV 1,000,000	800,000	200,000
종속기업 순자산 FV − BV 500,000	400,000	100,000
영업권	100,000	공정가치 측정 시 영업권 계상가능
이전대가 1,300,000		
종속회사 조정 후 N/I(②) 90,000	지배기업소유주 귀속 순이익(A) 72,000	비지배기업 귀속 순이익(B) 18,000

* 지배기업소유주 귀속 순이익: 지배기업 별도 F/S의 N/I(①) + A = 500,000 + 90,000 × 80% = 572,000
* 연결당기순이익: 지배기업소유주 귀속 순이익 + B = 90,000 × 20% = 18,000

구분	지배기업	비지배기업
조정 전 N/I	500,000	200,000
투자평가차액 상각		(−)110,000
종속기업으로부터의 배당수익		
조정 후 N/I	① 500,000	② 90,000

20×1년 초에 A사는 B사의 보통주 80%를 지배력 행사 목적으로 ₩1,300,000에 취득하였다. 20×1년 초 B사의 순자산 장부금액은 ₩1,000,000이다.

(1) 20×1년 초 재무상태표

	A사	B사		A사	B사
재고자산	₩500,000	₩100,000	차입금	₩2,000,000	₩1,000,000
토지	1,000,000	700,000			
건물(순액)	2,000,000	1,200,000	자본금	1,500,000	600,000
종속기업투자주식	1,300,000		이익잉여금	1,300,000	400,000

(2) 지배력 획득일 시점 B사의 자산 중 장부금액과 공정가치가 다른 내역은 다음과 같다. (단, 재고자산은 20×1년에 모두 판매되었고, 토지는 보유 중이다. 건물의 20×1년 초 잔존내용연수는 10년이고, 잔존가치는 없으며 정액법으로 상각한다)

	장부금액	공정가치
재고자산	₩100,000	₩200,000
토지	700,000	1,000,000
건물	1,200,000	1,300,000

(3) 20×2년 말 재무상태표

	A사	B사		A사	B사
재고자산	₩1,000,000	₩200,000	차입금	₩2,000,000	₩1,000,000
토지	1,200,000	900,000			
건물(순액)	2,400,000	1,200,000	자본금	1,500,000	600,000
종속기업투자주식	1,300,000		이익잉여금	2,400,000	700,000

* 20×1년 B사의 이익잉여금 증가액: 200,000

(4) 20×2년 포괄손익계산서

	A사	B사
매출	₩1,200,000	₩700,000
매출원가	(400,000)	(400,000)
매출총이익	800,000	300,000
판매관리비	(200,000)	(200,000)
당기순이익	600,000	100,000

1 A사와 B사의 재무제표를 단순합산하시오.

2 연결조정분개를 하시오.

3 연결재무상태표와 연결포괄손익계산서를 작성하시오.

1

단순합산재무상태표

재고자산	1,200,000	차입금	3,000,000
토지	2,100,000	자본금	2,100,000
건물(순액)	3,600,000	이익잉여금	3,100,000
종속기업투자주식	1,300,000		

단순합산포괄손익계산서

매출	1,900,000
매출원가	(800,000)
매출총이익	1,100,000
판매관리비	(400,000)
당기순이익	700,000

2 [투자주식과 자본의 상계제거]

차) 자본금	600,000	대) 종속기업투자주식	1,300,000
이익잉여금	400,000	비지배지분	300,000
재고자산	100,000		
토지	300,000		
건물	100,000		
영업권	100,000		

[지배력 획득일 이후 변동한 자본의 배분 - 전기분]

차) 이익잉여금(×1년)	200,000	대) 이익잉여금(×1년)	160,000
		비지배지분(×1년)	40,000

[평가차액의 상각 - 전기분]

차) 이익잉여금(×1년)	88,000	대) 재고자산	100,000
비지배지분(×1년)	22,000	감가상각누계액	10,000

[평가차액의 상각 - 당기분]

차) 감가상각비(×2년)	10,000	대) 감가상각누계액	10,000

[지배력 획득일 이후 변동한 자본의 배분 - 당기분]

차) 이익잉여금(×2년)	18,000	대) 비지배지분	18,000

* (100,000 - 10,000) × 20% = 18,000

3

연결재무상태표

재고자산	1,200,000	차입금	3,000,000
토지	2,400,000	자본금	1,500,000
건물(순액)	3,680,000	이익잉여금	2,544,000
영업권	100,000	비지배지분	336,000

연결포괄손익계산서

매출	1,900,000
매출원가	(800,000)
매출총이익	1,100,000
판매관리비	(410,000)
당기순이익	690,000
- 지배주주 귀속 순이익	672,000
- 비지배주주 귀속 순이익	18,000

[계산구조]

	〈---지배기업지분(80%)---〉	〈---비지배지분(20%)---〉
종속기업 순자산 BV 1,000,000	800,000	200,000
종속기업 순자산 FV - BV 500,000	400,000	100,000
영업권	100,000	공정가치 측정 시 영업권 계상가능
이전대가 1,300,000 종속회사 조정 후 N/I(②) 20×1년 90,000 20×2년 90,000	지배기업소유주 귀속 순이익(A) 20×1년 72,000 20×2년 72,000	비지배기업 귀속 순이익(B) 20×1년 18,000 20×2년 18,000

* 지배기업소유주 귀속 순이익: 지배기업 별도 F/S의 N/I(①) + A = 600,000 + 90,000 × 80% = 672,000
* 연결당기순이익: 지배기업소유주 귀속 순이익 + B = 90,000 × 20% = 18,000

구분	지배기업	비지배기업
조정 전 N/I	600,000	100,000
투자평가차액 상각		(−)10,000
종속기업으로부터의 배당수익		
조정 후 N/I	① 600,000	② 90,000

3 연결자본의 계산방법

I 연결당기순이익

연결당기순이익은 지배기업과 종속기업으로 구성된 연결실체가 당기에 창출한 순이익을 말한다. 이는 지배기업과 종속기업의 보고된 당기순이익에 연결조정분개를 하여 산정한다. 기업회계기준서 제1001호 '재무제표의 표시'에서는 연결실체의 당기순손익을 지배지분순이익과 비지배지분순이익으로 구분하여 표시하도록 규정하고 있다.

구분	지배기업	비지배기업
조정 전 N/I	××	××
투자평가차액 상각		(××)
종속기업으로부터의 배당수익	(××)	
조정 후 N/I	① ××	② ××

⇒ 연결당기순이익: ① + ②

01 지배지분순이익

지배지분순이익은 연결실체의 당기순이익 중에 지배기업의 소유주에게 귀속되는 순이익을 말하며 다음과 같이 계산한다.

> 지배지분순이익: 지배기업의 조정 후 당기순이익(①) + 종속기업의 조정 후 당기순이익(②) × 지분율

02 비지배지분순이익

비지배지분순이익은 연결실체의 당기순이익 중에 비지배주주에게 귀속되는 순이익을 말하며 다음과 같이 계산한다.

> 비지배지분순이익: 종속기업의 조정 후 당기순이익(②) × (1 - 지분율)

연결실체의 자본은 지배기업의 자본과 종속기업의 보고된 자본에 연결조정분개를 조정하여 산정된다. 기준서 제1001호 '재무제표의 표시'에서는 연결실체의 자본을 크게 지배기업의 소유주에게 귀속되는 자본과 비지배지분으로 구분하여 표시하도록 규정하고 있다. 지배기업의 소유주에게 귀속되는 자본은 발생원인에 따라 납입자본, 이익잉여금과 기타자본구성요소로 세분하여 표시하도록 하고 있으나, 비지배지분은 이를 구분하지 않는다.

01 지배기업소유지분의 납입자본

연결재무상태표의 납입자본은 지배기업과 종속기업으로 구성된 연결실체에 지배기업의 소유자가 납입한 자본을 말한다. 납입자본은 다음과 같이 계산된다.

> 지배기업의 납입자본 + (종속기업의 현재 시점 납입자본 − 취득 시 종속기업의 납입자본) × 지분율

Self Study

종속기업의 납입자본에 대한 지배기업의 지분은 투자와 자본상계제거를 통해 취득일 기준으로 모두 제거되므로 항상 '0'이다. 결국 연결재무상태표의 납입자본은 지배기업의 납입자본과 항상 동일한 금액이다.

02 지배기업소유지분의 이익잉여금

연결재무상태표의 이익잉여금은 지배기업과 종속기업으로 구성된 연결실체의 이익잉여금 중에 지배기업의 소유주에게 귀속되는 금액이다. 연결이익잉여금은 다음과 같이 계산된다.

> 지배기업의 이익잉여금 + (종속기업의 현재 시점 이익잉여금 − 취득 시 이익잉여금 − 차액 상각누계액) × 지분율

Self Study

연결재무상태표의 이익잉여금은 지배기업의 이익잉여금과 취득일 이후 증가한 종속기업의 이익잉여금에 지배기업지분율을 곱한 금액으로 산정된다. 이때, 종속기업의 이익잉여금 산정 시 취득일의 평가차액에 대하여 상각한 금액의 누계액은 반드시 차감하여야 한다.

03 비지배지분

비지배지분은 종속기업의 자본 중 비지배주주에게 귀속되는 금액으로 산정된다. 이때 종속기업의 자본은 종속기업의 순자산 장부금액으로 반영하고 있으므로, 종속기업의 순자산 평가차액에 대한 비지배주주의 비례적 지분을 고려하여야 한다. 비지배지분은 다음과 같이 계산된다.

종속기업투자주식과 비지배지분 구조

	<-----지배기업지분----->	<------비지배지분------>
종속기업 순자산 BV		
종속기업 순자산 FV - BV		
영업권		공정가치 측정 시 영업권 계상가능
이전대가 종속회사 조정 후 N/I(②)	지배기업소유주 귀속 순이익(A)	비지배기업 귀속 순이익(B)

* 지배기업소유주 귀속 순이익: 지배기업 별도 F/S의 N/I(①) + A
* 연결당기순이익: 지배기업소유주 귀속 순이익 + B

4 연결재무제표 작성의 기타

I 염가매수차익이 있는 연결

주식 취득 시에 종속기업의 식별가능한 자산과 부채의 순공정가치가 이전대가를 초과하는 경우가 발생하기도 한다. 이 경우에 발생하는 투자차액은 영업권효과가 아니라 염가매수차익효과이므로 사업결합일 즉시 당기순이익으로 인식한다. 그러나 지배기업의 별도 재무제표에서 종속기업투자주식은 원가법으로 평가되므로, 염가매수차익효과도 종속기업투자주식의 장부금액에 포함하여 인식한다. 염가매수효과는 연결재무제표 작성을 위한 연결제거분개를 수행하면서 당기순이익으로 인식한다.

[투자주식과 자본의 상계제거 예시]

차) 자본금	××	대) 종속기업투자주식	××
이익잉여금	××	비지배지분	××
재고자산	××	염가매수차익	××
토지	××		
건물	××		

지배지분순이익: 지배기업의 조정 후 당기순이익(①) + 종속기업의 조정 후 당기순이익(②) × 지분율
비지배지분순이익: 종속기업의 조정 후 당기순이익(②) × (1 − 지분율)

구분	지배기업	비지배기업
조정 전 N/I	××	××
투자평가차액 상각		(××)
염가매수차익	××	
종속기업으로부터의 배당수익	(××)	
조정 후 N/I	① ××	② ××

⇒ 지배기업소유지분 귀속 당기순이익: ① + ② × 지분율

Ⅱ 　부의 비지배지분

최초 인식일 후 비지배지분은 종속기업의 순자산이 변동함에 따라 비례적으로 변동한다. 즉 종속기업의 총포괄손익에서 당기순손익과 기타포괄손익의 각 구성요소는 지배기업의 소유주와 비지배지분에 비례적으로 귀속된다. 이때 비지배지분이 부(-)의 잔액이 되더라도 총포괄손익은 지배기업의 소유주와 비지배지분에 비례적으로 귀속된다.

Ⅲ 　기타포괄손익이 있는 연결

지배기업과 종속기업의 손익 중에 기타포괄손익이 있는 경우에는 아래와 같이 연결제거분개를 수행한다.

> EX) 20×1년에 A사는 B사의 지분 80%를 취득하였고 20×1년 말 B사의 기타포괄손익이 ₩100,000 증가하였다.
>
> [기타포괄손익 대체 연결제거분개]
>
> | 차) 기타포괄이익(×1년) | 20,000 | 대) 비지배지분(×1년) | 20,000 |
> |---|---|---|---|

Chapter 3 │ 핵심 빈출 문장

01 지배기업은 하나 이상의 종속기업을 가지고 있는 기업을 말하며, 종속기업은 다른 기업(지배기업)의 지배를 받고 있는 기업을 말한다. 종속기업의 범위에는 파트너십과 같은 법인격이 없는 실체를 포함한다.

02 지배기업이 직접적으로 또는 종속기업을 통하여 간접으로 기업 의결권의 과반수를 소유하는 경우에는 지배기업이 그 기업을 지배한다고 본다.

03 기업이 다른 기업의 재무정책과 영업정책을 결정할 수 있는 능력이 있는지 평가할 때에는, 다른 기업이 보유한 잠재적 의결권을 포함하여 현재 행사할 수 있거나 전환할 수 있는 잠재적 의결권의 존재와 영향을 고려하여야 한다.

04 투자자가 투자기업으로 분류되는 경우 투자기업의 종속기업은 연결대상에서 제외된다.

05 잠재적 의결권이 있는 경우 당기순손익과 자본변동을 지배기업지분과 비지배지분에 배분할 때에는 현재 소유하고 있는 지분율에 기초하여 산정하며, 잠재적 의결권의 행사가능성이나 전환가능성은 반영하지 아니한다.

06 비지배지분은 연결재무상태표의 자본에 포함하되 지배기업의 소유지분과는 구분하여 표시한다.

07 당기순손익과 기타포괄손익의 각 구성요소는 지배기업의 소유주와 비지배지분에 귀속된다. 그 결과 비지배지분이 부(−)의 잔액이 되더라도 총포괄손익은 지배기업의 소유주와 비지배지분에 귀속된다.

Chapter 3 | 객관식 문제

01 20×1년 1월 1일에 ㈜대한은 ㈜민국의 지분 60%를 ₩35,000에 취득하여 ㈜민국의 지배기업이 되었다. ㈜대한의 ㈜민국에 대한 지배력 획득일 현재 ㈜민국의 자본총계는 ₩40,000(자본금 ₩5,000, 자본잉여금 ₩10,000, 이익잉여금 ₩25,000)이며, 장부금액과 공정가치가 차이를 보이는 계정과목은 다음과 같다.

계정과목	장부금액	공정가치	비고
토지	₩17,000	₩22,000	20×2년 중 매각완료
차량운반구 (순액)	8,000	11,000	잔존내용연수: 3년 잔존가치: ₩0 정액법으로 감가상각

㈜민국이 보고한 당기순이익이 20×1년 ₩17,500, 20×2년 ₩24,000일 때 ㈜대한의 20×2년 연결포괄손익계산서상 비지배주주 귀속 당기순이익과 20×2년 12월 31일 연결재무상태표상 비지배지분은 얼마인가? (단, 비지배지분은 ㈜민국의 식별가능한 순자산 공정가치에 비례하여 결정하고, 상기 기간 중 ㈜민국의 기타포괄손익은 발생하지 않은 것으로 가정한다)

[공인회계사 2022년]

	비지배주주 귀속 당기순이익	비지배지분
①	₩7,200	₩33,000
②	₩7,200	₩32,600
③	₩7,600	₩33,000
④	₩7,600	₩32,600
⑤	₩8,000	₩33,000

02 기업회계기준서 제1110호 '연결재무제표'에 관한 다음 설명 중 옳은 것은?

[공인회계사 2021년]

① 투자자가 피투자자 의결권의 과반수를 보유하는 경우 예외 없이 피투자자를 지배하는 것으로 본다.

② 지배기업과 종속기업의 보고기간 종료일이 다른 경우 실무적으로 적용할 수 없지 않다면 종속기업은 연결재무제표 작성을 위해 지배기업의 보고기간 종료일을 기준으로 재무제표를 추가로 작성해야 한다.

③ 투자자가 시세차익, 투자이익이나 둘 다를 위해서만 자금을 투자하는 기업회계기준서 제1110호상의 투자기업으로 분류되더라도 지배력을 가지는 종속회사에 대해서는 연결재무제표를 작성해야 한다.

④ 투자자는 권리 보유자의 이익을 보호하기 위해 설계된 방어권으로도 피투자자에 대한 힘을 가질 수 있다.

⑤ 연결재무제표에 추가로 작성하는 별도 재무제표에서 종속기업과 관계기업에 대한 투자지분은 지분법으로 표시할 수 없다.

03 ㈜대한은 20×1년 1월 1일 ㈜민국의 의결권 있는 보통주 70%를 ₩210,000에 취득하여 지배력을 획득하였다. 주식 취득일 현재 ㈜민국의 자산과 부채는 아래의 자산을 제외하고는 장부금액과 공정가치가 일치하였다.

구분	재고자산	건물(순액)
공정가치	₩20,000	₩60,000
장부금액	10,000	40,000

20×1년 초 ㈜민국의 납입자본은 ₩150,000이고, 이익잉여금은 ₩50,000이었다. ㈜민국의 20×1년 초 재고자산은 20×1년 중에 모두 판매되었다. 또한 ㈜민국이 보유하고 있는 건물의 주식 취득일 현재 잔존내용연수는 5년이며, 잔존가치 없이 정액법으로 감가상각한다. 20×1년 ㈜민국의 당기순이익은 ₩40,000이다. ㈜대한의 20×1년 말 연결재무상태표상 비지배지분은 얼마인가? (단, 비지배지분은 주식 취득일의 공정가치로 측정하며, 주식 취득일 현재 비지배지분의 공정가치는 ₩70,000이었다. 더불어 영업권 손상은 고려하지 않는다)

[공인회계사 2020년]

① ₩67,800   ② ₩72,000   ③ ₩77,800
④ ₩82,000   ⑤ ₩97,800

04 연결재무제표 작성에 관한 다음 설명 중 옳지 않은 것은? [공인회계사 2018년]

① 종속기업이 채택한 회계정책이 연결재무제표에서 채택한 회계정책과 다른 경우에는 연결실체의 회계정책과 일치하도록 종속기업의 재무제표를 적절히 수정하여 연결재무제표를 작성한다.

② 보고기업은 당기순손익과 기타포괄손익의 각 구성요소를 지배기업의 소유주와 비지배지분에 귀속시킨다. 다만 비지배지분이 부(−)의 잔액이 되는 경우에는 총포괄손익을 모두 지배기업의 소유주에게 귀속시킨다.

③ 종속기업의 취득에서 발생하는 영업권에 대해서는 이연법인세부채를 인식하지 않는다.

④ 연결현금흐름표 작성 시 종속기업에 대한 지배력의 획득 및 상실에 따른 총현금흐름은 별도로 표시하고 투자활동으로 분류한다.

⑤ 지배력을 상실하지 않는 범위 내에서 종속기업에 대한 지분을 추가로 취득하거나 처분하는 현금흐름은 연결현금흐름표에서 재무활동으로 분류한다.

Chapter 3 | 객관식 문제 정답 및 해설

01 ①   (1) 20×1년 ㈜민국의 조정 후 당기순이익: $17,500 - (11,000 - 8,000)/3 = 16,500$
         (2) 20×2년 ㈜민국의 조정 후 당기순이익: $24,000 - (22,000 - 17,000) - (11,000 - 8,000)/3 = 18,000$
         (3) 비지배주주 귀속 당기순이익: $18,000 \times 40\% = 7,200$
         (4) 20×2년 말 비지배지분: $(40,000 + 5,000 + 3,000 + 16,500 + 18,000) \times 40\% = 33,000$

02 ②   지배기업과 종속기업의 보고기간 종료일이 다른 경우 실무적으로 적용할 수 없다면, 지배기업은 종속기업의 재무제표일과 연결재무제표일 사이에 발생한 유의적인 거래나 사건의 영향을 조정한 종속기업의 가장 최근 재무제표를 사용하여 종속기업의 재무정보를 연결한다. 어떠한 경우라도 종속기업의 재무제표일과 연결재무제표일의 차이가 3개월을 초과해서는 안 된다.

03 ③   (1) ㈜민국의 조정 후 당기순이익: $40,000 - (20,000 - 10,000) - (60,000 - 40,000)/5 = 26,000$
         (2) 20×1년 말 비지배지분: $70,000 + 26,000 \times 30\% = 77,800$

04 ②   연결재무제표는 실체이론에 따라 작성하므로 비지배지분이 부(−)의 잔액이 되는 경우에는 부(−)의 금액으로 보고한다.

Chapter 3 | 주관식 문제

문제 01 　 연결 기초

20×1년 1월 1일 A사는 B사의 발행주식 중 60%를 ₩360,000에 취득하고 지배권을 획득하였다. 지배권 획득일 현재 A사와 B사의 재무상태표는 다음과 같다.

구분	A사	B사	
	장부금액	장부금액	공정가치
재무상태표 20×1년 1월 1일 현재			
현금	₩300,000	₩280,000	₩280,000
재고자산	200,000	100,000	120,000
종속기업투자주식	360,000	–	–
건물(순액)	500,000	250,000	300,000
자산총계	**₩1,360,000**	**₩630,000**	
차입금	₩300,000	₩150,000	₩150,000
자본금(액면금액 ₩5,000)	500,000	250,000	
주식발행초과금	260,000	100,000	
이익잉여금	300,000	130,000	
부채와 자본총계	**₩1,360,000**	**₩630,000**	

(1) 지배권을 획득하는 날 현재 B사의 재고자산은 20×1년 중에 모두 처분되었으며, B사의 건물은 20×1년 초 현재 잔존내용연수는 10년, 잔존가치는 없으며, 정액법으로 감가상각한다.

(2) 비지배지분은 종속기업의 순자산 공정가치에 대한 비례적 지분으로 측정한다.

(3) A사와 B사의 20×1년도 당기순이익으로 각각 ₩200,000과 ₩100,000을 보고하였으며, 기타 자본의 변동은 없다.

물음 1) 20×1년 말 연결재무제표에서 영업권과 비지배지분을 산출하시오.

물음 2) 20×1년도 연결재무제표에서 지배기업소유주 귀속 순이익과 비지배주주 귀속 순이익을 계산하시오.

물음 1) 영업권: 30,000
비지배지분: 250,000

물음 2) 지배기업소유주 귀속 순이익: 245,000
비지배주주 귀속 순이익: 30,000

	〈---지배기업지분(60%)---〉	〈---비지배지분(40%)---〉
종속기업 순자산 BV 480,000	288,000	192,000
종속기업 순자산 FV - BV 70,000	42,000	28,000
영업권	30,000	공정가치 측정 시 영업권 계상가능
이전대가 360,000 종속회사 조정 후 N/I(②) 75,000	지배기업소유주 귀속 순이익(A) 45,000	비지배기업 귀속 순이익(B) 30,000

* 지배기업소유주 귀속 순이익: 지배기업 별도 F/S의 N/I(①) + A = 200,000 + 45,000 = 245,000
* 연결당기순이익: 지배기업소유주 귀속 순이익 + B = 245,000 + 30,000 = 275,000
* 비지배지분: 192,000 + 28,000 + 30,000 = 250,000

구분	지배기업	비지배기업
조정 전 N/I	200,000	100,000
투자평가차액 상각		
- 재고자산		(20,000)
- 건물		(5,000)
종속기업으로부터의 배당수익	-	
조정 후 N/I	① 200,000	② 75,000

cpa.Hackers.com

회계사 · 세무사 · 경영지도사 단번에 합격!
해커스 경영아카데미 cpa.Hackers.com

Chapter **4**

내부거래와
미실현손익의 제거

1 내부거래의 기초

Ⅰ 내부거래의 의의

내부거래는 연결실체 내의 지배기업과 종속기업 간의 거래를 말한다. 연결회계에서는 지배기업과 종속기업을 하나의 경제적 실체로 간주하여 연결재무제표를 작성하므로 지배기업과 종속기업 간에 발생한 거래는 연결실체의 입장에서 모두 내부거래가 된다. 내부거래는 단일의 실체 내에서 발생한 거래로 외부보고목적 재무제표인 연결재무제표에 보고되어서는 안 된다.

지배기업이 종속기업에게 자산 등을 매각하는 내부거래를 하향거래라 하며, 종속기업이 지배기업에게 자산 등을 매각하는 내부거래를 상향거래라 한다.

Self Study

기업회계기준서 제1110호 '연결재무제표'에서는 연결실체 내의 거래, 이와 관련된 잔액, 수익과 비용은 내부거래의 유형에 관계없이 모두 제거하여 합병방식의 사업결합과 동일한 재무제표가 작성되도록 규정하고 있다.

Ⅱ 내부거래의 제거 유형

01 당기순손익에 영향이 없는 단순내부거래의 제거

당기손익에 영향이 없는 내부거래는 지배기업과 종속기업의 단순합산재무제표에 동일한 금액의 채권과 채무를 계상하고 있거나, 동일한 금액의 수익과 비용을 계상하고 있는 경우에 발생한다. 이러한 내부거래는 당기순손익에는 영향이 없어도, 연결실체의 자산과 부채 또는 수익과 비용이 과대계상될 수 있으므로 연결재무제표에서 모두 제거하여야 한다. 이는 채권·채무 상계제거와 수익·비용 상계제거로 구분할 수 있다.

(1) 채권·채무 상계제거

보고기간 말 현재 지배기업과 종속기업의 별도 재무상태표에 인식된 서로에 대한 채권과 채무는 연결실체의 입장에서 볼 때는 채권과 채무일 수 없다. 그러므로 연결분개를 수행하는 과정에서 모두 제거하여야 한다.

EX) 지배회사(A)는 종속회사(B)에 대하여 매출채권 ₩100을 인식하고 있고, 종속회사도 동 금액에 대하여 ₩100의 매입채무를 인식하고 있다.

재무제표

지배회사 A

| 매출채권 | 100 | | |

재무제표

종속회사 B

| | | 매입채무 | 100 |

(1) 단순합산재무제표

재무제표

| 매출채권 | 100 | 매입채무 | 100 |

(2) 채권·채무 상계제거

| 차) 매입채무 | 100 | 대) 매출채권 | 100 |

(3) 연결재무제표

재무제표

(2) 수익·비용 상계제거

보고기간 말 현재 지배기업과 종속기업의 별도 포괄손익계산서에 인식된 서로에 대한 수익과 비용은 연결실체의 입장에서 볼 때는 수익과 비용이 아니다. 따라서 연결제거분개를 수행하는 과정에서 이를 모두 제거해야 한다. 단, 수익과 비용의 상계제거를 수행하면, 해당 수익과 비용의 계정잔액은 감소하지만, 내부거래 미실현손익이 발생하지 않기 때문에 지배기업 순이익과 종속기업 순이익에는 영향이 없다.

Self Study

지분법회계에서 내부거래의 제거는 당기순손익에 영향이 있는 내부거래 미실현손익만을 제거하면 된다. 그러나 연결회계에서는 지배기업과 종속기업의 재무제표를 합산하므로, 연결손익에 영향이 없는 내부거래의 경우에도 모두 제거하여 연결재무제표를 작성하여야 한다.

EX) 지배회사(A)는 종속회사(B)에 대하여 이자수익 ₩100을 인식하고 있고, 종속회사도 동 금액에 대하여 ₩100의 이자비용을 인식하고 있다.

재무제표

지배회사 A

		이자수익	100

재무제표

종속회사 B

이자비용	100		

(1) 단순합산재무제표

재무제표

이자비용	100	이자수익	100

(2) 수익·비용 상계제거

차) 이자수익	100	대) 이자비용	100

(3) 연결재무제표

재무제표

EX) 지배회사(A)가 당기에 종속회사(B)에게 재고자산을 판매하며 매출원가와 매출을 각각 ₩500과 ₩1,000으로 인식하였다. 종속회사는 당기에 동 재고자산을 외부에 ₩1,200에 판매하고 매출원가와 매출을 각각 ₩1,000과 ₩1,200으로 인식하였다.

재무제표

지배회사 A

매출원가	500	매출	1,000

재무제표

종속회사 B

매출원가	1,000	매출	1,200

(1) 단순합산재무제표

재무제표

매출원가	1,500	매출	2,200

(2) 수익·비용 상계제거

차) 매출	1,000	대) 매출원가	1,000

(3) 연결재무제표

재무제표

매출원가	500	매출	1,200

02 당기순손익에 영향이 있는 내부거래 미실현손익의 제거

내부거래로 인해 재무상태표의 자산과 부채 계정이 과대 또는 과소계상되고, 동시에 포괄손익계산서의 수익과 비용이 과대 또는 과소계상되면서 발생한다. 이때 조정하는 내부거래의 제거를 내부거래 미실현손익의 제거라 한다.

(1) 하향거래의 미실현손익

하향거래에서 발생하는 미실현손익은 관련 손익효과가 전액 지배기업의 별도 재무제표에 반영되어 있다. 그러므로 지배기업의 재무제표에서 제거된 미실현손익은 전액 지배기업지분손익에 반영하여야 한다.

발생연도	차) 관련 수익	××	대) 순자산	××
실현연도	차) 이익잉여금	××	대) 관련 수익	××

(2) 상향거래의 미실현손익

상향거래에서 발생하는 미실현손익은 관련 손익효과가 전액 종속기업의 재무제표에 반영되어 있다. 그러므로 종속기업의 재무제표에서 제거된 미실현손익은 종속기업에 대한 지배기업지분순이익과 비지배지분순이익에 비례적으로 반영하여야 한다.

발생연도	차) 관련 수익	××	대) 순자산	××
실현연도	차) 이익잉여금	××	대) 관련 수익	××
	비지배지분	××		

구분	지배기업	비지배기업
조정 전 N/I	××	××
투자평가차액 상각		(××)
내부거래 제거		
– 하향거래 미실현손익	(××)	
– 상향거래 미실현손익		(××)
종속기업으로부터의 배당수익	(××)	
조정 후 N/I	① ××	② ××

* 하향 내부거래 미실현손익과 미실현손익의 실현은 모두 지배기업소유주 순이익에서 조정하고, 상향 내부거래 미실현손익과 미실현손익의 실현은 지분율에 비례하여 지배기업소유주 순이익과 비지배지분순이익에서 조정한다.

⇒ 지배기업소유주 귀속 순이익: 지배기업 별도 F/S의 N/I(①) + A

⇒ 비지배기업 귀속 순이익: ② × (1 – 지분율)

Additional Comment

내부거래 미실현손익은 지배기업과 종속기업의 내부거래로 인해 미실현손익이 발생하게 되면 당기의 연결재무제표를 왜곡시키고, 당해 미실현손익이 실현되면서 차기의 연결재무제표도 왜곡시키게 된다. 그러므로 내부거래 미실현손익은 발생연도의 연결재무제표와 실현연도의 연결재무제표에서 관련 효과를 모두 제거하여야 한다.

2 재고자산의 미실현손익

지배기업이 종속기업에 재고자산을 판매하고 종속기업이 이를 해당 회계연도에 모두 외부에 판매하였다면, 연결실체의 순이익에는 영향이 없다. 다만 연결실체의 매출과 매출원가가 동일한 금액만큼 과대계상되므로, 이러한 경우에는 수익과 비용 상계제거를 통해서 해결하면 된다.

그러나 지배기업과 종속기업 간에 재고자산 매매거래가 발생하였고, 당해 재고자산의 일부를 지배기업이나 종속기업이 보유하고 있는 경우에는 연결실체의 순이익이 과대계상되고, 재고자산이 과대계상된다. 이를 연결분개를 통해서 제거하여야 한다. 이때 지배기업이 종속기업에 재고자산을 판매하는 거래를 하향판매라고 하며, 종속기업이 지배기업에 재고자산을 판매하는 거래를 상향판매라고 한다.

I 하향판매에 따른 내부거래 미실현이익

지배기업이 종속기업에 재고자산을 판매하고, 이를 종속기업이 보유하는 형태의 내부거래를 하향판매에 따른 내부거래 미실현이익이라고 한다. 이러한 내부거래가 발생하면 발생한 회계연도와 실현된 2차년도로 구분하여 연결조정분개를 수행한다.

01 내부거래가 발생한 회계연도

내부거래가 발생한 회계연도에 지배기업과 종속기업의 단순합산재무제표의 당기손익은 내부거래 재고자산의 판매에 따른 미실현손익만큼 과대계상되어 있으며, 기말재고도 동일한 금액만큼 과대계상되어 있다. 그러므로 연결실체의 재무제표를 작성하기 위해서는 당기순손익의 과대계상과 기말재고의 과대계상을 제거하는 연결제거분개를 수행하여야 한다. 이 경우 하향판매 내부거래는 지배기업이 내부거래를 통해서 손익을 조작한 것이므로 제거된 하향판매 미실현이익은 전액 지배기업지분순이익을 계산할 때 차감한다.

[하향판매에 따른 내부거래 미실현이익의 내부거래가 발생한 회계연도 연결제거분개]

수익·비용 상계제거	차) 매출	A' 매출	대) 매출원가	A' 매출
미실현이익 제거	차) 매출원가	A' 매출총이익 × 미판매비율	대) 재고자산	A' 매출총이익 × 미판매비율

Self Study

연결분개를 수행할 때 내부거래에 실현된 재고자산 판매거래와 미실현된 재고자산 판매거래가 혼합되어 있는 경우, 구분하여 회계처리를 수행하여야 한다. 그러므로 연결분개에서는 내부거래 매출액 기준으로 매출원가를 제거하는 수익과 비용 상계제거를 수행하고, 미실현된 부분에 대해서는 매출원가와 재고자산을 추가로 조정하는 미실현이익 제거의 회계처리를 별도로 수행하여야 한다.

EX) 지배회사(A)가 당기에 종속회사(B)에게 재고자산을 판매하며 매출원가와 매출을 각각 ₩500과 ₩1,000으로 인식하였다. 종속회사는 당기에 동 재고자산을 보유하고 있다.

재무제표

지배회사 A

매출원가	500	매출	1,000

재무제표

종속회사 B

재고자산	1,000		

(1) 단순합산재무제표

재무제표

매출원가	500	매출	1,000
재고자산	1,000		

(2) 수익·비용 상계제거와 미실현이익 제거

수익·비용 상계제거	차) 매출	1,000	대) 매출원가	1,000
미실현이익 제거	차) 매출원가	500	대) 재고자산	500

(3) 연결재무제표

재무제표

재고자산	500		

02 내부거래가 실현된 2차년도

내부거래가 발생한 후 2차년도에는 지배기업과 종속기업의 단순합산재무제표상의 기초이익잉여금이 전기말 미실현이익만큼 과대계상되어 있으며, 기초재고자산도 동일한 금액만큼 과대계상되어 있게 된다. 하지만 일반적으로 내부거래로 인하여 종속기업이 보유하고 있는 기초재고자산은 2차년도에 전액 외부로 판매되므로, 결국 단순합산재무제표상 기초재고자산의 과대계상은 당기 매출원가의 과대계상을 초래하게 된다. 따라서 연결실체의 재무제표를 작성하기 위해서는 기초이익잉여금의 과대계상과 당기매출원가의 과대계상을 제거하는 연결제거분개를 수행한다. 이 경우에 연결조정분개를 수행하면서 인식된 하향판매 실현이익은 전액 지배기업지분순이익으로 가산된다.

[하향판매에 따른 내부거래 미실현이익의 내부거래가 실현된 2차년도 연결제거분개]

미실현이익 제거	차) 이익잉여금	지배회사 매출 × 미판매비율	대) 매출원가	지배회사 매출 × 미판매비율

지배기업이 종속기업에 재고자산을 판매한 경우 내부거래 발생에 따른 매출손익은 지배기업이 인식하며, 내부거래의 소멸에 대한 매출손익은 종속기업이 인식한다. 이로 인해 미실현이익의 제거는 지배기업의 손익에서 차감하고, 실현이익의 인식은 종속기업의 손익에 가산한다고 생각할 수도 있으나, 연결회계에서 내부거래 미실현손익의 제거논리는 내부거래를 발생시킨 대상기업의 손익 귀속시기를 조정하는 것이지, 손익의 귀속금액을 조정하는 것이 아니다. 그러므로 하향거래의 경우 미실현이익의 제거를 지배기업의 손익에서 차감하였으므로 실현이익도 지배기업의 손익에서 가산하여야 한다. 이는 상향거래도 동일한 논리가 적용된다.

EX) 지배회사(A)가 전기에 종속회사(B)에게 재고자산을 판매하며 매출원가와 매출을 각각 ₩500과 ₩1,000으로 인식하였다. 종속회사는 전기에 동 재고자산을 보유하고 있다가 당기에 외부에 ₩1,200에 판매하였다.

재무제표

지배회사 A			
		기초이익잉여금	500

재무제표

종속회사 B			
매출원가	1,000	매출	1,200

(1) 단순합산재무제표

재무제표

매출원가	1,000	매출	1,200
		기초이익잉여금	500

(2) 수익·비용 상계제거와 미실현이익 제거

차) 이익잉여금	500	대) 매출원가	500

(3) 연결재무제표

재무제표

매출원가	500	매출	1,200

01 내부거래가 발생한 회계연도

내부거래가 발생한 1차년도에, 지배기업과 종속기업의 단순합산재무제표상의 당기순손익은 내부거래 재고자산의 판매에 따른 미실현손익만큼 과대계상되어 있으며, 기말재고자산도 동일한 금액만큼 과대계상되어 있다. 따라서 연결실체의 재무제표를 작성하기 위해서는 당기순손익의 과대계상과 기말재고자산의 과대계상을 제거하는 연결제거분개가 필요하다. 이때, 상향판매 내부거래는 종속기업이 내부거래를 통해 손익을 조작한 것이므로 제거된 상향판매 미실현이익은 종속기업에 대한 지배기업지분순이익과 비지배지분순이익을 계산할 때 비례적으로 차감하면 된다.

[상향판매에 따른 내부거래 미실현이익의 내부거래가 발생한 회계연도 연결제거분개]

수익·비용 상계제거	차) 매출	B' 매출	대) 매출원가	B' 매출
미실현이익 제거	차) 매출원가	B' 매출총이익 × 미판매비율	대) 재고자산	B' 매출총이익 × 미판매비율

EX) 종속회사(B)가 당기에 지배회사(A)에게 재고자산을 판매하며 매출원가와 매출을 각각 ₩500과 ₩1,000으로 인식하였다. 지배회사는 당기에 동 재고자산을 보유하고 있다. 단, 지배회사의 지분율은 80%이다.

재무제표

지배회사 A

재고자산	1,000	

재무제표

종속회사 B

매출원가	500	매출	1,000

(1) 단순합산재무제표

재무제표

매출원가	500	매출	1,000
재고자산	1,000		

(2) 수익·비용 상계제거와 미실현이익 제거

수익·비용 상계제거	차) 매출	1,000	대) 매출원가	1,000
미실현이익 제거	차) 매출원가	500	대) 재고자산	500

(3) 연결재무제표

재무제표

재고자산	500	

[참고] 내부거래 미실현이익 제거의 F/S효과 비교

구분		하향판매 미실현이익 제거효과	상향판매 미실현이익 제거효과
자산	재고자산	(−)500	(−)500
자본	이익잉여금	(−)500	(−)400
	비지배지분		(−)100

Additional Comment

상향판매의 경우 미실현이익 제거단계에서 비용으로 인식한 매출원가는 기말에 이익잉여금의 차감항목으로 마감되면서 지배기업지분의 이익잉여금을 100% 감소시키게 된다. 따라서 비지배지분이익 배분단계에서 비지배지분의 지분율에 해당하는 금액만큼 이익잉여금을 다시 증가시키고, 이를 비지배지분에서 차감하여 종속기업으로 인한 내부거래 미실현이익이 지배기업지분과 비지배지분에 비례적으로 반영되도록 조정한다.

02 내부거래가 실현된 2차년도

내부거래가 발생한 후 2차년도에는 연결실체의 재무제표를 작성하기 위해서 기초이익잉여금의 과대계상과 당기 매출원가의 과대계상을 제거하는 연결분개가 필요하다. 이러한 거래는 하향판매의 경우와 동일하다. 다만, 상향판매로 인한 미실현이익은 종속기업의 이익잉여금 과대계상효과이므로 연결제거분개의 전기손익배분단계에서 이를 이익잉여금과 비지배지분으로 배분하여 인식하게 된다. 그러므로 내부거래 제거단계에서 이익잉여금 제거 시에는 이를 지배기업과 비지배지분으로 구분하여 조정하여야 한다. 상향판매로 인한 실현이익은 종속기업에 대한 지배기업지분순이익과 비지배지분순이익으로 구분하여 비례적으로 가산하여야 한다.

[상향판매에 따른 내부거래 미실현이익의 내부거래가 실현된 2차년도 연결제거분개]

전기손익배분	차) 이익잉여금	B' ××	대) 이익잉여금	××
			비지배지분(×1년)	××
실현이익	차) 이익잉여금	××	대) 매출원가	B' 매출총이익 × 미판매비율
	비지배지분(×2년)	××		

EX) 종속회사(B)가 전기에 지배회사(A)에게 재고자산을 판매하며 매출원가와 매출을 각각 ₩500과 ₩1,000으로 인식하였다. 지배회사는 전기에 동 재고자산을 보유하고 있다가 당기에 외부에 ₩1,200에 판매하였다. 단, 지배회사의 지분율은 80%이다.

재무제표

지배회사 A

매출원가	1,000	매출	1,200

재무제표

종속회사 B

		기초이익잉여금	500

(1) 단순합산재무제표

재무제표

매출원가	1,000	매출	1,200
		기초이익잉여금	500

(2) 수익·비용 상계제거와 미실현이익 제거

전기손익배분	차) 이익잉여금	500	대) 이익잉여금	400
			비지배지분(×1년)	100
실현이익	차) 이익잉여금	400	대) 매출원가	500
	비지배지분(×2년)	100		

(3) 연결재무제표

재무제표

매출원가	500	매출	1,200

20×1년 초에 A사는 B사의 보통주 80%를 지배력 행사 목적으로 ₩800,000에 취득하였다. 20×1년 초 B사의 순자산 장부금액은 ₩1,000,000이며 식별가능한 순자산 장부금액과 공정가치는 동일하다.

(1) 20×1년 말 재무상태표

	A사	B사		A사	B사
현금	₩500,000	₩200,000	차입금	₩2,000,000	₩1,000,000
재고자산	1,200,000	800,000			
대여금	1,000,000				
유형자산	1,000,000	1,200,000	자본금	1,500,000	600,000
종속기업투자주식	800,000		이익잉여금	1,000,000	600,000

(2) 20×1년 포괄손익계산서

	A사	B사
매출	₩2,000,000	₩1,600,000
매출원가	(1,300,000)	(1,300,000)
매출총이익	700,000	300,000
영업외수익	200,000	50,000
영업외비용	(100,000)	(150,000)
당기순이익	800,000	200,000

(3) 20×1년 중 A사는 B사에게 장부금액 ₩800,000의 재고자산을 ₩1,000,000에 판매하였으며, 기말 현재 B사는 해당 자산의 70%를 외부에 판매하였다.

(4) 20×2년 A사와 B사의 당기순이익은 각각 ₩1,000,000, ₩300,000이다.

1 20×1년과 20×2년의 연결재무제표에 표시될 지배기업지분순이익과 비지배지분순이익을 구하시오.

2 20×1년과 20×2년의 연결제거분개를 제시하시오.

3 동 거래가 하향판매가 아닌 상향판매인 경우, 20×1년과 20×2년의 연결재무제표에 표시될 지배기업지분순이익과 비지배지분순이익을 구하시오.

4 동 거래가 하향판매가 아닌 상향판매인 경우, 20×1년과 20×2년의 연결제거분개를 제시하시오.

❶

구분	지배기업지분순이익	비지배지분순이익
20×1년	900,000	40,000
20×2년	1,300,000	60,000

(1) 20×1년

구분	A사	B사
조정 전 N/I	₩800,000	₩200,000
내부거래 미실현이익 제거[1]	(−)60,000	−
조정 후 N/I	740,000	200,000

[1] 내부거래 미실현손익 제거: $(1,000,000 - 800,000) \times 30\% = 60,000$

⇒ 지배기업지분순이익: $740,000 + 200,000 \times 80\% = 900,000$

⇒ 비지배지분순이익: $200,000 \times 20\% = 40,000$

(2) 20×2년

구분	A사	B사
조정 전 N/I	₩1,000,000	₩300,000
내부거래 실현이익 인식[2]	60,000	−
조정 후 N/I	1,060,000	300,000

[2] 내부거래 미실현손익 실현: $(1,000,000 - 800,000) \times 30\% = 60,000$

⇒ 지배기업지분순이익: $1,060,000 + 300,000 \times 80\% = 1,300,000$

⇒ 비지배지분순이익: $300,000 \times 20\% = 60,000$

❷ 연도별 연결제거분개

(1) 20×1년 연결제거분개

[투자주식과 자본상계]

차) 자본금	600,000	대) 종속기업투자주식	800,000
이익잉여금	400,000	비지배지분	200,000

[내부거래 미실현손익 제거]

차) 매출	1,000,000	대) 매출원가	1,000,000
차) 매출원가	60,000	대) 재고자산	60,000

[비지배기업지분]

차) 이익잉여금	40,000	대) 비지배지분	40,000

(2) 20×2년 연결제거분개

[투자주식과 자본상계]

차) 자본금	600,000	대) 종속기업투자주식	800,000
이익잉여금	400,000	비지배지분	200,000

[전기손익 배분]

차) 이익잉여금(×1년)	200,000	대) 이익잉여금(×1년)	160,000
		비지배지분(×1년)	40,000

[내부거래 미실현손익 실현]

차) 이익잉여금(×1년)	60,000	대) 매출원가	60,000

[비지배기업지분]

차) 이익잉여금(×2년)	60,000	대) 비지배지분(×2년)	60,000

❸

구분	지배기업지분순이익	비지배지분순이익
20×1년	912,000	28,000
20×2년	1,288,000	72,000

(1) 20×1년

구분	A사	B사
조정 전 N/I	₩800,000	₩200,000
내부거래 미실현이익 제거[1]	–	(−)60,000
조정 후 N/I	800,000	140,000

[1] 내부거래 미실현손익 제거: $(1,000,000 - 800,000) \times 30\% = 60,000$

⇒ 지배기업지분순이익: $800,000 + 140,000 \times 80\% = 912,000$

⇒ 비지배지분순이익: $140,000 \times 20\% = 28,000$

(2) 20×2년

구분	A사	B사
조정 전 N/I	₩1,000,000	₩300,000
내부거래 실현이익 인식[2]	–	60,000
조정 후 N/I	1,000,000	360,000

[2] 내부거래 미실현손익 실현: $(1,000,000 - 800,000) \times 30\% = 60,000$

⇒ 지배기업지분순이익: $1,000,000 + 360,000 \times 80\% = 1,288,000$

⇒ 비지배지분순이익: $360,000 \times 20\% = 72,000$

4 연도별 연결제거분개

   (1) 20×1년 연결제거분개

      [투자주식과 자본상계]

	차) 자본금	600,000	대) 종속기업투자주식	800,000
	이익잉여금	400,000	비지배지분	200,000

      [내부거래 미실현손익 제거]

	차) 매출	1,000,000	대) 매출원가	1,000,000
	차) 매출원가	60,000	대) 재고자산	60,000

      [비지배기업지분]

	차) 이익잉여금	28,000	대) 비지배지분	28,000

   (2) 20×2년 연결제거분개

      [투자주식과 자본상계]

	차) 자본금	600,000	대) 종속기업투자주식	800,000
	이익잉여금	400,000	비지배지분	200,000

      [전기손익 배분]

	차) 이익잉여금(×1년)	200,000	대) 이익잉여금(×1년)	160,000
			비지배지분(×1년)	40,000

      [내부거래 미실현손익 실현]

	차) 이익잉여금(×1년)	48,000	대) 매출원가(×2년)	60,000
	비지배지분(×1년)	12,000		

      [비지배기업지분]

	차) 이익잉여금(×2년)	72,000	대) 비지배지분(×2년)	72,000

3 비상각자산의 미실현손익

내부거래로 발생한 미실현손익은 발생한 시점에 연결실체의 순이익에서 제거되며, 당해 미실현손익이 실현된 시점에 연결실체의 순이익으로 인식된다. 비상각자산의 내부거래에 따른 미실현손익은 당해 비상각자산을 외부에 매각하는 경우에 실현된다. 따라서 비상각자산 미실현손익에 대한 연결조정 절차는 재고자산 내부거래 미실현손익에 대한 연결제거분개 절차와 유사하다. 단, 재고자산의 경우에는 일반적으로 내부거래가 발생한 다음 회계연도에 곧바로 실현되지만, 비상각자산의 경우에는 일정 기간 보유 후에 처분된다는 차이가 있을 뿐이다.

I   하향판매에 따른 내부거래 미실현이익

01 내부거래가 발생한 회계연도

내부거래가 발생한 1차년도에, 지배기업과 종속기업의 단순합산재무제표상의 당기순손익은 내부거래 토지의 처분에 따른 미실현손익만큼 과대계상되어 있으며, 기말토지도 동일한 금액만큼 과대계상되어 있다. 따라서 연결실체의 재무제표를 작성하기 위해서는 당기순손익의 과대계상과 토지의 과대계상을 제거하는 연결제거분개가 필요하다. 하향판매 내부거래는 지배기업이 내부거래를 통해 손익을 조작한 것이므로 제거된 하향판매 미실현이익은 전액 지배기업지분순이익을 계산할 때 차감한다.

[하향판매에 따른 내부거래 미실현이익의 내부거래가 발생한 회계연도 연결제거분개]

미실현이익 제거	차) 처분이익	A' 처분이익	대) 토지	A' 처분이익

EX) 지배회사(A)가 당기에 종속회사(B)에게 보유하고 있던 토지를 판매하며 장부금액과 처분대가를 각각 ₩500과 ₩1,000으로 인식하였다. 종속회사는 당기에 동 토지를 보유하고 있다.

재무제표

지배회사 A			
		처분이익	500

재무제표

종속회사 B			
토지	1,000		

(1) 단순합산재무제표

재무제표

토지	1,000	처분이익	500

(2) 미실현이익 제거

차) 처분이익	500	대) 토지	500

(3) 연결재무제표

재무제표

토지	500		

02 내부거래가 유지되고 있는 2차년도

내부거래가 발생한 후 2차년도에는 지배기업과 종속기업의 단순합산재무제표상의 기초이익잉여금이 전기말 미실현이익만큼 과대계상되어 있으며, 기초토지도 동일한 금액만큼 과대계상되어 있게 된다. 하지만 일반적으로 내부거래로 인하여 종속기업이 보유하고 있는 토지는 2차년도에도 외부로 판매되지 않으므로, 결국 단순합산재무제표상 기초토지의 과대계상은 기말토지의 과대계상으로 계속 유지된다. 그러므로 연결실체의 재무제표를 작성하기 위해서는 기초이익잉여금의 과대계상과 기말토지의 과대계상을 제거하는 연결분개가 필요하다. 이 경우 실현되지 않은 하향판매 미실현이익은 당기손익효과가 없으므로 지배기업 지분순이익을 계산할 때는 고려하지 않는다.

[하향판매에 따른 내부거래 미실현이익의 내부거래가 유지되고 있는 2차년도 연결제거분개]

미실현이익 제거	차) 이익잉여금	A' 처분이익	대) 토지	A' 처분이익

EX) 지배회사(A)가 전기에 종속회사(B)에게 보유하고 있던 토지를 판매하며 장부금액과 처분대가를 각각 ₩500과 ₩1,000으로 인식하였다. 종속회사는 전기에 동 토지를 보유하고 있다.

재무제표

지배회사 A

		기초이익잉여금	500

재무제표

종속회사 B

토지	1,000		

(1) 단순합산재무제표

재무제표

토지	1,000	기초이익잉여금	500

(2) 미실현이익 제거

차) 이익잉여금	500	대) 토지	500

(3) 연결재무제표

재무제표

토지	500		

03 내부거래가 실현된 3차년도

내부거래가 발생한 후 3차년도에는 지배기업과 종속기업의 단순합산재무제표상의 기초이익잉여금이 과거의 미실현이익만큼 과대계상되어 있으며, 기초토지도 동일한 금액만큼 과대계상되어 있게 된다. 그러나 당해 토지가 전액 외부에 처분되면 단순합산재무제표상 기초토지의 과대계상은 당기 유형자산처분이익을 과소계상하게 된다. 따라서 연결실체의 재무제표를 작성하기 위해서는 기초이익잉여금의 과대계상과 당기 유형자산처분이익의 과소계상을 제거하는 연결제거분개가 필요하다. 또한, 실현된 하향판매 실현이익은 전액 지배기업지분순이익을 계산할 때 가산하면 된다.

EX) 지배회사(A)가 20×1년에 종속회사(B)에게 보유하고 있던 토지를 판매하며 장부금액과 처분대가를 각각 ₩500 과 ₩1,000으로 인식하였다. 종속회사는 20×2년에는 동 토지를 보유하고 있다가 20×3년에 ₩1,200에 처분 하였다.

재무제표

지배회사 A

	기초이익잉여금	500

재무제표

종속회사 B

	처분이익	200

(1) 단순합산재무제표

재무제표

	기초이익잉여금	500
	처분이익	200

(2) 미실현이익 실현

차) 이익잉여금	500	대) 처분이익	500

(3) 연결재무제표

재무제표

	처분이익	700

Additional Comment

지배기업이 종속기업에 토지를 판매한 경우 내부거래 발생에 따른 손익은 지배기업이 인식하며, 내부거래의 소멸에 대한 손익은 종속기업이 인식한다. 이로 인해 미실현이익의 제거는 지배기업의 손익에서 차감하고, 실현이익의 인식은 종속기업의 손익에 가산한다고 생각할 수도 있으나, 연결회계에서 내부거래 미실현손익의 제거논리는 내부거래를 발생 시킨 대상기업의 손익 귀속시기를 조정하는 것이지, 손익의 귀속금액을 조정하는 것이 아니다. 그러므로 하향거래의 경 우 미실현이익의 제거를 지배기업의 손익에서 차감하였으므로 실현이익도 지배기업의 손익에서 가산하여야 한다. 이는 상향거래도 동일한 논리가 적용된다.

01 내부거래가 발생한 회계연도

내부거래가 발생한 1차년도에, 지배기업과 종속기업의 단순합산재무제표상의 당기순손익은 내부거래 토지의 판매에 따른 미실현손익만큼 과대계상되어 있으며, 기말토지도 동일한 금액만큼 과대계상되어 있다. 따라서 연결실체의 재무제표를 작성하기 위해서는 당기순손익의 과대계상과 토지의 과대계상을 제거하는 연결제거분개가 필요하다. 상향판매 내부거래는 종속기업이 내부거래를 통해 손익을 조작한 것이므로 제거된 상향판매 미실현이익은 종속기업에 대한 지배기업지분순이익과 비지배지분순이익을 계산할 때 비례적으로 차감하면 된다.

[하향판매에 따른 내부거래 미실현이익의 내부거래가 발생한 회계연도 연결제거분개]

미실현이익 제거	차) 처분이익	A' 처분이익	대) 토지	A' 처분이익

EX) 종속회사(B)가 당기에 지배회사(A)에게 보유하고 있던 토지를 판매하며 장부금액과 처분대가를 각각 ₩500과 ₩1,000으로 인식하였다. 지배회사는 당기에 동 토지를 보유하고 있다. 단, 지배회사의 지분율은 80%이다.

재무제표

지배회사 A

토지	1,000	

재무제표

종속회사 B

		처분이익	500

(1) 단순합산재무제표

재무제표

토지	1,000	처분이익	500

(2) 미실현이익 제거

차) 처분이익	500	대) 토지	500

(3) 연결재무제표

재무제표

토지	500	

[참고] 내부거래 미실현이익 제거의 F/S효과 비교

구분		하향판매 미실현이익 제거효과	상향판매 미실현이익 제거효과
자산	토지	(−)500	(−)500
자본	이익잉여금	(−)500	(−)400
	비지배지분		(−)100

02 내부거래가 유지되고 있는 2차년도

내부거래가 발생한 후 2차년도에는 지배기업과 종속기업의 단순합산재무제표상의 기초이익잉여금이 전기말 미실현이익만큼 과대계상되어 있으며, 기초토지도 동일한 금액만큼 과대계상되어 있게 된다. 하지만 일반적으로 내부거래로 인하여 종속기업이 보유하고 있는 토지는 2차년도에도 외부로 판매되지 않으므로, 결국 단순합산재무제표상 기초토지의 과대계상은 기말토지의 과대계상으로 계속 유지된다. 그러므로 연결실체의 재무제표를 작성하기 위해서는 기초이익잉여금의 과대계상과 기말토지의 과대계상을 제거하는 연결분개가 필요하다. 그러나 상향판매로 인한 미실현이익은 종속기업의 이익잉여금 과대계상효과이므로 연결분개의 전기손익배분단계에서 이를 이익잉여금과 비지배지분으로 배분하여 인식하게 된다. 그러므로 내부거래 제거단계에서의 이익잉여금 제거 시에는 이를 지배기업지분과 비지배지분으로 구분하여 조정하여야 한다.

또한, 실현되지 않은 상향판매 미실현이익은 당기손익효과가 없으므로 지배기업지분순이익과 비지배지분순이익을 계산할 때는 고려하지 않는다.

[하향판매에 따른 내부거래 미실현이익의 내부거래가 유지되고 있는 2차년도 연결제거분개]

전기손익배분	차) 이익잉여금(×1년)	××	대) 이익잉여금(×1년)	××
			비지배지분(×1년)	××
미실현이익 유지	차) 이익잉여금(×1년)	××	대) 토지	B' 처분이익
	비지배지분(×1년)	××		

EX) 종속회사(B)가 전기(20×1년)에 지배회사(A)에게 보유하고 있던 토지를 판매하며 장부금액과 처분대가를 각각 ₩500과 ₩1,000으로 인식하였다. 지배회사는 당기(20×2년)에 동 토지를 보유하고 있다. 단, 지배회사의 지분율은 80%이다.

재무제표

지배회사 A

| 토지 | 1,000 | |

재무제표

종속회사 B

| | | 기초이익잉여금 | 500 |

(1) 단순합산재무제표

재무제표

| 토지 | 1,000 | 기초이익잉여금 | 500 |

(2) 미실현손익 제거 & 실현

전기손익배분	차) 이익잉여금(×1년)	500	대) 이익잉여금(×1년)	400
			비지배지분(×1년)	100
미실현이익 유지	차) 이익잉여금(×1년)	400	대) 토지	500
	비지배지분(×1년)	100		

(3) 연결재무제표

재무제표

| 토지 | 500 | |

03 내부거래가 실현된 3차년도

내부거래가 발생한 후 3차년도에는 지배기업과 종속기업의 단순합산재무제표상의 기초이익잉여금이 과거의 미실현이익만큼 과대계상되어 있으며, 기초토지도 동일한 금액만큼 과대계상되어 있게 된다. 그러나 당해 토지가 전액 외부에 처분되면 단순합산재무제표상 기초토지의 과대계상은 당기 유형자산처분이익을 과소계상하게 된다. 따라서 연결실체의 재무제표를 작성하기 위해서는 기초이익잉여금의 과대계상과 당기 유형자산처분이익의 과소계상을 제거하는 연결제거분개가 필요하다. 그러나 상향판매로 인한 미실현이익은 종속기업의 이익잉여금 과대계상효과이므로 연결제거분개의 전기손익배분단계에서 이를 이익잉여금과 비지배지분으로 배분하여 인식하게 된다. 그러므로 내부거래 제거단계에서의 이익잉여금 제거 시에는 이를 종속기업에 대한 지배기업지분순이익과 비지배지분순이익으로 구분하여 비례적으로 가산한다.

[하향판매에 따른 내부거래 미실현이익의 내부거래가 실현되는 3차년도 연결제거분개]

전기손익배분	차) 이익잉여금(×1년)	××	대) 이익잉여금(×1년)	××
			비지배지분(×1년)	××
미실현이익 유지	차) 이익잉여금(×1년)	××	대) 처분이익(×3년)	B' 처분이익
	비지배지분(×1년)	××		

EX) 종속회사(B)가 전기(20×1년)에 지배회사(A)에게 보유하고 있던 토지를 판매하며 장부금액과 처분대가를 각각 ₩500과 ₩1,000으로 인식하였다. 지배회사는 당기(20×3년)에 ₩1,200에 처분하였다. 단, 지배회사의 지분율은 80%이다.

재무제표

지배회사 A

	처분이익	200

재무제표

종속회사 B

	기초이익잉여금	500

(1) 단순합산재무제표

재무제표

	기초이익잉여금	500
	처분이익	200

(2) 미실현손익 제거 & 실현

전기손익배분	차) 이익잉여금(×1년)	500	대) 이익잉여금(×1년)	400
			비지배지분(×1년)	100
미실현이익 유지	차) 이익잉여금(×1년)	400	대) 처분이익(×3년)	500
	비지배지분(×1년)	100		

(3) 연결재무제표

재무제표

	처분이익	700

20×1년 초에 A사는 B사의 보통주 80%를 지배력 행사 목적으로 ₩800,000에 취득하였다. 20×1년 초 B사의 순자산 장부금액은 ₩1,000,000이며 식별가능한 순자산 장부금액과 공정가치는 동일하다.

(1) 20×1년 말 재무상태표

	A사	B사		A사	B사
현금	₩500,000	₩200,000	차입금	₩2,000,000	₩1,000,000
재고자산	1,200,000	800,000			
대여금	1,000,000				
유형자산	1,000,000	1,200,000	자본금	1,500,000	600,000
종속기업투자주식	800,000		이익잉여금	1,000,000	600,000

(2) 20×1년 포괄손익계산서

	A사	B사
매출	₩2,000,000	₩1,700,000
매출원가	(1,300,000)	(1,300,000)
매출총이익	700,000	400,000
영업외수익	200,000	50,000
영업외비용	(100,000)	(150,000)
당기순이익	800,000	300,000

(3) 20×1년 중 A사는 B사에게 장부금액 ₩800,000의 토지를 ₩1,000,000에 판매하였으며, B사는 해당 토지를 20×3년 초에 ₩1,200,000에 처분하였다.

(4) 20×2년 A사와 B사의 당기순이익은 각각 ₩1,000,000, ₩300,000이다.

(5) 20×3년 A사와 B사의 당기순이익은 각각 ₩700,000, ₩400,000이다.

1 20×1년, 20×2년, 20×3년의 연결재무제표에 표시될 지배기업지분순이익과 비지배지분순이익을 구하시오.

2 20×1년, 20×2년, 20×3년의 연결제거분개를 제시하시오.

3 동 거래가 하향판매가 아닌 상향판매인 경우, 20×1년, 20×2년, 20×3년의 연결재무제표에 표시될 지배기업지분순이익과 비지배지분순이익을 구하시오.

4 동 거래가 하향판매가 아닌 상향판매인 경우, 20×1년, 20×2년, 20×3년의 연결제거분개를 제시하시오.

1

구분	지배기업지분순이익	비지배지분순이익
20×1년	840,000	60,000
20×2년	1,240,000	60,000
20×3년	1,220,000	80,000

(1) 20×1년

구분	A사	B사
조정 전 N/I	₩800,000	₩300,000
내부거래 미실현이익 제거[1]	(−)200,000	−
조정 후 N/I	600,000	300,000

[1] 내부거래 미실현손익 제거: 1,000,000 − 800,000 = 200,000

⇒ 지배기업지분순이익: 600,000 + 300,000 × 80% = 840,000

⇒ 비지배지분순이익: 300,000 × 20% = 60,000

(2) 20×2년

구분	A사	B사
조정 전 N/I	₩1,000,000	₩300,000
내부거래 실현	−	−
조정 후 N/I	1,000,000	300,000

⇒ 지배기업지분순이익: 1,000,000 + 300,000 × 80% = 1,240,000

⇒ 비지배지분순이익: 300,000 × 20% = 60,000

(3) 20×3년

구분	A사	B사
조정 전 N/I	₩700,000	₩400,000
내부거래 미실현이익 실현[2]	200,000	−
조정 후 N/I	900,000	400,000

[2] 내부거래 미실현손익 실현: 1,000,000 − 800,000 = 200,000

⇒ 지배기업지분순이익: 900,000 + 400,000 × 80% = 1,220,000

⇒ 비지배지분순이익: 400,000 × 20% = 80,000

2 연도별 연결제거분개
  (1) 20×1년 연결제거분개
    [투자주식과 자본상계]

차) 자본금	600,000	대) 종속기업투자주식	800,000
이익잉여금	400,000	비지배지분	200,000

    [내부거래 미실현손익 제거]

차) 처분이익	200,000	대) 토지	200,000

    [비지배기업지분]

차) 이익잉여금	60,000	대) 비지배지분	60,000

  (2) 20×2년 연결제거분개
    [투자주식과 자본상계]

차) 자본금	600,000	대) 종속기업투자주식	800,000
이익잉여금	400,000	비지배지분	200,000

    [전기손익 배분]

차) 이익잉여금(×1년)	300,000	대) 이익잉여금(×1년)	240,000
		비지배지분(×1년)	60,000

    [내부거래 미실현손익 실현]

차) 이익잉여금(×1년)	200,000	대) 토지	200,000

    [비지배기업지분]

차) 이익잉여금(×2년)	60,000	대) 비지배지분(×2년)	60,000

  (3) 20×3년 연결제거분개
    [투자주식과 자본상계]

차) 자본금	600,000	대) 종속기업투자주식	800,000
이익잉여금	400,000	비지배지분	200,000

    [전기손익 배분]

차) 이익잉여금(×2년)	600,000	대) 이익잉여금(×2년)	480,000
		비지배지분(×2년)	120,000

    [내부거래 미실현손익 제거]

차) 이익잉여금(×1년)	200,000	대) 처분이익(×3년)	200,000

    [비지배기업지분]

차) 이익잉여금(×3년)	80,000	대) 비지배지분(×3년)	80,000

3

구분	지배기업지분순이익	비지배지분순이익
20×1년	880,000	20,000
20×2년	1,240,000	60,000
20×3년	1,180,000	120,000

(1) 20×1년

구분	A사	B사
조정 전 N/I	₩800,000	₩300,000
내부거래 미실현이익 제거[1]	–	(−)200,000
조정 후 N/I	800,000	100,000

[1] 내부거래 미실현손익 제거: 1,000,000 − 800,000 = 200,000

⇒ 지배기업지분순이익: 800,000 + 100,000 × 80% = 880,000

⇒ 비지배지분순이익: 100,000 × 20% = 20,000

(2) 20×2년

구분	A사	B사
조정 전 N/I	₩1,000,000	₩300,000
내부거래 미실현이익	–	–
조정 후 N/I	1,000,000	300,000

⇒ 지배기업지분순이익: 1,000,000 + 300,000 × 80% = 1,240,000

⇒ 비지배지분순이익: 300,000 × 20% = 60,000

(3) 20×3년

구분	A사	B사
조정 전 N/I	₩700,000	₩400,000
내부거래 미실현이익 실현[2]	–	200,000
조정 후 N/I	700,000	600,000

[2] 내부거래 미실현손익 실현: 1,000,000 − 800,000 = 200,000

⇒ 지배기업지분순이익: 700,000 + 600,000 × 80% = 1,180,000

⇒ 비지배지분순이익: 600,000 × 20% = 120,000

4 연도별 연결제거분개

(1) 20×1년 연결제거분개

[투자주식과 자본상계]

차) 자본금	600,000	대) 종속기업투자주식	800,000
이익잉여금	400,000	비지배지분	200,000

[내부거래 미실현손익 제거]

차) 처분이익	200,000	대) 토지	200,000

[비지배기업지분]

차) 이익잉여금	20,000	대) 비지배지분	20,000

(2) 20×2년 연결제거분개

[투자주식과 자본상계]

차) 자본금	600,000	대) 종속기업투자주식	800,000
이익잉여금	400,000	비지배지분	200,000

[전기손익 배분]

차) 이익잉여금(×1년)	300,000	대) 이익잉여금(×1년)	240,000
		비지배지분(×1년)	60,000

[내부거래 미실현손익 제거]

차) 이익잉여금(×1년)	160,000	대) 토지	200,000
비지배지분(×1년)	40,000		

[비지배기업지분]

차) 이익잉여금(×2년)	60,000	대) 비지배지분(×2년)	60,000

(3) 20×3년 연결제거분개

[투자주식과 자본상계]

차) 자본금	600,000	대) 종속기업투자주식	800,000
이익잉여금	400,000	비지배지분	200,000

[전기손익 배분]

차) 이익잉여금(×2년)	600,000	대) 이익잉여금(×2년)	480,000
		비지배지분(×2년)	120,000

[내부거래 미실현손익 제거]

차) 이익잉여금(×1년)	160,000	대) 처분이익(×3년)	200,000
비지배지분(×1년)	40,000		

[비지배기업지분]

차) 이익잉여금(×3년)	120,000	대) 비지배지분(×3년)	120,000

4 상각자산의 미실현손익

내부거래로 발생한 미실현손익은 발생한 시점에 연결실체의 순이익에서 제거되며, 당해 미실현손익이 실현된 시점에 연결실체의 순이익으로 인식된다. 상각자산의 내부거래에 따른 미실현손익은 당해 상각자산을 감가상각하면서 일부가 실현되며, 외부에 매각하는 경우에도 실현된다.

I 하향판매에 따른 내부거래 미실현이익

01 내부거래가 발생한 1차년도

EX) 20×1년 초 지배기업(A사)이 종속기업(B사)에게 장부금액 ₩100(취득원가 ₩200, 잔존내용연수 10년, 잔존가치 없음, 정액법)의 건물을 ₩150에 처분하였다.

재무제표

지배기업 A

	처분이익[1]	50

[1] 150 − 100 = 50

재무제표

종속기업 B

건물	150	
감가상각누계액[2]	(−)15	
감가상각비[3]	15	

[2] 150/10 = (−)15
[3] 150/10 = 15

(1) 단순합산재무제표

재무제표

건물	150	처분이익	50
감가상각누계액	(−)15		
감가상각비	15		

(2) 미실현이익 제거

차) 처분이익	50	대) 감가상각비	5
건물	50	감가상각누계액	95

(3) 연결재무제표

재무제표	
건물	200
감가상각누계액[4]	(−)110
감가상각비[5]	10

[4] 100 + 100/10 = (−)110
[5] 100/10 = 10

02 내부거래 이후 2차년도

내부거래가 발생한 후 2차년도에 당해 상각자산을 종속기업이 계속 보유하고 있다면 지배기업과 종속기업의 단순합산재무제표상의 기초이익잉여금이 전기 말 미실현이익만큼 과대계상되어 있으며, 상각자산의 장부금액도 동일한 금액만큼 과대계상되어 있게 된다. 그러나 2차년도에 감가상각을 통해 실현되므로 미실현이익 제거의 회계처리는 다음과 같다. 또한, 해당 손익효과는 하향판매에서 발생한 손익 전액을 지배기업지분순이익을 계산할 때 고려해야 한다.

미실현이익 제거 & 실현	차) 이익잉여금	전기미실현이익	대) 감가상각비	전기미실현이익/잔여내용연수
	건물 처분 전과 처분 후 취득원가차이		감가상각누계액	대차차액

EX) 20×1년 초 지배기업(A사)이 종속기업(B사)에게 장부금액 ₩100(취득원가 ₩200, 잔존내용연수 10년, 잔존가치 없음, 정액법)의 건물을 ₩150에 처분하였다. 동 거래 관련 20×2년 말 관련 사항은 다음과 같다.

재무제표	
지배기업 A	

재무제표	
종속기업 B	
건물	150
감가상각누계액[1]	(−)30
감가상각비[2]	15

[1] 150 × 2/10 = (−)30
[2] 150/10 = 15

(1) 단순합산재무제표

재무제표	
건물	150
감가상각누계액	(−)30
감가상각비	15

(2) 미실현이익 제거

차) 이익잉여금(×1년)	45	대) 감가상각비(×2년)	5
건물	50	감가상각누계액	90

(3) 연결재무제표

재무제표		
건물	200	
감가상각누계액[3]	(−)120	
감가상각비[4]	10	

[3] $100 + 100 \times 2/10 = (-)120$
[4] $100/10 = 10$

03 내부거래 이후 3차년도

EX) 20×1년 초 지배기업(A사)이 종속기업(B사)에게 장부금액 ₩100(취득원가 ₩200, 잔존내용연수 10년, 잔존가치 없음, 정액법)의 건물을 ₩150에 처분하였고, 종속기업(B사)은 동 건물을 20×3년 말에 ₩180에 처분하였다. 동 거래 관련 20×3년 말 관련 사항은 다음과 같다.

재무제표		
지배기업 A		

재무제표		
종속기업 B		
현금	180	처분이익[1] 75
감가상각비[2]	15	

[1] $180 - 150 \times 7/10 = 75$
[2] $150/10 = 15$

(1) 단순합산재무제표

재무제표		
건물	150	
감가상각누계액	(−)30	
감가상각비	15	

(2) 미실현이익 제거

차) 이익잉여금(×2년)	40	대) 감가상각비(×3년)	5
		처분이익(×3년)	35

(3) 연결재무제표

재무제표			
현금	180	처분이익[3]	110
감가상각비[4]	10		

[3] 180 − 100 × 7/10 = 110
[4] 100/10 = 10

해커스 IFRS 정윤돈 고급회계

Additional Comment

지배기업이 종속기업에 상각자산을 판매한 경우 내부거래 발생에 따른 처분손익은 지배기업이 인식하며, 내부거래 후의 감가상각은 종속기업이 인식한다. 이로 인해 미실현이익의 제거는 지배기업의 손익에서 차감하고, 실현이익의 인식은 종속기업의 손익에 가산한다고 생각할 수도 있으나, 연결회계에서 내부거래 미실현손익의 제거논리는 내부거래를 발생시킨 대상기업의 손익 귀속시기를 조정하는 것이지, 손익의 귀속금액을 조정하는 것이 아니다. 그러므로 하향거래의 경우 미실현이익의 제거를 지배기업의 손익에서 차감하였으므로 실현이익도 지배기업의 손익에서 가산하여야 한다. 이는 상향거래도 동일한 논리가 적용된다.

Ⅱ   상향판매에 따른 내부거래 미실현이익

01 내부거래가 발생한 1차년도

EX) 20×1년 초 종속기업(B사)이 지배기업(A사)에게 장부금액 ₩100(취득원가 ₩200, 잔존내용연수 10년, 잔존가치 없음, 정액법)의 건물을 ₩150에 처분하였다. 단, 지배기업의 지분율은 80%이다.

재무제표

지배기업 A			
건물	150		
감가상각누계액[1]	(−)15		
감가상각비[2]	15		

[1] 150/10 = (−)15
[2] 150/10 = 15

재무제표

종속기업 B			
		처분이익[3]	50

[3] 150 − 100 = 50

CH 4

내부거래와 미실현손익의 제거

(1) 단순합산재무제표

재무제표			
건물	150	처분이익	50
감가상각누계액	(−)15		
감가상각비	15		

(2) 미실현이익 제거

차) 처분이익	50	대) 감가상각비(×1년)	5
건물	50	감가상각누계액	95

(3) 연결재무제표

재무제표		
건물	200	
감가상각누계액[4]	(−)110	
감가상각비[5]	10	

[4] 100 + 100/10 = (−)110
[5] 100/10 = 10

[참고] 내부거래 미실현이익 제거의 F/S효과 비교

구분		하향판매 미실현이익 제거효과	상향판매 미실현이익 제거효과
자산	건물	(−)45	(−)45
자본	이익잉여금	(−)45	(−)36
	비지배지분		(−)9

상향판매 내부거래는 종속기업이 내부거래를 통해 손익을 조작한 것이므로 위의 손익효과를 종속기업에 대한 지배기업지분순이익과 비지배지분순이익으로 구분하여 비례적으로 가감하여야 한다.

02 내부거래 이후 2차년도

내부거래가 발생한 후 2차년도에 당해 상각자산을 종속기업이 계속 보유하고 있다면 지배기업과 종속기업의 단순합산재무제표상의 기초이익잉여금이 전기 말 미실현이익만큼 과대계상되어 있으며, 상각자산의 장부금액도 동일한 금액만큼 과대계상되어 있게 된다. 그러나 2차년도에 감가상각을 통해 실현되므로 미실현이익 제거의 회계처리는 다음과 같다. 또한, 해당 손익효과를 종속기업에 대한 지배기업지분순이익과 비지배지분순이익으로 구분하여 비례적으로 가감하여야 한다.

미실현이익 제거	차) 이익잉여금	전기미실현이익 × 지분율	대) 감가상각비	전기미실현이익/잔여내용연수
	비지배지분	전기미실현이익 × (1 − 지분율)	감가상각누계액	대차차액
	건물	처분 전과 처분 후 취득원가차이		

EX) 20×1년 초 종속기업(B사)이 지배기업(A사)에게 장부금액 ₩100(취득원가 ₩200, 잔존내용연수 10년, 잔존가치 없음, 정액법)의 건물을 ₩150에 처분하였다. 동 거래 관련 20×2년 말 관련 사항은 다음과 같다. 단, 지배기업의 지분율은 80%이다.

재무제표

지배기업 A

건물	150
감가상각누계액[1]	(-)30
감가상각비[2]	15

[1] 150 × 2/10 = (-)30
[2] 150/10 = 15

재무제표

종속기업 B

(1) 단순합산재무제표

재무제표

건물	150
감가상각누계액	(-)30
감가상각비	15

(2) 미실현이익 제거

차) 이익잉여금(×1년)[3]	36	대) 감가상각비(×2년)	5
비지배지분[4]	9	감가상각누계액	90
건물	50		

[3] 45 × 80% = 36
[4] 45 × 20% = 9

(3) 연결재무제표

재무제표

건물	200
감가상각누계액[5]	(-)120
감가상각비[6]	10

[5] 100 + 100 × 2/10 = (-)120
[6] 100/10 = 10

해커스 IFRS 정윤돈 고급회계

4. 상각자산의 미실현손익 **283**

03 내부거래 이후 3차년도

EX) 20×1년 초 종속기업(B사)이 지배기업(A사)에게 장부금액 ₩100(취득원가 ₩200, 잔존내용연수 10년, 잔존가치 없음, 정액법)의 건물을 ₩150에 처분하였고, 지배기업(A사)은 동 건물을 20×3년 말에 ₩180에 처분하였다. 동 거래 관련 20×3년 말 관련 사항은 다음과 같다. 단, 지배기업의 지분율은 80%이다.

재무제표

지배기업 A

현금	180	처분이익[1]	75
감가상각비[2]	15		

[1] 180 − 150 × 7/10 = 75
[2] 150/10 = 15

재무제표

종속기업 B

(1) 단순합산재무제표

재무제표

건물	150		
감가상각누계액	(−)30		
감가상각비	15		

(2) 미실현이익 제거

차) 이익잉여금(×2년)[3]	32	대) 감가상각비(×3년)	5
비지배지분(×2년)[4]	8	처분이익(×3년)	35

[3] 40 × 80% = 32
[4] 40 × 20% = 8

(3) 연결재무제표

재무제표

현금	180	처분이익[5]	110
감가상각비[6]	10		

[5] 180 − 100 × 7/10 = 110
[6] 100/10 = 10

20×1년 초에 A사는 B사의 보통주 80%를 지배력 행사 목적으로 ₩800,000에 취득하였다. 20×1년 초 B사의 순자산 장부금액은 ₩1,000,000이며 식별가능한 순자산 장부금액과 공정가치는 동일하다.

(1) 20×1년 말 재무상태표

	A사	B사		A사	B사
현금	₩500,000	₩200,000	차입금	₩2,000,000	₩1,000,000
재고자산	1,200,000	800,000			
대여금	1,000,000				
유형자산	1,000,000	1,200,000	자본금	1,500,000	600,000
종속기업투자주식	800,000		이익잉여금	1,000,000	600,000

(2) 20×1년 포괄손익계산서

	A사	B사
매출	₩2,000,000	₩1,600,000
매출원가	(1,300,000)	(1,300,000)
매출총이익	700,000	300,000
영업외수익	200,000	50,000
영업외비용	(100,000)	(150,000)
당기순이익	800,000	200,000

(3) 20×1년 중 A사는 B사에게 장부금액 ₩100,000의 건물(취득원가 ₩300,000)을 ₩200,000에 판매하였으며, 기말 현재 B사는 해당 자산을 보유하다 20×3년 말에 외부의 제3자에 처분하였다. 동 건물의 잔존내용연수는 5년, 잔존가치는 '0', 정액법을 사용한다.

(4) 20×2년 A사와 B사의 당기순이익은 각각 ₩1,000,000, ₩300,000이다.

(5) 20×3년 A사와 B사의 당기순이익은 각각 ₩700,000, ₩400,000이다.

1 20×1년, 20×2년, 20×3년의 연결재무제표에 표시될 지배기업지분순이익과 비지배지분순이익을 구하시오.

2 20×1년, 20×2년, 20×3년의 연결제거분개를 제시하시오.

3 동 거래가 하향판매가 아닌 상향판매인 경우, 20×1년, 20×2년, 20×3년의 연결재무제표에 표시될 지배기업지분순이익과 비지배지분순이익을 구하시오.

4 동 거래가 하향판매가 아닌 상향판매인 경우, 20×1년, 20×2년, 20×3년의 연결제거분개를 제시하시오.

❶

구분	지배기업지분순이익	비지배지분순이익
20×1년	880,000	40,000
20×2년	1,260,000	60,000
20×3년	1,080,000	80,000

(1) 20×1년

구분	A사	B사
조정 전 N/I	₩800,000	₩200,000
내부거래 미실현이익 제거[1]	(−)100,000	−
내부거래 미실현이익 실현[2]	20,000	
조정 후 N/I	720,000	200,000

[1] 내부거래 미실현손익 제거: 200,000 − 100,000 = 100,000
[2] 내부거래 미실현손익 실현: 100,000 ÷ 5년 = 20,000
⇒ 지배기업지분순이익: 720,000 + 200,000 × 80% = 880,000
⇒ 비지배지분순이익: 200,000 × 20% = 40,000

(2) 20×2년

구분	A사	B사
조정 전 N/I	₩1,000,000	₩300,000
내부거래 미실현이익[3]	20,000	−
조정 후 N/I	1,020,000	300,000

[3] 내부거래 미실현손익 실현: 100,000 ÷ 5년 = 20,000
⇒ 지배기업지분순이익: 1,020,000 + 300,000 × 80% = 1,260,000
⇒ 비지배지분순이익: 300,000 × 20% = 60,000

(3) 20×3년

구분	A사	B사
조정 전 N/I	₩700,000	₩400,000
내부거래 미실현이익 실현[4]	60,000	−
조정 후 N/I	760,000	400,000

[4] 내부거래 미실현손익 실현: 100,000 − 20,000 − 20,000 = 60,000
⇒ 지배기업지분순이익: 760,000 + 400,000 × 80% = 1,080,000
⇒ 비지배지분순이익: 400,000 × 20% = 80,000

2 연도별 연결제거분개

  (1) 20×1년 연결제거분개

    [투자주식과 자본상계]

차) 자본금	600,000	대) 종속기업투자주식	800,000
이익잉여금	400,000	비지배지분	200,000

    [내부거래 미실현손익 제거]

차) 처분이익	100,000	대) 감가상각비	20,000
건물	100,000	감가상각누계액	180,000

    [비지배기업지분]

차) 이익잉여금	40,000	대) 비지배지분	40,000

  (2) 20×2년 연결제거분개

    [투자주식과 자본상계]

차) 자본금	600,000	대) 종속기업투자주식	800,000
이익잉여금	400,000	비지배지분	200,000

    [전기손익 배분]

차) 이익잉여금(×1년)	200,000	대) 이익잉여금(×1년)	160,000
		비지배지분(×1년)	40,000

    [내부거래 미실현손익 제거]

차) 이익잉여금(×1년)	80,000	대) 감가상각비	20,000
건물	100,000	감가상각누계액	160,000

    [비지배기업지분]

차) 이익잉여금(×2년)	60,000	대) 비지배지분(×2년)	60,000

  (3) 20×3년 연결제거분개

    [투자주식과 자본상계]

차) 자본금	600,000	대) 종속기업투자주식	800,000
이익잉여금	400,000	비지배지분	200,000

    [전기손익 배분]

차) 이익잉여금(×2년)	500,000	대) 이익잉여금(×2년)	400,000
		비지배지분(×2년)	100,000

    [내부거래 미실현손익 제거]

차) 이익잉여금(×2년)	60,000	대) 감가상각비(×3년)	20,000
		처분이익(×3년)	40,000

    [비지배기업지분]

차) 이익잉여금(×3년)	80,000	대) 비지배지분(×3년)	80,000

❸

구분	지배기업지분순이익	비지배지분순이익
20×1년	896,000	24,000
20×2년	1,256,000	64,000
20×3년	1,068,000	92,000

(1) 20×1년

구분	A사	B사
조정 전 N/I	₩800,000	₩200,000
내부거래 미실현이익 제거[1]	–	(−)100,000
내부거래 미실현이익 실현[2]		20,000
조정 후 N/I	800,000	120,000

[1] 내부거래 미실현손익 제거: 200,000 − 100,000 = 100,000
[2] 내부거래 미실현손익 실현: 100,000 ÷ 5년 = 20,000

⇒ 지배기업지분순이익: 800,000 + 120,000 × 80% = 896,000
⇒ 비지배지분순이익: 120,000 × 20% = 24,000

(2) 20×2년

구분	A사	B사
조정 전 N/I	₩1,000,000	₩300,000
내부거래 미실현이익 실현[3]	–	20,000
조정 후 N/I	1,000,000	320,000

[3] 내부거래 미실현손익 실현: 100,000 ÷ 5년 = 20,000

⇒ 지배기업지분순이익: 1,000,000 + 320,000 × 80% = 1,256,000
⇒ 비지배지분순이익: 320,000 × 20% = 64,000

(3) 20×3년

구분	A사	B사
조정 전 N/I	₩700,000	₩400,000
내부거래 미실현이익 실현[4]	–	60,000
조정 후 N/I	700,000	460,000

[4] 내부거래 미실현손익 실현: 100,000 − 20,000 − 20,000 = 60,000

⇒ 지배기업지분순이익: 700,000 + 460,000 × 80% = 1,068,000
⇒ 비지배지분순이익: 460,000 × 20% = 92,000

4 연도별 연결제거분개
  (1) 20×1년 연결제거분개
    [투자주식과 자본상계]

차) 자본금	600,000	대) 종속기업투자주식	800,000
이익잉여금	400,000	비지배지분	200,000

  [내부거래 미실현손익 제거]

차) 처분이익	100,000	대) 감가상각비	20,000
건물	100,000	감가상각누계액	180,000

  [비지배기업지분]

차) 이익잉여금	24,000	대) 비지배지분	24,000

  (2) 20×2년 연결제거분개
    [투자주식과 자본상계]

차) 자본금	600,000	대) 종속기업투자주식	800,000
이익잉여금	400,000	비지배지분	200,000

  [전기손익 배분]

차) 이익잉여금(×1년)	200,000	대) 이익잉여금(×1년)	160,000
		비지배지분(×1년)	40,000

  [내부거래 미실현손익 제거]

차) 이익잉여금(×1년)	64,000	대) 감가상각비	20,000
비지배지분	16,000	감가상각누계액	160,000
건물	100,000		

  [비지배기업지분]

차) 이익잉여금(×2년)	64,000	대) 비지배지분(×2년)	64,000

  (3) 20×3년 연결제거분개
    [투자주식과 자본상계]

차) 자본금	600,000	대) 종속기업투자주식	800,000
이익잉여금	400,000	비지배지분	200,000

  [전기손익 배분]

차) 이익잉여금(×2년)	500,000	대) 이익잉여금(×2년)	400,000
		비지배지분(×2년)	100,000

  [내부거래 미실현손익 제거]

차) 이익잉여금(×2년)	48,000	대) 감가상각비(×3년)	20,000
비지배지분	12,000	처분이익(×3년)	40,000

  [비지배기업지분]

차) 이익잉여금(×3년)	92,000	대) 비지배지분(×3년)	92,000

5 사채의 미실현손익

I 사채 미실현손익의 이해

01 연결대상기업 간 직접거래

연결실체 내의 한 기업이 사채를 발행하고, 동일한 시점에 또 다른 연결대상기업이 이를 최초 취득하여 AC금융자산으로 인식하는 거래가 발생할 수 있다. 이 경우 연결실체의 관점에서 본다면, 연결대상기업이 재취득한 사채는 자기사채로 기 발행사채의 상환으로 회계처리해야 한다. 즉, AC금융자산과 발행한 사채는 상계제거하고, 관련된 이자수익과 이자비용을 제거하면 된다.

[연결실체 내의 직접거래]

채권·채무 상계	차) 사채	××	대) AC금융자산	××
			사채할인발행차금	××
수익·비용 상계	차) 이자수익	××	대) 이자비용	××

02 외부의 제3자를 이용한 간접거래

연결실체 내의 한 기업이 외부의 제3자에게 사채를 발행하고, 후속적으로 또 다른 연결대상기업이 이를 승계취득하여 AC금융자산으로 인식하는 거래가 발생할 수도 있다. 이때 사채의 장부금액과 AC금융자산의 장부금액이 다르므로, 연결제거분개 시 자산과 부채를 제거하면서 손익이 발생하게 된다. 또한 지배권 획득일 이후 연결대상기업의 단순합산재무제표에는 사채와 AC금융자산 이외에도 각각에 대하여 이자비용과 이자수익이 인식되어 있으므로 이를 제거하면서도 손익이 발생하게 된다.

Additional Comment

내부거래 발생 시 사채의 장부금액은 발행 당시의 유효이자율로 할인하여 상각후원가로 측정하고, AC금융자산의 취득금액은 당해 자산의 취득 당시의 시장이자율로 할인한 공정가치로 측정한다. 즉, 사채의 발행 당시의 유효이자율과 취득 당시의 시장이자율 차이로 인해 사채의 재취득손익이 발생하게 된다.

연결실체 내의 한 기업이 외부의 제3자에게 발행한 사채를 후속적으로 연결실체 내의 다른 기업이 취득하는 것은 연결실체 입장에서는 사채를 상환하는 것에 해당한다. 그러므로 사채 내부거래에서는 별도 재무제표에서 인식하지 않았던 사채상환손익을 인식하게 되며, 별도 재무제표에서 지배기업과 종속기업이 인식한 이자비용과 이자수익을 제거하여 실현시켜 나가게 된다.

사채의 내부거래는 사채의 발행자가 어느 기업인가에 따라 하향내부거래와 상향내부거래로 구분한다. 지배기업이 사채를 발행하고 종속기업이 취득한 경우가 하향내부거래이다.

01 내부거래가 발생한 1차년도

EX) 20×1년 초에 종속기업(B)은 지배회사(A)가 발행한 사채를 시장에서 ₩940에 취득하여 AC금융자산으로 분류하였다. 20×1년 초 현재 지배회사 사채의 장부금액은 ₩970(액면금액 ₩1,000)이다. 사채의 표시이자율은 연 10%이며, 이자는 매년 말 지급하고 만기는 20×3년 말이다. 한국채택국제회계기준의 규정에도 불구하고 정액법으로 상각한다. 관련 사항에 대한 20×1년 말 재무제표는 아래와 같다. (이해를 돕기 위해 순액으로 표기한다)

재무제표

지배회사 A

이자비용[1]	110	사채(순액)[2]	980

[1] $100 + (1,000 - 970)/3 = 110$
[2] $970 + (1,000 - 970)/3 = 980$

재무제표

종속기업 B

AC금융자산[3]	960	이자수익[4]	120

[3] $940 + (1,000 - 940)/3 = 960$
[4] $100 + (1,000 - 940)/3 = 120$

(1) 단순합산재무제표

재무제표

AC금융자산	960	사채(순액)	980
이자비용	110	이자수익	120

(2) 미실현이익 제거

차) 사채(순액)	980	대) AC금융자산	960
이자수익	120	이자비용	110
		상환이익	30

(3) 연결재무제표

재무제표

		상환이익	30

하향판매 내부거래는 지배기업이 내부거래를 통해 손익을 조작한 것이므로 위의 손익효과를 전액 지배기업지분순이익을 계산할 때 고려하면 된다.

02 내부거래가 발생한 2차년도

> EX) 20×1년 초에 종속회사(B)는 지배회사(A)가 발행한 사채를 시장에서 ₩940에 취득하여 AC금융자산으로 분류하였다. 20×1년 초 현재 지배회사 사채의 장부금액은 ₩970(액면금액 ₩1,000)이다. 사채의 표시이자율은 연 10%이며, 이자는 매년 말 지급하고 만기는 20×3년 말이다. 한국채택국제회계기준의 규정에도 불구하고 정액법으로 상각한다. 관련 사항에 대한 20×2년 말 재무제표는 아래와 같다. (이해를 돕기 위해 순액으로 표기한다)
>
> 재무제표
>
> 지배회사 A
>
> | 이자비용[1] | 110 | 사채(순액)[2] | 990 |
> |---|---|---|---|
>
> [1] $100 + (1,000 - 970)/3 = 110$
> [2] $980 + (1,000 - 970)/3 = 990$
>
> 재무제표
>
> 종속회사 B
>
> | AC금융자산[3] | 980 | 이자수익[4] | 120 |
> |---|---|---|---|
>
> [3] $960 + (1,000 - 940)/3 = 980$
> [4] $100 + (1,000 - 940)/3 = 120$
>
> **(1) 단순합산재무제표**
>
> 재무제표
>
> | AC금융자산 | 980 | 사채(순액) | 990 |
> |---|---|---|---|
> | 이자비용 | 110 | 이자수익 | 120 |
>
> **(2) 미실현이익 제거**
>
> | 차) 사채(순액) | 990 | 대) AC금융자산 | 980 |
> |---|---|---|---|
> | 이자수익 | 120 | 이자비용 | 110 |
> | | | 이익잉여금 | 20 |
>
> **(3) 연결재무제표**
>
> 재무제표
>
> | | | 이익잉여금 | 20 |
> |---|---|---|---|
> | | | 이자수익 | (−)10 |

EX) 20×1년 초에 종속회사(B)는 지배회사(A)가 발행한 사채를 시장에서 ₩940에 취득하여 AC금융자산으로 분류하였다. 20×1년 초 현재 지배회사 사채의 장부금액은 ₩970(액면금액 ₩1,000)이다. 사채의 표시이자율은 연 10%이며, 이자는 매년 말 지급하고 만기는 20×3년 말이다. 종속회사는 20×3년 말에 AC금융자산을 지배기업으로부터 회수하였다. 한국채택국제회계기준의 규정에도 불구하고 정액법으로 상각한다. 관련 사항에 대한 20×3년 말 재무제표는 아래와 같다. (이해를 돕기 위해 순액으로 표기한다)

재무제표

지배회사 A	
이자비용[1]	110

[1] $100 + (1,000 - 970)/3 = 110$

재무제표

종속회사 B	
	이자수익[2] 120

[2] $100 + (1,000 - 940)/3 = 120$

(1) 단순합산재무제표

재무제표

이자비용	110	이자수익	120

(2) 미실현이익 제거

차) 이자수익	120	대) 이자비용	110
		이익잉여금	10

(3) 연결재무제표

재무제표

	이익잉여금	10
	이자수익	(−)10

연결실체 내의 한 기업이 외부의 제3자에게 발행한 사채를 후속적으로 연결실체 내의 다른 기업이 취득하는 것은 연결실체 입장에서는 사채를 상환하는 것에 해당한다. 그러므로 사채 내부거래에서는 별도 재무제표에서 인식하지 않았던 사채상환손익을 인식하게 되며, 별도 재무제표에서 지배기업과 종속기업이 인식한 이자비용과 이자수익을 제거하여 실현시켜 나가게 된다.

사채의 내부거래는 사채의 발행자가 어느 기업인가에 따라 하향내부거래와 상향내부거래로 구분한다. 종속기업이 사채를 발행하고 지배기업이 취득한 경우가 상향내부거래이다.

01 내부거래가 발생한 1차년도

EX) 20×1년 초에 지배회사(A)는 종속회사(B)가 발행한 사채를 시장에서 ₩940에 취득하여 AC금융자산으로 분류하였다. 20×1년 초 현재 종속회사 사채의 장부금액은 ₩970(액면금액 ₩1,000)이다. 사채의 표시이자율은 연 10%이며, 이자는 매년 말 지급하고 만기는 20×3년 말이다. 한국채택국제회계기준의 규정에도 불구하고 정액법으로 상각한다. 관련 사항에 대한 20×1년 말 재무제표는 아래와 같다. (이해를 돕기 위해 순액으로 표기한다) 단, 지배회사의 지분율은 80%이다.

재무제표

지배회사 A

AC금융자산[1]	960	이자수익[2]	120

[1] $940 + (1,000 - 940)/3 = 960$
[2] $100 + (1,000 - 940)/3 = 120$

재무제표

종속회사 B

이자비용[3]	110	사채(순액)[4]	980

[3] $100 + (1,000 - 970)/3 = 110$
[4] $970 + (1,000 - 970)/3 = 980$

(1) 단순합산재무제표

재무제표

AC금융자산	960	사채(순액)	980
이자비용	110	이자수익	120

(2) 미실현이익 제거

차) 사채(순액)	980	대) AC금융자산	960
이자수익	120	이자비용	110
		상환이익	30

(3) 연결재무제표

재무제표

		상환이익	30

상향판매 내부거래는 지배기업이 내부거래를 통해 손익을 조작한 것이므로 위의 손익효과를 종속기업에 대한 지배기업지분순이익과 비지배지분순이익으로 구분하여 비례적으로 가감하면 된다.

02 내부거래가 발생한 2차년도

> **EX)** 20×1년 초에 지배회사(A)는 종속회사(B)가 발행한 사채를 시장에서 ₩940에 취득하여 AC금융자산으로 분류하였다. 20×1년 초 현재 종속회사 사채의 장부금액은 ₩970(액면금액 ₩1,000)이다. 사채의 표시이자율은 연 10%이며, 이자는 매년 말 지급하고 만기는 20×3년 말이다. 한국채택국제회계기준의 규정에도 불구하고 정액법으로 상각한다. 관련 사항에 대한 20×2년 말 재무제표는 아래와 같다. (이해를 돕기 위해 순액으로 표기한다) 단, 지배회사의 지분율은 80%이다.
>
> **재무제표**
>
> | 지배회사 A | | | |
> |---|---|---|---|
> | AC금융자산[1] | 980 | 이자수익[2] | 120 |
>
> [1] 960 + (1,000 − 940)/3 = 980
> [2] 100 + (1,000 − 940)/3 = 120
>
> **재무제표**
>
> | 종속회사 B | | | |
> |---|---|---|---|
> | 이자비용[3] | 110 | 사채(순액)[4] | 990 |
>
> [3] 100 + (1,000 − 970)/3 = 110
> [4] 980 + (1,000 − 970)/3 = 990
>
> **(1) 단순합산재무제표**
>
> **재무제표**
>
> | AC금융자산 | 980 | 사채(순액) | 990 |
> |---|---|---|---|
> | 이자비용 | 110 | 이자수익 | 120 |
>
> **(2) 미실현이익 제거**
>
> | 차) 사채(순액) | 990 | 대) AC금융자산 | 980 |
> |---|---|---|---|
> | 이자수익 | 120 | 이자비용 | 110 |
> | | | 이익잉여금 | 16 |
> | | | 비지배지분 | 4 |
>
> **(3) 연결재무제표**
>
> **재무제표**
>
> | | | 이익잉여금 | 20 |
> |---|---|---|---|
> | | | 이자수익 | (−)10 |

EX) 20×1년 초에 지배회사(A)는 종속회사(B)가 발행한 사채를 시장에서 ₩940에 취득하여 AC금융자산으로 분류하였다. 20×1년 초 현재 종속회사 사채의 장부금액은 ₩970(액면금액 ₩1,000)이다. 사채의 표시이자율은 연 10%이며, 이자는 매년 말 지급하고 만기는 20×3년 말이다. 지배회사는 20×3년 말에 AC금융자산을 종속기업으로부터 회수하였다. 한국채택국제회계기준의 규정에도 불구하고 정액법으로 상각한다. 관련 사항에 대한 20×3년 말 재무제표는 아래와 같다. (이해를 돕기 위해 순액으로 표기한다) 단, 지배회사의 지분율은 80%이다.

재무제표

지배회사 A			
		이자수익[1]	120

[1] $100 + (1,000 - 940)/3 = 120$

재무제표

종속회사 B			
이자비용[2]	110		

[2] $100 + (1,000 - 970)/3 = 110$

(1) 단순합산재무제표

재무제표

이자비용	110	이자수익	120

(2) 미실현이익 제거

차) 이자수익	120	대) 이자비용	110
		이익잉여금	8
		비지배지분	2

(3) 연결재무제표

재무제표

		이익잉여금	10
		이자수익	(-)10

20×1년 초에 A사는 B사의 보통주 80%를 지배력 행사 목적으로 ₩800,000에 취득하였다. 20×1년 초 B사의 순자산 장부금액은 ₩1,000,000이며 식별가능한 순자산 장부금액과 공정가치는 동일하다.

(1) 20×1년 말 재무상태표

	A사	B사		A사	B사
현금	₩500,000	₩200,000	차입금	₩2,000,000	₩1,000,000
재고자산	1,200,000	800,000			
대여금	1,000,000				
유형자산	1,000,000	1,200,000	자본금	1,500,000	600,000
종속기업투자주식	800,000		이익잉여금	1,000,000	600,000

(2) 20×1년 포괄손익계산서

	A사	B사
매출	₩2,000,000	₩1,600,000
매출원가	(1,300,000)	(1,300,000)
매출총이익	700,000	300,000
영업외수익	200,000	50,000
영업외비용	(100,000)	(150,000)
당기순이익	800,000	200,000

(3) 20×1년 초 A사는 액면금액 ₩100,000의 사채를 ₩97,000에 발행하였다. 사채의 만기는 20×3년 말이며, 액면이자율은 10%이다. A사 사채의 상각방법은 정액법을 가정한다.

(4) 20×1년 초 B사는 A사가 발행한 사채를 외부에서 ₩94,000에 취득하고 AC금융자산으로 분류하였다. 동 금융자산의 상각방법은 정액법을 가정한다.

(5) 20×2년 A사와 B사의 당기순이익은 각각 ₩1,000,000, ₩300,000이다.

1 20×1년, 20×2년의 연결재무제표에 표시될 지배기업지분순이익과 비지배지분순이익을 구하시오.

2 20×1년, 20×2년의 연결제거분개를 제시하시오.

3 동 거래가 하향판매가 아닌 상향판매인 경우, 20×1년, 20×2년의 연결재무제표에 표시될 지배기업지분순이익과 비지배지분순이익을 구하시오.

4 동 거래가 하향판매가 아닌 상향판매인 경우, 20×1년, 20×2년의 연결제거분개를 제시하시오.

❶

구분	지배기업지분순이익	비지배지분순이익
20×1년	962,000	40,000
20×2년	1,239,000	60,000

(1) 20×1년

구분	A사	B사
조정 전 N/I	₩800,000	₩200,000
내부거래 미실현이익 제거[1]	(−)1,000	−
내부거래 미실현이익 실현[2]	3,000	
조정 후 N/I	802,000	200,000

[1] 내부거래 미실현손익 제거: $[10,000 + (100,000 - 97,000)/3] - [10,000 + (100,000 - 94,000)/3] = (-)1,000$

[2] 내부거래 미실현손익 실현: $97,000 - 94,000 = 3,000$

⇒ 지배기업지분순이익: $802,000 + 200,000 \times 80\% = 962,000$

⇒ 비지배지분순이익: $200,000 \times 20\% = 40,000$

(2) 20×2년

구분	A사	B사
조정 전 N/I	₩1,000,000	₩300,000
내부거래 미실현이익 제거[3]	(−)1,000	−
조정 후 N/I	999,000	300,000

[3] 내부거래 미실현손익 제거: $[10,000 + (100,000 - 97,000)/3] - [10,000 + (100,000 - 94,000)/3] = (-)1,000$

⇒ 지배기업지분순이익: $999,000 + 300,000 \times 80\% = 1,239,000$

⇒ 비지배지분순이익: $300,000 \times 20\% = 60,000$

❷ 연도별 연결제거분개

(1) 20×1년 연결제거분개

[투자주식과 자본상계]

차) 자본금	600,000	대) 종속기업투자주식	800,000
이익잉여금	400,000	비지배지분	200,000

[내부거래 미실현손익 제거]

차) 사채[1]	98,000	대) AC금융자산[2]	96,000
이자수익	12,000	이자비용	11,000
		사채상환이익	3,000

[1] $97,000 + 1,000 = 98,000$

[2] $94,000 + 2,000 = 96,000$

[비지배기업지분]

차) 이익잉여금	40,000	대) 비지배지분	40,000

(2) 20×2년 연결제거분개
　　[투자주식과 자본상계]

차)	자본금	600,000	대)	종속기업투자주식	800,000
	이익잉여금	400,000		비지배지분	200,000

　　[전기손익 배분]

차)	이익잉여금(×1년)	200,000	대)	이익잉여금(×1년)	160,000
				비지배지분(×1년)	40,000

　　[내부거래 미실현손익 제거]

차)	사채[3]	99,000	대)	AC금융자산[4]	98,000
	이자수익(×2년)	12,000		이자비용(×2년)	11,000
				이익잉여금(×1년)	2,000

[3] 98,000 + 1,000 = 99,000
[4] 96,000 + 2,000 = 98,000

　　[비지배기업지분]

차)	이익잉여금(×2년)	60,000	대)	비지배지분(×2년)	60,000

3

구분	지배기업지분순이익	비지배지분순이익
20×1년	961,600	40,400
20×2년	1,239,200	59,800

(1) 20×1년

구분	A사	B사
조정 전 N/I	₩800,000	₩200,000
내부거래 미실현이익 제거[1]	–	(-)1,000
내부거래 미실현이익 실현[2]		3,000
조정 후 N/I	800,000	202,000

[1] 내부거래 미실현손익 제거: [10,000 + (100,000 − 97,000)/3] − [10,000 + (100,000 − 94,000)/3] = (−)1,000
[2] 내부거래 미실현손익 실현: 97,000 − 94,000 = 3,000

⇒ 지배기업지분순이익: 800,000 + 202,000 × 80% = 961,600
⇒ 비지배지분순이익: 202,000 × 20% = 40,400

(2) 20×2년

구분	A사	B사
조정 전 N/I	₩1,000,000	₩300,000
내부거래 미실현이익 제거[3]	–	(-)1,000
조정 후 N/I	1,000,000	299,000

[3] 내부거래 미실현손익 제거: [10,000 + (100,000 − 97,000)/3] − [10,000 + (100,000 − 94,000)/3] = (−)1,000

⇒ 지배기업지분순이익: 1,000,000 + 299,000 × 80% = 1,239,200
⇒ 비지배지분순이익: 299,000 × 20% = 59,800

4 연도별 연결제거분개

  (1) 20×1년 연결제거분개

    [투자주식과 자본상계]

차) 자본금	600,000	대) 종속기업투자주식	800,000
이익잉여금	400,000	비지배지분	200,000

    [내부거래 미실현손익 제거]

차) 사채[1]	98,000	대) AC금융자산[2]	96,000
이자수익	12,000	이자비용	11,000
		사채상환이익	3,000

[1] 97,000 + 1,000 = 98,000
[2] 94,000 + 2,000 = 96,000

    [비지배기업지분]

차) 이익잉여금	40,400	대) 비지배지분	40,400

  (2) 20×2년 연결제거분개

    [투자주식과 자본상계]

차) 자본금	600,000	대) 종속기업투자주식	800,000
이익잉여금	400,000	비지배지분	200,000

    [전기손익 배분]

차) 이익잉여금(×1년)	200,000	대) 이익잉여금(×1년)	160,000
		비지배지분(×1년)	40,000

    [내부거래 미실현손익 제거]

차) 사채[3]	99,000	대) AC금융자산[4]	98,000
이자수익(×2년)	12,000	이자비용(×2년)	11,000
		이익잉여금(×1년)[5]	1,600
		비지배지분(×1년)[6]	400

[3] 98,000 + 1,000 = 99,000
[4] 96,000 + 2,000 = 98,000
[5] 2,000 × 80% = 1,600
[6] 2,000 × 20% = 400

    [비지배기업지분]

차) 이익잉여금(×2년)	59,800	대) 비지배지분(×2년)	59,800

I 채권·채무 상계제거 특이사항

01 내부거래 매출채권의 처분

연결실체 내에서 제거대상 내부거래 채권을 금융기관에 양도하는 경우가 있다. 이 경우 해당 채권의 양도 거래가 금융자산의 제거요건을 만족하지 않는다면, 채권·채무 상계제거 연결분개 시 제거대상 채권과 채무의 금액이 일치하므로 문제가 없다. 그러나 당해 양도거래가 금융자산의 제거요건을 충족한다면, 채권·채무 상계제거 연결분개 시 제거대상 채권과 채무가 일치하지 않게 된다. 이 경우 제거되지 않은 채무는 관련 채권의 양도로 인하여 금융기관에 상환을 해야 하므로, 단기차입금으로 대체하는 분개가 필요하다. 또한 단순합산재무제표에서 채권의 양도와 관련하여 매출채권처분손실로 인식한 금액이 있다면 이를 이자비용으로 대체하는 연결분개도 필요하다.

[채권·채무 상계제거]

제거요건불충족	차) 매입채무	××	대) 매출채권	××
제거요건충족	차) 매입채무	××	대) 단기차입금	××

EX) 20×1년에 지배회사(A)는 종속회사(B)에게서 발생한 매출채권 ₩1,000을 금융기관에 ₩1,000에 양도하였다. 동 양도거래는 제거요건을 충족하지 못하였다.

재무제표

지배회사 A

매출채권	1,000	단기차입금	1,000
현금	1,000		

재무제표

종속회사 B

	매입채무	1,000

(1) 단순합산재무제표

재무제표

매출채권	1,000	단기차입금	1,000
현금	1,000	매입채무	1,000

(2) 채권·채무 상계제거 – 제거요건불충족

차) 매입채무	1,000	대) 매출채권	1,000

(3) 연결재무제표

재무제표

현금	1,000	단기차입금	1,000

EX) 20×1년에 지배회사(A)는 종속회사(B)에게서 발생한 매출채권 ₩1,000을 금융기관에 ₩1,000에 양도하였다. 동 양도거래는 제거요건을 충족하였다.

재무제표

지배회사 A

현금	1,000		

재무제표

종속회사 B

		매입채무	1,000

(1) 단순합산재무제표

재무제표

현금	1,000	매입채무	1,000

(2) 채권·채무 상계제거 – 제거요건불충족

차) 매입채무	1,000	대) 단기차입금	1,000

(3) 연결재무제표

재무제표

현금	1,000	단기차입금	1,000

02 내부거래 매출채권에 대한 손실충당금

단순합산재무제표에 내부거래 제거대상 채권에 대한 손실충당금이 계상되어 있을 수 있다. 내부거래채권은 채권·채무 상계제거를 통해 제거되므로, 이와 관련한 손실충당금이 있다면 함께 제거해야 하며, 제거에 따른 손익을 연결재무제표에 반영하여야 한다. 단, 제거에 따른 손익은 지배기업의 손실충당금을 제거하는 하향거래는 전액 지배기업지분순이익에 반영하여야 하며, 종속기업의 손실충당금을 제거하는 상향거래에서는 종속기업에 대한 지배기업지분순이익과 비지배지분순이익으로 구분하여 비례적으로 반영하여야 한다.

[손실충당금의 제거]

채권·채무 상계	차) 매입채무	××	대) 매출채권	××
	손실충당금	××	손상차손	××

01 내부거래 2차년도에 재고자산의 일부 판매

재고자산 내부거래 2차년도에 외부에 판매한다면 이익이 매출로 전액 실현된다. 그러나 2차년도에 전액 판매되지 않고, 일부가 남아 있는 경우에는 비상각자산인 토지 미실현손익과 유사하게 조정하면 된다.

[내부거래 발생회계연도의 연결제거분개]

미실현이익 제거	차) 매출	××	대) 매출원가	××
	매출원가	××	재고자산	××

[내부거래 2차년도 50%만 외부판매의 연결제거분개]

미실현이익 제거	차) 이익잉여금	전기미실현이익	대) 매출원가	전기미실현이익 × 50%
			재고자산	전기미실현이익 × 50%

02 내부거래 재고자산에서 발생하는 평가손실

연결대상기업으로부터 구입한 내부거래 재고자산을 기말에 저가평가하여 재고자산평가손실이 발생하는 경우가 있다. 이 경우 당기에 발생한 내부거래 미실현손익이 저가법의 적용으로 실현되어 재고자산평가손실로 미실현손익을 제거한다.

EX) 20×1년에 지배회사(A)는 종속회사(B)에게 ₩800의 재고자산을 ₩1,000에 판매하였다. 종속회사는 해당 재고자산을 계속 보유하고 있으며, 기말 동 재고자산의 순실현가능가치는 ₩600이다. 단, 평가충당금을 사용하지 않고 재고자산을 직접차감하는 것으로 가정한다.

재무제표

지배회사 A

매출원가	800	매출	1,000

재무제표

종속회사 B

재고자산	600		
평가손실	400		

(1) 단순합산재무제표

재무제표

매출원가	800	매출	1,000
재고자산	600		
평가손실	400		

(2) 채권·채무 상계제거 – 미실현이익 제거

차) 매출	1,000	대) 매출원가	1,000
매출원가	200	평가손실	200

* 만약, 평가손실을 매출원가에 포함시키는 회계정책을 채택하고 있다면, 미실현손익을 조정하는 회계처리를 할 필요가 없다.

(3) 연결재무제표

재무제표

재고자산	600		
평가손실	200		

EX) 20×1년에 지배회사(A)는 종속회사(B)에게 ₩800의 재고자산을 ₩1,000에 판매하였다. 종속회사는 해당 재고
자산을 계속 보유하고 있으며, 기말 동 재고자산의 순실현가능가치는 ₩900이다. 단, 평가충당금을 사용하지
않고 재고자산을 직접차감하는 것으로 가정한다.

재무제표

지배회사 A			
매출원가	800	매출	1,000

재무제표

종속회사 B			
재고자산	900		
평가손실	100		

(1) 단순합산재무제표

재무제표

매출원가	800	매출	1,000
재고자산	900		
평가손실	100		

(2) 채권·채무 상계제거 – 미실현이익 제거

차) 매출	1,000	대) 매출원가	1,000
매출원가	200	평가손실	100
		재고자산	100

(3) 연결재무제표

재무제표

재고자산	800		

01 내부거래 제거와 자산손상

내부거래 미실현손익이 자산손상에 관한 한국채택국제회계기준에 따른 손상차손에 해당할 경우에는 당기 손실로 인식하여야 한다. 이는 당기에 발생한 내부거래 미실현손실이 손상차손의 인식으로 실현되는 것이다.

[유형자산의 처분 + 손상차손 연결제거분개]

미실현이익 제거	차) 토지	××	대) 처분손실	××
	차) 손상차손	××	대) 손상차손누계액	××

> EX) 지배기업이 종속기업에 장부금액 ₩1,000의 토지를 ₩800에 처분하였다. 해당 토지는 자산손상의 징후가 있어 회수가능액인 ₩800에 처분하였다.
>
> [유형자산의 처분 + 손상차손 연결제거분개]
>
> | 미실현이익 제거 | 차) 토지 | 200 | 대) 처분손실 | 200 |
> |---|---|---|---|---|
> | | 차) 손상차손 | 200 | 대) 손상차손누계액 | 200 |

02 내부거래 유형자산 재평가

개별실체 내부거래 유형자산에 재평가모형을 적용하여 자산가치를 증가시키는 경우에는 내부거래 미실현손익을 재평가손익으로 추인해야 한다. 연결실체의 관점에서 본다면 해당 금액만큼 재평가손익이 추가 발생한 것이다.

[유형자산의 처분 + 재평가 연결제거분개]

처분연도	차) 유형자산처분이익	××	대) 토지	××
그 다음 사업연도	차) 이익잉여금	××	대) 재평가잉여금	××

> EX) 20×1년 초에 지배기업이 종속기업에 장부금액 ₩1,000의 토지를 ₩1,200에 처분하였다. 20×2년 종속기업은 해당 토지를 ₩1,400으로 재평가하였다.
>
> [유형자산의 처분 + 재평가 연결제거분개]
>
> | 20×1년 | 차) 유형자산처분이익 | 200 | 대) 토지 | 200 |
> |---|---|---|---|---|
> | 20×2년 | 차) 이익잉여금 | 200 | 대) 재평가잉여금 | 200 |

해커스 IFRS 정윤돈 고급회계

내부거래와 미실현손익의 제거

7 연결자본의 계산방법

I 연결당기순이익

연결당기순이익은 지배기업과 종속기업으로 구성된 연결실체가 당기에 창출한 순이익을 말한다. 이는 지배기업과 종속기업의 보고된 당기순이익에 연결조정분개를 하여 산정한다. 기업회계기준서 제1001호 '재무제표의 표시'에서는 연결실체의 당기순손익을 지배지분순이익과 비지배지분순이익으로 구분하여 표시하도록 규정하고 있다.

구분	지배기업	비지배기업
조정 전 N/I	××	××
투자평가차액 상각		(××)
종속기업으로부터의 배당수익	(××)	
내부거래 미실현이익(하향)	(××)	
내부거래 실현손익(하향)	××	
내부거래 미실현이익(상향)		(××)
내부거래 실현손익(상향)		××
조정 후 N/I	① ××	② ××

⇒ 연결당기순이익: ① + ②

01 지배지분순이익

지배지분순이익은 연결실체의 당기순이익 중에 지배기업의 소유주에게 귀속되는 순이익을 말하며 다음과 같이 계산한다.

> 지배지분순이익: 지배기업의 조정 후 당기순이익(①) + 종속기업의 조정 후 당기순이익(②) × 지분율

02 비지배지분순이익

비지배지분순이익은 연결실체의 당기순이익 중에 비지배주주에게 귀속되는 순이익을 말하며 다음과 같이 계산한다.

> 비지배지분순이익: 종속기업의 조정 후 당기순이익(②) × (1 − 지분율)

연결실체의 자본은 지배기업의 자본과 종속기업의 보고된 자본에 연결조정분개를 조정하여 산정된다. 기업회계기준서 제1001호 '재무제표의 표시'에서는 연결실체의 자본을 크게 지배기업의 소유주에게 귀속되는 자본과 비지배지분으로 구분하여 표시하도록 규정하고 있다. 지배기업의 소유주에게 귀속되는 자본은 발생원인에 따라 납입자본, 이익잉여금과 기타자본구성요소로 세분하여 표시하도록 하고 있으나, 비지배지분은 이를 구분하지 않는다.

01 지배기업소유지분의 납입자본

연결재무상태표의 납입자본은 지배기업과 종속기업으로 구성된 연결실체에 지배기업의 소유자가 납입한 자본을 말한다. 납입자본은 다음과 같이 계산된다.

> 지배기업의 납입자본 + (종속기업의 현재 시점 납입자본 − 취득 시 종속기업의 납입자본) × 지분율

Self Study

종속기업의 납입자본에 대한 지배기업의 지분은 투자와 자본상계제거를 통해 취득일 기준으로 모두 제거되므로 항상 '0'이다. 결국 연결재무상태표의 납입자본은 지배기업의 납입자본과 항상 동일한 금액이다.

02 지배기업소유지분의 이익잉여금

연결재무상태표의 이익잉여금은 지배기업과 종속기업으로 구성된 연결실체의 이익잉여금 중에 지배기업의 소유주에게 귀속되는 금액이다. 연결이익잉여금은 다음과 같이 계산된다.

> 지배기업의 이익잉여금 + (종속기업의 현재 시점 이익잉여금 − 취득 시 이익잉여금 −
> 차액 상각누계액 − 상향판매 미실현손익잔액) × 지분율

Self Study

연결재무상태표의 이익잉여금은 지배기업의 이익잉여금과 취득일 이후 증가한 종속기업의 이익잉여금에 지배기업지분율을 곱한 금액으로 산정된다. 이때, 종속기업의 이익잉여금 산정 시 취득일의 평가차액에 대하여 상각한 금액의 누계액은 반드시 차감하여야 한다.

03 비지배지분

비지배지분은 종속기업의 자본 중 비지배주주에게 귀속되는 금액으로 산정된다. 이때 종속기업의 자본은 종속기업의 순자산 장부금액으로 반영하고 있으므로, 종속기업의 순자산 평가차액에 대한 비지배주주의 비례적 지분을 고려하여야 한다. 비지배지분은 다음과 같이 계산된다.

종속기업투자주식과 비지배분구조

	⟨─────지배기업지분─────⟩	⟨───────비지배지분───────⟩
종속기업 순자산 BV		
종속기업 순자산 FV − BV		
영업권		공정가치 측정 시 영업권 계상가능
이전대가 종속회사 조정 후 N/I(②)	지배기업소유주 귀속 순이익(A)	비지배기업 귀속 순이익(B)

* 지배기업소유주 귀속 순이익: 지배기업 별도 F/S의 N/I(①) + A
* 연결당기순이익: 지배기업소유주 귀속 순이익 + B

Chapter 4 | 핵심 빈출 문장

01 연결실체 외부의 회사를 매개로 하여 거래를 하더라도 그 거래가 실질적으로 연결실체 내 회사 간의 거래인 경우에는 내부거래로 보아 회계처리한다.

02 수익, 비용 및 배당을 포함하는 연결실체 내의 거래와 잔액은 모두 제거한다. 재고자산이나 유형 자산과 같이 자산에 인식되어 있는 연결실체의 내부거래에서 발생한 손익은 모두 제거한다.

03 지배권 획득일 전의 거래는 내부거래가 아니므로 그 거래에서 발생한 손익은 내부거래 미실현손익 으로 제거하지 아니한다.

04 하향내부거래 미실현손익은 전액 제거하여 지배기업지분순이익에 반영하고, 하향내부거래 미실현 손익은 전액 제거하여 지배기업지분순이익과 비지배지분순이익에 비례적으로 반영한다.

05 내부거래 미실현손익은 자산손상에 관한 한국채택국제회계기준에 따른 손상차손에 해당할 경우에 는 손실을 제거하지 않고 그대로 인식한다.

Chapter 4 | 객관식 문제

01 ㈜대한은 20×1년 초에 ㈜민국의 보통주 60%를 취득하여 지배력을 획득하였다. 지배력 획득일 현재 ㈜민국의 순자산 장부금액과 공정가치는 일치하였다. 20×2년 초에 ㈜대한은 사용 중이던 기계장치(취득원가 ₩50,000, 감가상각누계액 ₩30,000, 잔존내용연수 5년, 잔존가치 ₩0, 정액법 상각, 원가모형 적용)를 ㈜민국에 ₩40,000에 매각하였다. 20×3년 말 현재 해당 기계장치는 ㈜민국이 사용하고 있다. ㈜대한과 ㈜민국이 별도(개별)재무제표에서 보고한 20×3년도 당기순이익은 다음과 같다.

구분	㈜대한	㈜민국
당기순이익	₩20,000	₩10,000

㈜대한의 20×3년도 연결포괄손익계산서에 표시되는 지배기업소유주 귀속당기순이익은 얼마인가? [2023년 공인회계사]

① ₩22,000 ② ₩23,600 ③ ₩26,000
④ ₩28,400 ⑤ ₩30,000

제조업을 영위하는 ㈜대한은 20×1년 초에 ㈜민국의 보통주 60%를 ₩140,000에 취득하여 지배력을 획득하였다. 취득일 현재 ㈜민국의 순자산 장부금액은 ₩150,000(자본금 ₩100,000, 이익잉여금 ₩50,000)이다.

〈추가 자료〉

• 취득일 현재 ㈜민국의 식별가능한 자산과 부채 중 장부금액과 공정가치가 다른 내역은 다음과 같다.

구분	장부금액	공정가치	추가 정보
재고자산 (상품)	₩50,000	₩60,000	20×1년 중에 모두 외부판매됨
기계장치	120,000	160,000	취득일 현재 잔존내용연수는 8년이고, 잔존가치 없이 정액법으로 상각함

• 20×1년 중에 ㈜대한은 장부금액 ₩20,000의 재고자산(제품)을 ㈜민국에게 ₩30,000에 판매하였다. ㈜민국은 이 재고자산의 50%를 20×1년에, 나머지 50%를 20×2년에 외부로 판매하였다.
• 20×2년 1월 1일에 ㈜민국은 ㈜대한으로부터 ₩100,000을 차입하였다. 동 차입금의 만기는 20×2년 12월 31일이며, 이자율은 연 10%이다.
• ㈜대한과 ㈜민국이 별도(개별) 재무제표에서 보고한 20×1년과 20×2년의 당기순이익은 다음과 같다.

구분	20×1년	20×2년
㈜대한	₩80,000	₩100,000
㈜민국	30,000	50,000

• ㈜대한은 별도 재무제표에서 ㈜민국에 대한 투자주식을 원가법으로 회계처리한다. 연결재무제표 작성 시 유형자산에 대해서는 원가모형을 적용하고, 비지배지분은 종속기업의 식별가능한 순자산 공정가치에 비례하여 결정한다.

02　㈜대한의 20×1년 말 연결재무상태표에 표시되는 비지배지분은 얼마인가?

① ₩80,000　　　　　② ₩82,000　　　　　③ ₩84,000
④ ₩86,000　　　　　⑤ ₩92,000

03　㈜대한의 20×2년도 연결포괄손익계산서에 표시되는 지배기업소유주 귀속 당기순이익은 얼마인가?

① ₩132,000　　　　　② ₩130,000　　　　　③ ₩128,000
④ ₩127,000　　　　　⑤ ₩123,000

※ 다음 〈자료〉를 이용하여 **04**과 **05**에 답하시오.

〈자료〉

- ㈜대한은 20×1년 1월 1일에 ㈜민국의 의결권 있는 주식 60%를 ₩300,000에 취득하여 지배력을 획득하였다. 지배력 획득시점의 ㈜민국의 순자산 장부금액은 공정가치와 동일하다.
- 다음은 20×1년부터 20×2년까지 ㈜대한과 ㈜민국의 요약재무정보이다.

요약포괄손익계산서

계정과목	20×1년		20×2년	
	㈜대한	㈜민국	㈜대한	㈜민국
매출	₩850,000	₩500,000	₩800,000	₩550,000
(매출원가)	(700,000)	(380,000)	(670,000)	(420,000)
기타수익	210,000	170,000	190,000	150,000
(기타비용)	(270,000)	(230,000)	(200,000)	(210,000)
당기순이익	₩90,000	₩60,000	₩120,000	₩70,000

요약재무상태표

계정과목	20×1년		20×2년	
	㈜대한	㈜민국	㈜대한	㈜민국
현금 등	₩450,000	₩270,000	₩620,000	₩300,000
재고자산	280,000	150,000	250,000	200,000
종속기업투자	300,000	–	300,000	–
유형자산	670,000	530,000	630,000	400,000
자산	₩1,700,000	₩950,000	₩1,800,000	₩900,000
부채	₩710,000	₩490,000	₩690,000	₩370,000
자본금	700,000	250,000	700,000	250,000
이익잉여금	290,000	210,000	410,000	280,000
부채와 자본	₩1,700,000	₩950,000	₩1,800,000	₩900,000

- ㈜대한과 ㈜민국 간의 20×1년과 20×2년 내부거래는 다음과 같다.

연도	내부거래 내용
20×1년	㈜대한은 보유 중인 재고자산을 ₩100,000(매출원가 ₩80,000)에 ㈜민국에게 판매하였다. ㈜민국은 ㈜대한으로부터 매입한 재고자산 중 20×1년 말 현재 40%를 보유하고 있으며, 20×2년 동안 연결실체 외부로 모두 판매하였다.
20×2년	㈜민국은 보유 중인 토지 ₩95,000을 ㈜대한에게 ₩110,000에 매각하였으며, ㈜대한은 20×2년 말 현재 동 토지를 보유 중이다.

- ㈜대한의 별도 재무제표에 ㈜민국의 주식은 원가법으로 표시되어 있다.
- 자산의 손상징후는 없으며, 연결재무제표 작성 시 비지배지분은 종속기업의 식별가능한 순자산 공정가치에 비례하여 결정한다.

04 20×1년 12월 31일 현재 ㈜대한의 연결재무상태표에 표시되는 영업권을 포함한 자산 총액은 얼마인가?

① ₩2,402,000 ② ₩2,500,000 ③ ₩2,502,000
④ ₩2,702,000 ⑤ ₩2,850,000

05 20×2년 ㈜대한의 연결포괄손익계산서에 표시되는 연결당기순이익은 얼마인가?

① ₩208,000 ② ₩197,000 ③ ₩183,000
④ ₩182,000 ⑤ ₩177,000

※ 다음 자료를 이용하여 **06**와 **07**에 답하시오.

[공인회계사 2020년]

- 제조업을 영위하는 ㈜지배는 20×1년 초 ㈜종속의 의결권 있는 보통주 80%를 취득하여 지배력을 획득하였다.
- 지배력 획득일 현재 ㈜종속의 순자산 장부금액은 ₩400,000이고, 공정가치는 ₩450,000이며, 장부금액과 공정가치가 다른 자산은 토지로 차이 내역은 다음과 같다.

구분	장부금액	공정가치
토지	₩100,000	₩150,000

㈜종속은 위 토지 전부를 20×1년 중에 외부로 매각하고, ₩70,000의 처분이익을 인식하였다.
- 20×1년 중에 ㈜지배는 ㈜종속에게 원가 ₩60,000인 상품을 ₩72,000에 판매하였다. ㈜종속은 ㈜지배로부터 매입한 상품의 80%를 20×1년에, 20%를 20×2년에 외부로 판매하였다.
- ㈜지배와 ㈜종속이 별도(개별) 재무제표에서 보고한 20×1년과 20×2년의 당기순이익은 다음과 같다.

구분	20×1년	20×2년
㈜지배	₩300,000	₩400,000
㈜종속	80,000	100,000

- ㈜종속은 20×2년 3월에 ₩10,000의 현금배당을 결의하고 지급하였다.
- ㈜종속은 20×2년 10월 1일에 장부금액 ₩20,000(취득원가 ₩50,000, 감가상각누계액 ₩30,000, 잔존내용연수 4년, 잔존가치 ₩0, 정액법 상각)인 기계를 ㈜지배에 ₩40,000에 매각하였으며, 20×2년 말 현재 해당 기계는 ㈜지배가 보유하고 있다.
- ㈜지배는 별도 재무제표상 ㈜종속 주식을 원가법으로 회계처리하고 있다. ㈜지배와 ㈜종속은 유형자산에 대해 원가모형을 적용하고, 비지배지분은 종속기업의 식별가능한 순자산 공정가치에 비례하여 결정한다.

06 ㈜지배의 20×1년도 연결포괄손익계산서에 표시되는 지배기업소유주 귀속 당기순이익과 비지배지분 귀속 당기순이익은 각각 얼마인가? (단, 영업권 손상은 고려하지 않는다)

	지배기업소유주 귀속 당기순이익	비지배지분 귀속 당기순이익
①	₩321,600	₩5,520
②	₩321,600	₩6,000
③	₩322,080	₩5,520
④	₩327,600	₩5,520
⑤	₩327,600	₩6,000

07 ㈜지배의 20×2년도 연결포괄손익계산서에 표시되는 비지배지분 귀속 당기순이익은 얼마인가?

① ₩13,210 ② ₩14,650 ③ ₩14,810

④ ₩16,250 ⑤ ₩17,000

㈜대한은 20×1년 초에 ㈜민국의 보통주 80%를 ₩1,200,000에 취득하여 지배력을 획득하였다. 지배력 획득시점의 ㈜민국의 순자산 장부금액은 공정가치와 동일하다. 다음은 지배력 획득일 현재 ㈜민국의 자본 내역이다.

㈜민국	20×1년 1월 1일
보통주자본금(주당 액면금액 ₩100)	₩500,000
자본잉여금	200,000
이익잉여금	800,000
	₩1,500,000

〈추가 자료〉

- 20×1년과 20×2년 ㈜대한과 ㈜민국 간의 재고자산 내부거래는 다음과 같다. 매입회사 장부상 남아 있는 각 연도 말 재고자산은 다음 회계연도에 모두 외부에 판매되었다.

연도	판매회사 → 매입회사	판매회사 매출액	판매회사 매출원가	매입회사장부상 기말재고
20×1년	㈜대한→㈜민국	₩80,000	₩64,000	₩40,000
20×1년	㈜민국→㈜대한	50,000	40,000	15,000
20×2년	㈜대한→㈜민국	100,000	70,000	40,000
20×2년	㈜민국→㈜대한	80,000	60,000	20,000

- ㈜대한은 20×1년 4월 1일에 보유 토지 ₩90,000을 ㈜민국에게 ₩110,000에 매각하였다. ㈜대한과 ㈜민국은 20×2년 12월 말부터 보유 토지에 대해 재평가모형을 적용하기로 함에 따라 ㈜민국은 ㈜대한으로부터 매입한 토지를 ₩120,000으로 재평가하였다.
- ㈜대한의 20×1년과 20×2년 당기순이익은 각각 ₩300,000과 ₩200,000이며, ㈜민국의 20×1년과 20×2년 당기순이익은 각각 ₩80,000과 ₩100,000이다.
- ㈜대한의 별도 재무제표상 ㈜민국의 주식은 원가법으로 표시되어 있다. 연결재무제표 작성 시 비지배지분은 종속기업의 식별가능한 순자산 공정가치에 비례하여 결정한다.

08 20×1년 말 ㈜대한의 연결재무상태표에 표시되는 비지배지분은 얼마인가?

① ₩300,000 ② ₩313,800 ③ ₩315,400

④ ₩316,000 ⑤ ₩319,800

09 ㈜대한의 20×2년도 연결포괄손익계산서에 표시되는 지배기업소유주 귀속 당기순이익과 비지배지분 귀속 당기순이익은 각각 얼마인가?

	지배기업소유주 귀속 당기순이익	비지배지분 귀속 당기순이익
①	₩264,400	₩18,400
②	₩264,400	₩19,000
③	₩264,400	₩19,600
④	₩274,400	₩19,600
⑤	₩274,400	₩21,600

10 ㈜세무는 20×1년 초 순자산 장부금액이 1,000,000인 ㈜한국의 의결권 있는 보통주 80%를 900,000원에 취득하여 지배력을 획득하였다. 취득일 현재 ㈜한국의 자산과 부채의 장부금액과 공정가치는 건물을 제외하고 모두 일치하였다. 건물의 장부금액과 공정가치는 각각 500,000원과 600,000원이고, 정액법(잔존 내용연수 10년, 잔존가치 0원)으로 상각한다. ㈜한국은 원가에 25%의 이익을 가산하여 ㈜세무에 상품을 판매하고 있으며, 20×1년 ㈜세무가 ㈜한국으로부터 매입한 상품 중 50,000원이 기말상품재고액으로 계상되어 있다. 20×1년도 ㈜세무의 별도재무제표에 보고된 당기순이익은 250,000원이고, ㈜한국의 당기순이익이 120,000원이라고 할 때, ㈜세무의 20×1년도 연결포괄손익계산서상 지배기업소유주 귀속 당기순이익은? (단, ㈜세무는 별도재무제표상 ㈜한국의 주식을 원가법으로 회계처리하고 있으며, 비지배지분은 종속기업의 식별가능한 순자산 공정가치에 비례하여 결정한다) [세무사 2023년]

① 328,000원   ② 330,000원   ③ 338,000원

④ 346,000원   ⑤ 350,000원

Chapter 4 | 객관식 문제 정답 및 해설

01 ⑤ 조정 후 당기순이익

구분	(주)대한	(주)민국
조정 전 N/I	20,000	10,000
내부거래 미실현손익 실현[1]	4,000	
조정 후 N/I	24,000	10,000

[1] $[40,000 - (50,000 - 30,000)] \div 5년 = 4,000$

⇒ 20×3년 지배기업소유주 귀속당기순이익: $24,000 + 10,000 \times 60\% = 30,000$

02 ④ (1) 지배력 획득일의 차이: $[150,000 + (60,000 + 160,000) - (50,000 + 120,000)] \times 40\% = 80,000$
(2) 종속회사의 조정 후 당기순이익: $30,000 - (60,000 - 50,000) - (160,000 - 120,000)/8 = 15,000$
(3) 20×1년 말 비지배지분: $80,000 + 15,000 \times 40\% = 86,000$

03 ①

구분	(주)대한	(주)민국
조정 전 당기순이익	100,000	50,000
투자평가차액 상각		
- 기계장치		(−)5,000
내부거래 제거		
- 재고자산	5,000	
조정 후 당기순이익	105,000	45,000

⇒ 지배기업소유주 귀속 당기순이익: $105,000 + 45,000 \times 60\% = 132,000$

04 ① (1) 영업권: $300,000 - (250,000 + 210,000 - 60,000) \times 60\% = 60,000$
(2) 연결재무상태표의 자산총계

단순자산합계	$1,700,000 + 950,000 =$ 2,650,000
종속기업투자주식	(−)300,000
지배력 획득일의 영업권	60,000
20×1년 말 재고자산 미실현이익	$(100,000 - 80,000) \times 40\% =$ (−)8,000
계	2,402,000

05 ③

구분	(주)대한	(주)민국
조정 전 당기순이익	120,000	70,000
내부거래 제거		
- 재고자산(전기미실현이익)	$20,000 \times 40\% = 8,000$	
- 토지		(−)15,000
조정 후 당기순이익	128,000	55,000

⇒ 연결당기순이익: $128,000 + 55,000 = 183,000$

06 ②

구분	㈜지배	㈜종속
조정 전 당기순이익	300,000	80,000
투자평가차액 상각		
– 토지		(−)50,000
내부거래 제거		
– 재고자산(당기미실현이익)	(−)12,000 × 20% = (−)2,400	
조정 후 당기순이익	297,600	30,000

⇒ 지배기업소유주 귀속 당기순이익: 297,600 + 30,000 × 80% = 321,600

⇒ 비지배지분 귀속 당기순이익: 30,000 × 20% = 6,000

07 ④

구분	㈜지배	㈜종속
조정 전 당기순이익	400,000	100,000
내부거래 제거		
– 재고자산(전기미실현이익)	(+)12,000 × 20% = 2,400	
– 기계(당기미실현이익)		(−)18,750[1]
– 배당금수익	(−)10,000	
조정 후 당기순이익	392,400	81,250

[1] (40,000 − 20,000) − (40,000 − 20,000)/4 × 3/12 = 18,750

⇒ 비지배지분 귀속 당기순이익: 81,250 × 20% = 16,250

08 ③ (1) ㈜민국의 조정 전 당기순이익: 80,000 − (50,000 − 40,000) × 15,000/50,000 = 77,000

(2) 비지배지분: (1,500,000 + 77,000) × 20% = 315,400

09 ④

구분	㈜대한	㈜민국
조정 전 당기순이익	200,000	100,000
내부거래 제거		
– 재고자산(전기미실현이익)	16,000 × 40,000/80,000 = 8,000	10,000 × 15,000/50,000 = 3,000
– 재고자산(당기미실현이익)	(−)30,000 × 40,000/100,000 = (−)12,000	(−)20,000 × 20,000/80,000 = (−)5,000
조정 후 당기순이익	196,000	98,000

⇒ 지배기업소유주 귀속 당기순이익: 196,000 + 98,000 × 80% = 274,400

⇒ 비지배지분 귀속 당기순이익: 98,000 × 20% = 19,600

10 ② (1) 영업권: 900,000 − [1,000,000 + (600,000 − 500,000)] × 80% = 20,000

(2) 손익조정

구분	㈜세무	㈜한국
조정 전 당기순이익	250,000	120,000
평가차액 상각액		(−)10,000[1]
내부거래 미실현손익		(−)10,000[2]
조정 후 당기순이익	250,000	100,000

[1] (600,000 − 500,000)/10년 = 10,000

[2] 50,000 × 0.25/1.25 = 10,000

⇒ 지배기업소유주 귀속 당기순이익: 250,000 + 100,000 × 80% = 330,000

Chapter 4 | 주관식 문제

문제 01 | 내부거래 종합(1)

20×1년 초에 A회사는 B회사의 보통주 80%를 ₩1,000,000에 취득하여 지배력을 획득하였다. 관련 자료는 다음과 같다.

(1) A회사와 B회사의 20×1년 초 주주지분과 20×1년의 당기순이익은 다음과 같다. B회사의 20×1년 초 순자산 장부금액과 공정가치는 일치하였다.

	A회사	B회사
납입자본	₩1,000,000	₩750,000
이익잉여금	500,000	250,000
계	₩1,500,000	₩1,000,000
당기순이익	₩250,000	₩200,000

(2) 연결실체 간 내부거래는 다음과 같다.

① 20×1년 중에 A회사는 B회사에 ₩250,000의 상품을 판매하였으며, 20×1년 말 B회사의 기말재고자산에 남아 있는 A회사의 상품은 ₩40,000이었다. A회사의 매출총이익률은 20%이며, B회사는 동 상품에 대해 저가법을 적용하여 순실현가능가치인 ₩35,000으로 평가하였다.

② 20×1년 중에 B회사는 A회사에 ₩100,000의 상품을 판매하였으며, 20×1년 말 A회사의 기말재고자산에 남아 있는 B회사의 상품은 ₩30,000이었다. B회사의 매출총이익률은 20%이며, A회사는 동 상품에 대해 저가법을 적용하여 순실현가능가치인 ₩20,000으로 평가하였다.

③ 20×1년 초에 A회사는 B회사에 장부금액 ₩200,000(취득원가 ₩230,000, 감가상각누계액 ₩30,000, 잔존내용연수 5년, 잔존가치 없음)의 기계장치를 ₩250,000에 처분하였다. B회사는 20×1년 말에 동 기계장치에 대하여 손상검사를 실시하여 ₩20,000(회수가능액 ₩180,000)의 손상차손을 인식하였다. 양 회사 모두 감가상각방법은 정액법이다.

④ 20×1년 7월 1일에 B회사는 A회사에 장부금액 ₩90,000(취득원가 ₩140,000, 감가상각누계액 ₩50,000, 잔존내용연수 3년, 잔존가치 없음)의 비품을 ₩60,000에 처분하였다. A회사는 20×1년 말에 동 비품에 대하여 손상검사를 실시하여 ₩10,000(회수가능액 ₩40,000)의 손상차손을 인식하였다.

⑤ 20×1년 초에 A회사는 B회사가 발행한 액면금액 ₩50,000의 사채를 ₩45,500에 AC금융 자산으로 취득하였다. B회사의 사채는 20×1년 초 현재 장부금액이 ₩47,000이며, 만기는 20×9년 말이다. A회사는 20×1년 말에 동 사채를 ₩47,300에 제3자에게 매각하였다. 양 회사 모두 사채관련차금은 정액법으로 상각한다.

물음 1) 20×1년의 연결당기순이익을 계산하시오. (단, 20×1년 말에 영업권은 ₩40,000 손상 되었고, 비지배지분에 대한 영업권은 인식하지 않는다)

물음 2) 20×1년 말 연결재무상태표상 비지배지분 금액을 계산하시오. (단, 20×1년에 B회사의 이익처분은 없었고, 비지배지분에 대한 영업권은 인식하지 않는다)

물음 1) 연결당기순이익

		A회사	B회사	합계
조정 전 당기순이익		250,000	200,000	450,000
내부거래 제거				
재고자산	미실현이익	(8,000)	(6,000)	(14,000)
	평가손실	5,000	6,000	11,000
기계장치	미실현이익	(50,000)		(50,000)
	실현이익(감가상각)	10,000		10,000
	실현이익(손상차손)	20,000		20,000
비품	미실현손실		30,000	30,000
	실현손실(감가상각)		(5,000)	(5,000)
	실현손실(손상차손)		(25,000)	(25,000)
사채	상환이익		1,500	1,500
	부분적 인식		(500)	(500)
	금융자산처분이익의 제거		(300)	(300)
조정 후 당기순이익		227,000	200,700	427,700
영업권손상				(40,000)
∴ 연결당기순이익				387,700

물음 2)

B회사 20×1년 말 순자산 공정가치 : ₩1,000,000 + ₩200,700 =	1,200,700
비지배지분율	× 20%
20×1년 말 비지배지분	240,140

20×7년 1월 1일에 ㈜갑은 ㈜을의 발행주식 중 60%를 ₩240,000에 취득하였다. 동 주식 취득일 현재 ㈜을의 자본계정은 납입자본 ₩200,000, 이익잉여금 ₩100,000, 기타자본요소 ₩100,000으로 구성되어 있으며, 자산과 부채의 장부금액과 공정가치는 일치한다. 한편, ㈜갑과 ㈜을은 각각 20×7년에 ₩80,000과 ₩50,000의 당기순이익을 보고하였고, 20×8년에는 ₩100,000과 ₩80,000의 당기순이익을 보고하였다. 20×7년과 20×8년 중에 결의되거나 지급된 배당은 없었으며, ㈜을의 순자산 장부금액은 당기순손익으로만 변동되었다. 다음의 독립된 세 가지 상황에 대하여 답하시오. 단, 비지배지분에 대한 영업권은 인식하지 않는다.

물음 1) 20×7년 1월 1일에 ㈜을은 원가 ₩50,000의 상품을 ㈜갑에 ₩80,000에 현금 판매하였으며, 동 상품은 20×7년 말 현재 ㈜갑의 재고자산으로 남아 있다. 20×7년도 연결재무제표에서 (1) 연결당기순이익과 (2) 비지배지분을 산출하시오.

물음 2) 20×7년 1월 1일에 ㈜갑은 유통시장에서 ㈜을의 발행사채(액면금액 ₩100,000) 중 50%를 ₩47,000에 취득하고 AC금융자산으로 분류하였다. 취득 당시 ㈜을에 계상된 사채의 장부금액은 ₩90,000이며, 이자는 연 10%의 이자율로 매년 말 지급되고, 만기일은 20×8년 12월 31일이다. 20×7년도 연결재무제표에서 (1) 연결당기순이익과 (2) 비지배지분을 산출하시오. (단, ㈜갑과 ㈜을은 사채관련차금을 정액법으로 상각한다)

물음 3) 20×7년 1월 1일에 ㈜갑은 장부금액 ₩20,000의 건물(취득원가 ₩50,000, 감가상각누계액 ₩30,000, 잔존내용연수 10년, 잔존가치 ₩0)을 ₩23,000에 ㈜을에게 현금 판매하였으며, 동 건물은 20×8년 말 ₩25,000에 외부로 매각되었다. 20×8년도 연결재무제표에서 (1) 연결당기순이익과 (2) 비지배지분을 산출하시오. (단, ㈜갑과 ㈜을은 정액법을 적용하여 건물에 대한 감가상각비를 계상한다)

물음 1) 내부거래(재고자산)

(1) 연결당기순이익

	㈜갑	㈜을	합계
조정 전 당기순이익	80,000	50,000	130,000
내부거래 제거			
재고자산		(30,000)	(30,000)
조정 후 당기순이익	80,000	20,000	100,000

∴ 연결당기순이익: 80,000 + 20,000 = 100,000

(2) 비지배지분

20×7년 말 ㈜을의 순자산 장부금액	450,000
내부거래 제거	(30,000)
20×7년 말 ㈜을의 순자산 공정가치	420,000
비지배지분율	× 40%
계	168,000

물음 2) 내부거래(사채)

(1) 연결당기순이익

		㈜갑	㈜을	합계
조정 전 당기순이익		80,000	50,000	130,000
내부기래 제거				
사채	상환손실		(2,000)	(2,000)
	부분적 인식		1,000	1,000
조정 후 당기순이익		80,000	49,000	129,000

∴ 연결당기순이익: 80,000＋49,000＝129,000

(2) 비지배지분

20×7년 말 ㈜을의 순자산 장부금액	450,000
내부거래 제거: (2,000) + 1,000 =	(1,000)
20×7년 말 ㈜을의 순자산 공정가치	449,000
비지배지분율	× 40%
계	179,600

물음 3) 내부거래(유형자산)

(1) 연결당기순이익

		㈜갑	㈜을	합계
조정 전 당기순이익		100,000	80,000	180,000
내부거래 제거				
건물	실현이익(감가상각)	300		300
	실현이익(처분)	2,400		2,400
조정 후 당기순이익		102,700	80,000	182,700

∴ 연결당기순이익: 102,700 + 80,000 = 182,700

(2) 비지배지분

20×8년 말 ㈜을의 순자산 공정가치: (400,000 + 50,000 + 80,000) =	530,000
비지배지분율	× 40%
계	212,000

㈜세무는 20×1년 1월 1일에 ㈜대한의 의결권 있는 보통주식 80%를 ₩100,000에 취득하여 실질지배력을 획득하였다. 취득일 현재 ㈜대한의 순자산 장부금액은 ₩80,000(자본금 ₩50,000, 이익잉여금 ₩30,000)이다. 다음 자료를 이용하여 각 물음에 답하시오.

[세무사 2023년]

1. ㈜세무와 ㈜대한은 별도(개별)재무제표에서 보고한 20×1년도와 20×2년도의 당기순이익은 다음과 같다.

구분	20×1년도	20×2년도
㈜세무	₩50,000	₩60,000
㈜대한	20,000	30,000

2. 취득일 현재 ㈜대한의 식별가능한 자산과 부채 중 장부금액과 공정가치가 다른 내역은 다음과 같다.

구분	장부금액	공정가치	비고
토지	₩20,000	₩25,000	20×1년 중에 모두 ₩30,000에 처분
건물	60,000	75,000	취득일 현재 잔존내용연수는 5년, 잔존가치 ₩0, 정액법 상각

3. 20×1년 중에 ㈜세무는 재고자산을 ㈜대한에게 ₩20,000에 판매(매출총이익률 20%)하였다. ㈜대한은 동 재고자산의 60%를 20×1년에, 나머지 40%를 20×2년에 외부로 판매하였다.

4. 20×1년 중에 ㈜대한은 장부금액 ₩20,000의 재고자산을 ㈜세무에게 ₩30,000에 판매하였다. ㈜세무는 동 재고자산의 80%를 20×1년에, 나머지 20%를 20×2년에 외부로 판매하였다.

5. 20×2년 3월 20일 ㈜대한은 현금배당을 결의하였으며, 현금배당으로 총 ₩5,000을 지급하였다.

6. ㈜세무는 별도재무제표에서 ㈜대한에 대한 투자주식을 원가법으로 회계처리하며, 연결재무제표 작성 시 유형자산에 대해 원가모형을 적용한다.

7. 비지배지분은 종속기업의 식별가능한 순자산 공정가치에 비례하여 결정하며, 영업권과 관련된 손상차손은 발생하지 않았다.

물음 1) ㈜세무가 20×1년 말에 연결재무제표에 인식할 ① 비지배지분귀속당기순이익 ②지배기업귀속당기순이익을 계산하시오.

비지배지분귀속당기순이익	①
지배기업귀속당기순이익	②

물음 2) ㈜세무가 20×2년 말에 연결재무제표에 인식할 ① 지배기업귀속당기순이익 ② 비지배지분을 계산하시오.

지배기업귀속당기순이익	①
비지배지분	②

물음 1)

비지배지분귀속당기순이익	① 2,000
지배기업귀속당기순이익	② 56,400

(1) 조정 후 당기순이익

구분	㈜세무		㈜대한	
	20×1년	20×2년	20×1년	20×2년
조정 전 당기순이익	50,000	60,000	20,000	30,000
평가차액상각				
토지			(−)5,000[1]	
재고			(−)3,000[2]	(−)3,000
내부거래제거				
하향판매	(−)1,600	1,600[3]		
상향판매			(−)2,000[4]	2,000
현금배당		(−)4,000[5]		
조정 후 당기순이익	48,400	57,600	10,000	29,000

[1] 25,000 − 20,000 = 5,000
[2] (75,000 − 60,000)/5 = 3,000
[3] 20,000 × 20% × 40% = 1,600
[4] (30,000 − 20,000) × 20% = 2,000
[5] 5,000 × 80% = 4,000

(2) 20×1년 비재비지분귀속당기순이익: 10,000 × 20% = 2,000

(3) 20×1년 지배기업귀속당기순이익: 48,400 + 10,000 × 80% = 56,400

물음 2)

지배기업귀속당기순이익	① 80,800
비지배지분	② 26,800

(1) 20×2년 지배기업귀속당기순이익: 57,600 + 29,000 × 80% = 80,800

(2) 20×2년 말 비지배지분: 26,800

* [(80,000) + (25,000 − 20,000) + (75,000 − 60,000)] × 20% + 10,000 × 20% + 29,000 × 20% − 50,000 × 20% = 26,800

다음의 〈자료〉를 이용하여 각 〈요구사항〉에 답하시오.　　　　[공인회계사 2023년]

〈자료〉

1. ㈜대한은 20×1년 1월 1일에 ㈜민국의 의결권 있는 보통주식 60%를 ₩120,000에 취득하여 실질지배력을 획득하였다. 지배력 취득일 현재 ㈜대한과 ㈜민국의 자본은 다음과 같다.

(단위: ₩)

항목	㈜대한	㈜민국
자본금	150,000	80,000
자본잉여금	100,000	60,000
이익잉여금	80,000	50,000
자본총계	330,000	190,000

2. 다음은 ㈜대한과 ㈜민국의 20×1년과 20×2년의 별도(개별)포괄손익계산서이다.

(단위: ₩)

계정과목	20×1년도		20×2년도	
	㈜대한	㈜민국	㈜대한	㈜민국
매출	150,000	100,000	200,000	120,000
기타수익	18,000	8,000	35,000	20,000
매출원가	(90,000)	(60,000)	(160,000)	(84,000)
감가상각비	(20,000)	(10,000)	(20,000)	(10,000)
기타비용	(30,000)	(18,000)	(16,000)	(12,000)
당기순이익	28,000	20,000	39,000	34,000

3. 지배력 취득일 현재 ㈜민국의 순자산 장부금액과 공정가치가 일치하지 않는 자산은 다음과 같다.

(단위: ₩)

계정과목	장부금액	공정가치	비고
재고자산	50,000	56,000	20×1년에 80%를 판매하고 나머지는 20×2년에 판매
토지	34,000	38,000	20×2년 중에 제3자에게 ₩42,000에 처분
건물	60,000	55,000	잔존내용연수는 5년, 잔존가치는 없으며, 정액법으로 감가상각
기계장치	60,000	70,000	

4. 다음은 ㈜대한과 ㈜민국 간의 20×1년과 20×2년의 내부거래 내용이다.
- 20×1년과 20×2년 ㈜대한과 ㈜민국 간의 재고자산 내부거래는 다음과 같으며, 기말재고자산은 다음 연도에 모두 연결실체 외부로 판매된다.

(단위: ₩)

연도	판매회사	매입회사	매출액	기말 보유비율
20×1	㈜대한	㈜민국	30,000	50%
	㈜민국	㈜대한	15,000	40%
20×2	㈜대한	㈜민국	50,000	40%
	㈜민국	㈜대한	12,000	50%

- 20×1년 1월 1일 ㈜대한은 지배력 취득 직후 보유하던 기계장치(취득원가 ₩20,000, 감가상각누계액 ₩8,000, 잔존내용연수 3년, 잔존가치 없이 정액법 상각)를 ㈜민국에게 ₩18,000에 매각하였으며, ㈜민국은 기계장치를 계속 사용하다가 20×3년 4월 1일 연결실체 외부에 ₩15,000에 매각하였다.
- 20×2년 3월 20일 ㈜민국은 주주총회에서 20×1년 성과에 대해 주식배당 ₩5,000과 현금배당 ₩5,000을 결의하였으며, 주주총회 당일 주주들에게 지급하였다.

5. ㈜대한은 종속기업투자주식을 원가법으로 평가하고 있으며, 연결재무제표 작성 시 비지배지분은 종속기업의 순자산 공정가치에 비례하여 배분한다.

6. ㈜대한과 ㈜민국은 유형자산(토지, 건물, 기계장치)에 대해 원가모형을 적용하고 있다.

〈요구사항 1〉 ㈜대한의 20×1년도 연결재무제표에 표시될 다음의 항목을 계산하시오.

비지배지분	①
지배기업소유주 귀속 당기순이익	②

〈요구사항 2〉 ㈜대한의 20×2년도 연결재무제표에 표시될 다음의 항목을 계산하시오.

비지배지분	①
지배기업소유주 귀속 당기순이익	②

〈요구사항 3〉 20×3년도 ㈜대한과 ㈜민국의 당기순이익이 각각 ₩36,000과 ₩25,000일 경우 지배기업소유주 귀속 당기순이익을 계산하시오.

지배기업소유주 귀속 당기순이익	①

풀이

〈요구사항 1〉

비지배지분	① 86,720
지배기업소유주 귀속 당기순이익	② 28,080

〈요구사항 2〉

비지배지분	① 96,080
지배기업소유주 귀속 당기순이익	② 57,040

〈요구사항 3〉

지배기업소유주 귀속 당기순이익	① 57,480

(1) 지배력획득일 계산구조

	〈----지배기업지분(60%)----〉	〈--비지배지분(40%)--〉
190,000 종속기업순자산BV	114,000	76,000
15,000 종속기업순자산FV - BV	9,000	6,000
영업권 or (-)염가매수차익	(-)3,000	
120,000 이전대가		

(2) 연결당기순이익 계산

구분	㈜대한			㈜민국		
	20×1년	20×2년	20×3년	20×1년	20×2년	20×3년
조정 전 당기순이익	28,000	39,000	36,000	20,000	34,000	25,000
평가차액 상각						
-재고자산				(-)4,800	(-)1,200	
-토지					(-)4,000	
-건물				1,000	1,000	1,000
-기계장치				(-)2,000	(-)2,000	(-)2,000
염가매수차익	3,000					
내부거래제거						
-재고자산	(-)6,000[1]	6,000		(-)2,400[2]	2,400	
		(-)4,000[3]	4,000		(-)1,800[4]	1,800
-기계장치	(-)6,000[5]					
	2,000	2,000	2,000			
배당수익		(-)3,000				
조정 후 금액	21,000	40,000	42,000	11,800	28,400	25,800

[1] 30,000 × 50% × 60,000/150,000 = 6,000
[2] 15,000 × 40% × 40,000/100,000 = 2,400
[3] 50,000 × 40% × 40,000/200,000 = 4,000
[4] 12,000 × 50% × 36,000/120,000 = 1,800
[5] 18,000 - (20,000 - 8,000) = 6,000

(3) 지배력획득일 이후 계산구조

	<-----지배기업지분(60%)----->	<---비지배지분(40%)--->
190,000 종속기업순자산BV	114,000	76,000
15,000 종속기업순자산FV − BV	9,000	6,000
영업권 or (−)염가매수차익	(−)3,000	
120,000이전대가		
11,800 종속회사 조정 후 × 1년 N/I		비지배기업소유주 귀속 순이익(B) 4,720
28,400 종속회사 조정 후 × 2년 N/I		비지배기업소유주 귀속 순이익(B) 11,360
5,000 × 2년 배당		(−)2,000
25,800 종속회사 조정 후 × 3년 N/I		비지배기업소유주 귀속 순이익(B) 10,320

(4) 20×1년 비지배지분: 76,000 + 6,000 + 4,720 = 86,720
(5) 20×1년 지배기업소유주 귀속 당기순이익: 21,000 + 11,800 × 60% = 28,080
(6) 20×2년 비지배지분: 86,720 + 11,360 − 2,000 = 96,080
(7) 20×2년 지배기업소유주 귀속 당기순이익: 40,000 + 28,400 × 60% = 57,040
(8) 20×3년 지배기업소유주 귀속 당기순이익: 42,000 + 25,800 × 60% = 57,480

Chapter 5

소유지분의 변동과
기타사항

1 단계적 취득

I 단계적 취득을 통한 지배력의 획득

단계적 취득에서 발생하는 이슈는 지배기업의 단계적인 지분 취득시점 중 어느 시점을 사업결합을 위한 취득일로 보는지와 사업결합의 이전대가를 어떻게 측정하는지에 관한 것이다. 기업회계기준서 제1110호 '연결재무제표'에서는 단계적으로 종속기업의 주식을 취득하는 것에 대한 구체적인 규정이 없다. 하지만, 사업결합에서 생기는 영업권을 포함한 사업결합에 관한 회계처리와 이러한 회계처리가 연결재무제표에 미치는 효과에 대하여 기업회계기준서 제1103호 '사업결합'의 규정을 참조하도록 규정하고 있다. 따라서 단계적으로 종속기업의 주식을 취득하여 지배력을 획득하는 거래는 기업회계기준서 제1103호 '사업결합'의 규정과 일관되게 이루어져야 한다.

01 단계적 취득을 통한 지배력 획득

(1) 사업결합을 위한 취득일

종속기업의 주식을 단계적으로 취득하여 지배력을 획득하는 경우 사업결합을 위한 취득일은 최초 지분 취득일이 아닌 추가 취득으로 지배력을 획득한 시점이다.

(2) 이전대가의 측정

단계적으로 이루어지는 사업결합에서 취득자는 이전에 보유하고 있던 피취득자에 대한 지분을 취득일의 공정가치로 재측정하며, 이 금액에 추가로 지분을 취득하기 위하여 지급한 대가의 공정가치를 합산하여 이전대가로 측정한다.

> 지배력 획득 시 지배기업지분의 이전대가 =
> 취득일 직전까지 보유한 기존 지분의 공정가치 + 취득일에 추가 취득한 지분의 취득원가

기존 보유지분에 대한 공정가치 재측정손익은 해당 투자지분의 분류방식에 따라 당기손익이나 기타포괄손익으로 인식한다. 이 경우 이전의 보고기간에 취득자가 피취득자에 대한 지분의 가치 변동을 기타포괄손익으로 인식할 수 있다. 기타포괄손익으로 인식한 금액에 대해 취득자가 이전에 보유하던 기존 지분의 기타포괄평가손익은 취득일에 당기손익으로 재분류하지 않으며, 이익잉여금으로 대체할 수 있다.

[단계적 취득 시 기존 보유지분의 회계처리]

FVPL금융자산	공정가치 재측정손익을 당기손익으로 인식
FVOCI금융자산	공정가치 재측정손익을 기타포괄손익으로 인식
관계기업투자주식	공정가치 재측정손익을 당기손익으로 인식
공동기업투자주식	공정가치 재측정손익을 당기손익으로 인식

A사는 B사 발행주식을 다음과 같이 단계적으로 취득하였다. 다음의 자료는 A사의 B사에 대한 지분 증가 현황과 B사의 자본변동 내역이다. B사의 식별가능한 순자산 장부금액은 공정가치와 일치하였고 비지배지분은 B사의 순자산 공정가치에 비례하여 측정된다.

(1) A사가 취득한 B사의 주식 내역은 다음과 같다. 취득원가는 해당 시점의 공정가치와 동일한 금액이다. 기존 보유지분의 공정가치는 신규 취득 지분의 취득원가를 이용하여 추정한다. 단, 20×1년 말 A사가 보유 중인 B사 주식의 공정가치는 ₩21,000이다.

구분	20×1년 1월 1일	20×2년 1월 1일	20×3년 1월 1일
취득 지분율	10%	30%	40%
취득원가	₩20,000	₩69,000	₩120,000

(2) B사의 자본변동 내역은 다음과 같다. 이익잉여금은 당기순이익으로 증가한 것이며, 기타포괄손익누계액은 B사가 보유한 지분상품의 평가손익으로 인한 것이다.

구분	20×1년 1월 1일	20×2년 1월 1일	20×3년 1월 1일	20×3년 12월 31일
납입자본	₩150,000	₩150,000	₩150,000	₩150,000
기타포괄손익누계액	–	–	20,000	20,000
이익잉여금	50,000	70,000	100,000	110,000
자본 총계	₩200,000	₩220,000	₩270,000	₩280,000

1 A사의 개별 장부상 B사 주식에 대한 회계처리를 20×1년 초부터 20×3년 말까지 보이시오. (단, A사는 20×1년 초에 B사 투자지분을 FVPL금융자산으로 인식하였으며, 관계기업에 대한 투자지분은 지분법을 적용하는 것으로 가정한다)

2 A사의 개별 장부상 B사 주식에 대한 회계처리를 20×1년 초부터 20×3년 말까지 보이시오. (단, A사는 20×1년 초에 B사 투자지분을 FVOCI금융자산으로 인식하였으며, 관계기업에 대한 투자지분은 지분법을 적용하는 것으로 가정한다)

3 **1**에 이어서 20×3년 말 연결제거분개를 보이시오.

4 위의 물음과 독립적으로 A사가 20×2년 초에 60%의 지분을 ₩138,000에 취득하였을 때, A사가 보여야 할 20×2년 초의 회계처리를 보이시오. (단, A사는 20×1년 초에 B사 투자지분을 FVPL금융자산으로 인식하였다)

풀이

❶

	차변		대변	
20×1. 1. 1.	차) FVPL금융자산	20,000	대) 현금	20,000
20×1. 12. 31.	차) FVPL금융자산	1,000	대) 금융자산평가이익(N/I)	1,000
20×2. 1. 1.	차) FVPL금융자산[1]	2,000	대) 금융자산평가이익(N/I)	2,000
	차) 관계기업투자주식	92,000	대) FVPL금융자산	23,000
			현금	69,000

[1] 23,000(= 69,000 ÷ 30% × 10%) − 21,000 = 2,000

	차변		대변	
20×2. 12. 31.	차) 관계기업투자주식	20,000	대) 지분법이익[2]	12,000
			관계기업기타포괄이익[3]	8,000

[2] (100,000 − 70,000) × 40% = 12,000
[3] (20,000 − 0) × 40% = 8,000

	차변		대변	
20×3. 1. 1.	차) 관계기업투자주식[4]	8,000	대) 관계기업투자주식처분이익	8,000
	차) 종속기업투자주식	240,000	대) 관계기업투자주식	120,000
			현금	120,000

[4] 120,000 − (92,000 + 20,000) = 8,000

20×3. 12. 31.	−회계처리 없음−

❷

	차변		대변	
20×1. 1. 1.	차) FVOCI금융자산	20,000	대) 현금	20,000
20×1. 12. 31.	차) FVOCI금융자산	1,000	대) 금융자산평가이익(OCI)	1,000
20×2. 1. 1.	차) FVOCI금융자산[1]	2,000	대) 금융자산평가이익(OCI)	2,000
	차) 관계기업투자주식	92,000	대) FVOCI금융자산	23,000
			현금	69,000

[1] 23,000(= 69,000 ÷ 30% × 10%) − 21,000 = 2,000

	차변		대변	
20×2. 12. 31.	차) 관계기업투자주식	20,000	대) 지분법이익[2]	12,000
			관계기업기타포괄이익[3]	8,000

[2] (100,000 − 70,000) × 40% = 12,000
[3] (20,000 − 0) × 40% = 8,000

	차변		대변	
20×3. 1. 1.	차) 관계기업투자주식[4]	8,000	대) 관계기업투자주식처분이익	8,000
	차) 종속기업투자주식	240,000	대) 관계기업투자주식	120,000
			현금	120,000

[4] 120,000 − (92,000 + 20,000) = 8,000

20×3. 12. 31.	−회계처리 없음−

* if) 기타포괄손익누계액은 B사가 보유한 채무상품의 평가손익으로 인한 것이라면 관계기업기타포괄이익 ₩8,000은 20×3년 1월 1일에 관계기업투자주식처분이익으로 대체된다.

차) 납입자본	150,000	대) 종속기업투자주식	240,000
기타포괄손익누계액	20,000	비지배지분(×3년 초)[2]	54,000
이익잉여금(×3년 초)	100,000		
영업권[1]	24,000		
차) 이익잉여금(×3년)	2,000	대) 비지배지분(×3년)[3]	2,000

[1] 240,000 − (150,000 + 20,000 + 100,000) × 80% = 24,000
[2] (150,000 + 20,000 + 100,000) × 20% = 54,000
[3] (110,000 − 100,000) × 20% = 2,000

❹	차) FVPL금융자산[1]	2,000	대) 금융자산평가이익(N/I)	2,000
20×2. 1. 1.	차) 종속기업투자주식	161,000	대) FVPL금융자산	23,000
			현금	138,000

[1] 23,000(= 138,000 ÷ 60% × 10%) − 21,000 = 2,000

Ⅱ 지배력 획득 후 주식의 추가 취득

지배기업은 지배력을 획득한 이후에도 종속기업의 주식을 추가로 취득할 수 있다. 이는 연결실체의 관점에서 본다면 연결실체의 주주인 비지배주주로부터 연결실체가 자기주식을 매입하는 거래이다. 이러한 논리로 기업회계기준서 제1110호 '연결재무제표'에서는 지배력을 상실하지 않는 종속기업에 대한 지배기업의 소유지분 변동을 자본거래로 회계처리하도록 규정하고 있다.

01 사업결합을 위한 취득일과 이전대가

지배력을 행사하고 있는 종속기업의 주식을 추가로 취득하는 경우 사업결합을 위한 취득일은 추가 취득일이 아닌 최초 지배력을 획득한 시점이다. 따라서 종속기업에 대하여 최초 지배력을 획득한 시점을 기준으로 이전대가를 측정하고, 이를 기준으로 연결실체의 영업권을 산정한다. 그러므로 추가 취득원가는 영업권을 산정하기 위한 이전대가로 보지 않는다.

02 추가 취득원가의 조정

지배기업이 종속기업의 주식을 추가로 취득하는 경우 추가 투자금액과 연결재무제표상 비지배지분 감소액의 차이는 자본거래손익이기에 자본에 직접 반영하여 지배기업의 소유지분에 직접 귀속시킨다.

> 추가 취득에서 발생하는 자본거래손익 = 연결재무제표의 비지배지분 감소액 − 추가 취득원가

지배기업의 별도 재무제표에서는 종속기업투자주식의 추가 취득에 대하여 취득원가만 인식하여 회계처리하므로 연결재무제표 작성을 위한 연결제거분개에서 관련 자본거래손익을 인식한다.

사례연습 2: 종속기업투자주식의 추가 취득

A사는 B사 발행주식을 다음과 같이 단계적으로 취득하였다. 다음의 자료는 A사의 B사에 대한 지분 증가 현황과 B사의 자본변동 내역이다. B사의 식별가능한 순자산 장부금액은 공정가치와 일치하였고 비지배지분은 B사의 순자산 공정가치에 비례하여 측정된다.

(1) A사가 취득한 B사의 주식 내역은 다음과 같다. 취득원가는 해당 시점의 공정가치와 동일한 금액이다. 기존 보유지분의 공정가치는 신규 취득 지분의 취득원가를 이용하여 추정한다.

구분	20×1년 1월 1일	20×2년 1월 1일
취득 지분율	80%	10%
취득원가	₩240,000	₩35,000

(2) B사의 자본변동 내역은 다음과 같다. 이익잉여금은 당기순이익으로 증가한 것이며, 기타포괄손익누계액은 B사가 보유한 지분상품의 평가손익으로 인한 것이다.

구분	20×1년 1월 1일	20×1년 12월 31일	20×2년 12월 31일
납입자본	₩150,000	₩150,000	₩150,000
기타포괄손익누계액	20,000	20,000	20,000
이익잉여금	100,000	110,000	130,000
자본 총계	₩270,000	₩280,000	₩300,000

❶ A사의 개별 회계상 B사 주식에 대하여 20×1년과 20×2년에 해야 할 회계처리를 보이시오.

❷ 20×1년 말 연결제거분개를 보이시오.

❸ 20×2년 말 연결제거분개를 보이시오.

풀이

❶	20×1. 1. 1.	차) 종속기업투자주식	240,000	대) 현금	240,000
	20×1. 12. 31.			−회계처리 없음−	
	20×2. 1. 1.	차) 종속기업투자주식	35,000	대) 현금	35,000
	20×2. 12. 31.			−회계처리 없음−	

❷ 20×1년 말 연결제거분개

차) 납입자본	150,000	대) 종속기업투자주식	240,000
기타포괄손익누계액	20,000	비지배지분(×1년 초)[2]	54,000
이익잉여금(×1년 초)	100,000		
영업권[1]	24,000		
차) 이익잉여금(×1년)	2,000	대) 비지배지분(×1년)[3]	2,000

[1] 240,000 − (150,000 + 20,000 + 100,000) × 80% = 24,000
[2] (150,000 + 20,000 + 100,000) × 20% = 54,000
[3] (110,000 − 100,000) × 20% = 2,000

❸ 20×2년 말 연결제거분개

차) 납입자본	150,000	대) 종속기업투자주식	240,000
기타포괄손익누계액	20,000	비지배지분(×1년 초)	54,000
이익잉여금(×1년 초)	100,000		
영업권	24,000		
차) 이익잉여금(×1년)	10,000	대) 이익잉여금(×1년)	8,000
		비지배지분(×1년)	2,000
차) 비지배지분(×2년)[1]	28,000	대) 종속기업투자주식	35,000
자본잉여금(대차차액)	7,000		
차) 이익잉여금(×2년)	2,000	대) 비지배지분(×2년)[2]	2,000

[1] (54,000 + 2,000) × 10%/20% = 28,000
[2] (130,000 − 110,000) × 10% = 2,000

해커스 IFRS 정윤돈 고급회계

CH 5

소유지분의 변동과 기타사항

2 단계적 처분

지배기업은 종속기업의 지분에 대하여 단 한 번의 처분을 통하여 지분 전부를 매각할 수 있다. 이 경우, 당해 주식의 처분으로 인한 손익을 당기순손익으로 인식하면 된다. 그러나 지배기업은 종속기업의 지분을 단계적으로 처분하면서 지배력을 상실하기도 한다. 종속기업의 주식을 단계적으로 처분하는 경우에는 당해 종속기업에 대하여 지배기업이 지배력을 상실하였는지의 여부에 따라 처분손익의 인식이 달라진다.

I 처분 후에도 지배력을 상실하지 않는 경우

지배기업은 지배력을 획득한 이후에도 종속기업의 주식 일부를 처분할 수 있다. 이러한 거래를 연결실체 관점에서 본다면 연결실체의 비지배주주에게 자기주식을 매각하는 거래로 볼 수 있다. 이러한 논리를 반영하여 기업회계기준서 제1110호 '연결재무제표'에서는 지배력을 상실하지 않는 종속기업에 대한 지배기업의 소유지분 변동은 자본거래로 회계처리하도록 규정하고 있다.

지배기업이 종속기업의 주식을 일부 처분하는 경우 처분금액과 연결재무제표상 비지배지분 증가액의 차이는 자본거래손익이기에 자본에 직접 반영하여 지배기업의 소유지분에 직접 귀속시킨다.

> 일부 처분에서 발생하는 자본거래손익 = 처분금액 − 연결재무제표의 비지배지분 증가액

Self Study

지배기업의 별도 재무제표에서는 종속기업투자주식의 일부 처분에 대해 원가법을 적용하여 당기순손익으로 인식한다. 별도 재무제표에 당기순손익으로 인식한 종속기업투자주식처분손익은 연결실체 입장에서는 당기순손익이 아니므로 연결제거분개 시 이를 제거하여야 한다.

Additional Comment

종속기업투자주식의 일부를 처분한 후에도 지배기업이 종속기업에 대한 지배력을 유지하고 있다면, 연결재무제표 작성 시 처분비율에 상당하는 지배기업지분의 영업권을 감소시켜야 한다는 주장도 있지만, 이는 지배기업이론에 근거한 논리이다. 실체이론에서는 지배력이 상실되지 않는 한, 지배주주와 비지배주주 사이의 자본거래로 인하여 연결실체의 순자산이 변동되면 안 된다. 그러므로 지배력이 유지되는 상태에서는 종속기업투자주식의 취득과 처분거래로 인한 영업권 금액은 변동이 없어야 한다. 그러나 한국채택국제회계기준에서는 이 상황과 관련된 구체적인 회계처리 규정이 없다.

A사는 B사 발행주식을 다음과 같이 취득하고 처분하였다. 다음의 자료는 A사의 B사에 대한 지분 증가 현황과 B사의 자본변동 내역이다. B사의 식별가능한 순자산 장부금액은 공정가치와 일치하였고 비지배지분은 B사의 순자산 공정가치에 비례하여 측정된다.

(1) A사가 취득한 B사의 주식 내역은 다음과 같다. 취득원가는 해당 시점의 공정가치와 동일한 금액이다. 기존 보유지분의 공정가치는 신규 취득 지분의 취득원가를 이용하여 추정한다.

구분	20×1년 1월 1일	20×2년 1월 1일
취득·처분 지분율	80% 취득	10% 처분
취득원가·처분대가	₩240,000	₩35,000

(2) B사의 자본변동 내역은 다음과 같다. 이익잉여금은 당기순이익으로 증가한 것이며, 기타포괄손익누계액은 B사가 보유한 지분상품의 평가손익으로 인한 것이다.

구분	20×1년 1월 1일	20×1년 12월 31일	20×2년 12월 31일
납입자본	₩150,000	₩150,000	₩150,000
기타포괄손익누계액	20,000	20,000	20,000
이익잉여금	100,000	110,000	130,000
자본 총계	₩270,000	₩280,000	₩300,000

❶ A사의 개별 회계상 B사 주식에 대한 20×1년과 20×2년에 해야 할 회계처리를 보이시오.

❷ 20×2년 1월 1일 종속기업투자주식의 일부를 처분할 경우 연결재무제표에 계상되는 자본거래손익을 구하시오. (단, 자본거래 전과 후에 영업권의 잔액은 변동이 없는 것으로 가정한다)

❸ 20×1년과 20×2년의 연결제거분개를 보이시오.

풀이

1

20×1. 1. 1.	차) 종속기업투자주식	240,000	대) 현금	240,000
20×1. 12. 31.	−회계처리 없음−			
20×2. 1. 1.	차) 현금	35,000	대) 종속기업투자주식[1]	30,000
			종속기업투자주식처분이익(N/I)	5,000
20×2. 12. 31.	−회계처리 없음−			

[1] 240,000 × 10%/80% = 30,000

2 (1) 종속기업투자주식 취득 시 영업권: 240,000 − 270,000 × 80% = 24,000
(2) 처분 시 비지배지분 증가액: 28,000 + 3,000 = 31,000
　　1) 순자산 공정가치의 비지배지분 증가액: 280,000 × 10% = 28,000
　　2) 영업권의 비지배지분 증가액: 24,000 × 10%/80% = 3,000
(3) 지배지분이 부담할 자본거래이익: 35,000 − 31,000 = 4,000

3 (1) 20×1년 연결제거분개

차) 납입자본	150,000	대) 종속기업투자주식	240,000
기타포괄손익누계액	20,000	비지배지분(×1년 초)[2]	54,000
이익잉여금(×1년 초)	100,000		
영업권[1]	24,000		
차) 이익잉여금(×1년)	2,000	대) 비지배지분(×1년)[3]	2,000

[1] 240,000 − (150,000 + 20,000 + 100,000) × 80% = 24,000
[2] (150,000 + 20,000 + 100,000) × 20% = 54,000
[3] (110,000 − 100,000) × 20% = 2,000

(2) 20×2년 연결제거분개

차) 납입자본	150,000	대) 종속기업투자주식	240,000
기타포괄손익누계액	20,000	비지배지분(×1년 초)	54,000
이익잉여금(×1년 초)	100,000		
영업권	24,000		
차) 이익잉여금(×1년)	10,000	대) 이익잉여금(×1년)	8,000
		비지배지분(×1년)	2,000
차) 종속기업투자주식	30,000	대) 비지배지분	31,000
종속기업투자주식처분이익	5,000	자본잉여금	4,000
차) 이익잉여금(×2년)	6,000	대) 비지배지분(×2년)[4]	6,000

[4] (130,000 − 110,000) × 30% = 6,000

지배기업은 지배력을 획득한 이후에도 종속기업의 주식 일부를 처분할 수 있다. 이러한 거래를 통해 지배기업이 종속기업에 대한 지배력을 상실하는 경우, 연결실체의 관점에서 본다면 지배기업이 연결실체의 외부이해관계자에게 종속기업투자주식을 처분한 것에 해당하므로 처분에서 발생한 손익은 당기순손익으로 인식한다. 지배기업이 종속기업에 대한 지배력을 상실하는 경우에는 한국채택국제회계기준서 제1110호 '연결재무제표'의 규정에 따라 다음과 같이 회계처리한다.

① 지배력을 상실한 날에 종속기업의 자산(영업권 포함)과 부채의 장부금액을 제거한다.
② 지배력을 상실한 날에 이전의 종속기업에 대한 비지배지분이 있다면 그 장부금액을 제거한다.
③ 다음을 인식한다.
　㉠ 지배력을 상실하게 한 거래, 사건 또는 상황에서 수취한 대가가 있다면 그 공정가치
　㉡ 지배력을 상실하게 한 거래에 소유주로서의 자격을 행사하는 소유주에게 종속기업에 대한 지분을 분배하는 것이 포함될 경우, 그 분배
④ 지배기업이 종속기업과 관련하여 기타포괄손익으로 인식한 금액이 있다면, 이를 당기순손익으로 재분류하거나 직접 이익잉여금으로 대체한다.
⑤ 회계처리에 따른 모든 차이는 손익으로서 지배기업에 귀속되는 당기순손익으로 인식한다.
⑥ 이전의 종속기업에 대한 투자가 있다면 그 투자를 지배력을 상실한 날의 공정가치로 인식한다.

지배력 상실 후에 이전의 종속기업에 대한 투자가 있다면 해당 잔여지분에 대하여 지배력을 상실한 날의 공정가치로 재측정하여 인식한다. 즉, 종속기업투자주식의 일부를 처분하여 지배력을 상실하는 경우에도 전체 지분에 대하여 처분손익을 인식한다.

A사는 B사 발행주식을 다음과 같이 취득하고 처분하였다. 다음의 자료는 A사의 B사에 대한 지분 증가 현황과 B사의 자본변동 내역이다. B사의 식별가능한 순자산 장부금액은 공정가치와 일치하였고 비지배지분은 B사의 순자산 공정가치에 비례하여 측정된다.

(1) A사가 취득한 B사의 주식 내역은 다음과 같다. 취득원가는 해당 시점의 공정가치와 동일한 금액이다. 기존 보유지분의 공정가치는 신규 취득 지분의 취득원가를 이용하여 추정한다.

구분	20×1년 1월 1일	20×2년 1월 1일
취득·처분 지분율	80% 취득	70% 처분
취득원가·처분대가	₩240,000	₩245,000

(2) B사의 자본변동 내역은 다음과 같다. 이익잉여금은 당기순이익으로 증가한 것이며, 기타포괄손익누계액은 B사가 보유한 지분상품의 평가손익으로 인한 것이다.

구분	20×1년 1월 1일	20×1년 12월 31일	20×2년 12월 31일
납입자본	₩150,000	₩150,000	₩150,000
기타포괄손익누계액	20,000	20,000	20,000
이익잉여금	100,000	110,000	130,000
자본 총계	₩270,000	₩280,000	₩300,000

(3) A사는 B사 주식의 잔여분에 대하여 FVPL금융자산으로 분류하였다. 20×2년 말 A사가 B사에 대하여 보유하고 있는 주식의 공정가치는 ₩40,000이다.

A사가 B사의 주식에 대하여 20×2년에 해야 할 회계처리를 보이시오.

[풀이]

[20×2년 초 회계처리]

차) 납입자본	150,000	대) 종속기업투자주식	240,000
기타포괄손익누계액	20,000	비지배지분(×1년 초)	54,000
이익잉여금(×1년 초)	100,000		
영업권	24,000		
차) 이익잉여금(×1년)	10,000	대) 이익잉여금(×1년)	8,000
		비지배지분(×1년)	2,000
차) 비지배지분	56,000	대) 종속기업 순자산	280,000
현금	245,000	영업권	24,000
FVPL금융자산[1]	35,000	종속기업투자주식처분이익	32,000

[1] 245,000 × 10%/70% = 35,000

[20×2년 말 회계처리]

차) FVPL금융자산	5,000	대) 금융자산평가이익(N/I)	5,000

[참고] 기업회계기준서 제1110호에서는 종속기업에 대한 지배력을 상실하기 직전에 종속기업을 포함한 연결재무제표를 작성하고 연결재무제표상에서 지배력 상실의 회계처리를 요구하고 있다. 그러나 종속기업에 대한 지배력을 상실하고 나면 지배기업은 더 이상 연결재무제표를 작성할 의무가 없으므로 불필요한 연결절차를 수행해야 한다는 단점이 있다. 그러므로 이 경우에 지배기업의 별도 재무제표에 지분법을 수행하여 종속기업투자주식의 장부금액을 수정하고, 지분법을 적용한 장부금액을 기준으로 지배력 상실의 회계처리를 수행하면 보다 쉽게 회계처리를 수행할 수 있다.

[20×2년 초 회계처리]

차)	종속기업투자주식(지분법)[1]	248,000	대)	종속기업투자주식(원가법)	240,000
				이익잉여금	8,000
차)	현금	245,000	대)	종속기업투자주식	248,000
	FVPL금융자산	35,000		종속기업투자주식처분이익	32,000

[1] 240,000 + (110,000 − 100,000) × 80% = 248,000

[20×2년 말 회계처리]

차)	FVPL금융자산	5,000	대)	금융자산평가이익(N/I)	5,000

3 종속기업의 자본거래

지배기업의 지분율은 종속기업이 유상증자나 유상감자 또는 자기주식의 취득 등 자본거래를 하는 경우 불균등하게 참여하여 변동될 수도 있다. 종속기업의 자본거래를 통하여 지배기업의 지분율이 변동하는 경우에도 지배기업이 종속기업에 대한 지배력을 계속 유지하고 있다면, 이는 연결실체의 주주인 지배기업 주주와 비지배주주 간의 자본거래라 할 수 있다.

I 종속기업의 유상증자

종속기업의 유상증자로 인하여 지배기업의 지분이 변동하는 경우에는 지분변동차액을 계산하고, 지배력을 상실하지 않는 단계적 취득이나 단계적 처분과 유사하게 당해 지분변동차액을 지배기업의 소유지분에 직접 귀속시킨다. 유상증자에서 발생하는 지분변동차액은 다음과 같이 계산한다.

① 지분변동액: ㉠ - ㉡
   ㉠ 유상증자 후 지분액: 증자 후 순자산 × 증자 후 지분율
   ㉡ 유상증자 전 지분액: 증자 전 순자산 × 증자 전 지분율
② 유상증자 참여액
③ 지분변동차액: ① - ②

Self Study

유상증자에서 발생하는 지분변동차액은 단계적 취득이나 처분과 유사하게 비지배지분의 변동액을 이용해서 산정하는 것이 간편하다.

[종속기업의 유상증자]

구분	회계처리
지분율이 증가하는 경우	단계적인 취득과 유사하므로 지분변동차액을 연결실체의 자본잉여금에 가산
지분율이 감소하는 경우	단계적인 처분과 유사하므로 지분변동차액을 연결실체의 자본잉여금에 차감

A사는 B사(총 발행주식수 100주) 주식의 80%인 80주를 20×1년 초에 취득하여 지배력을 획득하였다. 20×2년 초에 B사는 50주를 ₩1,500에 발행하는 유상증자를 실시하였다. A사는 기존 지분율에 따라 40주를 취득하였다. 다음의 자료는 A사의 B사에 대한 지분 증가 현황과 B사의 자본변동 내역이다. B사의 식별가능한 순자산 장부금액은 공정가치와 일치하였고 비지배지분은 B사의 순자산 공정가치에 비례하여 측정된다.

(1) A사가 취득한 B사의 주식 내역은 다음과 같다. 취득원가는 해당 시점의 공정가치와 동일한 금액이다.
   1) 20×1년 1월 1일
      ① 취득 지분율: 80%
      ② 취득원가: ₩240,000
   2) 20×2년 1월 1일 유상증자 후
      ① 지분율: 80%
      ② 증자참여액: ₩60,000

(2) B사의 자본변동 내역은 다음과 같다. 이익잉여금은 당기순이익으로 증가한 것이며, 기타포괄손익누계액은 B사가 보유한 지분상품의 평가손익으로 인한 것이다.

구분	20×1년 1월 1일	20×1년 12월 31일	20×2년 12월 31일
납입자본	₩150,000	₩150,000	₩225,000
기타포괄손익누계액	20,000	20,000	20,000
이익잉여금	100,000	110,000	130,000
자본 총계	₩270,000	₩280,000	₩375,000

1 A사의 개별 회계상 B사 주식에 대하여 20×1년과 20×2년에 해야 할 회계처리를 보이시오.

2 20×2년 초 유상증자로 인하여 인식할 지분변동차액을 구하시오.

3 20×2년에 A사가 수행할 연결제거분개를 보이시오.

1

20×1. 1. 1.	차) 종속기업투자주식	240,000	대) 현금	240,000
20×1. 12. 31.		–회계처리 없음–		
20×2. 1. 1.	차) 종속기업투자주식	60,000	대) 현금	60,000
20×2. 12. 31.		–회계처리 없음–		

2 (1) 지분변동액: ① – ② = 284,000 – 224,000 = 60,000

    ① 유상증자 후 지분액: 증자 후 순자산 × 증자 후 지분율 = (280,000 + 50주 × 1,500) × 80%[1]

      = 284,000

       [1] (80 + 40)주 ÷ (100 + 50)주 = 80%

    ② 유상증자 전 지분액: 증자 전 순자산 × 증자 전 지분율 = 280,000 × 80% = 224,000

  (2) 유상증자 참여액: 40주 × 1,500 = 60,000

  (3) 지분변동차액: (1) – (2) = 60,000 – 60,000 = 0

3

차) 납입자본	150,000	대) 종속기업투자주식	240,000
기타포괄손익누계액	20,000	비지배지분(×1년 초)	54,000
이익잉여금(×1년 초)	100,000		
영업권	24,000		
차) 이익잉여금(×1년)	10,000	대) 이익잉여금(×1년)	8,000
		비지배지분(×1년)	2,000
차) 납입자본	75,000	대) 종속기업투자주식	60,000
		비지배지분(대차차액)	15,000
차) 이익잉여금(×2년)	4,000	대) 비지배지분[1]	4,000

[1] (130,000 – 110,000) × 20% = 4,000

A사는 B사(총 발행주식수 100주) 주식의 80%인 80주를 20×1년 초에 취득하여 지배력을 획득하였다. 20×2년 초에 B사는 50주를 ₩1,500에 발행하는 유상증자를 실시하였다. A사는 기존 지분율에 따라 49주를 취득하였다. 다음의 자료는 A사의 B사에 대한 지분 증가 현황과 B사의 자본변동 내역이다. B사의 식별가능한 순자산 장부금액은 공정가치와 일치하였고 비지배지분은 B사의 순자산 공정가치에 비례하여 측정된다.

(1) A사가 취득한 B사의 주식 내역은 다음과 같다. 취득원가는 해당 시점의 공정가치와 동일한 금액이다.
1) 20×1년 1월 1일
   ① 취득 지분율: 80%
   ② 취득원가: ₩240,000
2) 20×2년 1월 1일 유상증자 후
   ① 지분율: 86%
   ② 증자참여액: ₩73,500

(2) B사의 자본변동 내역은 다음과 같다. 이익잉여금은 당기순이익으로 증가한 것이며, 기타포괄손익누계액은 B사가 보유한 지분상품의 평가손익으로 인한 것이다.

구분	20×1년 1월 1일	20×1년 12월 31일	20×2년 12월 31일
납입자본	₩150,000	₩150,000	₩225,000
기타포괄손익누계액	20,000	20,000	20,000
이익잉여금	100,000	110,000	130,000
자본 총계	₩270,000	₩280,000	₩375,000

1 A사의 개별 회계상 B사 주식에 대하여 20×1년과 20×2년에 해야 할 회계처리를 보이시오.

2 20×2년 초 유상증자로 인하여 인식할 지분변동차액을 구하시오.

3 20×2년에 A사가 수행할 연결제거분개를 보이시오.

1

20×1. 1. 1.	차) 종속기업투자주식	240,000	대) 현금	240,000
20×1. 12. 31.			−회계처리 없음−	
20×2. 1. 1.	차) 종속기업투자주식	73,500	대) 현금	73,500
20×2. 12. 31.			−회계처리 없음−	

2 (1) 지분변동액: ① − ② = 305,300 − 224,000 = 81,300

① 유상증자 후 지분액: 증자 후 순자산 × 증자 후 지분율 = (280,000 + 50주 × 1,500) × 86%[1]
= 305,300

[1] (80 + 49)주 ÷ (100 + 50)주 = 86%

② 유상증자 전 지분액: 증자 전 순자산 × 증자 전 지분율 = 280,000 × 80% = 224,000

(2) 유상증자 참여액: 49주 × 1,500 = 73,500

(3) 지분변동차액: (1) − (2) = 81,300 − 73,500 = 7,800

3

차) 납입자본	150,000	대) 종속기업투자주식	240,000
기타포괄손익누계액	20,000	비지배지분(×1년 초)	54,000
이익잉여금(×1년 초)	100,000		
영업권	24,000		
차) 이익잉여금(×1년)	10,000	대) 이익잉여금(×1년)	8,000
		비지배지분(×1년)	2,000
차) 납입자본	75,000	대) 종속기업투자주식	73,500
비지배지분(대차차액)	6,300	자본잉여금	7,800
차) 이익잉여금(×2년)	2,800	대) 비지배지분[1]	2,800

[1] (130,000 − 110,000) × (1 − 86)% = 2,800

A사는 B사(총 발행주식수 100주) 주식의 80%인 80주를 20×1년 초에 취득하여 지배력을 획득하였다. 20×2년 초에 B사는 50주를 ₩1,500에 발행하는 유상증자를 실시하였다. A사는 기존 지분율에 따라 25주를 취득하였다. 다음의 자료는 A사의 B사에 대한 지분 증가 현황과 B사의 자본변동 내역이다. B사의 식별가능한 순자산 장부금액은 공정가치와 일치하였고 비지배지분은 B사의 순자산 공정가치에 비례하여 측정된다.

(1) A사가 취득한 B사의 주식 내역은 다음과 같다. 취득원가는 해당 시점의 공정가치와 동일한 금액이다.

   1) 20×1년 1월 1일
      ① 취득 지분율: 80%
      ② 취득원가: ₩240,000

   2) 20×2년 1월 1일 유상증자 후
      ① 지분율: 70%
      ② 증자참여액: ₩37,500

(2) B사의 자본변동 내역은 다음과 같다. 이익잉여금은 당기순이익으로 증가한 것이며, 기타포괄손익누계액은 B사가 보유한 지분상품의 평가손익으로 인한 것이다.

구분	20×1년 1월 1일	20×1년 12월 31일	20×2년 12월 31일
납입자본	₩150,000	₩150,000	₩225,000
기타포괄손익누계액	20,000	20,000	20,000
이익잉여금	100,000	110,000	130,000
자본 총계	₩270,000	₩280,000	₩375,000

1 A사의 개별 회계상 B사 주식에 대하여 20×1년과 20×2년에 해야 할 회계처리를 보이시오.

2 20×2년 초 유상증자로 인하여 인식할 지분변동차액을 구하시오.

3 20×2년에 A사가 수행할 연결제거분개를 보이시오.

❶

	20×1. 1. 1.	차) 종속기업투자주식	240,000	대) 현금	240,000
	20×1. 12. 31.		−회계처리 없음−		
	20×2. 1. 1.	차) 종속기업투자주식	37,500	대) 현금	37,500
	20×2. 12. 31.		−회계처리 없음−		

❷ (1) 지분변동액: ① − ② = 248,500 − 224,000 = 24,500

　　① 유상증자 후 지분액: 증자 후 순자산 × 증자 후 지분율 = (280,000 + 50주 × 1,500) × 70%[1]

　　　 = 248,500

　　　[1] (80 + 25)주 ÷ (100 + 50)주 = 70%

　　② 유상증자 전 지분액: 증자 전 순자산 × 증자 전 지분율 = 280,000 × 80% = 224,000

　(2) 유상증자 참여액: 25주 × 1,500 = 37,500

　(3) 지분변동차액: (1) − (2) = 24,500 − 37,500 = (−)13,000

❸

차) 납입자본	150,000	대) 종속기업투자주식	240,000
기타포괄손익누계액	20,000	비지배지분(×1년 초)	54,000
이익잉여금(×1년 초)	100,000		
영업권	24,000		
차) 이익잉여금(×1년)	10,000	대) 이익잉여금(×1년)	8,000
		비지배지분(×1년)	2,000
차) 납입자본	75,000	대) 종속기업투자주식	37,500
자본잉여금	13,000	비지배지분	50,500
차) 이익잉여금(×2년)	6,000	대) 비지배지분[1]	6,000

[1] (130,000 − 110,000) × (1 − 70)% = 6,000

종속기업이 종속기업의 자기주식을 비지배주주로부터 취득하는 경우에도 지배기업의 상대적 지분율은 변동된다. 종속기업이 비지배주주로부터 자기주식을 취득하는 거래는 해당 대가를 지급하고 비지배지분을 감자시키는 자본거래와 동일하다. 그러므로, 이 경우 지분율 변동으로 인한 지분변동차액을 계산하고, 지분변동차액을 자본에 직접 반영하여 지배기업의 소유지분에 귀속시킨다.

자기주식 취득거래에서 발생하는 지분변동차액은 다음과 같이 계산한다.

① 비지배지분변동액: ⊙ − ⓒ
　　⊙ 자기주식 취득 후 지분액: 취득 후 순자산 × 취득 후 비지배지분 지분율
　　ⓒ 자기주식 취득 전 지분액: 취득 전 순자산 × 취득 전 비지배지분 지분율
② 자기주식 취득액
③ 지분변동차액: ① − ②

Self Study

자기주식 취득거래에서 발생하는 지분변동차액은 단계적 취득이나 처분과 유사하게 비지배지분의 변동액을 이용해서 산정한다.

A사는 B사(총 발행주식수 100주) 주식의 60%인 60주를 20×1년 초에 취득하여 지배력을 획득하였다. 20×2년 초에 B사는 비지배주주로부터 자기주식 20주를 주당 ₩2,000에 취득하였다. 다음의 자료는 A사의 B사에 대한 지분 증가 현황과 B사의 자본변동 내역이다. B사의 식별가능한 순자산 장부금액은 공정가치와 일치하였고 비지배지분은 B사의 순자산 공정가치에 비례하여 측정된다.

(1) A사가 취득한 B사의 주식 내역은 다음과 같다. 취득원가는 해당 시점의 공정가치와 동일한 금액이다.
　1)　20×1년 1월 1일
　　　① 취득 지분율: 60%
　　　② 취득원가: ₩180,000
　2)　20×2년 1월 1일 자기주식 취득 후 지분율
　　　① 지분율: 75%
　　　② 자기주식 취득금액: ₩40,000

(2) B사의 자본변동 내역은 다음과 같다. 이익잉여금은 당기순이익으로 증가한 것이며, 기타포괄손익누계액은 B사가 보유한 지분상품의 평가손익으로 인한 것이다.

구분	20×1년 1월 1일	20×1년 12월 31일	20×2년 12월 31일
납입자본	₩150,000	₩150,000	₩150,000
자기주식			(40,000)
기타포괄손익누계액	20,000	20,000	20,000
이익잉여금	100,000	110,000	130,000
자본 총계	₩270,000	₩280,000	₩260,000

❶ A사의 개별 회계상 B사 주식에 대하여 20×1년과 20×2년에 해야 할 회계처리를 보이시오.

❷ 20×2년 초 자기주식 취득으로 인하여 인식할 지분변동차액을 구하시오.

❸ 20×2년에 A사가 수행할 연결제거분개를 보이시오.

❶

20×1. 1. 1.	차) 종속기업투자주식	180,000	대) 현금	180,000
20×1. 12. 31.	−회계처리 없음−			
20×2. 1. 1.	−회계처리 없음−			
20×2. 12. 31.	−회계처리 없음−			

❷ (1) 비지배지분변동액: ① − ② = 60,000 − 112,000 = (−)52,000
   ① 자기주식 취득 후 지분액: 취득 후 순자산 × 취득 후 지분율 = (280,000 − 40,000) × 25%
     = 60,000
   ② 자기주식 취득 전 지분액: 취득 전 순자산 × 취득 전 지분율 = 280,000 × 40% = 112,000
(2) 자기주식 취득액: 20주 × 2,000 = 40,000
(3) 지분변동차액: (1) − (2) = 52,000 − 40,000 = 12,000

❸

차) 납입자본	150,000	대) 종속기업투자주식	180,000
기타포괄손익누계액	20,000	비지배지분(×1년 초)	108,000
이익잉여금(×1년 초)	100,000		
영업권[1]	18,000		
차) 이익잉여금(×1년)	10,000	대) 이익잉여금(×1년)	6,000
		비지배지분(×1년)	4,000
차) 비지배지분	52,000	대) 자기주식	40,000
		자본잉여금	12,000
차) 이익잉여금(×2년)	5,000	대) 비지배지분[2]	5,000

[1] 180,000 − (150,000 + 20,000 + 100,000) × 60% = 18,000
[2] (130,000 − 110,000) × 25% = 5,000

I 법인세를 고려한 연결

01 연결재무제표의 법인세효과

연결조정분개를 수행할 때 지배력 획득시점에 종속기업의 순자산 장부금액과 공정가치의 차이를 인식하거나 지배기업과 종속기업의 내부거래 미실현손익을 제거하거나 실현시킨다. 이때 연결재무제표의 자산·부채 장부금액과 세무상 금액 간의 차이가 발생하게 되는데 이로 인한 법인세효과를 연결재무제표에 반영하여야 한다. 연결재무제표를 작성하면 인식되는 법인세효과는 실제 납부하는 법인세와 관련이 없어 이연법인세자산(부채)으로 인식한다.

02 지배력 획득일 차이에 대한 법인세효과

지배기업이 종속기업에 대한 지배력을 획득하면 종속기업의 식별할 수 있는 순자산은 연결재무제표에 지배력 획득일의 공정가치로 측정되어 표시된다. 그러나 종속기업의 식별할 수 있는 순자산의 세무기준액은 종속기업 개별 재무제표의 장부금액이므로 일시적차이가 발생한다. 지배력 획득일 현재 식별할 수 있는 순자산의 공정가치와 장부금액의 차이에 대한 법인세효과는 연결재무제표에 이연법인세부채로 인식한다. 단, 영업권에서 발생하는 가산할 일시적차이에 대한 법인세효과는 이연법인세부채로 인식하지 않는다.

Self Study

1. 지배력 획득일 종속기업의 순자산 차액에 대한 법인세효과를 인식하여야 연결재무상태표와 연결포괄손익계산서의 금액들이 세금효과를 고려한 금액이 된다.
2. 영업권에 대해서는 이연법인세를 인식하지 않는다.
3. 지배기업과 종속기업의 내부거래로 인한 미실현손익을 제거하면 연결재무제표의 금액은 미실현손익이 제거된 금액으로 보고되지만, 세무상 금액은 내부거래 미실현손익을 포함한 금액으로 유지된다. 그러므로 연결재무제표의 금액과 세무상 금액의 차이가 발생한다. 이러한 차이는 이연법인세자산(부채)으로 연결조정분개를 하여 인식된다.

03 내부거래에 대한 법인세효과

지배기업과 종속기업 간의 거래로 취득한 재고자산이나 유형자산에 포함된 내부거래 미실현손익은 연결재무제표 작성 시에 제거된다. 이때 연결재무제표의 해당 자산의 장부금액은 내부거래 전의 금액인 데 반해 세무기준액은 거래금액으로 그대로 유지되기 때문에 장부금액과 세무기준액의 차이가 발생한다. 이러한 차이는 일시적차이에 해당하므로 법인세효과를 계산하여 이연법인세자산(부채)으로 인식하여야 한다.

EX) A사가 20×1년 중 종속기업인 B사에 재고자산을 판매하였으며, 기말 현재 재고자산에 포함되어 있는 미실현이익이 ₩1,000이고 법인세율이 30%인 경우

내부거래 미실현이익 제거	차) 매출원가	1,000	대) 재고자산	1,000
법인세효과 인식	차) 이연법인세자산	300	대) 법인세비용	300

기출 Check 1

※ 다음 〈자료〉를 이용하여 **01**과 **02**에 답하시오.　　　　　　[공인회계사 2023년]

〈자료〉

- ㈜대한은 20×1년 초에 ㈜민국의 보통주 75%를 ₩150,000에 취득하여 지배력을 획득하였다. 지배력 획득일 현재 ㈜민국의 순자산 장부금액은 ₩150,000(자본금 ₩100,000, 이익잉여금 ₩50,000)이다.
- 지배력 획득일 현재 ㈜민국의 식별가능한 자산과 부채 중 장부금액과 공정가치가 다른 내역은 다음과 같다.

구분	장부금액	공정가치	추가 정보
토지	₩50,000	₩80,000	원가모형 적용

- 20×1년 중에 ㈜민국은 원가 ₩10,000의 재고자산(제품)을 ㈜대한에게 ₩20,000에 판매하였다. ㈜대한은 이 재고자산의 50%를 20×1년 중에 외부로 판매하고, 나머지 50%는 20×1년 말 현재 재고자산으로 보유하고 있다.
- ㈜민국이 보고한 20×1년도 당기순이익은 ₩30,000이다.
- ㈜대한은 별도 재무제표에서 ㈜민국에 대한 투자주식을 원가법으로 회계처리하고 있으며, 연결재무제표 작성 시 비지배지분은 종속기업의 식별가능한 순자산 공정가치에 비례하여 결정한다.
- ㈜대한과 ㈜민국에 적용되는 법인세율은 모두 20%이며, 이는 당분간 유지될 전망이다.

01 법인세효과를 고려하는 경우, ㈜대한이 지배력 획득일에 인식할 영업권은 얼마인가?

① ₩10,500　　　　　② ₩15,000　　　　　③ ₩19,500
④ ₩32,000　　　　　⑤ ₩43,500

02 법인세효과를 고려하는 경우, ㈜대한의 20×1년 말 연결포괄손익계산서에 표시되는 비지배지분 귀속 당기순이익은 얼마인가? (단, 영업권 손상 여부는 고려하지 않는다)

① ₩6,000　　　　　② ₩6,500　　　　　③ ₩7,000
④ ₩8,000　　　　　⑤ ₩8,500

해커스 IFRS 정윤돈 고급회계

CH 5

소유지분의 변동과 기타사항

01 (1) 지배력 획득일 순자산의 공정가치평가에 대한 이연법인세부채: $30,000 \times 20\% = 6,000$
   (2) 지배력 획득일 종속기업 순자산 공정가치: $150,000 + 30,000 - 6,000 = 174,000$
   (3) 지배력 획득일 영업권: $150,000 - 174,000 \times 75\% = 19,500$
   (4) 지배력 획득일 연결제거분개

차) 자본금	100,000	대) 이연법인세부채	6,000
이익잉여금	50,000	종속기업투자주식	150,000
토지	30,000	비지배지분	43,500
영업권	19,500		

정답: ③

02 (1) 20×1년 재고자산 상향판매 미실현이익: $10,000 \times 50\% \times (1 - 20\%) = 4,000$
   (2) 20×1년 비지배지분 귀속 당기순이익: $(30,000 - 4,000) \times 25\% = 6,500$

정답: ②

Ⅱ 복잡한 지배구조

01 단계적 소유의 연결

단계적 소유는 지배기업이 종속기업의 주식을 취득한 후에 그 종속기업이 다른 종속기업의 주식을 취득하여 지배종속관계가 순차적으로 이루어지는 것을 말한다. 단계적 소유의 연결에서는 최하위 종속기업부터 단계적으로 연결절차를 수행한다. 연결당기순이익을 지배기업 귀속 순이익과 비지배지분 귀속 순이익으로 배분할 때 내부거래 손익과 순자산 과소평가 상각액을 반영한 이익을 계산한 후 최하위 기업부터 상위 기업으로 순차적으로 계산한다.

02 종속기업을 통하여 간접 지배

종속기업을 통하여 간접 지배하는 형태는 지배기업과 종속기업이 합하여 다른 종속기업을 지배하는 경우로 이런 경우에도 최하위 종속기업부터 단계적으로 연결절차를 수행한다.

유통업을 영위하는 ㈜대한은 20×1년 1월 1일에 ㈜민국의 발행주식 70%를 ₩250,000에 취득하였으며, 동 일자에 ㈜민국은 ㈜서울의 발행주식 60%를 ₩70,000에 취득하였다. 20×1년 1월 1일 현재 ㈜대한, ㈜민국, ㈜서울의 자본계정은 다음과 같으며, 순자산 장부금액과 공정가치는 일치한다.

구분	㈜대한	㈜민국	㈜서울
자본금	₩500,000	₩200,000	₩60,000
이익잉여금	300,000	100,000	30,000

〈추가 자료〉

• ㈜대한과 ㈜민국은 각각의 종속기업인 ㈜민국과 ㈜서울에 대한 투자주식을 원가법으로 회계처리하고 있으며, 연결재무제표 작성 시 비지배지분은 종속기업의 식별가능한 순자산 공정가치에 비례하여 결정한다.

• 20×1년 중에 ㈜대한은 ㈜민국 및 ㈜서울로부터 아래의 상품을 매입하였다. ㈜민국과 ㈜서울의 매출총이익률은 모두 30%이다.

판매회사 → 매입회사	판매액	매입회사 기말재고
㈜민국 → ㈜대한	₩30,000	₩20,000
㈜서울 → ㈜대한	10,000	10,000

• 20×1년 7월 1일에 ㈜대한은 사용하던 차량운반구(장부금액 ₩20,000)를 ₩28,000에 ㈜민국에게 현금 매각하였다. 매각일 현재 차량운반구의 잔존내용연수는 2년, 잔존가치는 ₩0, 감가상각방법은 정액법이다. ㈜민국은 동 차량운반구를 20×1년 말 현재 사용하고 있다.

• ㈜대한, ㈜민국, ㈜서울의 20×1년도의 당기순이익은 각각 ₩70,000, ₩30,000, ₩15,000이다.

1 ㈜대한, ㈜민국, ㈜서울의 별도(개별) 재무제표를 계정과목별로 단순합산한 장부금액이 아래와 같을 경우, ㈜대한의 20×1년도 연결재무제표에 계상될 금액을 계산하시오. (단, 20×1년 말 현재 영업권에 대한 손상은 발생하지 않은 것으로 가정한다)

[연결포괄손익계산서 항목]

계정과목	단순합산 장부금액	연결재무제표
매출액	₩820,000	①
매출원가	640,000	②

[연결재무상태표 항목]

계정과목	단순합산 장부금액	연결재무제표
차량운반구(순액)	₩180,000	③
영업권	0	④

2 ㈜대한의 20×1년도 연결재무제표에 계상될 연결당기순이익을 ⑤ 지배기업 귀속 당기순이익과 ⑥ 비지배지분 귀속 당기순이익으로 구분하여 계산하시오.

지배기업 귀속 당기순이익	⑤
비지배지분 귀속 당기순이익	⑥

풀이

1 [연결포괄손익계산서 항목]

계정과목	단순합산 장부금액	연결재무제표
매출액	₩820,000	① 780,000
매출원가	640,000	② 609,000

[연결재무상태표 항목]

계정과목	단순합산 장부금액	연결재무제표
차량운반구(순액)	₩180,000	③ 174,000
영업권	0	④ 56,000

① $820,000 - 30,000 - 10,000 = 780,000$
② $640,000 - 30,000 - 10,000 + 20,000 \times 0.3 + 10,000 \times 0.3 = 609,000$
③ $180,000 - 8,000 + 2,000 = 174,000$
④ $(70,000 - 90,000 \times 60\%) + (250,000 - 300,000 \times 70\%) = 56,000$

지배기업 귀속 당기순이익	⑤ 85,840
비지배지분 귀속 당기순이익	⑥ 14,160

⑤ 70,000 − 8,000 + 2,000 + (30,000 − 6,000) + (15,000 − 3,000) − 14,160 = 85,840

⑥ [30,000 + (15,000 − 3,000) × 60% − 6,000] × 30% + (15,000 − 3,000) × 40% = 14,160

[20×1년 말 ㈜민국과 ㈜서울의 연결조정분개]

차) 자본금	60,000	대) 종속기업투자주식	70,000
자본잉여금	30,000	비지배지분	36,000
영업권	16,000		
차) 매출	10,000	대) 매출원가	10,000
차) 매출원가	3,000	대) 재고자산	3,000
차) 이익잉여금	4,800	대) 비지배지분	4,800

[20×1년 말 ㈜대한과 ㈜민국의 연결조정분개]

차) 자본금	200,000	대) 종속기업투자주식	250,000
이익잉여금	100,000	비지배지분	90,000
영업권	40,000		
차) 매출	30,000	대) 매출원가	30,000
차) 매출원가	6,000	대) 재고자산	6,000
차) 유형자산처분이익	8,000	대) 차량운반구	6,000
		감가상각비[1]	2,000
차) 이익잉여금	9,360	대) 비지배지분[2]	9,360

[1] 8,000 ÷ 2 × 6/12 = 2,000

[2] [30,000 + (15,000 − 3,000) × 60% − 6,000] × 30% = 9,360

㈜대한은 20×1년 1월 1일 ㈜민국의 보통주 80%를 ₩450,000에 취득하여 지배력을 획득하였으며, 동 일자에 ㈜민국은 ㈜만세의 주식 60%를 ₩200,000에 취득하여 지배력을 획득하였다. 지배력 획득시점에 ㈜민국과 ㈜만세의 순자산 공정가치와 장부금액은 동일하다. 다음은 지배력 획득시점 이후 20×1년 말까지 회사별 순자산 변동 내역이다.

구분	㈜대한	㈜민국	㈜만세
20×1. 1. 1.	₩800,000	₩420,000	₩300,000
별도(개별) 재무제표상 당기순이익	100,000	80,000	50,000
20×1. 12. 31.	₩900,000	₩500,000	₩350,000

20×1년 7월 1일 ㈜대한은 ㈜민국에게 장부금액 ₩150,000인 기계장치를 ₩170,000에 매각하였다. 매각시점에 기계장치의 잔존내용연수는 5년, 정액법으로 상각하며 잔존가치는 없다. 20×1년 중 ㈜민국이 ㈜만세에게 판매한 재고자산 매출액은 ₩100,000(매출총이익률은 30%)이다. 20×1년 말 현재 ㈜만세는 ㈜민국으로부터 매입한 재고자산 중 40%를 보유하고 있다.

㈜대한과 ㈜민국은 종속회사 투자주식을 별도 재무제표상 원가법으로 표시하고 있다. ㈜대한의 20×1년도 연결포괄손익계산서에 표시되는 비지배지분 귀속 당기순이익은 얼마인가? (단, 연결재무제표 작성 시 비지배지분은 종속기업의 식별가능한 순자산 공정가치에 비례하여 결정한다)

[공인회계사 2019년]

① ₩19,600   ② ₩20,000   ③ ₩38,600
④ ₩39,600   ⑤ ₩49,600

풀이

구분	㈜대한	㈜민국	㈜만세
조정 전 당기순이익	100,000	80,000	50,000
내부거래 제거			
– 기계장치	(–)18,000[1]		
– 재고자산		(–)12,000	
	82,000	68,000	50,000

(1) ㈜민국의 당기순이익: 68,000 + 50,000 × 60% = 98,000
(2) 비지배지분 귀속 당기순이익: 98,000 × 20% + 50,000 × 40% = 39,600
[1] – (170,000 – 150,000) + (170,000 – 150,000) × 1/5 × 6/12 = (–)18,000

정답: ④

03 종속기업이 소유한 지배기업주식

종속기업이 소유한 지배기업주식은 연결실체 입장에서 자기주식에 해당한다. 그러므로 연결재무제표를 작성하면서 종속기업이 자산으로 인식한 지배기업주식은 연결재무제표 자본에 차감항목으로 표시한다.

Self Study

종속기업이 소유한 지배기업주식을 공정가치로 평가하여 인식한 평가손익이 존재한다면 연결조정분개를 하여 평가손익을 취소하여야 한다. 종속기업이 지배기업으로부터 배당을 수령하였다면 배당수익도 취소하여야 한다.

Ⅲ 역취득

역취득은 법적 취득자인 증권을 발행한 기업이 회계 목적상 피취득자로 식별될 때 발생한다. 지분을 취득당한 기업은 역취득으로 고려되는 거래에서 회계 목적상 취득자가 된다.

> ① 회계 목적상 피취득자로서 상장기업: 법적 취득자
> ② 회계 목적상 취득자로서 비상장기업: 법적 피취득자

거래가 역취득으로 회계처리되기 위하여 회계 목적상 피취득자는 사업의 정의를 충족해야 하며, 영업권을 인식하기 위한 요구사항이 포함된 모든 인식원칙과 측정원칙을 적용한다.

Additional Comment

역취득은 때로는 비상장기업이 상장되기를 원하지만 자신의 지분을 등록하는 것이 원활하지 않을 때 발생한다. 이를 위하여 비상장기업은 상장기업이 자신의 지분과 교환하여 비상장기업의 지분을 취득하도록 상장기업과 약정을 할 것이다. 이 경우 상장기업은 지분을 발행하기 때문에 법적 취득자이고, 비상장기업은 지분을 취득당하기 때문에 법적 피취득자이다.

Self Study

역취득에서 비지배지분은 법적 피취득자의 기존 주주 중 법적 취득자의 지분과 교환하지 않는 주주들에 대한 지분이다. 그러므로 비지배지분은 법적 피취득자의 사업결합 전 장부금액에 대한 비지배주주의 비례적 지분으로 측정한다.

갑회사(상장기업)는 20×1년 4월 1일에 을회사(비상장기업) 주식과 교환하여 갑회사 주식을 발행함으로써 을회사를 취득하였다. 이와 같은 사업결합을 통하여 갑회사와 을회사는 각각 법적 지배기업과 법적 종속기업이 되었다. 취득일 현재 갑회사와 을회사의 재무상태표 및 추가 정보는 다음과 같다.

[공인회계사 2차 2011년]

〈재무상태표〉

과목	갑회사	을회사
자산총계	₩55,000	₩110,000
부채총계	30,000	60,000
자본총계	25,000	50,000
납입자본(보통주)	10,000	30,000
이익잉여금	15,000	20,000

〈추가 정보〉

(1) 취득 직전일 현재 두 회사의 발행주식은 다음과 같다.

구분	갑회사	을회사
발행주식수	100주	150주
주당 액면금액	₩100	₩200
주당 공정가치	₩200	₩800

(2) 취득일 현재 두 회사의 자산 및 부채의 공정가치는 다음과 같다.

구분	갑회사	을회사
자산의 공정가치	₩70,000	₩120,000
부채의 공정가치	₩33,000	₩70,000

(3) 갑회사는 사업결합 과정에서 을회사 주식 1주와 교환하여 갑회사 주식 2주를 발행하기로 하고 총 300주를 발행하였다.

(4) 관련 회계처리에서 법인세효과는 고려하지 않는다.

상기 사업결합에서 회계상 취득자가 갑회사인 경우와 회계상 취득자가 을회사인 경우(역취득)로 구분하여 사업결합 직후 다음과 같이 연결재무상태표를 작성하였다. 공란에 들어갈 금액(①부터 ⑧까지)을 모두 계산하시오.

과목	회계상 취득자가 갑회사인 경우	회계상 취득자가 을회사인 경우
자산총계(영업권 포함)	①	⑤
부채총계	②	⑥
자본총계		
납입자본	③	⑦
이익잉여금	④	⑧

풀이

과목	회계상 취득자가 갑회사인 경우	회계상 취득자가 을회사인 경우
자산총계(영업권 포함)	① 185,000	⑤ 183,000
부채총계	② 100,000	⑥ 93,000
자본총계		
납입자본	③ 70,000	⑦ 70,000
이익잉여금	④ 15,000	⑧ 20,000

(1) 계산근거

① 55,000 + 120,000 + 10,000(영업권) = 185,000

② 30,000 + 70,000 = 100,000

③ 10,000 + 60,000 = 70,000

④ 15,000

⑤ 110,000 + 70,000 + 3,000(영업권) = 183,000

⑥ 60,000 + 33,000 = 93,000

⑦ 30,000 + 40,000 = 70,000

⑧ 20,000

(2) 회계처리

1) 회계상 취득자가 갑회사인 경우

[20×1년 4월 1일 을회사 주식 취득 시]

차) 투자주식(을)	60,000	대) 자본금(갑)	30,000
		주식발행초과금	30,000

[20×1년 4월 1일 연결조정분개]

차) 자본금(을)	30,000	대) 투자주식(을)	60,000
이익잉여금(을)	20,000	부채(을)	10,000
자산(을)	10,000		
영업권	10,000		

2) 회계상 취득자가 을회사인 경우

[20×1년 4월 1일 을회사 주식 취득 시]

차) 투자주식(갑)	40,000	대) 자본금(을)[1]	10,000
		주식발행초과금[2]	30,000

[1] A주 ÷ (150주 + A주) = 25%, A주: 50주, 자본금(을): 50주 × @200 = 10,000
[2] 50주 × (@800 − @200) = 30,000

[20×1년 4월 1일 연결조정분개]

차) 자본금(갑)	10,000	대) 투자주식(갑)	40,000
이익잉여금(갑)	15,000	부채(갑)	3,000
자산(갑)	15,000		
영업권	3,000		

01 연결자본변동표

(1) 배당금의 연결자본변동표

지배기업의 배당금은 이익잉여금을 차감하는 방식으로 연결자본변동표에 표시된다. 종속기업의 지배기업에 대한 배당은 연결자본변동표에 표시되지 않고 비지배지분에 대한 배당은 비지배지분을 차감하는 방식으로 연결자본변동표에 표시된다.

(2) 연결당기순이익

연결당기순이익 중 지배기업소유지분순손익은 이익잉여금으로, 비지배지분순손익은 비지배지분에 가감하는 방식으로 연결자본변동표에 표시된다.

(3) 연결기타포괄손익

연결기타포괄손익 중 지배기업소유지분기타포괄손익은 기타포괄손익누계액에, 비지배지분기타포괄손익은 비지배지분에 가감하는 방식으로 연결자본변동표에 표시된다.

02 연결현금흐름표

(1) 직접법의 항목별 현금흐름

고객으로부터 유입된 현금, 공급자에 대한 현금유출, 이자 지급액 등 직접법에 의한 현금흐름은 별도 현금흐름표를 작성할 때와 산출하는 방법이 동일하다. 그러나 관련 계정의 증감액을 분석할 때 사업결합으로 인한 부분은 제외하고 분석한다.

(2) 종속기업 취득에 따른 현금흐름

종속기업 취득에 따른 현금유출액은 종속기업주식 취득을 위하여 지급한 현금에서 취득일 현재 종속기업 현금을 차감하여 산정한다.

(3) 배당금 지급액

배당금 지급액은 영업활동 또는 재무활동으로 구분하며, 지배기업의 배당과 종속기업의 비지배지분에 대한 합계액은 배당지급액으로 표시된다. 단, 종속기업의 지배기업에게 지급한 배당금은 현금흐름표 배당금 지급액에 포함되지 않는다.

해커스 IFRS 정윤돈 고급회계

CH 5

소유지분의 변동과 기타사항

다음 자료는 ㈜초록의 연결현금흐름표 작성과 관련된 자료이다. 추가 자료를 고려하여 물음에 답하시오.

20×2년 말 연결재무상태표

	20×2년		20×1년	
자산				
현금및현금성자산		₩460		₩1,320
수취채권		3,800		2,400
재고자산		5,000		6,400
FVPL금융자산		2,000		1,500
유형자산	7,460		3,820	
감가상각누계액	(2,900)		(2,120)	
유형자산순액		4,560		1,700
자산총계		₩15,820		₩13,320
부채				
매입채무		₩500		₩3,780
미지급이자		460		200
미지급법인세		980		2,000
장기차입금		2,580		2,080
사채		1,840		–
부채총계		₩6,360		₩8,060
자본				
납입자본		₩4,000		₩2,500
이익잉여금		5,460		2,760
자본총계		₩9,460		₩5,260
부채 및 자본총계		₩15,820		₩13,320

20×2년 연결포괄손익계산서

매출액	₩61,300
매출원가	(52,000)
매출총이익	₩9,300
감가상각비	(900)
판매비와 관리비	(1,320)
FVPL금융자산평가손실	(500)
이자비용	(800)
이자수익	600
배당금수익	400
외환손실	(80)
법인세비용차감전순이익	₩6,700
법인세비용	(600)
당기순이익	₩6,100

〈추가 자료〉

(1) ㈜초록은 기중에 종속기업의 모든 주식을 ₩1,180에 취득하였다. 취득 자산과 인수 부채의 공정가치는 다음과 같다.

• 재고자산: ₩200	• 현금: ₩80
• 유형자산: ₩1,300	• 장기차입금: ₩400

(2) 당기에 유상증자로 ₩1,000, 장기차입금으로 ₩100을 조달하였다.

(3) 이자비용 ₩800에는 사채할인발행차금상각과 관련된 이자비용 ₩40이 포함되어 있다.

(4) 당기에 선언된 배당금에는 주식배당 ₩500이 포함되어 있으며, 나머지 배당금은 모두 현금 지급되었다.

(5) FVPL금융자산 ₩1,000을 취득하였고, 나머지 차액은 기말 공정가치와 취득원가의 차이로 발생하였다.

(6) 유형자산을 개별적으로 총 ₩2,500에 취득하였다. 이 중에서 ₩1,800은 사채(액면금액 ₩2,000)를 발행하여 취득하였고, 나머지 ₩700은 현금으로 지급하였다.

(7) 취득원가가 ₩160이고 감가상각누계액이 ₩120인 설비자산을 ₩40에 매각하였다.

(8) 20×2년 말의 수취채권에는 미수이자 ₩200이 포함되어 있다.

(9) 외환손실 ₩80은 외화예금에서 발생한 것이다.

(10) 판매비와 관리비는 당기 발생된 비용으로 모두 현금 지출되었다.

㈜초록의 20×2년 연결현금흐름표를 직접법에 의하여 작성할 때, 아래의 빈칸 ① ～ ⑤에 들어갈 숫자를 계산하시오.

영업활동현금흐름		
고객으로부터 유입된 현금	①	
공급자와 종업원 등에 대한 현금유출	②	
영업으로부터 창출된 현금	?	
이자 지급	③	
이자 수취	?	
배당금 수취	₩400	
법인세 납부	₩(1,620)	
영업활동순현금흐름		?
투자활동현금흐름		
종속기업 취득에 따른 현금유출	④	
유형자산 취득	₩(700)	
설비 처분	₩40	
투자활동순현금흐름		?
재무활동현금흐름		
유상증자	₩1,000	
장기차입금	₩100	
배당금 지급	⑤	
재무활동순현금흐름		?

풀이

① 61,300(매출) − 1,200(매출채권의 증감) = 60,100
  * 미수이자로 인한 증가 200 제외
② (−)52,000(매출원가) − 1,320(판매비와 관리비) − 500(FVPL금융자산평가손실) + 1,600(재고자산의 증감)*
  − 500(FVPL금융자산의 증감) − 3,280(매입채무의 증감) = (−)56,000
  * 기초 6,400 + 200(지배력 획득 시 취득한 부분, 투자활동 1,100 포함되었음) + 감소 = 기말 5,000, 감소 = (−)1,600
③ (−)800(이자비용) + 40(사채할인발행차금상각) + 260(미지급이자의 증감) = (−)500
④ (−)1,180(종속기업 취득 시 현금유출) + 80(종속기업 현금) = (−)1,100
⑤ (−)2,900(배당금 지급)

Chapter 5 | 핵심 빈출 문장

01 지배력을 상실하지 않는 종속기업에 대한 지배기업의 소유지분 변동은 자본거래로 회계처리한다.

02 지배기업이 종속기업에 대한 지배력을 상실한 경우 모든 차이는 손익으로서 지배기업에 귀속되는 당기손익으로 인식한다.

03 종속기업에 대한 지배력을 상실하면서, 이전의 종속기업에 대한 투자자산이 있는 경우에는 그 투자를 지배력을 상실한 날의 공정가치로 인식한다.

04 종속기업의 자본거래로 발생하는 지분변동차액은 연결실체의 입장에서는 자본거래에 해당하므로 관련 손익은 전액 자본항목으로 인식한다.

Chapter 5 | 객관식 문제

01 ㈜대한은 20×1년 초에 ㈜민국의 보통주 80주(80%)를 ₩240,000에 취득하여 지배력을 획득하였다. 취득일 현재 ㈜민국의 순자산은 자본금 ₩150,000과 이익잉여금 ₩100,000이며, 식별가능한 자산과 부채의 장부금액과 공정가치는 일치하였다. 취득일 이후 20×2년까지 ㈜대한과 ㈜민국이 별도(개별) 재무제표에 보고한 순자산변동(당기순이익)은 다음과 같으며, 이들 기업 간에 발생한 내부거래는 없다.

구분	20×1년	20×2년
㈜대한	₩80,000	₩120,000
㈜민국	20,000	30,000

20×3년 1월 1일에 ㈜대한은 보유 중이던 ㈜민국의 보통주 50주(50%)를 ₩200,000에 처분하여 ㈜민국에 대한 지배력을 상실하였다. 남아 있는 ㈜민국의 보통주 30주(30%)의 공정가치는 ₩120,000이며, ㈜대한은 이를 관계기업투자주식으로 분류하였다. ㈜민국에 대한 지배력 상실시점의 회계처리가 ㈜대한의 20×3년도 연결당기순이익에 미치는 영향은 얼마인가? (단, 20×3년 말 현재 ㈜대한은 다른 종속기업을 지배하고 있어 연결재무제표를 작성한다) [공인회계사 2022년]

① ₩10,000 감소   ② ₩10,000 증가   ③ ₩40,000 증가
④ ₩50,000 증가   ⑤ ₩80,000 증가

02 ㈜지배는 20×1년 초 ㈜종속의 의결권 있는 보통주 800주(총 발행주식의 80%)를 취득하여 지배력을 획득하였다. 지배력 획득일 현재 ㈜종속의 순자산 장부금액은 ₩250,000이며, 순자산 공정가치와 장부금액은 동일하다. ㈜종속의 20×1년과 20×2년의 당기순이익은 각각 ₩100,000과 ₩150,000이다. ㈜종속은 20×2년 1월 1일에 200주를 유상증자(주당 발행금액 ₩1,000, 주당 액면금액 ₩500)하였으며, 이 중 100주를 ㈜지배가 인수하였다. ㈜지배는 별도 재무제표상 ㈜종속 주식을 원가법으로 회계처리하고 있으며, 비지배지분은 종속기업의 식별가능한 순자산 공정가치에 비례하여 결정한다. 20×2년 말 ㈜지배의 연결재무상태표에 표시되는 비지배지분은 얼마인가?　　[공인회계사 2020년]

① ₩100,000　　　　② ₩112,500　　　　③ ₩125,000

④ ₩140,000　　　　⑤ ₩175,000

03 ㈜대한은 20×1년 1월 1일 ㈜민국의 의결권 있는 보통주식 70주(지분율 70%)를 ₩210,000에 취득하여 지배력을 획득하였다. 취득일 현재 ㈜민국의 자본은 자본금 ₩200,000과 이익잉여금 ₩100,000이며, 자산과 부채의 장부금액과 공정가치는 일치하였다. ㈜대한은 ㈜민국의 주식을 원가법으로 회계처리하며, 연결재무제표 작성 시 비지배지분은 ㈜민국의 식별가능한 순자산 공정가치에 비례하여 결정한다. 20×2년 1월 1일 ㈜대한은 ㈜민국의 보통주식 10주(지분율 10%)를 ₩40,000에 추가로 취득하였다. 20×1년과 20×2년에 ㈜민국이 보고한 당기순이익은 각각 ₩20,000과 ₩40,000이며, 동 기간에 이익처분은 없었다.

㈜대한이 작성하는 20×2년 말 연결재무상태표상 비지배지분은?　　[공인회계사 2017년]

① ₩64,000　　　　② ₩66,000　　　　③ ₩68,000

④ ₩70,000　　　　⑤ ₩72,000

Chapter 5 | 객관식 문제 정답 및 해설

01 ③ (1) 처분일 현재 지배기업지분: $240{,}000 + (20{,}000 + 30{,}000) \times 80\% = 280{,}000$

(2) 처분이익(N/I): $(200{,}000 + 120{,}000) - 280{,}000 = 40{,}000$

* 종속기업투자주식의 처분으로 지배력을 상실하는 경우에는 처분대가와 남은 지분의 공정가치의 합계금액으로 지배기업지분을 전액 처분한 것으로 간주한다.

02 ⑤ (1) 유상증자 후 비지배지분율: $(200주 + 100주) \div (1{,}000주 + 200주) = 25\%$

(2) 비지배지분: $(250{,}000 + 100{,}000 + 150{,}000 + 200주 \times @1{,}000) \times 25\% = 175{,}000$

03 ⑤ 비지배지분: $(200{,}000 + 100{,}000 + 20{,}000 + 40{,}000) \times 20\% = 72{,}000$

* 비지배지분은 기중의 지분율 변동에 관계없이 종속기업의 순자산 금액에 대해 기말 현재 지분율을 곱한 금액이 된다.

Chapter 5 | 주관식 문제

| 문제 01 | 종속기업지분의 단계적 취득 |

다음은 ㈜대한의 ㈜민국에 대한 주식 취득과 관련된 거래 내역이다. 물음에 답하시오.

[공인회계사 2차 2016년]

(1) 20×1년 1월 1일에 ㈜대한은 ㈜민국 주식 30%(30주)를 주당 ₩2,500에 취득하여, 유의적인 영향력을 행사할 수 있게 되었다. 동 일자 ㈜민국의 식별가능한 순자산 장부금액은 ₩230,000이며, 장부금액과 공정가치가 일치하지 않는 유일한 항목은 건물 A이다. 건물 A의 장부금액은 ₩100,000, 공정가치는 ₩120,000이고, 정액법으로 감가상각하며 잔존가치는 ₩0, 잔존내용연수는 5년이다.

(2) 20×2년 12월 31일에 ㈜민국은 보유하고 있던 건물 A를 ㈜만세에 처분하였다.

(3) 20×3년 1월 1일에 ㈜대한은 ㈜민국의 주식 30%(30주)를 주당 ₩4,000에 추가로 취득하여 지배력을 획득하였다. ㈜대한이 보유하고 있던 ㈜민국 주식 30주의 공정가치도 주당 ₩4,000으로 동일하다. 지배력 획득일 현재 ㈜민국의 식별가능한 순자산 장부금액은 ₩300,000이며, 자본 구성 내역은 자본금 ₩150,000, 자본잉여금 ₩50,000, 이익잉여금 ₩100,000이다.

(4) 20×3년 1월 1일 현재, ㈜민국의 자산 중 장부금액과 공정가치가 상이한 것은 다음과 같다.

구분	장부금액	공정가치	차액
재고자산	₩200,000	₩220,000	₩20,000
토지	600,000	650,000	50,000

동 재고자산은 20×3년에 모두 외부로 판매되었고, 토지는 20×3년 말까지 ㈜민국이 보유 중이다.

(5) ㈜민국의 비지배지분은 종속기업의 식별가능한 순자산에 대한 비례적 지분으로 측정한다. ㈜대한의 별도 재무제표에서는 종속기업투자주식에 대하여 원가법으로 회계처리한다.

(6) ㈜민국의 20×1년, 20×2년, 20×3년의 당기순이익은 각각 ₩10,000, ₩20,000, ₩30,000이고, ㈜민국은 20×1년과 20×3년에 주당 ₩20씩 현금 배당금을 지급하였다.

물음 1) 20×1년과 20×2년 개별 재무제표 작성 시 ㈜대한의 재무상태표에 보고될 관계기업투자주식의 장부금액과 지분법 회계처리로 ㈜대한의 당기순이익에 미치는 영향을 각각 계산하시오. (단, 당기순이익이 감소하는 경우에는 금액 앞에 '(−)'를 표시하시오)

20×1년 말 관계기업투자주식 장부금액	①
20×1년 당기순이익에 미치는 영향	②
20×2년 말 관계기업투자주식 장부금액	③
20×2년 당기순이익에 미치는 영향	④

물음 2) 지분법으로 회계처리한 결과, 20×2년 12월 31일 ㈜대한이 보유하고 있는 ㈜민국에 대한 관계기업투자주식의 장부금액은 ₩80,000이라고 가정하자. ① 20×3년 말 연결재무상태표에 보고될 영업권의 장부금액, ② 비지배지분의 장부금액, ③ 20×3년 말 ㈜대한의 별도 재무상태표에 보고될 종속기업투자주식의 장부금액, ④ 20×3년 ㈜대한의 별도 포괄손익계산서상 당기순이익에 미치는 영향을 각각 계산하시오. (단, 당기순이익이 감소하는 경우에는 금액 앞에 '(−)'를 표시하시오)

연결재무상태표에 보고될 영업권 장부금액	①
비지배지분의 장부금액	②
별도 재무상태표에 보고될 종속기업투자주식의 장부금액	③
별도 포괄손익계산서상 당기순이익에 미치는 영향	④

물음 1)

20×1년 말 관계기업투자주식 장부금액	① 76,200
20×1년 당기순이익에 미치는 영향	② 1,800
20×2년 말 관계기업투자주식 장부금액	③ 77,400
20×2년 당기순이익에 미치는 영향	④ 1,200

(1) 20×1년 지분법이익: (10,000 − 20,000/5) × 30% = 1,800
(2) 20×1년 관계기업투자주식 장부금액: 75,000 − 600 + 1,800 = 76,200
(3) 20×2년 지분법이익: (20,000 − 20,000 × 4/5) × 30% = 1,200
(4) 20×2년 관계기업투자주식 장부금액: 75,000 − 600 + 1,800 + 1,200 = 77,400

물음 2)

연결재무상태표에 보고될 영업권 장부금액	① 18,000
비지배지분의 장부금액	② 151,200
별도 재무상태표에 보고될 종속기업투자주식의 장부금액	③ 240,000
별도 포괄손익계산서상 당기순이익에 미치는 영향	④ 41,200

(1) 20×3년 초 종속기업투자주식의 장부금액: 120,000 + 30주 × @4,000 = 240,000
(2) 영업권의 장부금액: 240,000 − (150,000 + 50,000 + 100,000 + 20,000 + 50,000) × 60%
   = 18,000
(3) 비지배지분의 장부금액: (300,000 + 30,000 − 2,000 + 50,000) × 40% = 151,200
(4) 별도 포괄손익계산서상 당기순이익: 40,000(처분이익) + 1,200(배당금수익) = 41,200

[㈜대한의 20×3년 회계처리]
〈20×3년 1월 1일〉

차) 종속기업투자주식	240,000	대) 현금	120,000
		관계기업투자주식	80,000
		관계기업투자주식처분이익(N/I)	40,000

〈20×3년 12월 31일〉

차) 현금	1,200	대) 배당금수익	1,200

[㈜대한의 20×3년 말 연결제거분개]
(1) 투자주식과 자본의 상계제거

차) 자본금	150,000	대) 종속기업투자주식	240,000
자본잉여금	50,000	비지배지분	148,000
이익잉여금	100,000		
재고자산	20,000		
토지	50,000		
영업권	18,000		

(2) 평가차액 상각

차) 매출원가	20,000	대) 재고자산	20,000

(3) 배당금수익의 제거

차) 배당금수익	1,200	대) 이익잉여금	2,000
비지배지분	800		

(4) 당기순이익으로 인한 순자산 변동 중 비지배지분

차) 이익잉여금	4,000	대) 비지배지분	4,000

㈜대한은 20×1년 초에 ㈜민국의 회사 주식 500주(50%)를 ₩600,000에 취득했다. ㈜대한의 지분율은 50%를 초과하지 않지만 실질지배력이 있는 것으로 판단되었다. ㈜대한은 ㈜민국의 종속기업투자주식을 별도 재무제표상 원가법으로 평가하고 있다. 연결재무제표상 비지배지분은 종속기업의 식별가능한 순자산의 공정가치에 비례하여 결정한다. 순자산 장부금액은 공정가치와 일치한다. ㈜민국의 자본항목의 구성은 다음과 같다.

[공인회계사 2차 2018년]

일자	구분	금액
지배력 취득일 (20×1. 1. 1.)	자본금(1,000주, 액면가 ₩500)	₩500,000
	자본잉여금	400,000
	이익잉여금	100,000
	기타자본	100,000
	순자산 장부금액	₩1,100,000

지배력 취득일 현재 ㈜대한의 자본금은 ₩700,000 자본잉여금은 ₩400,000 이익잉여금은 ₩200,000이다.

종속기업투자에 따른 영업권 이외에 다른 영업권은 없다. 영업권에 대한 손상검토를 수행한 결과 영업권이 배부된 현금창출단위의 20×1년 말 회수가능금액은 ₩35,000이다. 다음은 20×1년 중 ㈜대한과 ㈜민국에 관련된 거래이다.

- ㈜대한은 ㈜민국에게 20×1년 중 원가 ₩40,000인 재고자산을 ₩50,000에 판매하였다. ㈜민국은 ㈜대한으로부터 매입한 재고자산 중 70%는 20×1년 중에 외부로 판매했으며 30%는 아직 창고에 남아 있다. 한편, ㈜민국은 20×1년 중 ㈜대한에게 원가 ₩60,000인 재고자산을 ₩50,000에 판매하였다. ㈜민국의 ㈜대한에 대한 매출액은 해당 재고자산의 순실현가능가치이다. 기말 현재 ㈜대한의 창고에는 ㈜민국으로부터 매입한 재고자산의 20%가 남아 있다.
- ㈜민국은 20×1년 7월 1일에 ㈜대한에게 기계장치(취득원가 ₩90,000, 장부금액 ₩40,000)를 ₩50,000에 매각하였다. 매각시점에 기계장치의 잔존금액은 없으며 잔존내용연수는 5년, 정액법으로 상각한다.
- ㈜대한은 ㈜민국과의 재고자산거래에서 발생한 매출채권 ₩50,000을 타사에 ₩45,000에 매각했다. 외부에 양도한 매출채권은 제거요건을 충족하지 못한다.
- ㈜민국이 20×1년 중 취득하여 보유하고 있는 타사의 기타포괄손익-공정가치 측정 금융자산의 취득원가는 ₩280,000이며, 20×1년 말 공정가치는 ₩320,000이다.

20×1년 ㈜대한과 ㈜민국의 별도(개별) 재무제표상 당기순이익은 각각 ₩250,000과 ₩100,000이다. 지분변동 거래에서 발생한 차액은 자본잉여금에 반영한다.

물음 1) 20×1년 연결조정분개 후 다음의 계정금액을 계산하시오.

총연결당기순이익	①
비지배지분	②

물음 2) 20×2년 초에 ㈜대한은 ㈜민국의 주식 10%(100주)를 ₩130,000에 추가 취득하여 ㈜대한의 지분율이 60%로 상승했다. 다음은 20×2년 중 ㈜대한과 ㈜민국에 관련된 자료이다.

- 20×2년 영업권 손상징후는 없다.
- 20×1년 미판매재고자산은 모두 판매되었으며 20×2년 중 내부거래는 없다.
- ㈜민국이 보유하고 있던 타사 기타포괄손익-공정가치 측정 금융자산의 공정가치 변동은 없다.
- 20×2년 ㈜대한과 ㈜민국의 별도(개별) 재무제표상 당기순이익은 각각 ₩300,000과 ₩150,000이다.

20×2년 연결조정분개 후 다음의 계정금액을 계산하시오.

총연결당기순이익	①
연결자본잉여금	②
비지배지분	③

물음 3) 물음 2)에서 ㈜대한이 추가 지분을 취득하는 대신, 20×2년 초에 ㈜대한이 ㈜민국의 유상증자 500주 가운데 400주를 주당 ₩1,300, 총 ₩520,000에 취득하여 ㈜대한의 지분율이 60%로 상승하였다고 가정한다. 20×2년 중 ㈜대한과 ㈜민국에 관련된 자료는 물음 2)와 같다. 20×2년 연결조정분개 후 다음의 계정금액을 계산하시오.

연결자본잉여금	①
비지배지분	②

물음 4) 물음 2)와 물음 3) 대신, ㈜민국이 자기주식 167주를 주당 ₩1,300, 총 ₩217,100에 취득하여 ㈜대한의 지분율이 60%(≒500주/833주)로 상승하였다고 가정한다. 20×2년 중 ㈜대한과 ㈜민국에 관련된 자료는 물음 2)와 같다. 20×2년 연결조정분개 후 다음의 계정금액을 계산하시오.

연결자본잉여금	①
비지배지분	②

물음 1)

총연결당기순이익	① 323,000
비지배지분	② 615,500

① 20×1년 총연결당기순이익: 250,000 + 100,000 − 15,000 − 3,000 − 10,000 + 1,000 = 323,000
② 20×1년 말 비지배지분: 615,500

* [1,100,000(기초자본) + 100,000(개별당기순이익) + 40,000(금융자산평가이익) − 9,000(상향미실현이익잔액)]
× 50% = 615,500

[㈜대한의 20×1년 12월 31일 연결조정분개]

(1) 종속기업투자주식과 자본의 상계

차) 자본금	500,000	대) 종속기업투자주식	600,000
자본잉여금	400,000	비지배지분	550,000
이익잉여금	100,000		
기타자본	100,000		
영업권	50,000		

(2) 영업권 손상검사

차) 손상차손	15,000	대) 영업권	15,000

(3) 재고자산 내부거래 상계 및 미실현손익 제거

차) 매출	100,000	대) 매출원가	100,000
차) 매출원가	3,000	대) 재고자산	3,000

(4) 유형자산 내부거래 제거

차) 기계장치	40,000	대) 감가상각누계액	49,000
유형자산처분이익	10,000	감가상각비	1,000

(5) 채권·채무 상계제거

차) 매입채무	50,000	대) 매출채권	50,000

(6) 당기순이익과 기타포괄손익으로 인한 순자산 변동 중 비지배지분 해당액

차) 이익잉여금	45,500	대) 비지배지분	45,500
차) 금융자산평가이익(OCI)	20,000	대) 비지배지분	20,000

물음 2)

총연결당기순이익	① 455,000
연결자본잉여금	② 393,100
비지배지분	③ 553,200

① 20×2년 총연결당기순이익: 300,000 + 150,000 + 3,000 + 2,000 = 455,000
② 20×2년 말 연결자본잉여금: 400,000((주)대한 자본잉여금) − 6,900 = 393,100
③ 20×2년 말 비지배지분: (1,100,000 + 100,000 + 40,000 + 150,000 − 7,000) × 40% = 553,200

[(주)대한의 20×2년 12월 31일 연결조정분개]
(1) 종속기업투자주식과 자본의 상계

차) 자본금	500,000	대) 종속기업투자주식	600,000
자본잉여금	400,000	비지배지분	550,000
이익잉여금	100,000		
기타자본	100,000		
영업권	50,000		

(2) 지배력 취득시점부터 당기 초까지 종속기업 순자산 변동 중 비지배지분 해당액

차) 이익잉여금	45,500	대) 비지배지분	45,500
차) 금융자산평가이익(OCI)	20,000	대) 비지배지분	20,000

(3) 당기 초 종속기업투자 추가 취득에 대한 조정

차) 비지배지분[1]	123,100	대) 종속기업투자주식	130,000
자본잉여금[2]	6,900		

[1] (550,000 + 45,500 + 20,000) × 10%/50% = 123,100
[2] 130,000 − (1,100,000 + 100,000 + 40,000 − 9,000) × 10% = 6,900

(4) 영업권 손상검사

차) 이익잉여금	15,000	대) 영업권	15,000

(5) 재고자산 전기 미실현이익의 실현

차) 이익잉여금	3,000	대) 매출원가	3,000

(6) 유형자산 내부거래

차) 기계장치	40,000	대) 감가상각누계액	47,000
이익잉여금	9,000	감가상각비	2,000

(7) 당기순이익으로 인한 순자산 변동 중 비지배지분

차) 이익잉여금[3]	60,800	대) 비지배지분	60,800

[3] (150,000 + 2,000) × 40% = 60,800

물음 3)

연결자본잉여금	① 393,100
비지배지분	② 813,200

① 20×2년 말 연결자본잉여금: 400,000 − 6,900 = 393,100
   − 유상증자로 인한 ㈜대한 지분변동액: 513,100
    * (1,100,000 + 100,000 + 40,000 − 9,000 + 500주 × @1,300) × 60% − (1,100,000 + 100,000 + 40,000
      − 9,000) × 50% = 513,100
   − ㈜대한 초과지급액(자본잉여금 감소로 처리): 520,000 − 513,100 = 6,900
② 20×2년 말 비지배지분: 813,200
    * (1,100,000 + 100,000 + 40,000 + 500주 × @1,300 + 150,000 − 7,000) × 40% = 813,200

[㈜대한의 20×2년 12월 31일 연결조정분개]
(1) 종속기업투자주식과 자본의 상계

차) 자본금	500,000	대) 종속기업투자주식	600,000
자본잉여금	400,000	비지배지분	550,000
이익잉여금	100,000		
기타자본	100,000		
영업권	50,000		

(2) 지배력 취득시점부터 당기 초까지 종속기업 순자산 변동 중 비지배지분 해당액

차) 이익잉여금	45,500	대) 비지배지분	45,500
차) 금융자산평가이익(OCI)	20,000	대) 비지배지분	20,000

(3) 당기 유상증자 시 취득한 종속기업투자와 종속기업 자본의 상계제거

차) 자본금	250,000	대) 종속기업투자주식	520,000
자본잉여금	400,000	비지배지분	136,900
자본잉여금	6,900		

(4) 영업권 손상검사

차) 이익잉여금	15,000	대) 영업권	15,000

(5) 재고자산 전기 미실현이익의 실현

차) 이익잉여금	3,000	대) 매출원가	3,000

(6) 유형자산 내부거래

차) 기계장치	40,000	대) 감가상각누계액	47,000
이익잉여금	9,000	감가상각비	2,000

(7) 당기순이익으로 인한 순자산 변동 중 비지배지분

차) 이익잉여금	60,800	대) 비지배지분	60,800

물음 4)

연결자본잉여금	① 392,840
비지배지분	② 466,360

① 20×2년 말 연결자본잉여금: 400,000 − 7,160 = 392,840
- 20×2년 초 자기주식 취득으로 인한 자본잉여금 조정액: (−)7,160
  * (1,100,000 + 100,000 + 40,000 − 9,000 − 217,100) × 60% − (1,100,000 + 100,000 + 40,000 − 9,000) × 50% = (−)7,160

② 20×2년 말 비지배지분: 466,360
  * (1,100,000 + 100,000 + 40,000 − 217,100 + 150,000 − 7,000) × 40% = 466,360

[㈜대한의 20×2년 12월 31일 연결조정분개]
(1) 종속기업투자주식과 자본의 상계

차) 자본금	500,000	대) 종속기업투자주식	600,000
자본잉여금	400,000	비지배지분	550,000
이익잉여금	100,000		
기타자본	100,000		
영업권	50,000		

(2) 지배력 취득시점부터 당기 초까지 종속기업 순자산 변동 중 비지배지분 해당액

차) 이익잉여금	45,500	대) 비지배지분	45,500
차) 금융자산평가이익(OCI)	20,000	대) 비지배지분	20,000

(3) 자기주식 취득에 대한 조정

차) 비지배지분	209,940	대) 자기주식	217,100
차) 자본잉여금	7,160		

(4) 영업권 손상검사

차) 이익잉여금	15,000	대) 영업권	15,000

(5) 재고자산 전기 미실현이익의 실현

차) 이익잉여금	3,000	대) 매출원가	3,000

(6) 유형자산 내부거래

차) 기계장치	40,000	대) 감가상각누계액	47,000
이익잉여금	9,000	감가상각비	2,000

(7) 당기순이익으로 인한 순자산 변동 중 비지배지분

차) 이익잉여금	60,800	대) 비지배지분	60,800

다음 〈자료〉를 이용하여 각 〈요구사항〉에 답하시오. 단, 〈요구사항〉은 독립적이다.

[공인회계사 2023년]

〈자료〉

1. ㈜한국은 20×1년 1월 1일에 ㈜만세의 주식을 취득하여 지배기업이 되었다. 지배력 취득일 현재 ㈜만세의 순자산 장부금액과 공정가치는 동일하였으며, ㈜만세의 자본은 다음과 같다.

(단위: ₩)

구분	항목	장부금액
20×1년 초	자본금(600주, 액면금액 ₩200)	120,000
	자본잉여금	20,000
	이익잉여금	60,000
	자본총계	200,000
20×1년	당기순이익	20,000
20×1년 말	자본총계	220,000

2. ㈜한국의 20×2년 초 자본금은 ₩200,000이고 자본잉여금은 ₩100,000이며 이익잉여금은 ₩150,000이다.

3. ㈜만세에 대한 ㈜한국의 지분이 변동하는 경우, 지분변동으로부터 발생한 차액은 자본잉여금으로 조정한다.

〈요구사항 1〉 ㈜한국은 20×1년 1월 1일에 ㈜만세의 주식 480주(80%)를 ₩180,000에 취득하여 지배기업이 되었다. ㈜만세가 20×2년 1월 1일 200주를 주당 ₩400에 유상증자 시 ㈜한국이 ㈜만세의 신주를 전혀 인수하지 않았을 경우, 20×2년 말 유상증자에 대한 연결조정분개 시 다음의 항목을 계산하시오. 단, 비지배지분과 연결자본잉여금이 감소하는 경우 금액 앞에 (−)를 표시하시오.

비지배지분 증감액	①
연결자본잉여금 증감액	②

〈요구사항 2〉 ㈜한국은 20×1년 1월 1일에 ㈜만세의 주식 360주(60%)를 ₩140,000에 취득하여 지배기업이 되었다. ㈜만세가 20×2년 1월 1일 자기주식 150주를 취득하여 20×2년 말 현재 계속 보유하고 있다. ㈜만세가 자기주식을 주당 ₩300에 비지배주주로부터 취득하였을 경우, 20×2년 말 자기주식 취득에 대한 연결조정분개 시 다음의 항목을 계산하시오. 단, 비지배지분과 연결자본잉여금이 감소하는 경우 금액 앞에 (−)를 표시하시오.

비지배지분 증감액	①
연결자본잉여금 증감액	②

〈요구사항 1〉

비지배지분 증감액	① 76,000
연결자본잉여금 증감액	② 4,000

(1) 취득일 이후 계산구조

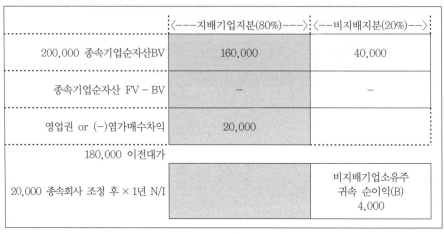

	〈---지배기업지분(80%)---〉	〈--비지배지분(20%)--〉
200,000 종속기업순자산BV	160,000	40,000
종속기업순자산 FV − BV	–	–
영업권 or (−)염가매수차익	20,000	
180,000 이전대가		
20,000 종속회사 조정 후 × 1년 N/I		비지배기업소유주 귀속 순이익(B) 4,000

(2) 지배기업지분변동액: ① − ② = 4,000
    ① 증자 후 지배기업지분: (220,000 + 200주 × 400) × 480주/(600 + 200)주 = 180,000
    ② 증자 전 지배기업지분: 220,000 × 480주/600주 = 176,000
(3) 20×2년 초 회계처리

차) 납입자본	80,000	대) 자본잉여금	4,000
		비지배지분(대차차액)	76,000

〈요구사항 2〉

비지배지분 증감액	① (−)53,000
연결자본잉여금 증감액	② 8,000

(1) 취득일 이후 계산구조

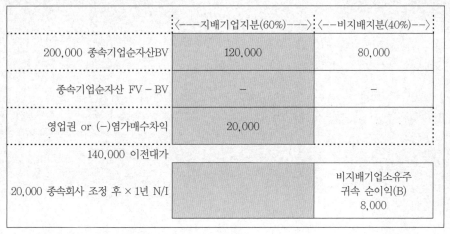

(2) 비지배지분변동액: ① − ② = (−)53,000
   ① 증자 후 비지배지분: (220,000 − 150주 × 300) × (240 − 150)주/(600 − 150)주 = 35,000
   ② 증자 전 비지배지분: 220,000 × 240주/600주 = 88,000
(3) 자기주식 취득액: 150주 × 300 = 45,000
(4) 20×2년 초 회계처리

차) 비지배지분	53,000	대) 자기주식	45,000
		자본잉여금(대차차액)	8,000

Chapter **6**

환율변동회계

1 환율의 기초

환율은 서로 다른 두 나라 통화를 교환할 때의 교환비율을 의미한다.

I 직접환율과 간접환율

두 나라 간의 통화가치비율을 어느 나라의 통화를 기준으로 가치를 표시하느냐에 따라 환율은 직접환율과 간접환율로 표시될 수 있다.

01 직접환율

직접환율은 외국의 통화를 기준으로 자국의 통화를 표시하는 방법으로 자국통화 표시환율이라고 한다(예 $1 = ₩1,200). 이 방법은 자국화폐 대비 외화가격이 상승하는 것을 환율 상승이라 하며, 그 반대를 환율 하락이라고 한다. 우리나라를 비롯한 대부분의 국가는 직접표시방법을 사용하여 환율을 공시하고 있다.

02 간접환율

간접환율은 자국의 통화를 기준으로 외국의 통화를 표시하는 방법으로 외국통화 표시환율이라고 한다(예 ₩1 = $0.001). 이 방법은 자국화폐 대비 외화가격이 상승하는 것을 평가 절하라 하며, 그 반대를 평가 절상이라고 한다.

II 현물환율과 선도환율

01 현물환율

현물환율(spot exchange rate)은 외환의 매매계약 성립과 동시에 통화의 인도와 대금의 결제가 이루어지는 현물거래(spot transaction)에 적용되는 환율을 말한다. 외화거래가 발생한 당시의 현물환율을 역사적 환율이라 하며, 보고기간 말에 재무제표 작성시점의 현물환율을 마감환율이라 한다.

02 선도환율

선도환율(forward exchange rate)은 미래의 특정 시점에서 화폐 단위를 교환하는 약정인 선물환거래 (forward contract)에 적용되는 환율을 말하며, 선물환율이라고도 한다.

Ⅲ 기능통화와 표시통화

한국채택국제회계기준서 제1021호 '환율변동효과'의 가장 중요한 특징은 재무제표 작성용 통화인 기능통화와 재무제표 공시용 통화인 표시통화를 각각 구분하여 이를 중심으로 하는 외화환산회계를 다루고 있다는 것이다.

01 기능통화

기능통화는 기업의 영업활동이 이루어지는 주된 경제 환경의 통화를 말한다. 여기서 영업활동이 이루어지는 주된 경제 환경은 주로 현금을 창출하고 사용하는 환경을 말한다. 즉 기능통화는 기업이 수익을 창출하고, 수익을 창출하기 위하여 원가를 지출하는 주요 영업활동에 사용되는 통화라 할 수 있다. 일반적으로 주요 영업활동에서 사용하는 통화는 자국통화이다. 그러므로 대부분의 기업은 자국통화가 기능통화가 되지만, 기업의 업종이나 영업활동의 특성상 자국통화가 아닌 다른 통화도 기능통화가 될 수 있다. 기업이 기능통화 개념을 사용하여 재무제표를 작성하게 되면 외화는 외국의 통화가 아닌 기능통화 이외의 다른 모든 통화를 지칭한다.

Self Study

> 기능통화는 관련된 실제 거래, 사건과 상황을 반영해야 하므로 일단 기능통화를 결정하면 변경하지 않는 것이 원칙이다. 그러나 실제 거래, 사건과 상황에 변화가 있다면 예외적으로 기능통화를 변경할 수 있으며, 이 경우에는 새로운 기능통화에 의한 환산절차를 변경한 날부터 전진적용한다.

02 표시통화

표시통화는 재무제표를 표시할 때 사용하는 통화를 말한다. 표시통화는 보고통화라고도 하며, 기능통화로 작성된 재무제표를 정보이용자에게 공시하는 경우 사용하여야 하는 통화이다.

Ⅳ 한국채택국제회계기준에 의한 환산

01 해외사업장이 없는 보고기업

(1) Step 1: 기능통화 재무제표의 작성

경영진은 우선 해당 보고기업의 기능통화를 결정하고 외화거래를 당해 기능통화로 환산하여 재무제표를 작성한다.

(2) Step 2: 표시통화 재무제표로 환산 후 재무제표 공시

정보이용자의 요구에 따라 기능통화로 작성된 재무제표는 어떤 통화로도 표시될 수 있다. 기능통화와 표시통화가 다른 경우에는 기능통화로 작성된 재무제표를 표시통화로 다시 환산하여 회계정보를 정보이용자에게 공시한다.

02 해외사업장이 있는 보고기업

(1) Step 1: 해외사업장의 기능통화 재무제표 작성

경영진은 우선 해당 해외사업장의 기능통화를 결정하고 외화거래를 당해 기능통화로 환산하여 해외사업장의 재무제표를 작성한다.

(2) Step 2: 표시통화 재무제표로 환산 후 보고기업의 재무제표와 통합하여 공시

보고기업에 속해 있는 해외사업장의 경영성과와 재무상태는 보고기업이 재무제표를 보고하는 통화로 환산해야 한다. 해외사업장의 기능통화가 보고기업의 표시통화와 다른 경우에는 그 경영성과와 재무상태를 보고기업의 표시통화로 환산한 후 보고기업과 해외사업장의 재무제표를 통합(예 연결재무제표의 작성이나 지분법의 적용)하여 하나의 재무제표로 공시한다.

V 이론적인 외화환산의 방법론

한국채택국제회계기준에 의한 외화거래 환산방법의 이론적인 방법론은 다음과 같다.

01 유동성·비유동성법

유동성·비유동성법은 외화환산방법 중에서 가장 고전적인 방법이다. 재무제표의 과목을 유동항목과 비유동항목으로 구분하여 유동항목에는 보고기간 말의 환율을 적용하고, 비유동항목에는 역사적 환율을 적용하여 외화거래를 환산하는 방법이다.

02 화폐성·비화폐성법

화폐성·비화폐성법은 재무제표의 과목을 화폐성 항목과 비화폐성 항목으로 분류하여 화폐성 항목은 보고기간 말의 현행환율을 적용하여 환산하고, 비화폐성 항목은 거래 발생일의 역사적 환율을 적용하여 환산하며, 이에 따른 환율변동손익을 전액 당기손익으로 인식하는 방법이다.

03 시제법

시제법은 재무제표에 공정가치로 측정되어 있는 항목은 당해 공정가치 측정일의 현행환율을 적용하여 환산하고, 역사적원가로 측정되는 항목은 당해 거래 발생일의 환율을 적용하여 환산하며, 이에 따른 환율변동손익은 공정가치 변동손익을 인식하는 방법에 따라 당기손익이나 기타포괄손익으로 인식하는 방법이다.

04 현행환율법

현행환율법은 재무제표의 모든 자산과 부채항목은 보고기간 말의 현행환율을 적용하여 환산하고, 자본과 손익항목은 당해 거래 발생일의 환율을 적용하여 환산하며, 이에 따른 환율변동손익을 당기손익으로 인식하지 않고 기타포괄손익으로 이연시키는 방법이다.

Ⅵ 한국채택국제회계기준

한국채택국제회계기준에서는 기능통화 재무제표를 작성하는 과정에서 화폐성·비화폐성법과 시제법을 함께 사용하여 외화거래를 환산하도록 규정하고 있으며, 기능통화 재무제표를 표시통화 재무제표로 환산하는 과정에서는 현행환율법을 적용하여 환산하도록 규정하고 있다.

01 화폐성 항목

화폐성 항목의 본질적 특징은 확정되었거나 결정할 수 있는 화폐 단위의 수량으로, 받을 권리인 채권과 지급할 의무인 채무라는 것이다.

Self Study

현금으로 지급하는 연금과 그 밖의 종업원급여, 현금으로 상환하는 충당부채, 부채로 인식하는 현금배당 등이 화폐성 항목의 예이다.

02 비화폐성 항목

비화폐성 항목의 본질적 특성은 확정되었거나 결정할 수 있는 화폐 단위의 수량으로, 받을 권리나 지급할 의무가 없다는 것이다.

Self Study

재화와 용역에 대한 선급금, 영업권, 무형자산, 재고자산, 유형자산, 비화폐성 자산의 인도에 의해 상환되는 충당부채 등이 비화폐성 항목의 예이다.

2 기능통화 재무제표의 작성

보고기업의 기능통화가 아닌 통화(외화거래)로 거래가 발생하면 이를 기능통화로 환산하여 재무제표를 작성해야 한다. 외화거래는 외화로 표시되어 있거나 외화로 결제되어야 하는 거래를 말한다.

I 외화거래의 최초 인식

외화거래를 기능통화로 최초 인식하는 경우 거래일의 외화와 기능통화 사이의 현물환율을 외화금액에 적용하여 인식한다.

Additional Comment

> 외화부채에 대한 이자비용은 차입개시일부터 상환일까지의 기간에 걸쳐 매일 발생한다. 따라서 원칙적으로 이자비용에 해당 일자별 환율을 적용하여 환산하여야 한다. 하지만 실무적으로 해당 기간 중에 환율이 유의적으로 변동하지 않았다면 이자비용이 발생한 기간 동안의 평균환율을 적용하여 환산하는 것이 적절할 수 있다.

01 보고기간 말의 후속 측정

보고기간 말에 존재하는 화폐성 외화자산·부채는 보고기간 말의 마감환율을 적용하여 환산한다. 이 경우 최초 인식일에 적용한 환율(또는 전기의 보고기간 말에 적용한 환율)과 당기의 보고기간 말의 마감환율이 다른 경우 외환차이가 발생하게 된다.

화폐성 항목의 환산에서 발생하는 외환차이는 그 외환차이가 발생하는 회계기간의 당기손익으로 인식한다. 한국채택국제회계기준에서는 보고기간 말의 환율변동으로 인해 발생하는 외환차이에 대한 계정과목을 예시하고 있지 않다. 본서는 이를 외화환산손익의 계정과목으로 하여 인식한다.

02 결제일의 후속 측정

화폐성 외화자산·부채가 보고기간 중에 결제되는 경우에는 당해 결제금액에는 결제일의 현행환율을 적용하여 측정한다. 이 경우 최초 인식일에 적용한 환율(또는 전기의 보고기간 말에 적용한 환율)과 결제시점의 현행환율이 다른 경우 외환차이가 발생하게 된다.

화폐성 항목의 결제시점에서 발생하는 외환차이는 그 외환차이가 발생하는 회계기간의 당기손익으로 인식한다. 한국채택국제회계기준에서는 보고기간 말의 환율변동으로 인해 발생하는 외환차이에 대한 계정과목을 예시하고 있지 않다. 본서는 이를 외환차손익 계정과목으로 하여 인식한다.

각 물음은 서로 독립적이다.

1 A사는 20×1년 10월 1일에 $1,000의 상품을 구입하고 대금을 6개월 후 지급하기로 하였다. 일자별 환율이 아래와 같을 때, 각 일자별 A사가 수행할 회계처리를 보이시오.

일자	환율
20×1년 10월 1일	₩1,200/$
20×1년 12월 31일	₩1,150/$
20×2년 3월 31일	₩1,210/$

2 B사는 20×1년 10월 1일에 $1,000의 상품을 판매하고 대금을 6개월 후 수령하기로 하였다. 일자별 환율이 아래와 같을 때, 각 일자별 B사가 수행할 회계처리를 보이시오.

일자	환율
20×1년 10월 1일	₩1,200/$
20×1년 12월 31일	₩1,150/$
20×2년 3월 31일	₩1,210/$

풀이

1 [20×1년 10월 1일]

차) 상품	1,200,000	대) 매입채무	1,200,000

[20×1년 12월 31일]

차) 매입채무	50,000	대) 외화환산이익[1]	50,000

[20×2년 3월 31일]

차) 매입채무	1,150,000	대) 현금[2]	1,210,000
외환차손	60,000		

[1] $1,000 × ₩(1,150 − 1,200) = 50,000
[2] $1,000 × ₩1,210 = 1,210,000

2 [20×1년 10월 1일]

차) 매출채권	1,200,000	대) 매출	1,200,000

[20×1년 12월 31일]

차) 외화환산손실[1]	50,000	대) 매출채권	50,000

[20×2년 3월 31일]

차) 현금[2]	1,210,000	대) 매출채권	1,150,000
		외환차익	60,000

[1] $1,000 × ₩(1,150 − 1,200) = 50,000
[2] $1,000 × ₩1,210 = 1,210,000

01 역사적원가 측정대상 비화폐성 외화항목의 후속 측정

역사적원가로 측정하는 비화폐성 외화항목은 거래 발생일의 환율로 환산하여 후속 측정한다. 비화폐성 외화항목이 역사적원가로 측정되고 있다면 장부금액을 취득원가로 측정하고자 하는 것이므로, 환율도 최초 거래 발생일의 환율을 적용하여 후속 측정하는 것이 취득원가주의와 적절히 대응된다.

역사적원가 측정대상 비화폐성 외화항목의 경우 최초 인식 시에 거래 발생일의 환율을 적용하여 측정하고, 후속 측정 시에도 해당 거래 발생일의 환율을 적용하여 측정하므로 외환차이가 발생하지 않는다.

02 공정가치 측정대상 비화폐성 외화항목의 후속 측정

공정가치로 측정하는 비화폐성 외화항목은 공정가치가 결정된 날의 환율로 환산하여 후속 측정한다. 비화폐성 외화항목이 공정가치로 측정되고 있다면 장부금액을 공정가치로 측정하고자 하는 것이므로, 환율도 공정가치 측정일(예 보고기간 말)의 환율을 적용하여 후속 측정하는 것이 공정가치주의와 적절히 대응된다.

공정가치 측정대상 비화폐성 외화항목의 경우 최초 인식 시에 거래 발생일의 환율을 적용하여 측정하고, 후속 측정 시에도 공정가치 측정일의 환율을 적용하여 측정하므로 외환차이가 발생한다. 해당 비화폐성 항목에서 생긴 공정가치 변동손익을 당기손익으로 인식하는 경우에는 그 손익에 포함된 환율변동효과도 당기손익으로 인식한다. 그러나 비화폐성 항목에서 생긴 공정가치 변동손익을 기타포괄손익으로 인식하는 경우에는 그 손익에 포함된 환율변동효과도 기타포괄손익으로 인식한다.

Self Study

공정가치 측정대상 비화폐성 외화항목의 후속 측정 시 환율변동손익을 분리하여 인식하지 않는다. 환율변동에 따른 효과를 분리하여 인식하지 않고 자산가치의 변동손익에 포함하여 환율변동손익을 인식한다.

A사의 기능통화는 원화이며, 달러화 대비 원화의 환율이 다음과 같을 때 아래의 각 독립적 물음에 답하시오.

일자	20×1. 10. 1.	20×1. 12. 31.	20×2. 3. 1.
환율	₩1,000/$	₩1,040/$	₩1,020/$

1 A사는 20×1년 10월 1일 미국으로부터 재고자산 $1,000을 매입하여 20×1년 12월 31일 현재 보유하고 있다. A사는 재고자산을 취득원가와 순실현가능가치 중 낮은 가격으로 측정한다. 20×1년 12월 31일 현재 외화표시 재고자산의 순실현가능가치가 $980일 경우에 A사가 기능통화 재무제표에 표시할 재고자산의 장부금액을 구하시오.

2 A사는 20×1년 10월 1일 미국에 소재하는 사업 목적의 토지를 $12,000에 취득하였고, 20×1년 12월 31일 현재 토지의 공정가치는 $13,000이다. A사가 20×2년 3월 1일에 토지의 1/4을 $5,000에 매각하였을 때, 원가모형에 의한 유형자산처분이익(또는 손실)을 구하시오. (단, 손실의 경우에는 금액 앞에 (-) 표시할 것)

3 A사는 매년 재평가를 실시한다고 가정하고, **2**에서 재평가모형에 의한 ㈜갑의 유형자산처분이익(또는 손실)을 구하시오. (단, 손실의 경우에는 금액 앞에 (-) 표시할 것)

❶ 재고자산 장부금액: Min[$1,000 × @1,000 = 1,000,000, $980 × @1,040 = 1,019,200]

= 1,000,000

* 외화재고자산의 저가평가는 기능통화로 환산한 원가와 순실현가능가치 중 작은 금액으로 측정한다.

❷ 유형자산처분이익: $5,000 × @1,020 − $12,000/4 × @1,000 = 2,100,000

[20×1년 10월 1일]

차) 토지	12,000,000	대) 현금	12,000,000

[20×1년 12월 31일]

−회계처리 없음−			

[20×2년 3월 1일]

차) 현금	5,100,000	대) 토지	3,000,000
		유형자산처분이익	2,100,000

❸ 유형자산처분이익: $5,000 × @1,020 − $13,000/4 × @1,040 = 1,720,000

* 재평가모형을 적용하는 토지는 20×1년 말 현재의 공정가치로 측정하였으므로 20×1년 말의 환율로 환산되어 있다.

[20×1년 10월 1일]

차) 토지	12,000,000	대) 현금	12,000,000

[20×1년 12월 31일]

차) 토지[1]	1,520,000	대) 재평가잉여금	1,520,000

[1] $13,000 × @1,040 − 12,000,000 = 1,520,000

[20×2년 3월 1일]

차) 현금	5,100,000	대) 토지	3,380,000
		유형자산처분이익	1,720,000

A사의 기능통화는 원화이며, 다음과 같이 외화자산을 보유하고 있다. 각 물음에 답하시오.

(1) 20×1년 1월 1일에 미국에서 건물을 $400에 구입하여 사용 중에 있다. 건물의 내용연수는 5년이며, 잔존가치는 없다. A사는 정액법으로 동 건물을 감가상각하고 있다.

(2) 건물의 공정가치는 20×1년과 20×2년에 각각 $350, $200이다.

(3) 각 일자별 환율은 다음과 같다.

일자	20×1. 1. 1.	20×1. 12. 31.	20×2. 12. 31.
환율	₩1,130/$	₩1,300/$	₩1,400/$

1 A사는 동 건물에 대하여 원가모형을 적용할 경우 각 일자별 회계처리를 보이시오.

2 A사는 동 건물에 대하여 재평가모형을 적용할 경우 각 일자별 회계처리를 보이시오. (단, 재평가로 인한 장부금액의 조정은 누계액 제거법을 사용하고 있고, 재평가잉여금을 사용기간 동안 이익잉여금으로 대체하지 않는다)

3 위 물음과 독립적으로 A사는 동 건물을 투자부동산으로 분류하고 공정가치모형을 적용하고 있을 때, 각 일자별 회계처리를 보이시오.

풀이

1

20×1. 1. 1.	차) 건물[1)	452,000	대) 현금	452,000
20×1. 12. 31.	차) 감가상각비[2)	90,400	대) 감가상각누계액	90,400
20×2. 12. 31.	차) 감가상각비	90,400	대) 감가상각누계액	90,400

[1) $400 × ₩1,130 = 452,000
[2) 452,000 ÷ 5년 = 90,400

2

20×1. 1. 1.	차) 건물	452,000	대) 현금	452,000
20×1. 12. 31.	차) 감가상각비	90,400	대) 감가상각누계액	90,400
	차) 감가상각누계액	90,400	대) 재평가잉여금[1)	93,400
	건물	3,000		
20×2. 12. 31.	차) 감가상각비[2)	113,750	대) 감가상각누계액	113,750
	차) 감가상각누계액	113,750	대) 건물	175,000
	재평가잉여금[3)	61,250		

[1) $350 × ₩1,300 − (452,000 − 90,400) = 93,400
[2) $350 × ₩1,300 ÷ (5 − 1)년 = 113,750
[3) $200 × ₩1,400 − ($350 × ₩1,300 − 113,750) = (−)61,250

3

20×1. 1. 1.	차) 투자부동산	452,000	대) 현금	452,000
20×1. 12. 31.	차) 투자부동산[1)	3,000	대) 평가이익(N/I)	3,000
20×2. 12. 31.	차) 평가손실[2)	175,000	대) 투자부동산	175,000

[1) $350 × ₩1,300 − 452,000 = 3,000
[2) $200 × ₩1,400 − $350 × ₩1,300 = (−)175,000

01 외화사채

외화로 발행되고 표시이자의 지급과 액면금액의 상환이 외화로 이루어지는 외화사채는 화폐성 항목이므로 기말에 재무상태표에 표시할 때 마감환율로 환산하여야 하며, 환산에서 발생하는 외환차이는 당기손익으로 인식한다.

[외화사채의 회계처리 순서]

1단계: 사채의 유효이자와 상각후원가를 외화로 결정한다.
2단계: 회계기간 동안 발생한 유효이자는 평균환율을 적용하여 환산한다.
3단계: 재무상태표에 표시될 상각후원가는 마감환율을 적용하여 환산한다.
4단계: 표시이자로 지급되는 외화금액은 표시이자를 지급하는 거래일의 현물환율을 적용하여 환산한다.
5단계: 환산된 금액으로 분개하여 대차차액을 환율변동손익으로 당기손익처리한다.

02 외화투자채무상품

외화로 취득하고 표시이자의 수취와 액면금액의 회수가 외화로 이루어지는 외화투자채무상품은 화폐성 항목으로 기말에 표시할 때 마감환율로 환산하여야 하며, 환산에서 발생하는 외환차이는 당기손익으로 인식한다.

외화투자채무상품을 AC금융자산으로 분류하는 경우는 회계처리 순서가 외화사채와 동일하다. 그러나 FVOCI금융자산으로 분류한 경우에는 기말에 공정가치로 평가하여 공정가치와 상각후원가의 차액을 재무상태표에 기타포괄손익누계액으로 표시하므로 FVOCI금융자산으로 분류한 경우에도 AC금융자산으로 분류한 경우와 이자수익과 외환이익은 동일하다.

㈜포도는 20×1년 초에 ㈜애플이 발행한 아래와 같은 조건의 사채를 취득하여 FVOCI금융자산으로 분류하였다.

(1) 발행일: 20×1년 초

(2) 액면금액: $10,000

(3) 이자 지급: 연 8%, 매년 12월 말 후급

(4) 상환일: 20×3년 말에 일시 상환

(5) 사채 발행 시 시장이자율: 연 10%

관련 환율과 사채의 공정가치는 아래와 같다.

구분	20×1년 초	20×1년 말	20×2년 말	20×3년 말
기말환율	₩1,000/$	₩1,100/$	₩1,050/$	₩1,200/$
공정가치	$9,503	$9,600	$9,900	$10,000

구분	20×1년	20×2년	20×3년
평균환율	₩1,050/$	₩1,070/$	₩1,130/$

1 ㈜애플이 동 사채와 관련하여 재무제표에 계상할 아래의 금액들을 구하시오.

	구분	금액
20×1년	20×1년 말 사채의 장부금액	①
	20×1년 사채의 이자비용	②
	20×1년 사채의 외환손익	③

2 ㈜포도가 동 사채와 관련하여 재무제표에 계상할 아래의 금액들을 구하시오.

	구분	금액
20×1년	20×1년 말 FVOCI금융자산의 장부금액	①
	20×1년 FVOCI금융자산의 이자수익	②
	20×1년 FVOCI금융자산의 외환손익	③
	20×1년 FVOCI금융자산의 기타포괄손익	④

❶

구분		금액
20×1년	20×1년 말 사채의 장부금액	① 10,618,630
	20×1년 사채의 이자비용	② (997,815)
	20×1년 사채의 외환손익	③ (997,815)

[20×1년 초]

차) 현금	9,503,000	대) 사채	10,000,000
사채할인발행차금	497,000		

[20×1년 말]

차) 이자비용[2]	997,815	대) 현금[1]	880,000
외환손실	32,485	사채할인발행차금[3]	150,300

[1] $\$10,000 \times 8\% \times ₩1,100/\$(기말환율) = 880,000$
[2] $\$9,503 \times 10\% \times ₩1,050/\$(평균환율) = 997,815$
[3] $\$(9,503 \times 10\% - 10,000 \times 8\%) \times ₩1,000/\$(기초환율) = 150,300$

차) 사채할인발행차금[5]	34,670	대) 사채[4]	1,000,000
외환손실	965,330		

[4] $\$10,000 \times (₩1,100/\$ - ₩1,000/\$) = 1,000,000$
[5] $\$(10,000 - 9,653.3) \times (₩1,100/\$ - ₩1,000/\$) = 34,670$

❷

구분		금액
20×1년	20×1년 말 FVOCI금융자산의 장부금액	① 10,560,000
	20×1년 FVOCI금융자산의 이자수익	② 997,815
	20×1년 FVOCI금융자산의 외환손익	③ 997,815
	20×1년 FVOCI금융자산의 기타포괄손익	④ (58,630)

[20×1년 초]

차) FVOCI금융자산	9,503,000	대) 현금	9,503,000

[20×1년 말]

차) 현금	880,000	대) 이자수익	997,815
FVOCI금융자산	150,300	외환이익	32,485
차) FVOCI금융자산	965,330	대) 외환이익	965,330

* $\$(9,503 \times 1.1 - 800) \times (₩1,100/\$ - ₩1,000/\$) = 965,330$

차) 금융자산평가손실(OCI)	58,630	대) FVOCI금융자산	58,630

* $\$(9,600 - 9,653.3) \times ₩1,100/\$ = (58,630)$

3 표시통화 재무제표로의 환산

외화거래가 발생하게 되면 보고기업의 재무제표는 일단 영업활동이 이루어지는 주된 경제 환경의 통화인 기능통화로 환산하여 작성된다. 하지만 정보이용자의 요구에 따라 기능통화로 작성된 보고기업의 재무제표는 어떤 통화로도 표시되어 보고될 수 있다. 따라서 보고기업의 기능통화와 표시통화가 다른 경우에는 기능통화로 작성된 재무제표를 표시통화로 다시 환산하여 회계정보를 정보이용자에게 공시해야 한다. 이처럼 기능통화로 작성된 재무제표를 표시통화로 환산해야 하는 상황이 두 가지 있다. 하나는 보고기업의 기능통화와 표시통화가 다른 경우이고 다른 하나는 보고기업의 표시통화와 해외사업장의 기능통화가 다른 경우이다.

I 보고기업 재무제표의 표시통화 환산

보고기업의 기능통화가 표시통화와 다른 경우 기능통화 재무제표를 표시통화 재무제표로 환산하는 방법은 다음과 같다.

> ① **재무상태표의 자산과 부채:** 해당 보고기간 말의 마감환율로 환산
> ② **재무상태표의 자본:** 해당 거래 발생일의 환율로 환산
> ③ **포괄손익계산서의 수익과 비용:** 해당 거래일의 환율 혹은 해당 기간의 평균환율로 환산
> ④ ①, ②, ③의 환산에서 생기는 **외환차이:** 기타포괄손익(해외사업환산손익)으로 인식

한국채택국제회계기준서 제1021호 '환율변동효과'에서는 기능통화를 표시통화로 환산할 때 자산과 부채, 그리고 수익과 비용항목에 적용할 환율에 대한 규정이 있지만, 이를 제외한 자본에 적용할 환율에 대한 규정이 없다. 자본항목도 수익, 비용과 마찬가지로 해당 거래일의 환율을 적용하는 것이 타당하다.

Additional Comment

표시통화의 적용에 따른 외환차이를 기타포괄손익으로 인식하는 이유는 이러한 환율의 변동은 현재와 미래의 영업현금흐름에 직접적으로 영향을 미치지 않거나 거의 미치지 않으므로 외환차이를 당기손익으로 인식하면 기업의 재무상태와 경영성과가 왜곡되기 때문이다. 그러므로 외환차이의 누계액은 자본의 별도 항목인 기타포괄손익누계액으로 표시하는 것이 타당하다.

---

01 해외사업장의 환산

해외사업장은 보고기업과 다른 국가에서 또는 다른 통화로 영업활동을 하는 종속기업, 공동기업, 관계기업을 말한다. 이때 해외사업장의 기능통화가 보고기업의 표시통화와 다르다면 기능통화로 작성된 해외사업장의 재무제표를 보고기업의 표시통화로 환산하여 각각 연결이나 지분법을 적용하고, 이 결과를 보고기업의 재무제표에 반영하여야 한다.

해외사업장의 기능통화가 보고기업의 표시통화와 다른 경우 기능통화 재무제표를 표시통화 재무제표로 환산하는 방법은 다음과 같다.

> ① 재무상태표의 자산과 부채: 해당 보고기간 말의 마감환율로 환산
> ② 재무상태표의 자본: 해당 거래 발생일의 환율로 환산
> ③ 포괄손익계산서의 수익과 비용: 해당 거래일의 환율 혹은 해당 기간의 평균환율로 환산
> ④ ①, ②, ③의 환산에서 생기는 외환차이: 기타포괄손익으로 인식

이는 보고기업의 기능통화 재무제표를 표시통화로 환산하는 방법과 동일하며, 환산에서 발생하는 외환차이는 해외사업장환산손익의 계정으로 기타포괄손익으로 인식하면 된다. 또한 보고기업이 지분을 전부 소유하고 있지는 않지만 연결실체에 포함되는 해외사업장과 관련된 외환차이 중 비지배지분으로 인해 발생하는 외환차이의 누계액은 연결재무상태표의 비지배지분으로 배분하여 인식한다.

02 해외사업장의 처분

해외사업장을 처분하는 경우 기타포괄손익으로 인식한 해외사업장 관련 외환차이의 누계액은 해외사업장의 처분손익을 인식하는 시점에 자본에서 당기손익으로 재분류조정한다. 다만, 해외사업장의 손실 또는 투자자가 인식한 손상으로 인한 해외사업장의 장부금액에 대한 손상의 인식은 해외사업장의 일부를 처분하는 경우에는 해당하지 않는다. 따라서 기타포괄손익으로 인식한 해외사업장환산손익은 손상을 인식하는 시점에 손익으로 재분류하지 아니하고 오직 해외사업장의 처분에 의하여만 당기손익으로 재분류조정된다.

03 기능통화의 변경

기능통화가 변경되는 경우에는 새로운 기능통화에 의한 환산절차를 변경한 날부터 전진적용한다. 그러므로 기능통화가 변경된 날의 환율을 사용하여 모든 항목을 새로운 기능통화로 환산한다. 비화폐성 항목의 경우에는 새로운 기능통화로 환산한 금액이 역사적원가가 된다.

Self Study

기능통화가 변경되는 경우 전진적용하므로 해외사업장환산차손익은 발생하지 않는다.

Additional Comment

재화나 용역의 공급가격에 주로 영향을 미치는 통화의 변경은 기능통화 변경의 예이다.

A사는 국내에 소재하고 원화를 기능통화로 사용하고 있다. 다음은 A사의 미국소재 LA지점의 20×2년의 재무제표이다.

재무상태표

LA지점	20×2년 12월 31일		(단위: $)
현금및현금성자산	1,000	매입채무	1,000
매출채권	1,500	장기차입금	2,000
재고자산	2,000	본점	3,700
건물	4,000	이익잉여금	1,300
감가상각누계액	(500)		
자산총계	8,000		8,000

포괄손익계산서

LA지점	20×2년 1월 1일부터 20×2년 12월 31일까지	(단위: $)
수익(매출액)		10,000
매출원가		(8,000)
매출총이익		2,000
감가상각비		(200)
기타수익		500
기타비용		(1,000)
당기순이익		1,300

〈추가 자료〉

(1) LA지점은 20×1년 초에 설립되었으며 건물은 설립 시에 취득하였다.
(2) 20×2년 12월 31일 현재 A사의 LA지점 계정잔액은 ₩2,700,000이다.
(3) 지점의 매출, 매입, 기타수익, 기타비용은 연간 균등하게 발생하였다.
(4) 환율변동에 관한 자료는 다음과 같다.
　　1) 20×1년 1월 1일: ₩700/$
　　2) 20×2년 평균환율: ₩730/$
　　3) 20×2년 12월 31일: ₩800/$

LA지점의 재무제표를 표시통화인 원화로 환산하시오.

(1) 포괄손익계산서의 환산

포괄손익계산서

	외화($)	환율	원화(₩)
수익(매출액)	10,000	730	7,300,000
매출원가	(8,000)	730	(5,840,000)
매출총이익	2,000		1,460,000
감가상각비	(200)	730	(146,000)
기타수익	500	730	365,000
기타비용	(1,000)	730	(730,000)
당기순이익	1,300		949,000
해외사업환산이익		재무상태표에서	351,000
총포괄이익			1,300,000

(2) 재무상태표의 환산

재무상태표

	외화($)	환율	원화(₩)
현금및현금성자산	1,000	800	800,000
매출채권	1,500	800	1,200,000
재고자산	2,000	800	1,600,000
건물	4,000	800	3,200,000
감가상각누계액	(500)	800	(400,000)
	8,000		6,400,000
매입채무	1,000	800	800,000
장기차입금	2,000	800	1,600,000
본점	3,700		2,700,000
이익잉여금(당기순이익)	1,300	포괄손익계산서에서	949,000
해외사업환산이익		대차차액	351,000
	8,000		6,400,000

4 해외종속기업의 연결

해외종속기업에 대한 연결재무제표를 작성할 때는 해외종속기업의 기능통화로 작성된 재무제표를 지배기업의 표시통화로 환산하여야 한다. 해외종속기업의 재무제표를 환산한 후 연결절차는 일반적인 경우와 동일하다. 해외종속기업의 연결에서 주의할 사항은 다음과 같다.

(1) 해외사업장의 취득으로 생기는 영업권과 자산·부채의 장부금액에 대한 공정가치 조정금액은 해외사업장 자산·부채로 본다. 그러므로 영업권과 자산·부채의 공정가치와 장부금액의 조정액은 해외사업장의 기능통화로 표시하고 마감환율로 환산한다. 이로 인하여 발생하는 외환차이도 해외사업장환산손익으로 기타포괄손익으로 인식한다.

(2) 보고기업이 해외사업장으로부터 수취하거나 해외사업장에 지급할 화폐성 항목 중에서 예측할 수 있는 미래에 결제할 계획이 없고 결제될 가능성이 낮은 항목은 실질적으로 그 해외사업장에 대한 순투자의 일부로 본다. 단, 이러한 화폐성 항목에는 장기 채권이나 대여금은 포함될 수 있으나 매출채권과 매입채무는 포함되지 않는다.

(3) 보고기업의 해외사업장에 대한 순투자의 일부인 화폐성 항목에서 생기는 외환차이는 보고기업의 별도 재무제표나 해외사업장의 개별 재무제표에서 당기손익으로 인식한다. 그러나 보고기업과 해외사업장을 포함하는 재무제표(예 해외사업장이 종속기업인 경우의 연결재무제표)에서는 이러한 외환차이를 처음부터 기타포괄손익으로 인식하고 처분시점에 당기손익으로 재분류한다.

(4) 보고기업과 해외사업장의 재무제표를 연결하는 경우 연결실체 내 잔액 제거와 종속기업의 연결실체 내 내부거래 제거와 같은 정상적인 연결절차를 수행한다. 그러나 내부거래에서 생긴 화폐성 자산(부채)은 장단기 여부에 관계없이, 대응하는 화폐성 부채(자산)와 상계하더라도 관련된 환율변동효과는 연결재무제표에 반영된다. 이는 내부거래에서 생긴 화폐성 항목도 특정 통화를 다른 통화로 교환하는 과정에서 환율변동으로 보고기업의 손익이 영향을 받기 때문이다. 그러므로 이러한 외환차이는 연결재무제표에서 당기손익으로 인식한다. 예로 지배기업이 해외종속기업에 대한 외화매출채권을 인식하는 경우 연결조정분개를 할 때 지배기업 매출채권과 종속기업 매입채무를 상계하지만 지배기업이 종속기업 외화매출채권에 대해서 당기손익으로 인식한 외환차이는 연결재무제표에서도 당기손익으로 인식한다.

㈜지배는 20×8년 1월 1일에 미국에 소재하고 있는 ㈜종속의 보통주 지분 80%를 $2,500 (₩3,000,000 상당액)에 취득하면서 지배력을 획득하였다. 취득 당시 ㈜종속의 자본항목은 자본금 $2,000와 이익잉여금 $1,000로 구성되어 있다. ㈜지배의 기능통화와 표시통화는 원화(₩)이며, ㈜종속의 기능통화는 US$이다. 또한 US$는 초인플레이션 경제의 통화에 해당하지 않는다.

20×8년도 ㈜종속의 재무상태표와 포괄손익계산서는 다음과 같다.

재무상태표
20×8년 12월 31일 현재

과목	금액	과목	금액
현금	$600	매입채무	$800
수취채권	1,800	장기차입금	1,300
재고자산	1,200	자본금	2,000
유형자산	2,400	기타포괄손익누계액	500
		이익잉여금	1,400
자산총계	$6,000	부채와 자본총계	$6,000

포괄손익계산서
20×8년 1월 1일부터 20×8년 12월 31일까지

과목	금액
매출액	$20,000
매출원가	(18,000)
매출총이익	2,000
기타비용	(1,400)
금융원가	(100)
법인세비용	(100)
당기순이익	400
기타포괄이익	500
총포괄이익	$900

㈜종속의 수익과 비용은 평균적으로 발생한다고 가정하며, 기타포괄이익은 20×8년 12월 31일에 발생한 재평가잉여금으로 법인세효과를 차감한 순액이다.

20×8년의 환율정보는 다음과 같다.

- 20×8년 1월 1일: US$1 = ₩1,200
- 20×8년 평균: US$1 = ₩1,100
- 20×8년 12월 31일: US$1 = ₩1,050

1 20×8년 12월 31일 ㈜지배가 연결재무제표를 작성하기 위해 ㈜종속의 재무제표를 ㈜지배의 표시통화로 환산하면서 발생하는 외환차이를 계산하시오. (단, 손실의 경우에는 금액 앞에 (−) 표시를 하시오)

2 20×8년 12월 31일 ㈜지배의 표시통화로 작성되는 연결재무제표에 계상되는 영업권을 계산 하시오. (단, 20×8년 1월 1일 현재 ㈜종속의 자산과 부채의 공정가치는 장부금액과 동일하 며, 영업권의 20×8년도 손상차손은 없다)

(풀이)

1 외환차이: (−)470,000

[20×8년 재무제표 환산]

과목	환산 전	환율	환산 후
자산	$6,000	1,050	₩6,300,000
외환차이	−		470,000(역산)
계	$6,000		₩6,770,000
부채	$2,100	1,050	₩2,205,000
자본금	2,000	1,200	2,400,000
기타포괄손익	500	1,050	525,000
기초이익잉여금	1,000	1,200	1,200,000
당기순이익	400	1,100	440,000
계	$6,000		₩6,770,000

2 영업권: ($2,500 − $3,000 × 80%) × ₩1,050 = 105,000

* 영업권은 마감환율로 환산한다.

Chapter 6 | 핵심 빈출 문장

01 영업활동이 이루어지는 주된 경제 환경의 통화를 기능통화라 하며, 기능통화 이외의 통화를 외화로 정의한다.

02 기능통화는 그와 관련된 실제 거래, 사건과 상황을 반영한다. 따라서 일단 기능통화를 결정하면 변경하지 아니한다. 다만, 실제 거래, 사건과 상황에 변화가 있다면 변경할 수 있으며, 기능통화의 변경에 따른 효과는 전진적용하여 회계처리한다.

03 화폐성 항목의 본질적 특성은 확정되었거나 결정할 수 있는 화폐 단위의 수량으로 받을 권리나 지급할 의무라는 것이다. 한편, 비화폐성 항목의 본질적 특징은 확정되었거나 결정할 수 있는 화폐 단위의 수량으로 받을 권리나 지급할 의무가 없다는 것이다.

04 보고기업에 속해 있는 개별 기업의 경영성과와 재무상태는 보고기업이 재무제표를 보고하는 통화로 환산한다. 즉, 보고기업에 속해 있는 각 기업의 기능통화가 보고기업의 표시통화와 다른 경우에는 그 경영성과와 재무상태를 보고기업의 표시통화로 환산해야 한다.

05 외화거래를 기능통화로 최초 인식하는 경우 거래일의 외화와 기능통화 사이의 현물환율을 외화금액에 적용하여 인식한다.

06 보고기간 말에 공정가치로 측정하는 비화폐성 외화항목은 공정가치가 결정된 날의 환율로 환산한다.

07 비화폐성 항목에서 생긴 외환차이를 기타포괄손익으로 인식하는 경우 그 손익에 포함된 환율변동효과도 기타포괄손익으로 인식한다. 그러나 비화폐성 항목에서 생긴 외환차이를 당기손익으로 인식하는 경우에는 그 손익에 포함된 환율변동효과도 당기손익으로 인식한다.

08 기능통화에서 표시통화로 환산하면서 발생한 외환차이는 현재와 미래의 영업현금흐름에 직접적으로 영향을 미치지 않거나 거의 미치지 않으므로 당기손익으로 인식하지 아니하고 기타포괄손익으로 인식한다.

09 해외사업장을 처분하는 경우 기타포괄손익으로 인식한 해외사업장 관련 외환차이의 누계액은 해외사업장의 처분손익을 인식하는 시점에 자본에서 당기순손익으로 재분류조정한다.

Chapter 6 | 객관식 문제

01 기업회계기준서 제1021호 '환율변동효과'에 대한 다음 설명 중 옳지 않은 것은?

[공인회계사 2023년]

① 해외사업장의 취득으로 생기는 영업권과 자산·부채의 장부금액에 대한 공정가치 조정액은 해외사업장의 자산·부채로 본다. 따라서 이러한 영업권과 자산·부채의 장부금액에 대한 공정가치 조정액은 해외사업장의 기능통화로 표시하고 마감환율로 환산한다.

② 기능통화가 초인플레이션 경제의 통화인 경우 모든 금액(즉, 자산, 부채, 자본항목, 수익과 비용, 비교표시되는 금액 포함)을 최근 재무상태표 일자의 마감환율로 환산한다. 다만, 금액을 초인플레이션이 아닌 경제의 통화로 환산하는 경우에 비교표시되는 금액은 전기에 보고한 재무제표의 금액(즉, 전기 이후의 물가수준변동효과나 환율변동효과를 반영하지 않은 금액)으로 한다.

③ 보고기업의 해외사업장에 대한 순투자의 일부인 화폐성항목에서 생기는 외환차이는 보고기업의 별도재무제표나 해외사업장의 개별재무제표 및 보고기업과 해외사업장을 포함하는 재무제표에서 외환차이가 처음 발생되는 시점부터 당기손익으로 인식한다.

④ 기능통화가 변경되는 경우에는 새로운 기능통화에 의한 환산절차를 변경한 날부터 전진적용한다.

⑤ 재무제표를 작성하는 해외사업장이 없는 기업이나 기업회계기준서 제1027호 '별도재무제표'에 따라 별도재무제표를 작성하는 기업은 재무제표를 어떤 통화로도 표시할 수 있다.

02 ㈜대한은 20×1년 초 설립된 해운기업이다. 우리나라에 본사를 두고 있는 ㈜대한의 표시통화는 원화(₩)이나, 해상운송을 주된 영업활동으로 하고 있어 기능통화는 미국달러화($)이다. 기능통화로 표시된 ㈜대한의 20×1년 및 20×2년 요약 재무정보(시산표)와 관련 정보는 다음과 같다.

• ㈜대한의 20×1년 및 20×2년 요약 재무정보(시산표)				
계정과목	20×1년		20×2년	
	차변	대변	차변	대변
자산	$3,000		$4,000	
부채		$1,500		$2,300
자본금		1,000		1,000
이익잉여금		–		500
수익		2,500		3,000
비용	2,000		2,800	
합계	$5,000	$5,000	$6,800	$6,800

• 20×1년 및 20×2년 환율(₩/$) 변동정보

구분	기초	연평균	기말
20×1년	1,000	1,100	1,200
20×2년	1,200	1,150	1,100

• 기능통화와 표시통화는 모두 초인플레이션 경제의 통화가 아니며, 설립 이후 환율에 유의적인 변동은 없었다.
• 수익과 비용은 해당 회계기간의 연평균환율을 사용하여 환산한다.

㈜대한의 20×1년도 및 20×2년도 원화(₩) 표시 포괄손익계산서상 총포괄이익은 각각 얼마인가?

[공인회계사 2022년]

	20×1년	20×2년
①	₩600,000	₩120,000
②	₩600,000	₩320,000
③	₩800,000	₩70,000
④	₩800,000	₩120,000
⑤	₩800,000	₩320,000

03 유럽에서의 사업 확장을 계획 중인 ㈜대한(기능통화 및 표시통화는 원화(₩)임)은 20×1년 10월 1일 독일 소재 공장용 토지를 €1,500에 취득하였다. 그러나 탄소 과다 배출 가능성 등 환경 이슈로 독일 주무관청으로부터 영업허가를 얻지 못함에 따라 20×2년 6월 30일 해당 토지를 €1,700에 처분하였다. 이와 관련한 추가 정보는 다음과 같다.

- 환율(₩/€) 변동정보

일자	20×1. 10. 1.	20×1. 12. 31.	20×2. 6. 30.
환율	1,600	1,500	1,550

- 20×1년 12월 31일 현재 ㈜대한이 취득한 토지의 공정가치는 €1,900이다.

상기 토지에 대해 (1) 원가모형과 (2) 재평가모형을 적용하는 경우, ㈜대한이 20×2년 6월 30일 토지 처분 시 인식할 유형자산처분손익은 각각 얼마인가? [공인회계사 2022년]

	(1) 원가모형	(2) 재평가모형
①	처분이익 ₩165,000	처분손실 ₩185,000
②	처분이익 ₩235,000	처분손실 ₩215,000
③	처분이익 ₩235,000	처분손실 ₩185,000
④	처분이익 ₩385,000	처분손실 ₩215,000
⑤	처분이익 ₩385,000	처분손실 ₩185,000

04 ㈜대한(기능통화는 원화(₩)임)의 다음 외화거래 사항들로 인한 손익효과를 반영하기 전 20×1년 당기순이익은 ₩20,400이다.

> - ㈜대한은 20×1년 11월 1일에 재고자산 ¥500을 현금 매입하였으며 기말 현재 순실현가능가치는 ¥450이다. ㈜대한은 계속기록법과 실지재고조사법을 병행·적용하며 장부상 수량은 실제수량과 같았다.
> - ㈜대한은 20×1년 1월 1일에 일본 소재 토지를 장기 시세차익을 얻을 목적으로 ¥2,000에 현금 취득하였으며 이를 투자부동산으로 분류하였다.
> - 동 토지(투자부동산)에 대해 공정가치모형을 적용하며 20×1년 12월 31일 현재 공정가치는 ¥2,200이다.
> - 20×1년 각 일자별 환율정보는 다음과 같다.
>
> | 구분 | 20×1. 1. 1. | 20×1. 11. 1. | 20×1. 12. 31. | 20×1년 평균 |
> |---|---|---|---|---|
> | ₩/¥ | 10.0 | 10.3 | 10.4 | 10.2 |
>
> - 기능통화와 표시통화는 모두 초인플레이션 경제의 통화가 아니다.
> - 거래일을 알 수 없는 수익과 비용은 해당 회계기간의 평균환율을 사용하여 환산하며, 설립 이후 기간에 환율의 유의한 변동은 없었다.

위 외화거래들을 반영한 후 ㈜대한의 20×1년 포괄손익계산서상 당기순이익은 얼마인가?　　　　　　　　　　　　　　　　　　　　　　　[공인회계사 2021년]

① ₩23,750　　　　② ₩23,000　　　　③ ₩22,810
④ ₩21,970　　　　⑤ ₩21,930

05 다음 중 기업회계기준서 제1021호 '환율변동효과'에서 사용하는 용어의 정의로 옳지 않은 것은?　　　　　　　　　　　　　　　　　　[공인회계사 2021년]

① 환율은 두 통화 사이의 교환비율이다.
② 외화는 회사 본사 소재지 국가 외에서 통용되는 통화이다.
③ 마감환율은 보고기간 말의 현물환율이다.
④ 표시통화는 재무제표를 표시할 때 사용하는 통화이다.
⑤ 현물환율은 즉시 인도가 이루어지는 거래에서 사용하는 환율이다.

06 ㈜한국은 20×1년 초 미국에 지분 100%를 소유한 해외현지법인 ㈜ABC를 설립하였다. 종속기업인 ㈜ABC의 기능통화는 미국달러화($)이며 지배기업인 ㈜한국의 표시통화는 원화(₩)이다. ㈜ABC의 20×2년 말 요약재무상태표와 환율변동정보 등은 다음과 같다.

	요약재무상태표		
㈜ABC	20×2. 12. 31. 현재		(단위: $)
자산	3,000	부채	1,500
		자본금	1,000
		이익잉여금	500
	3,000		3,000

- 자본금은 설립 당시의 보통주 발행금액이며, 이후 변동은 없다.
- 20×2년의 당기순이익은 $300이며, 수익과 비용은 연중 균등하게 발생하였다. 그 외 기타 자본변동은 없다.
- 20×1년부터 20×2년 말까지의 환율변동정보는 다음과 같다.

구분	기초(₩/$)	평균(₩/$)	기말(₩/$)
20×1년	800	?	850
20×2년	850	900	1,000

- 기능통화와 표시통화는 모두 초인플레이션 경제의 통화가 아니다. 수익과 비용은 해당 회계기간의 평균환율을 사용하여 환산하며, 설립 이후 기간에 환율의 유의한 변동은 없었다.

20×2년 말 ㈜ABC의 재무제표를 표시통화인 원화로 환산하는 과정에서 대변에 발생한 외환차이가 ₩100,000일 때, 20×1년 말 ㈜ABC의 원화환산 재무제표의 이익잉여금은 얼마인가?

[공인회계사 2020년]

① ₩30,000 ② ₩100,000 ③ ₩130,000
④ ₩300,000 ⑤ ₩330,000

07 외화거래와 해외사업장의 운영을 재무제표에 반영하는 방법과 기능통화 재무제표를 표시통화로 환산하는 방법에 관한 다음 설명 중 옳지 않은 것은? (단, 기능통화는 초인플레이션 경제의 통화가 아닌 것으로 가정한다)

① 기능통화를 표시통화로 환산함에 있어 재무상태표의 자산과 부채는 해당 보고기간 말의 마감환율을 적용한다.

② 기능통화를 표시통화로 환산함에 있어 포괄손익계산서의 수익과 비용은 해당 거래일의 환율을 적용한다.

③ 공정가치로 측정하는 비화폐성 외화항목은 공정가치가 측정된 날의 환율로 환산하며, 이 과정에서 발생하는 외환차이는 당기손익으로 인식한다.

④ 보고기업의 해외사업장에 대한 순투자의 일부인 화폐성 항목에서 생기는 외환차이는 보고기업의 별도 재무제표나 해외사업장의 개별 재무제표에서 당기손익으로 인식한다.

⑤ 해외사업장을 처분하는 경우에 기타포괄손익으로 인식한 해외사업장 관련 외환차이의 누계액은 해외사업장의 처분손익을 인식하는 시점에 자본에서 당기손익으로 재분류한다.

Chapter 6 | 객관식 문제 정답 및 해설

01 ③ 보고기업의 해외사업장에 대한 순투자의 일부인 화폐성항목에서 생기는 외환차이는 보고기업의 별도재무제표나 해외사업장의 개별재무제표에서 당기손익으로 적절하게 인식한다. 그러나 보고기업과 해외사업장을 포함하는 재무제표(예 해외사업장이 종속기업인 경우의 연결재무제표)에서는 이러한 외환차이를 처음부터 기타포괄손익으로 인식하고 관련 순투자의 처분시점에 자본에서 당기손익으로 재분류한다.

02 ③ (1) 20×1년 말 재무상태표 환산

계정과목	원화	계정과목	원화	
자산	3,000 × 1,200 = 3,600,000	부채	1,500 × 1,200 =	1,800,000
		자본금	1,000 × 1,000 =	1,000,000
		20×1년 순이익	500 × 1,100 =	550,000
		환산이익	대차차액	250,000
	3,600,000			3,600,000

⇒ 20×1년 총포괄이익: 550,000 + 250,000 = 800,000

(2) 20×2년 말 재무상태표 환산

계정과목	원화	계정과목	원화	
자산	4,000 × 1,100 = 4,400,000	부채	2,300 × 1,100 =	2,530,000
		자본금	1,000 × 1,000 =	1,000,000
		20×1년 순이익	500 × 1,100 =	550,000
		20×2년 순이익	200 × 1,150 =	230,000
		환산이익	대차차액	90,000
	4,400,000			4,400,000

⇒ 20×2년 총포괄이익: 230,000 + (90,000 − 250,000) = 70,000

03 ② (1) 원가모형의 유형자산처분손익: €1,700 × @1,550 − €1,500 × @1,600 = 235,000
(2) 재평가모형의 유형자산처분손익: €1,700 × @1,550 − €1,900 × @1,500 = (−)215,000

04 ③ (1) 재고자산평가손실: ¥450 × @10.4 − ¥500 × @10.3 = (−)470
(2) 투자부동산평가이익: ¥2,200 × @10.4 − ¥2,000 × @10.0 = 2,880
(3) 당기순이익에 미친 영향: 20,400 − 470 + 2,880 = 22,810

05 ② 외화는 기능통화가 아닌 통화를 말한다.

06 ⑤

계정과목	원화	계정과목	원화	
자산	3,000 × 1,000 = 3,000,000	부채	1,500 × 1,000 =	1,500,000
		자본금	1,000 × 800 =	800,000
		기초이익잉여금		330,000(역산)
		당기순이익	300 × 900 =	270,000
		해외사업장환산이익		100,000
	3,000,000			3,000,000

07 ③ 공정가치로 측정하는 비화폐성 항목에서 발생하는 외환차이는 공정가치 변동분을 당기손익으로 처리하는 경우에는 당기손익, 기타포괄손익으로 처리하는 경우에는 기타포괄손익으로 인식한다.

외화환산 종합

㈜갑의 기능통화는 원화이며, 달러화 대비 원화의 환율이 다음과 같을 때 아래의 각 독립적 물음에 답하시오.

일자	20×1. 10. 1.	20×1. 12. 31.	20×2. 3. 1.
환율	₩1,000/$	₩1,040/$	₩1,020/$

물음 1) ㈜갑은 20×1년 10월 1일 미국에 $1,000의 외상매출을 하였다. ㈜갑이 20×2년 3월 1일에 동 매출채권 전액을 회수하였을 때 행할 회계처리를 제시하시오.

물음 2) ㈜갑은 20×1년 10월 1일 미국으로부터 재고자산 $1,000을 매입하여 20×1년 12월 31일 현재 보유하고 있다. ㈜갑은 재고자산을 취득원가와 순실현가능가치 중 낮은 가격으로 측정한다. 20×1년 12월 31일 현재 외화표시 재고자산의 순실현가능가치가 $980일 경우에 ㈜갑이 기능통화 재무제표에 표시할 재고자산의 장부금액을 계산하시오.

물음 3) ㈜갑은 20×1년 10월 1일 미국에 소재하는 사업 목적의 토지를 $12,000에 취득하였고, 20×1년 12월 31일 현재 토지의 공정가치는 $13,000이다. ㈜갑이 20×2년 3월 1일에 토지의 1/4을 $5,000에 매각하였을 때, 원가모형에 의한 유형자산처분이익(또는 손실)을 계산하시오. (단, 손실의 경우에는 금액 앞에 (−) 표시할 것)

물음 4) ㈜갑은 매년 재평가를 실시한다고 가정하고, 물음 3)에서 재평가모형에 의한 ㈜갑의 유형자산처분이익(또는 손실)을 계산하시오. (단, 손실의 경우에는 금액 앞에 (−) 표시할 것)

물음 5) ㈜갑은 20×1년 10월 1일 미국회사가 발행한 지분상품을 $5,000에 취득하였고, 20×1년 12월 31일 현재 지분상품의 공정가치는 $6,000이다. ㈜갑은 20×2년 3월 1일에 지분상품 전부를 $7,000에 처분하였다. ㈜갑이 지분상품을 기타포괄손익 공정가치 측정 금융자산으로 인식하는 경우 20×2년 3월 1일에 행할 회계처리를 제시하시오.

물음 6) 위 물음과 독립적이다.

A사는 국내에 소재하고 원화를 기능통화로 사용하고 있다. 다음은 A사의 미국소재 LA지점의 20×2년의 재무제표이다.

재무상태표

LA지점	20×2년 12월 31일		(단위: $)
현금및현금성자산	1,000	매입채무	1,000
매출채권	1,500	장기차입금	2,000
재고자산	2,000	본점	3,700
건물	4,000	이익잉여금	1,300
감가상각누계액	(500)		
자산총계	8,000		8,000

포괄손익계산서

LA지점	20×2년 1월 1일부터 20×2년 12월 31일까지	(단위: $)
수익(매출액)		10,000
매출원가		(8,000)
매출총이익		2,000
감가상각비		(200)
기타수익		500
기타비용		(1,000)
당기순이익		1,300

〈추가 자료〉

(1) LA지점은 20×1년 초에 설립되었으며 건물은 설립 시에 취득하였다.

(2) 20×2년 12월 31일 현재 A사의 LA지점 계정잔액은 ₩2,700,000이다.

(3) 지점의 매출, 매입, 기타수익, 기타비용은 연간 균등하게 발생하였다.

(4) 환율변동에 관한 자료는 다음과 같다.

    1) 20×1년 1월 1일: ₩700/$

    2) 20×2년 평균환율: ₩730/$

    3) 20×2년 12월 31일: ₩800/$

LA지점의 재무제표를 표시통화인 원화로 환산 시 계상될 해외사업환산손익을 구하시오.

물음 1)

차) 현금[1]	1,020,000	대) 매출채권[2]	1,040,000
외환손실	20,000		

[1] $1,000 × @1,020 = 1,020,000
[2] $1,000 × @1,040 = 1,040,000

물음 2) 재고자산 장부금액: Min[$1,000 × @1,000 = 1,000,000, $980 × @1,040 = 1,019,200] = 1,000,000
* 외화재고자산의 저가평가는 기능통화로 환산한 원가와 순실현가능가치 중 작은 금액으로 측정한다.

물음 3) 유형자산처분이익: $5,000 × @1,020 − $12,000/4 × @1,000 = 2,100,000
[20×1년 10월 1일]

차) 토지	12,000,000	대) 현금	12,000,000

[20×1년 12월 31일]

−회계처리 없음−

[20×2년 3월 1일]

차) 현금	5,100,000	대) 토지	3,000,000
		유형자산처분이익	2,100,000

물음 4) 유형자산처분이익: $5,000 × @1,020 − $13,000/4 × @1,040 = 1,720,000
* 재평가모형을 적용하는 토지는 20×1년 말 현재의 공정가치로 측정하였으므로 20×1년 말의 환율로 환산되어 있다.
[20×1년 10월 1일]

차) 토지	12,000,000	대) 현금	12,000,000

[20×1년 12월 31일]

차) 토지[1]	1,520,000	대) 재평가잉여금	1,520,000

[1] $13,000 × @1,040 − 12,000,000 = 1,520,000
[20×2년 3월 1일]

차) 현금	5,100,000	대) 토지	3,380,000
		유형자산처분이익	1,720,000

물음 5) [20×1년 10월 1일]

차) FVOCI금융자산	5,000,000	대) 현금	5,000,000

[20×1년 12월 31일]

차) FVOCI금융자산[1]	1,240,000	대) 금융자산평가이익(OCI)	1,240,000

[1] $6,000 × @1,040 − 5,000,000 = 1,240,000
[20×2년 3월 1일]

차) FVOCI금융자산[2]	900,000	대) 금융자산평가이익(OCI)	900,000
차) 현금	7,140,000	대) FVOCI금융자산	7,140,000

[2] $7,000 × @1,020 − (5,000,000 + 1,240,000) = 900,000

물음 6)   해외사업환산이익: 351,000

포괄손익계산서

	외화($)	환율	원화(₩)
수익(매출액)	10,000	730	7,300,000
매출원가	(8,000)	730	(5,840,000)
매출총이익	2,000		1,460,000
감가상각비	(200)	730	(146,000)
기타수익	500	730	365,000
기타비용	(1,000)	730	(730,000)
당기순이익	1,300		949,000
해외사업환산이익		재무상태표에서	351,000
총포괄이익			1,300,000

재무상태표

	외화($)	환율	원화(₩)
현금및현금성자산	1,000	800	800,000
매출채권	1,500	800	1,200,000
재고자산	2,000	800	1,600,000
건물	4,000	800	3,200,000
감가상각누계액	(500)	800	(400,000)
	8,000		6,400,000
매입채무	1,000	800	800,000
장기차입금	2,000	800	1,600,000
본점	3,700		2,700,000
이익잉여금(당기순이익)	1,300	포괄손익계산서에서	949,000
해외사업환산이익		대차차액	351,000
	8,000		6,400,000

㈜한국의 기능통화는 원화이다. 다음에 제시되는 물음은 각각 독립적이다. 단, 영향을 묻는 경우에는 금액 앞에 증가(+) 또는 감소(-)를 표기하고, 손익을 묻는 경우에는 금액 앞에 이익(+) 또는 손실(-)을 표시하시오.

[공인회계사 2차 2017년]

물음 1) ㈜한국은 20×1년 11월 1일에 원가 ₩80,000인 상품을 $100에 수출하고, 수출대금은 20×2년 2월 28일에 전액 수령하였다. 동 거래가 ㈜한국의 20×1년 및 20×2년의 당기순이익에 미치는 영향을 각각 계산하시오. 일자별 환율정보는 다음과 같다.

20×1년 11월 1일	20×1년 12월 31일	20×2년 2월 28일
₩1,010/$	₩1,040/$	₩1,020/$

20×1년 당기순이익에 미치는 영향	①
20×2년 당기순이익에 미치는 영향	②

물음 2) ㈜한국은 20×1년 9월 1일에 외국시장에 상장되어있는 ㈜미국의 주식(A)을 $200에 취득하고 이를 FVOCI금융자산으로 분류하였다. 20×1년 12월 31일 현재 A주식의 공정가치는 $220이며, 일자별 환율정보는 다음과 같다.

20×1년 9월 1일	20×1년 12월 31일
₩1,000/$	₩970/$

A주식의 후속 측정(기말평가 및 기능통화환산)이 ㈜한국의 20×1년도 ③ 당기순이익과 ④ 기타포괄이익에 미치는 영향을 각각 계산하시오.

20×1년 당기순이익에 미치는 영향	③
20×1년 기타포괄이익에 미치는 영향	④

※ 다음은 물음 3과 물음 4에 대한 공통 자료이다.

- ㈜한국은 20×1년 1월 1일에 ㈜일본이 발행한 외화사채(B)를 ¥8,969에 취득하였다.
- 외화사채(B) 정보는 다음과 같다.
  - 액면금액: ¥10,000
  - 발행일: 20×1년 1월 1일
  - 만기일: 20×3년 12월 31일(만기 3년)
  - 액면이자율: 4%(매년 말 지급조건)
  - 취득시점의 시장(유효)이자율: 8%
  - 20×1년 말 현재 공정가치: ¥9,400
- 환율정보는 다음과 같다.
  - 20×1년 1월 1일: ₩10/¥
  - 20×1년 평균: ₩11/¥
  - 20×1년 12월 31일: ₩12/¥

물음 3) ㈜한국이 위 외화사채(B)를 AC금융자산으로 분류한 경우, 동 사채와 관련하여 20×1년 도 포괄손익계산서에 보고할 ⑤ 이자수익과 ⑥ 환율변동손익을 각각 계산하시오. (단, 외화기준 이자금액을 소수점 첫째 자리에서 반올림하여 정수로 산출한 후에 기능통화 환산을 수행하시오)

이자수익	⑤
환율변동손익	⑥

물음 4) ㈜한국이 위 외화사채(B)를 FVOCI금융자산으로 분류한 경우, 동 사채와 관련하여 20×1년도 포괄손익계산서에 보고할 ⑦ FVOCI금융자산평가손익을 계산하시오. (단, 외화기준 이자금액을 소수점 첫째 자리에서 반올림하여 정수로 산출한 후에 후속 측정 을 수행하시오)

FVOCI금융자산평가손익	⑦

풀이

물음 1)

20×1년 당기순이익에 미치는 영향	① 24,000
20×2년 당기순이익에 미치는 영향	② (−)2,000

(1) 계산근거
1) 20×1년 당기순이익에 미치는 영향: 101,000 − 80,000 + 3,000 = 24,000
   - 매출액: $100 × @1,010 = 101,000
   - 매출원가: (80,000)
   - 환율변동이익: $100 × (@1,040 − @1,010) = 3,000
2) 20×2년 당기순이익에 미치는 영향: $100 × (@1,020 − @1,040) = (−)2,000

(2) 회계처리
[20×1년 11월 1일]

차) 매출채권	101,000	대) 매출	101,000
차) 매출원가	80,000	대) 재고자산	80,000

[20×1년 12월 31일]

차) 매출채권	3,000	대) 환율변동이익	3,000

[20×2년 2월 28일]

차) 현금[1]	102,000	대) 매출채권[2]	104,000
환율변동손실	2,000		

[1] $100 × @1,020 = 102,000
[2] $100 × @1,040 = 104,000

물음 2)

20×1년 당기순이익에 미치는 영향	③ 0
20×1년 기타포괄이익에 미치는 영향	④ 13,400

(1) 20×1년 기타포괄이익에 미치는 영향: $220 × @970 − $200 × @1,000 = 13,400
(2) 회계처리
[20×1년 9월 1일]

차) FVOCI금융자산	200,000	대) 현금	200,000

[20×1년 12월 31일]

차) FVOCI금융자산	13,400	대) 금융자산평가이익(OCI)	13,400

물음 3)

이자수익	⑤ 7,898
환율변동손익	⑥ 18,656

차) 현금	¥10,000 × 4% × @12 = 4,800	대) 이자수익	¥8,969 × 8% × @11 = 7,898
AC금융자산	¥(8,969 × 8% − 400) × @10 = 3,180	환율변동이익(대차차액)	82
차) AC금융자산	¥(8,969 × 1.08 − 400) × @(12−10) = 18,574	대) 환율변동이익	18,574

물음 4)

FVOCI금융자산평가손익	⑦ 1,356

금융자산평가이익: ¥9,400 × @12 − ¥(8,969 × 1.08 − 400) × @12 = 1,356

회계사 · 세무사 · 경영지도사 단번에 합격!
해커스 경영아카데미 cpa.Hackers.com

Chapter **7**

파생상품회계

1 파생상품의 기초

파생상품(derivatives)은 주식, 채권, 외환과 금리 등의 금융상품을 기초로 만들어진 금융상품이다. 파생상품의 기초가 되는 금융상품을 기초변수 혹은 기초자산이라 하며, 파생상품은 이 기초변수의 미래 가격변동을 예상하여 당해 가격변동을 상품화한 신종금융상품이다. 대표적인 파생상품으로는 선도계약, 선물계약, 옵션계약과 스왑계약 등이 있다.

01 파생상품의 종류

(1) 선도계약과 선물계약

선도계약(forward contract)은 미래 일정시점에 계약상의 특정 대상을 미리 정한 가격으로 매입하거나 매도하기로 맺은 당사자 간의 계약을 말한다. 반면, 선물계약(futures contract)은 수량·규격·품질 등이 표준화되어 있는 특정 대상에 대하여 현재 시점에 결정된 가격에 의해 미래 일정시점에 매입이나 매도할 것으로 약정한 계약으로서 조직화된 시장에서 정해진 방법으로 거래되는 것을 말한다.

(2) 옵션계약

옵션계약은 계약당사자 간에 정하는 바에 따라 일정한 기간 내에 미리 정해진 가격으로 주식, 채권, 주가지수 등 특정 자산을 매입하거나 매도할 수 있는 권리에 대한 계약을 말한다. 선물거래와 달리 매입하거나 매도할 수 있는 권리를 거래하는 것이 옵션거래의 특징이다. 이때 매입할 수 있는 권리를 콜옵션이라 하며, 매도할 수 있는 권리를 풋옵션이라 한다.

(3) 스왑계약

스왑계약은 미래 특정일이나 특정 기간 동안 일반상품 또는 금융상품을 상대방의 일반상품이나 금융상품과 교환하는 거래를 말한다. 교환대상이 상품인 경우를 상품스왑(commodity swap)이라고 하며 금융상품인 경우를 금융스왑(financial swap)이라 한다.

[기초변수와 파생상품의 종류]

기초변수	파생상품의 종류			
	선도거래	선물거래	옵션거래	스왑거래
일반상품의 가격	일반상품선도	일반상품선물	일반상품옵션	일반상품스왑
타기업 주식의 가격	지분선도	지분선물	주식옵션	지분스왑
환율	통화선도	통화선물	통화옵션	통화스왑
이자율	이자율선도	금리선물	금리옵션	이자율스왑

02 파생상품의 요건

한국채택국제회계기준서 제1109호 '금융상품'에서는 다음의 세 가지 특성을 모두 가진 금융상품이나 기타계약을 파생상품으로 정의하고 있다.

(1) 기초변수의 존재

파생상품으로 정의되기 위해서는 파생상품의 가치가 기초변수의 가격변동에 따라 변동하여야 한다. 기초변수는 이자율, 금융상품가격, 일반상품가격, 환율, 가격 또는 비율의 지수, 신용등급이나 신용지수 등 파생상품의 기초가 된 변수를 말한다. 다만, 비금융변수의 경우에는 계약의 당사자에게 특정되지 아니하여야 한다.

(2) 최초에 적은 순투자금액

파생상품을 정의하는 특성 중의 하나는 최초 계약 시 순투자금액이 필요하지 않거나 시장요소의 변동에 유사한 영향을 받을 것으로 기대되는 다른 유형의 계약보다 적은 순투자금액이 필요하다는 것이다.

(3) 미래에 결제

파생상품으로 정의되기 위해서는 당해 상품이 거래 발생일에 결제되는 것이 아니라 미래에 결제되어야 한다. 이 경우 결제방법이 총액으로 결제될 수도 있고, 차액으로 결제될 수도 있다. 파생상품으로 정의되기 위해서는 현재의 결제가 아니라 미래에 결제된다는 사실이 중요할 뿐 결제방법이 영향을 미치지 않는다.

Ⅱ   파생상품의 거래 목적

파생상품투자의 가장 큰 특징은 초기 순투자금액이 없다는 것이다. 따라서 파생상품은 크게 두 가지 거래목적에 의해서 투자되고 운용된다. 하나는 단기적인 매매차익을 얻기 위한 단기매매목적 거래이고, 나머지 하나는 기초자산의 가격변동위험을 제거하기 위한 위험회피목적 거래이다.

01 단기매매목적의 파생상품거래

단기매매목적 파생상품은 당해 파생상품 자체의 가격변동을 예측하여, 위험을 부담하면서 가격변동에 따른 단기적 시세차익을 목적으로 파생상품을 거래하는 것을 의미한다. 이를 투기 목적이라고도 한다. 한국채택국제회계기준서 제1109호 '금융상품'에서는 후술하는 위험회피목적의 파생상품을 제외한 모든 파생상품거래를 단기매매목적의 거래로 규정하고 있다. 단기매매목적으로 파생상품을 보유하고 있는 경우에는 FVPL금융자산으로 분류한 후 관련된 회계처리를 수행하면 된다.

02 위험회피목적의 파생상품거래

위험회피목적 파생상품은 위험회피대상항목의 공정가치 변동이나 미래현금흐름 변동위험을 부분적 또는 전체적으로 상쇄하기 위하여 위험회피의 수단으로 파생상품을 이용하는 것을 말한다.

(1) 공정가치 위험회피목적

공정가치 위험회피목적은 특정 위험에 기인하고 당기손익에 영향을 줄 수 있는 것으로서, 인식된 자산이나 부채 또는 인식되지 않은 확정계약 또는 이러한 항목의 구성요소의 공정가치 변동 익스포저에 대한 위험을 회피하고자 위험회피수단으로 파생상품을 이용하는 것을 말한다.

(2) 현금흐름 위험회피목적

현금흐름 위험회피목적은 특정 위험에 기인하고 당기손익에 영향을 줄 수 있는 것으로서, 인식된 자산이나 부채 또는 발생가능성이 매우 큰 예상거래의 현금흐름 변동 익스포저에 대한 위험을 회피하고자 위험회피수단으로 파생상품을 이용하는 것을 말한다.

(3) 해외사업장순투자 위험회피목적

해외사업장순투자에 대한 위험회피목적은 해외사업장순투자를 지배기업의 표시통화로 환산하는 과정에서 발생하는 환율변동위험을 회피하고자 위험회피수단으로 파생상품을 이용하는 것을 말한다.

Additional Comment

> 위험회피대상항목은 공정가치 변동위험과 현금흐름 변동위험에 노출되어 있으며, 위험회피대상으로 지정된 자산이나 부채, 확정계약, 발생가능성이 매우 높은 예상거래 또는 해외사업장순투자를 말한다. 또한 위험회피수단은 위험회피대상항목의 공정가치 변동이나 현금흐름의 변동을 상쇄할 것으로 기대하여 지정한 파생상품 또는 비파생금융상품을 말한다. 위험회피목적으로 파생상품 등을 보유하는 경우에는 일반적인 회계처리가 아닌 위험회피회계를 적용하여야 한다.

Ⅲ 위험회피회계

01 위험회피회계의 의의

위험회피회계(hedge accounting)의 목적은 당기손익이나 기타포괄손익에 영향을 미칠 수 있는 특정 위험으로 생긴 익스포저를 관리하기 위하여 금융상품을 활용하는 위험관리활동의 효과를 재무제표에 반영하는 것이다. 이는 위험회피대상과 위험회피수단 사이에 위험회피관계가 설정된 이후에 위험회피활동이 재무제표에 적절히 반영될 수 있도록 해당 위험회피대상과 위험회피수단에 대하여 기존의 회계처리기준과 다른 별도의 회계처리 방법을 적용하는 것을 말한다. 기업의 적극적인 위험회피활동으로 인하여 공정가치 변동위험 또는 현금흐름 변동위험이 상쇄되었음에도 불구하고 일반적인 회계기준을 적용하는 경우에는 기업의 위험회피활동이 재무제표에 적절히 반영되지 못하는 경우가 생길 수 있다. 이를 위해서 기존의 회계기준에 따른 회계처리 방법과는 다른 회계처리 방법을 적용해야 하며, 위험회피회계는 이러한 문제를 해결하기 위하여 개발된 회계처리 방법이다. 이런 의미로 위험회피회계를 특별회계라고도 한다.

위험회피목적으로 파생상품을 이용한다고 하여 모든 거래에서 위험회피회계를 적용하는 것은 아니다. 다음의 조건을 모두 충족하는 위험회피관계에 대해서만 위험회피회계를 적용한다.

---

① **문서화:** 위험회피의 개시시점에 위험회피관계와 위험회피를 수행하는 위험관리의 목적과 전략을 공식적으로 지정하고 문서화한다.

② **적격성:** 위험회피관계는 적격한 위험회피수단과 적격한 위험회피대상항목으로 구성된다.

③ 위험회피관계는 다음의 위험회피효과에 관한 요구사항을 모두 충족한다.

　㉠ **경제적 관계 존재:** 위험회피대상항목과 위험회피수단 사이에 경제적 관계가 있다.

　㉡ **지배적이지 않은 신용위험효과의 영향:** 신용위험의 효과가 위험회피대상항목과 위험회피수단의 경제적 관계로 인한 가치 변동보다 지배적이지 않다.

　㉢ **동일한 위험회피비율:** 위험회피관계의 위험회피비율은 기업이 실제로 위험을 회피하는 위험회피대상항목의 수량과 위험회피대상항목의 수량 위험을 회피하기 위해 기업이 실제로 사용하는 위험회피수단의 수량의 비율과 같아야 한다.

---

(1) 위험회피효과

위험회피효과는 위험회피수단의 공정가치나 현금흐름의 변동이 위험회피대상항목의 공정가치나 현금흐름의 변동을 상쇄하는 정도이다. 위험회피에 비효과적인 부분은 위험회피수단의 공정가치나 현금흐름의 변동이 위험회피대상의 공정가치나 현금흐름의 변동보다 더 크거나 더 작은 정도이다.

(2) 위험회피대상항목과 위험회피수단 사이의 경제적 관계의 존재

위험회피대상항목과 위험회피수단 사이에 경제적 관계가 존재한다는 것은 위험회피수단과 위험회피대상항목이 회피대상위험으로 인하여 일반적으로 반대 방향으로 변동하는 가치를 가지고 있다는 것이다. 경제적 관계가 존재하는 경우에만 위험회피회계를 적용할 수 있다.

(3) 지배적이지 않은 신용위험효과의 영향

신용위험의 효과는 위험회피수단과 위험회피대상항목 사이에 경제적 관계가 있더라도 상계의 정도는 일정하지 않을 수 있다는 것을 의미한다. 위험회피수단이나 위험회피대상항목은 신용위험의 변동이 매우 커서 신용위험의 영향이 경제적 관계로 인한 가치 변동보다 지배적으로 발생하는 경우에는 위험회피회계를 적용할 수 없다. 지배적인지를 결정하는 규모의 수준은 기초변수의 변동이 유의적인 경우에도 신용위험으로부터의 손실이 위험회피수단이나 위험회피대상항목의 가치에 기초변수의 변동이 미치는 영향을 압도하는 것을 말한다.

(4) 동일한 위험회피비율

위험회피비율은 상대적인 가중치로 표현되는 위험회피대상항목과 위험회피수단 각각의 수량 사이의 관계를 말한다. 위험회피관계의 위험회피비율은 기업이 실제로 위험을 회피하는 위험회피대상항목의 수량과 기업이 그 수량 위험을 회피하기 위해 사용하는 위험회피수단의 수량에 따른 위험회피비율과 같아야 위험회피회계를 적용할 수 있다.

(5) 위험회피효과 요구사항을 충족하는지를 평가하는 빈도

위험회피관계가 위험회피효과의 요구사항을 충족하는지 여부는 위험회피관계의 개시시점부터 지속적으로 평가한다. 이러한 지속적 평가는 최소한 매 보고일이나 위험회피효과에 관한 요구사항에 영향을 미치는 상황의 유의적 변동이 있는 시점 중에서 이른 날에 수행한다. 이러한 평가는 위험회피효과에 관한 예상과 관련되므로 전진적으로만 수행한다.

03 위험회피관계의 위험회피비율 재조정

재조정은 이미 존재하는 위험회피관계의 위험회피대상항목이나 위험회피수단의 지정된 수량을 위험회피효과에 관한 요구사항에 부합하도록 위험회피비율을 유지하기 위해 조정하는 것을 말한다. 반면에 위험회피관계에 대한 위험관리목적이 바뀌었다면 재조정하는 것이 아니라 그 위험회피관계에 대한 위험회피회계를 중단하여야 한다. 재조정은 위험회피관계가 지속되는 것으로 회계처리하며, 재조정하는 시점에 위험회피관계에서 위험회피의 비효과적인 부분은 위험회피관계를 조정하기 전에 산정하여 즉시 인식한다. 위험회피관계를 재조정할 경우 위험회피비율은 다음과 같은 다른 방법으로 조정할 수 있다.

> ① 위험회피대상항목의 가중치 조정: 위험회피대상항목의 수량을 증가시키거나 위험회피수단의 수량을 감소시켜 위험회피대상항목의 가중치를 증가(동시에 위험회피수단의 가중치 감소)시킨다.
> ② 위험회피수단의 가중치 조정: 위험회피수단의 수량을 증가시키거나 위험회피대상 수단의 수량을 감소시켜 위험회피수단의 가중치를 증가시킨다.

여기서의 수량의 변동은 위험회피관계의 일부인 수량을 말한다. 따라서 수량의 감소가 반드시 항목이나 거래가 더 이상 존재하지 않거나 더 이상 발생할 것으로 예상되지 않는 것을 의미하는 것은 아니지만, 항목이나 거래가 위험회피관계의 일부가 아니라는 것을 의미한다. 즉, 위험회피에 지정되지 않은 파생상품의 일부분은 당기손익-공정가치 측정 항목으로 회계처리될 것이다.

04 위험회피회계의 중단

위험회피수단의 소멸·매각·종료·행사로 인하여 위험회피관계가 적용조건을 충족하지 않는 경우에만 전진적으로 위험회피회계를 중단하며, 이를 제외한 위험회피회계의 자발적인 중단은 허용되지 않는다. 또한, 위험회피관계의 일부만이 적용조건을 더 이상 충족하지 못하는 경우에는 위험회피관계의 일부만 위험회피회계를 중단한다. 한편, 위험회피회계의 일부나 전체가 중단된 종전의 위험회피관계의 위험회피수단이나 위험회피대상항목을 새로운 위험회피관계로 지정할 수 있다. 이는 위험회피관계의 지속이 아니라 재시작이다.

IV 파생상품의 인식과 측정

01 파생상품의 최초 인식

금융자산이나 금융부채는 금융상품의 계약당사자가 되는 때에만 재무상태표에 당해 금융자산이나 금융부채의 공정가치로 최초 인식한다. 따라서 파생상품의 경우에도 당해 파생상품의 계약당사자가 되는 시점에 해당 계약에 따라 발생된 권리와 의무를 공정가치로 측정하여 자산과 부채로 최초 인식하면 된다.

Self Study

자산과 부채로 재무제표에 계상하여야 할 금액은 권리와 의무의 총공정가치가 아니라 순공정가치를 의미한다는 것이다. 파생상품 중 선도계약의 경우 최초 계약 체결시점에 권리와 의무의 공정가치가 동일하다. 그러므로 선도계약의 경우 최초 인식일의 순공정가치가 영(0)이므로 재무제표에 계상되지 않는다.

Additional Comment

파생상품을 정의하는 특성 중의 하나는 최초 계약 시 순투자금액이 필요하지 않거나 시장요소의 변동에 유사한 영향을 받는 것으로 기대되는 다른 유형의 계약보다 적은 순투자금액이 필요하다는 것이다. 선도계약이나 스왑계약의 경우 최초 계약시점에 권리와 의무의 공정가치가 동일하기에 순공정가치가 영(0)이다. 따라서 최초 인식일에 순투자금액이 필요하지 않으며, 관련 회계처리도 필요 없다. 하지만 옵션계약의 경우 처음 계약시점에 권리의 공정가치인 옵션프리미엄이 존재한다. 따라서 최초 인식일에 해당 금액만큼의 순투자금액이 필요하며, 관련 회계처리가 필요하다.

02 파생상품의 후속 측정

최초 인식 후 파생상품은 공정가치로 후속 측정을 수행한다. 여기서 공정가치는 합리적인 판단력과 거래의사가 있는 독립된 당사자 사이의 거래에서 자산이 교환되거나 부채가 결제될 수 있는 금액을 말하며, 매도 등에서 발생할 수 있는 거래원가를 차감하지 않은 금액이다.

(1) 단기매매목적의 파생상품

단기매매목적의 파생상품을 후속 측정하면서 발생한 공정가치 변동에 따른 손익은 발생한 회계기간에 즉시 당기손익으로 인식한다.

(2) 위험회피목적의 파생상품

위험회피목적의 파생상품을 후속 측정하면서 발생한 공정가치 변동에 따른 손익은 위험회피목적의 종류에 따라 당기손익이나 기타포괄손익으로 인식한다.

(3) 파생상품의 제거

파생상품이 만기에 청산되거나 중도에 반대매매를 통하여 청산되는 경우, 당해 청산이 금융상품의 제거요건을 충족한다면 파생상품을 재무제표에서 제거하고 제거에 따른 손익을 인식한다.

1) 단기매매목적의 파생상품

단기매매목적의 파생상품을 제거하면 발생한 결제손익은 발생한 회계기간에 즉시 당기손익으로 인식한다.

2) 위험회피목적의 파생상품

위험회피목적의 파생상품을 제거하면 발생한 결제손익은 위험회피목적의 종류에 따라 당기손익이나 기타포괄손익으로 인식한다.

단기매매목적의 파생상품은 당해 파생상품 자체의 가격변동을 예측하여, 위험을 부담하면서 가격변동에 따른 단기적 시세차익을 목적으로 파생상품을 거래하는 것을 의미한다. 이를 투기 목적이라고도 한다. 한국채택국제회계기준서 제1109호 '금융상품'에서는 위험회피목적의 파생상품을 제외한 모든 파생상품거래를 단기매매목적의 거래로 규정하고 있다. 단기매매목적으로 파생상품을 보유하고 있는 경우에는 단기매매목적의 일반 금융상품과 동일하게 FVPL금융자산으로 분류한 후 회계처리를 수행하면 된다. 이하 설명은 파생상품 중에 가장 일반적인 거래인 선도계약을 중심으로 설명한다.

I 선도계약의 공정가치 산정

선도계약은 거래당사자 간의 미래 결제계약으로, 선물계약처럼 조직화된 시장에서 거래되는 것이 아니므로 시장가격이 없다. 따라서 선도계약의 공정가치는 현금흐름할인모형을 이용하여 다음과 같이 계산된다.

> ① 미래 예상현금흐름을 산정
> 선도계약에 따른 예상현금흐름을 잔여만기가 동일한 선도가격을 기준으로 산정한다.
> ② 현재가치모형의 적용
> 예상현금흐름 변동액을 잔여만기에 대하여 적절한 이자율로 할인하여 산정한다. 예상현금흐름 변동액은 만기시점의 현금흐름이므로 선도계약의 현재 공정가치를 구하기 위해서는 이를 적절한 할인율로 할인해야 한다. 하지만 파생상품의 특성상 현재가치의 할인기간이 단기이므로 수험 목적으로 현재가치를 적용하지 아니한 금액으로 공정가치를 측정하여도 무방하다.

Additional Comment

> 통화선도환율은 주요 금융기관이 제시하는 통화선도환율을 참고로 하여 금융결제원 자금중개실이 보고기간 말에 공시하는 원화 대 미달러화 간 통화선도환율 및 이러한 원화 대 미달러화 간 통화선도환율과 미달러화 대 기타통화 간 통화선도환율을 재정한 원화 대 기타통화 간 통화선도환율을 사용한다.

단기매매목적의 파생상품을 후속 측정하면서 발생한 공정가치 변동에 따른 손익은 발생한 회계기간에 즉시 당기손익으로 인식한다. 더하여 만기나 중도 청산 시 발생한 결제손익도 발생한 회계기간에 즉시 당기손익으로 인식한다.

[단기매매목적 파생상품의 회계처리]

계약 체결일	−회계처리 없음−			
보고기간 말	차) 파생상품	××	대) 파생상품평가이익	N/I
만기결제일	차) 파생상품	××	대) 파생상품평가이익	N/I
	현금	××	파생상품	××

12월 말 결산법인인 A사는 원화의 환율 상승을 예상하고 다음과 같은 통화선도거래계약을 체결하였다.

(1) 통화선도계약 체결일: 20×1년 11월 1일

(2) 계약기간: 20×1년 11월 1일부터 20×2년 2월 28일까지 4개월

(3) 계약조건: $1,000을 ₩1,100/$(통화선도환율)에 매입함

(4) 환율자료는 다음과 같다.

구분	20×1년 11월 1일	20×1년 12월 31일	20×2년 2월 28일
현물환율	₩1,050/$	₩1,120/$	₩1,180/$
선도환율	₩1,100/$	₩1,140/$	−

1 위의 통화선도계약의 일자별 공정가치를 계산하여 일자별 회계처리를 보이시오.

2 위의 물음과 독립적으로 A사가 통화선도거래에 대하여 매입포지션을 취하지 않고, 매도포지션을 취한 경우 일자별 회계처리를 보이시오.

풀이

1

	20×1. 11. 1.	20×1. 12. 31.	20×2. 2. 28.
지급할 돈(고정)	(−)$1,000 × ₩1,100	(−)$1,000 × ₩1,100	(−)$1,000 × ₩1,100
받을 돈(변동)	(+)$1,000 × ₩1,100	(+)$1,000 × ₩1,140	(+)$1,000 × ₩1,180
선도계약의 공정가치(누적)		(+)40,000	(+)80,000

20×1. 11. 1.	−회계처리 없음−			
20×1. 12. 31.	차) 통화선도자산	40,000	대) 평가이익(N/I)	40,000
20×2. 2. 28.	차) 통화선도자산	40,000	대) 평가이익(N/I)	40,000
	차) 현금	80,000	대) 통화선도자산	80,000

2

	20×1. 11. 1.	20×1. 12. 31.	20×2. 2. 28.
받을 돈(고정)	(+)$1,000 × ₩1,100	(+)$1,000 × ₩1,100	(+)$1,000 × ₩1,100
지급할 돈(변동)	(−)$1,000 × ₩1,100	(−)$1,000 × ₩1,140	(−)$1,000 × ₩1,180
선도계약의 공정가치(누적)		(−)40,000	(−)80,000

20×1. 11. 1.	−회계처리 없음−			
20×1. 12. 31.	차) 평가손실(N/I)	40,000	대) 통화선도부채	40,000
20×2. 2. 28.	차) 평가손실(N/I)	40,000	대) 통화선도부채	40,000
	차) 통화선도부채	80,000	대) 현금	80,000

3 공정가치 위험회피회계

파생상품을 위험회피의 수단으로 이용하는 경우에는 위험회피에 따라 회계처리를 수행하여야 한다. 공정 가치 위험회피는 특정 위험에 기인하고 당기손익에 영향을 줄 수 있는 것으로서, 인식된 자산이나 부채 또 는 인식되지 않은 확정계약 또는 이러한 항목의 구성요소의 공정가치 변동 익스포저에 대한 위험을 회피하 기 위하여 파생상품을 이용하는 것을 말한다. 따라서 공정가치 위험회피회계는 위험회피수단인 파생상품 에서 발생한 손익을 위험회피대상항목의 공정가치 변동이 발생한 기간에 손익을 대칭적으로 인식하여 상 쇄되도록 하는 것이 핵심이다.

I 인식된 자산이나 부채의 공정가치 위험회피

인식된 자산이나 부채의 공정가치 위험회피는 현재 존재하는 자산이나 부채의 가격변동위험을 회피하기 위해 위험회피수단으로 파생상품을 이용하는 것을 말한다.

01 위험회피수단의 회계처리

인식된 자산이나 부채의 공정가치 변동위험을 회피하기 위해 위험회피수단으로 지정된 파생상품의 공정가 치 변동손익은 당기손익으로 인식한다. 다만, 위험회피대상항목이 공정가치의 변동을 기타포괄손익에 표 시하기로 선택한 지분상품인 경우 위험회피수단의 공정가치 변동손익은 기타포괄손익으로 인식한다.

02 위험회피대상항목의 회계처리

회피대상위험으로 인한 위험회피대상항목의 공정가치 변동손익은 위험회피대상항목의 장부금액에서 조정 하고 당기손익으로 인식한다. 다만, 위험회피대상항목이 공정가치 변동을 기타포괄손익에 표시하기로 선 택한 지분상품인 경우에는 그 금액을 기타포괄손익으로 계속 인식한다.

> **Self Study**
>
> 위험회피회계를 적용하지 않는다면 원가로 측정하는 자산이나 부채의 경우에도 위험회피대상항목으로 지정되는 경우 에는 당해 자산이나 부채를 공정가치로 후속 측정하여 당기손익으로 인식해야 한다. 또한 위험회피대상항목이 FVOCI금 융자산(채무상품)인 경우에도 회피대상위험으로 인한 손익은 기타포괄손익이 아닌 당기손익으로 인식한다.

12월 말 결산법인인 A사는 20×1년 11월 1일에 $100의 상품을 매입하고 대금은 4개월 후에 결제하기로 하였다. 또한, A사는 동 일자에 매입대금의 환율변동위험을 회피하기 위하여 다음과 같이 통화선도계약을 체결하였다.

(1) 통화선도계약 체결일: 20×1년 11월 1일

(2) 계약기간: 20×1년 11월 1일부터 20×2년 2월 28일까지 4개월

(3) 계약조건: $100을 ₩1,100/$(통화선도환율)에 매입함

(4) 환율자료는 다음과 같다.

구분	20×1년 11월 1일	20×1년 12월 31일	20×2년 2월 28일
현물환율	₩1,050/$	₩1,120/$	₩1,180/$
선도환율	₩1,100/$	₩1,140/$	–

1 위의 매입채무와 통화선도계약의 일자별 공정가치를 계산하시오.

2 A사가 각 일자별 수행할 회계처리를 보이시오. (단, 만기 청산 시 차액결제를 수행한다고 가정한다)

풀이

1 (1) 매입채무
   ① 20×1년 11월 1일의 공정가치: $100 × ₩1,050 = 105,000
   ② 20×1년 12월 31일의 공정가치: $100 × ₩1,120 = 112,000
   ③ 20×2년 2월 28일의 공정가치: $100 × ₩1,180 = 118,000

   (2) 통화선도계약
   ① 20×1년 11월 1일의 공정가치: $100 × ₩(1,100 − 1,100) = 0
   ② 20×1년 12월 31일의 공정가치: $100 × ₩(1,140 − 1,100) = 4,000
   ③ 20×2년 2월 28일의 공정가치: $100 × ₩(1,180 − 1,100) = 8,000

2 (1) 손익계산

	20×1. 11. 1.	20×1. 12. 31.	20×2. 2. 28.
매입채무	(+)$100 × ₩1,050	(−)$100 × ₩1,120	(−)$100 × ₩1,180
		(−)7,000 손실	(−)6,000 손실
통화선도 매입	(−)$100 × ₩1,100	(+)$100 × ₩1,140	(+)$100 × ₩1,180
		(+)4,000 이익	(+)4,000 이익
		‖	‖
		위험회피효과	위험회피효과
		(−)3,000 손실	(−)2,000 손실

(2) 회계처리

20×1. 11. 1.	차) 재고자산	105,000	대) 매입채무	105,000
20×1. 12. 31.	차) 외환환산손실	7,000	대) 매입채무	7,000
	차) 통화선도자산	4,000	대) 통화선도평가이익(N/I)	4,000
20×2. 2. 28.	차) 매입채무	112,000	대) 현금	118,000
	외환차손	6,000		
	차) 통화선도자산	4,000	대) 통화선도평가이익(N/I)	4,000
	차) 현금	8,000	대) 통화선도자산	8,000

Ⅱ   확정계약의 공정가치 위험회피

확정계약은 미래의 특정 시기에 거래대상의 특정 수량을 특정 가격으로 교환하기로 하는 구속력이 있는 약정을 말한다. 확정계약의 공정가치 위험회피는 현재 존재하는 확정계약의 가격변동위험을 회피하기 위해 위험회피수단으로 파생상품을 이용하는 것을 말한다.

01 위험회피수단의 회계처리

확정계약의 공정가치 변동위험을 회피하기 위해 위험회피수단으로 지정된 파생상품의 공정가치 변동손익은 당기손익으로 인식한다.

02 위험회피대상항목의 회계처리

확정계약은 회계적으로 미이행계약이므로 계약을 이행하는 시점까지는 인식하지 않는다. 하지만 확정계약을 위험회피대상항목으로 지정한 경우에는 회피대상위험으로 인한 확정계약의 후속적인 공정가치의 누적 변동분은 자산이나 부채로 인식하고, 이에 상응하는 손익은 당기손익으로 인식한다. 또한 확정계약을 이행한 결과로 인식하는 자산이나 부채의 최초 장부금액이 재무상태표에 인식된 위험회피대상항목의 공정가치 누적 변동분을 포함하도록 조정한다.

확정계약의 외화위험회피에 대해서는 공정가치 위험회피회계나 현금흐름 위험회피회계를 선택하여 적용할 수 있다. 확정계약의 경우 재고자산 등을 확정가격으로 매입하는 계약이므로 현금흐름 변동위험을 부담하지 않는다. 하지만, 확정계약으로 인해 지급하거나 수령할 금액이 외화라면 대상자산의 가격변동으로 인한 공정가치 변동위험뿐만이 아니라, 환율변동으로 인한 현금흐름 변동위험도 부담하게 된다. 이러한 경우에는 기업의 선택에 따라 공정가치 위험회피나 현금흐름 위험회피로 지정할 수 있다.

사례연습 3: 확정계약 공정가치 위험회피 – 원화확정계약(1)

12월 말 결산법인인 A사는 20×1년 11월 1일에 원재료 10kg을 4개월 후인 20×2년 2월 28일에 kg당 ₩10,000에 구입하기로 하는 확정매입계약을 체결하였다. 이 확정계약은 법적 강제력을 가지는 계약으로서 불이행 시에는 그에 따른 위약금을 지불하기로 하는 내용을 포함하고 있다. 한편, A사는 원재료 구매 확정계약의 위험을 회피하기 위하여 다음과 같은 원재료 매매선도거래계약을 역시 동 일자에 체결하였다.

(1) 원재료 선도거래계약 체결일: 20×1년 11월 1일

(2) 계약기간: 20×1년 11월 1일부터 20×2년 2월 28일까지 4개월

(3) 계약조건: 원재료 10kg을 kg당 ₩10,000에 매도함

(4) 원재료의 kg당 가격 변동은 다음과 같다.

구분	20×1년 11월 1일	20×1년 12월 31일	20×2년 2월 28일
현물가격	₩12,000/kg	₩11,000/kg	₩9,500/kg
선도가격	₩10,000/kg	₩9,800/kg	₩9,500/kg

❶ A사가 위의 거래에 대하여 원재료 매매선도계약을 체결하지 않고 확정계약을 이행한 경우의 회계처리를 제시하시오. (단, 손실부담계약의 논리를 적용하여 회계처리하시오)

❷ A사가 위의 거래에 대하여 원재료 매매선도계약을 체결한 경우 확정계약과 원재료 매매선도계약의 일자별 공정가치를 계산하시오.

❸ ❷에 이어서 A사가 각 일자별로 수행할 회계처리를 보이시오.

❶

20×1. 11. 1.		−회계처리 없음−			
20×1. 12. 31.	차) 확정계약손실[1]	2,000	대) 손실충당부채	2,000
20×2. 2. 28.	차) 확정계약손실[2]	3,000	대) 손실충당부채	3,000
	차) 손실충당부채	5,000	대) 현금	100,000
	원재료	95,000		

[1] 10kg × (10,000 − 9,800) = 2,000
[2] 10kg × (9,800 − 9,500) = 3,000

⇒ 확정매입 계약 체결일 이후 원재료의 공정가치 하락으로 손실이 예상되는 경우 손실부담계약논리를 적용하여 손실충당부채로 인식한다.

❷ (1) 확정매입계약
   1) 20×1년 11월 1일의 공정가치: 10kg × ₩(10,000 − 10,000) = 0
   2) 20×1년 12월 31일의 공정가치: 10kg × ₩(9,800 − 10,000) = (−)2,000
   3) 20×2년 2월 28일의 공정가치: 10kg × ₩(9,500 − 10,000) = (−)5,000
(2) 원재료 선도계약
   1) 20×1년 11월 1일의 공정가치: 10kg × ₩(10,000 − 10,000) = 0
   2) 20×1년 12월 31일의 공정가치: 10kg × ₩(10,000 − 9,800) = 2,000
   3) 20×2년 2월 28일의 공정가치: 10kg × ₩(10,000 − 9,500) = 5,000

❸ (1) 손익계산

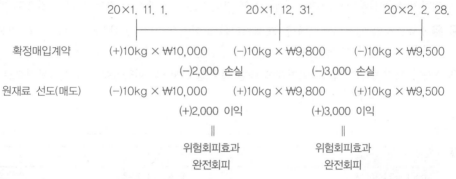

(2) 회계처리

20×1. 11. 1.		−회계처리 없음−			
20×1. 12. 31.	차) 확정계약손실	2,000	대) 확정계약부채	2,000
	차) 선도자산	2,000	대) 파생평가이익	2,000
20×2. 2. 28.	차) 확정계약손실	3,000	대) 확정계약부채	3,000
	차) 선도자산	3,000	대) 파생평가이익	3,000
	차) 현금	5,000	대) 선도자산	5,000
	차) 확정계약부채	5,000	대) 현금	100,000
	원재료	95,000		

⇒ 확정계약에 대한 공정가치 변동위험을 회피하기 위하여 위험회피수단으로 원재료 매매선도계약을 체결했으므로 위험회피대상인 확정계약의 공정가치 변동을 당기손익으로 인식한다. 이 경우에는 위험회피대상인 확정계약은 충당부채 관련 규정을 적용하지 않는다.

12월 말 결산법인인 A사는 20×1년 11월 1일에 기계장치 1대를 4개월 후인 20×2년 2월 28일에 $100에 구입하기로 하는 확정계약을 체결하였다. 이 확정계약은 법적 강제력을 가지는 계약으로서 불이행 시에는 그에 따른 위약금을 지불하기로 하는 내용을 포함하고 있다. 한편, A사는 달러($)화의 원화(₩)에 대한 계약 체결시점부터 기계구입시점까지의 통화선도환율변동에 따른 확정계약의 위험을 회피하기 위하여 다음과 같은 통화선도거래계약을 역시 동 일자에 체결하였다.

(1) 통화선도거래계약 체결일: 20×1년 11월 1일

(2) 계약기간: 20×1년 11월 1일부터 20×2년 2월 28일까지 4개월

(3) 계약조건: $100을 ₩1,100/$(통화선도환율)에 매입함

(4) 환율자료는 다음과 같다.

구분	20×1년 11월 1일	20×1년 12월 31일	20×2년 2월 28일
현물환율	₩1,050/$	₩1,120/$	₩1,180/$
선도환율	₩1,100/$	₩1,140/$	–

❶ A사가 위의 거래에 대해 통화선도계약을 체결하지 않고 확정계약을 이행하는 경우의 회계처리를 보이시오. (단, 기계장치의 달러기준 공정가치는 변동이 없는 것으로 가정한다)

❷ A사가 위의 거래에 대해 통화선도계약을 체결한 경우 확정계약과 통화선도계약의 일자별 공정가치를 계산하시오. (단, 기계장치의 달러기준 공정가치는 변동이 없는 것으로 가정한다)

❸ ❷에서 A사가 일자별로 수행할 회계처리를 보이시오. (단, 통화선도계약은 만기 청산 시 차액결제를 수행한다고 가정한다)

❹ A사가 확정계약의 위험회피거래에 대한 통화선도계약을 현금흐름 위험회피목적으로 지정하였다고 가정하고 ❸을 답하시오.

> [풀이]

❶

20×1. 11. 1.	–회계처리 없음–			
20×1. 12. 31.	–회계처리 없음–			
20×2. 2. 28.	차) 기계장치	118,000	대) 현금	118,000

⇒ A사가 통화선도계약을 체결하지 않으로 인하여 확정계약 체결일 이후 환율변동위험이 그대로 기계장치의 취득원가에 반영된다.

❷ (1) 확정계약
   1) 20×1년 11월 1일의 공정가치: $100 × ₩(1,100 − 1,100) = 0
   2) 20×1년 12월 31일의 공정가치: $100 × ₩(1,100 − 1,140) = (−)4,000
   3) 20×2년 2월 28일의 공정가치: $100 × ₩(1,100 − 1,180) = (−)8,000
(2) 통화선도계약
   1) 20×1년 11월 1일의 공정가치: $100 × ₩(1,100 − 1,100) = 0
   2) 20×1년 12월 31일의 공정가치: $100 × ₩(1,140 − 1,100) = (+)4,000
   3) 20×2년 2월 28일의 공정가치: $100 × ₩(1,180 − 1,100) = (+)8,000

❸ (1) 손익계산

	20×1. 11. 1.	20×1. 12. 31.	20×2. 2. 28.

확정계약　　　　(+)$100 × ₩1,100　　　(−)$100 × ₩1,140　　　(−)$100 × ₩1,180
　　　　　　　　　　　　　　　　(−)4,000 손실　　　　　　(−)4,000 손실

통화선도 매입　　(−)$100 × ₩1,100　　　(+)$100 × ₩1,140　　　(+)$100 × ₩1,180
　　　　　　　　　　　　　　　　(+)4,000 이익　　　　　　(+)4,000 이익
　　　　　　　　　　　　　　　　　　‖　　　　　　　　　　　　‖
　　　　　　　　　　　　　　　위험회피효과　　　　　　위험회피효과
　　　　　　　　　　　　　　　　완전회피　　　　　　　　완전회피

(2) 회계처리

20×1. 11. 1.	−회계처리 없음−				
20×1. 12. 31.	차) 확정계약손실	4,000	대) 확정계약부채	4,000
	차) 통화선도자산	4,000	대) 통화선도평가이익	4,000
20×2. 2. 28.	차) 확정계약손실	4,000	대) 확정계약부채	4,000
	차) 통화선도자산	4,000	대) 통화선도평가이익	4,000
	차) 현금	8,000	대) 통화선도자산	8,000
	차) 기계장치	118,000	대) 현금	118,000
	차) 확정계약부채	8,000	대) 기계장치	8,000

❹ 20×1. 11. 1.	−회계처리 없음−			
20×1. 12. 31.	차) 통화선도자산	4,000	대) 위험회피적립금	4,000
20×2. 2. 28.	차) 통화선도자산	4,000	대) 위험회피적립금	4,000
	차) 현금	8,000	대) 통화선도자산	8,000
	차) 기계장치	118,000	대) 현금	118,000
	차) 위험회피적립금	8,000	대) 기계장치	8,000

4 현금흐름 위험회피

I 위험회피대상과 위험회피수단의 회계처리

현금흐름 위험회피는 특정 위험에 영향을 주고 미래의 당기손익에 영향을 줄 수 있는 예상현금흐름 변동에 대한 위험을 회피하고자 파생상품을 이용한다. 현금흐름 위험회피의 목적은 위험회피수단의 손익을 위험회피대상항목에서 예상되는 미래현금흐름이 당기손익에 영향을 미치는 기간으로 이연하는 것이다. 그러므로 파생상품의 공정가치 평가손익 중 위험회피에 효과적인 부분은 기타포괄손익으로 인식하고, 비효과적인 부분은 당기손익으로 인식한다.

01 위험회피에 효과적인 부분

현금흐름 위험회피목적의 파생상품계약에서 발생한 평가손익 중 위험회피에 효과적인 부분만 기타포괄손익(현금흐름 위험회피직립금)으로 인식한다. 위험회피에 효과적인 부분은 위험회피대상항목의 공정가치 변동누계액과 위험회피수단인 파생상품의 손익누계액 중 적은 금액이 되며, 위험회피에 효과적인 부분을 판단할 때는 회계기간에 발생한 금액을 기준으로 하는 것이 아니고 누적금액을 기준으로 한다. 그러므로 현금흐름 위험회피에서 위험회피에 효과적인 부분은 다음 중 적은 금액이다.

① 위험회피 개시 이후 위험회피수단의 손익누계액
② 위험회피 개시 이후 위험회피대상항목의 공정가치 변동누계액(= 위험회피대상 미래 예상현금흐름 변동누계액의 현재가치)

Self Study

예상거래의 미래 예상현금흐름 변동누계액보다 파생상품 평가손익누계액이 더 크면 그 차액은 위험회피에 비효과적인 부분이 되며, 그 금액은 당기손익으로 처리한다.

기타포괄손익으로 인식한 현금흐름 위험회피적립금의 회계처리

현금흐름 위험회피목적의 파생상품 손익누계액 중 위험회피에 효과적인 부분에 해당하여 자본으로 인식한 현금흐름 위험회피적립금 누계액은 다음과 같이 회계처리한다.

① 위험회피대상 예상거래로 인해 후속적으로 비금융자산이나 비금융부채로 인식하게 되거나, 비금융자산이나 비금융부채에 대한 위험회피대상 예상거래가 공정가치 위험회피회계를 적용하는 확정계약이 된다면, 현금흐름 위험회피적립금에서 그 금액을 제거하고 관련 자산 또는 부채의 최초 원가나 그 밖의 장부금액에 그 금액을 직접 포함한다.

② ①이 적용되지 않는 현금흐름 위험회피의 경우에 해당 금액은 위험회피대상 미래 예상현금흐름이 당기손익에 영향을 미치는 기간에 재분류조정으로 현금흐름 위험회피적립금에서 당기손익에 재분류한다.

③ 현금흐름 위험회피적립금이 차손이며 그 차손의 전부나 일부가 미래기간에 회복되지 않을 것으로 예상된다면, 회복되지 않을 것으로 예상되는 그 금액을 재분류조정으로 즉시 당기손익으로 재분류한다.

Ⅱ   예상거래에 대한 현금흐름 위험회피회계

미래 예상거래는 이행해야 하는 구속력은 없으나, 향후 발생할 것으로 예상되는 거래이다. 미래 예상거래는 미이행계약이며, 법적인 구속력이 없으므로 해당 거래가 실행될 때까지는 예상거래에 대한 회계처리는 없다. 파생상품의 공정가치 평가손익 중 위험회피에 효과적인 부분은 기타포괄손익으로 인식하고, 비효과적인 부분은 당기손익으로 인식한다.

Self Study

파생상품에서 발생한 기타포괄손익은 관련 자산이나 부채의 최초 원가에 포함하거나 위험회피대상의 미래현금흐름이 당기손익에 영향을 미치는 기간에 당기손익으로 재분류조정한다.

㈜한국은 20×2년 3월 초에 $300의 재고자산(원재료)을 구입할 계획이며, 예상생산량을 고려할 때 매입거래가 이루어질 것이 거의 확실하다. ㈜한국은 재고자산의 매입가격이 환율변동으로 인하여 상승할 위험을 대비하고자 20×1년 10월 1일에 다음과 같은 통화선도계약(C)을 체결하였다.

- 통화선도계약(C)정보
  계약 체결일: 20×1년 10월 1일
  계약기간: 5개월(20×1. 10. 1. ~ 20×2. 2. 28.)
  계약조건: $300을 ₩1,010/$(통화선도환율)에 매입함
- 환율정보

일자	현물환율(₩/$)	통화선도환율(₩/$)
20×1. 10. 1.	1,000	1,010(만기 5개월)
20×1. 12. 31.	1,025	1,040(만기 2개월)
20×2. 2. 28.	1,050	−

위 통화선도거래(C)가 위험회피요건을 충족한다고 할 때, ㈜한국이 통화선도계약 만기결제일(20×2년 2월 28일)에 당기손익으로 인식할 ① 파생상품평가손익(또는 파생상품거래손익)을 계산하시오. (단, 통화선도의 공정가치를 측정하는 경우 현재가치 할인효과는 반영하지 않는다)

파생상품평가손익(또는 파생상품거래손익)	①

파생상품평가손익(또는 파생상품거래손익)	① (−)1,500

(1) 20×1년 12월 31일의 기타포괄손익
  1) 20×1년 말 통화선도계약의 공정가치
    − 수령할 금액: $300 × @1,040 = 312,000
    − 지급할 금액: $300 × @1,010 = (−)303,000
    − 이익: 312,000 − 303,000 = 9,000
  2) 예상현금흐름의 변동액
    − 계약 체결일의 미래현금유출예상액: $300 × @1,000 = 300,000
    − 보고기간 말의 미래현금유출예상액: $300 × @1,025 = (−)307,500
    − 손실: 300,000 − 307,500 = (−)7,500
  3) 위험회피에 효과적인 금액: Min[9,000, 7,500] = 7,500(기타포괄손익)
(2) 20×1년 회계처리
  [20×1년 10월 1일]

− 회계처리 없음 −

  [20×1년 12월 31일]

차) 통화선도	9,000	대) 현금흐름 위험회피적립금	7,500
		통화선도이익	1,500

(3) 20×2년 2월 28일의 기타포괄손익
  1) 통화선도계약의 공정가치
    − 수령할 금액: $300 × @1,050 = 315,000
    − 지급할 금액: $300 × @1,010 = (−)303,000
    − 이익: 315,000 − 303,000 = 12,000
  2) 예상현금흐름의 변동액
    − 계약 체결일의 미래현금유출예상액: $300 × @1,000 = 300,000
    − 보고기간 말의 미래현금유출예상액: $300 × @1,050 = (−)315,000
    − 손실: 300,000 − 315,000 = (−)15,000
  3) 위험회피에 효과적인 금액: Min[12,000, 15,000] = 12,000(기타포괄손익)
  4) 20×2년 2월 28일에 당기손익으로 인식할 금액: (−)1,500
(4) 20×2년 2월 28일 회계처리

차) 통화선도	12,000 − 9,000 = 3,000	대) 현금흐름 위험회피적립금	12,000 − 7,500 = 4,500
통화선도평가손실(대차차액)	1,500		
차) 현금	12,000	대) 통화선도	12,000
차) 원재료	315,000	대) 현금	315,000
차) 현금흐름 위험회피적립금	12,000	대) 원재료	12,000

현금흐름 위험회피회계를 적용하는 파생상품의 공정가치 평가손익 중 위험회피에 효과적인 부분은 기타포괄손익으로 인식하고, 비효과적인 부분은 당기손익으로 인식하나 확정계약의 예상현금흐름은 선도환율로 계산하므로 모든 평가손익이 위험회피에 효과적이며 기타포괄손익으로 인식한다.

Self Study

파생상품에서 발생한 기타포괄손익은 관련 자산이나 부채의 최초 원가에 포함하거나 위험회피대상의 미래현금흐름이 당기손익에 영향을 미치는 기간에 당기손익으로 재분류조정한다.

다음의 〈자료〉를 이용하여 물음에 답하시오.

〈자료〉

(1) ㈜민국은 확정계약의 외화위험회피를 위한 위험회피회계 요건을 충족하여 현금흐름 위험회피회계를 적용하였다.

(2) 확정계약 정보
- 기계장치를 $2,000에 취득하는 계약이다.
- 계약 체결일: 20×1년 12월 1일
- 인도일(대금 지급일): 20×2년 3월 31일

(3) 통화선도 및 환율정보(지정된 위험회피수단)
- 계약 체결일: 20×1년 12월 1일
- 계약내용: $2,000를 달러당 ₩1,080에 매수하는 계약이며 만기 청산 시 차액결제된다.
- 만기일: 20×2년 3월 31일
- 동 거래와 관련된 환율정보는 다음과 같다.

일자	현물환율(₩/$)	통화선도환율(₩/$)
20×1. 12. 1.	1,070	1,080(만기 4개월)
20×1. 12. 31.	1,130	1,110(만기 3개월)
20×2. 3. 31.	1,100	–

1 확정계약과 통화선도 관련 거래가 ㈜민국의 20×1년 기타포괄이익과 20×2년 자산에 미치는 영향을 계산하시오. (단, 감소하는 경우 (−)를 숫자 앞에 표시하시오)

20×1년 기타포괄이익에 미치는 영향	①
20×2년 자산에 미치는 영향	②

2 ㈜민국이 20×2년 1월 1일 확정계약의 해지로 인하여 위험회피회계의 적용조건을 충족하지 못하게 되었으며 위험회피회계 전체를 중단한 경우, 확정계약과 통화선도 관련 거래가 ㈜민국의 20×1년과 20×2년 당기순이익에 미치는 영향을 계산하되, 감소하는 경우 (−)를 숫자 앞에 표시하시오. (단, 기타포괄손익으로 인식한 현금흐름 위험회피적립금누계액을 당기손익으로 재분류하는 경우에 해당한다)

20×1년 당기순이익에 미치는 영향	①
20×2년 당기순이익에 미치는 영향	②

1

20×1년 기타포괄이익에 미치는 영향	① 60,000
20×2년 자산에 미치는 영향	② (−)60,000

(1) 20×1년 기타포괄이익에 미치는 영향
   1) 통화선도의 공정가치
     − 수령할 금액: $2,000 × @1,110 = 2,220,000
     − 지급할 금액: $2,000 × @1,080 = (−)2,160,000
     − 이익: 2,220,000 − 2,160,000 = 60,000
     ⇒ 통화선도의 공정가치는 현재가치로 측정하여야 하지만 할인율이 제시되어 있지 않으므로 현재가치 평가는 무시한다.
   2) 20×1년 12월 31일 회계처리

차) 통화선도	60,000	대) 현금흐름 위험회피적립금(OCI)	60,000

     ⇒ 확정계약에서 통화선도평가손익은 전액 위험회피에 효과적이므로 전액 기타포괄손익으로 인식한다.
   3) 20×1년 기타포괄이익에 미치는 영향: 60,000
(2) 20×2년 기타포괄이익에 미치는 영향
   1) 통화선도의 공정가치
     − 수령할 금액: $2,000 × @1,100 = 2,200,000
     − 지급할 금액: $2,000 × @1,080 = (−)2,160,000
     − 이익: 2,200,000 − 2,160,000 = 40,000
   2) 20×2년 3월 31일 회계처리

차) 현금흐름 위험회피적립금	20,000	대) 통화선도	40,000 − 60,000 = 20,000
차) 현금	40,000	대) 통화선도	40,000
차) 기계장치	2,200,000	대) 현금	$2,000 × @1,100 = 2,200,000
차) 현금흐름 위험회피적립금	40,000	대) 기계장치	40,000

   3) 20×2년 자산에 미치는 영향: (−)60,000 − 2,160,000 + 2,160,000 = (−)60,000
     − 통화선도의 감소: (−)60,000
     − 현금의 감소: (−)2,200,000 + 40,000 = (−)2,160,000
     − 기계장치의 증가: 2,200,000 − 40,000 = 2,160,000

❷	20×1년 당기순이익에 미치는 영향	① 0
	20×2년 당기순이익에 미치는 영향	② 40,000

(1) 20×1년 당기순이익에 미치는 영향: 0(❶ 참고)

(2) 20×2년 회계처리

[20×2년 1월 1일]

차) 현금흐름 위험회피적립금	60,000	대) 통화선도평가이익(N/I)	60,000

[20×2년 12월 31일]

차) 통화선도평가손실(N/I)	20,000	대) 통화선도	20,000
차) 현금	40,000	대) 통화선도	40,000

(3) 20×2년 당기순이익에 미치는 영향: 통화선도평가이익 60,000 - 통화선도평가손실 20,000
 = 40,000

[참고] 현금흐름 위험회피회계를 중단하는 경우 현금흐름 위험회피적립금 누계액 회계처리

위험회피대상의 미래현금흐름이 여전히 발생할 것으로 예상되는 경우	미래현금흐름이 생길 때까지 현금흐름 위험회피적립금에 계속 남김
위험회피대상의 미래현금흐름이 더 이상 발생할 것으로 예상되지 않는 경우	재분류조정으로 당기손익으로 즉시 재분류

5 파생상품의 기타사항

I 이자율스왑

이자율스왑계약은 계약당사자 간에 각각의 채무에 대한 이자 지급조건을 일정 기간 동안 교환하기로 하는 파생상품이며 금리변동위험을 회피하기 위해 사용한다.

고정금리지급조건을 스왑거래를 통해 변동금리로 전환하는 것은 공정가치 위험회피회계에 해당하며, 변동금리지급조건을 스왑거래를 통해 고정금리로 전환하는 것은 현금흐름 위험회피회계에 해당한다.

01 공정가치 위험회피목적의 이자율스왑

고정금리를 부담하는 상황에서 고정이자를 수취하고 변동이자를 지급하는 이자율스왑계약을 체결하면 고정금리가 변동금리로 전환된다. 이에 따라 위험회피대상의 공정가치가 확정되며 이자율스왑은 공정가치 위험회피회계에 해당한다. 이자율스왑은 공정가치로 평가하여 평가손익을 당기손익에 반영하며, 위험회피대상도 공정가치로 측정하여 평가손익을 당기손익에 반영한다.

[공정가치 위험회피]

구분	상황	이자율스왑계약
고정이자율조건 차입금	이자율변동에 따라 차입금의 공정가치 변동	고정이자 수령 변동이자 지급
고정이자율조건 대여금	이자율변동에 따라 대여금의 공정가치 변동	고정이자 지급 변동이자 수령

02 현금흐름 위험회피목적의 이자율스왑

변동금리를 부담하는 상황에서 변동이자를 수취하고 고정이자를 지급하는 이자율스왑계약을 체결하면 변동금리가 고정금리로 전환된다. 이에 따라 위험회피대상의 현금흐름이 확정되며 이자율스왑은 현금흐름 위험회피회계에 해당한다. 이자율스왑은 공정가치로 평가하며 평가손익은 위험회피에 효과적인 경우 기타포괄손익에 반영한다.

[현금흐름 위험회피]

구분	상황	이자율스왑계약
변동이자율조건 차입금	이자율변동에 따라 차입금의 미래현금흐름 변동	변동이자 수령 고정이자 지급
변동이자율조건 대여금	이자율변동에 따라 대여금의 미래현금흐름 변동	변동이자 지급 고정이자 수령

20×1년 6월 30일에 ㈜분당은 만기 3년의 차입금 ₩10,000,000을 연 7% 고정금리로 차입하였다. 고정이자율은 차입일 당시의 LIBOR에 ㈜분당의 신용위험을 고려 1%를 가산하여 결정되었다. 같은 날 경쟁업체인 ㈜화성은 만기 3년의 차입금 ₩10,000,000을 변동금리로 차입하였다. 변동이자율은 차입일 당시의 LIBOR에 ㈜화성의 신용위험을 고려 1%를 가산하여 결정되었으며, 이후 반년마다 LIBOR에 가산금리를 적용하여 조정된다. 동시에 ㈜분당과 ㈜화성은 다음과 같은 만기 3년의 이자율 스왑거래를 체결하였다. ㈜분당은 차입금 원금 ₩10,000,000에 대해 ㈜화성으로부터 고정이자율 연 6%를 수취하고 6개월 LIBOR에 상당하는 변동이자율을 ㈜화성에게 지급한다. 이자율스왑 정산과 관련한 이자는 매해 12월 31일 및 6월 30일에 지급하며, 이를 결정하는 LIBOR는 매 기간 초 확정된다. 즉, 12월 31일 스왑결제에 적용될 변동이자율은 6월 30일의 6개월 LIBOR에 의해 결정된다. 차입금과 관련한 이자율스왑의 위험회피효과는 100%이며, 차입 후 1년간 6개월 LIBOR와 이에 근거한 ㈜분당의 이자율스왑의 공정가치는 다음과 같다.

[공인회계사 2차 2012년]

일자	6개월 만기 LIBOR(연 이자율)	㈜분당의 이자율스왑 공정가치
20×1. 6. 30.	6%	₩0
20×1. 12. 31.	7%	(222,591)
20×2. 6. 30.	5%	185,855

1 한국채택국제회계기준은 위에 제시된 이자율스왑과 같은 파생상품을 이용해 회피할 수 있는 위험을 (a) 공정가치 위험 그리고 (b) 현금흐름 위험으로 크게 구분하고 있다. 위의 스왑거래를 통하여 ㈜분당과 ㈜화성이 각각 회피하고자 하는 위험은 이 두 위험 중 무엇인지 다음의 양식에 따라 제시하시오.

구분	스왑거래를 통해 회피하고자 하는 위험
㈜분당	①
㈜화성	②

2 20×1년 7월 1일부터 20×2년 6월 30일까지 차입금 및 스왑과 관련하여 ㈜분당과 ㈜화성이 지급하여야 할 순이자비용은 각각 얼마인지 계산하시오.

구분	차입금 및 스왑 관련 순이자비용
㈜분당	①
㈜화성	②

3 ㈜분당이 위험회피회계를 적용하였을 경우, 위 차입금 및 스왑거래가 20×2년 1월 1일부터 20×2년 6월 30일까지 회계기간의 ㈜분당의 재무제표에 미친 영향을 계산하되, 손실이나 감소는 (-)로 표시한다.

당기손익에 미친 영향	①
기타포괄손익에 미친 영향	②

해커스 IFRS 정윤돈 고급회계

CH 7

파생상품회계

4 ㈜화성이 위험회피회계를 적용하였을 경우, 위 차입금 및 스왑거래가 20×2년 1월 1일부터 20×2년 6월 30일까지 회계기간의 ㈜화성의 재무제표에 미친 영향을 계산하되, 손실이나 감소는 (−)로 표시한다.

당기손익에 미친 영향	①
기타포괄손익에 미친 영향	②

5 ㈜분당과 ㈜화성이 각각 위험회피회계를 적용하였을 경우, 20×2년 6월 30일 현재 보유 중인 차입금의 장부금액을 계산하시오.

㈜분당의 차입금 장부금액	①
㈜화성의 차입금 장부금액	②

[풀이]

1

구분	스왑거래를 통해 회피하고자 하는 위험
㈜분당	① 공정가치 위험
㈜화성	② 현금흐름 위험

⇒ 고정이자율조건의 차입금은 시장이자율이 변동하는 경우에도 미래현금흐름이 변동하지 않는다. 그러므로 시장이자율이 변동하면 변동하지 않은 미래현금흐름을 변동된 시장이자율로 할인한 공정가치가 변동하게 된다. 고정이자율조건의 차입금은 이렇게 공정가치가 변동하므로 공정가치 변동위험에 노출된 위험회피대상항목이 된다.

⇒ 변동이자율조건의 차입금은 시장이자율이 변동하는 경우 미래현금흐름(표시이자)이 변동한다. 미래현금흐름은 시장이자율의 변동에 따라 시장이자율에 해당하는 표시이자를 지급하게 되므로 미래현금흐름은 변동한다. 따라서 시장이자율이 변동하면 시장이자율로 변동한 미래현금흐름을 변동된 시장이자율로 할인한 공정가치는 항상 동일한 금액이 되어 변동하지 않는다. 변동이자율조건의 차입금은 이렇게 미래현금흐름이 변동하므로 현금흐름 변동위험에 노출된 위험회피대상항목이 된다.

2

구분	차입금 및 스왑 관련 순이자비용
㈜분당	① 750,000
㈜화성	② 700,000

(1) ㈜분당

20×1년 12월 31일 장기차입금 이자비용	10,000,000 × 7% × 6/12 =	350,000
20×2년 6월 30일 장기차입금 이자비용	10,000,000 × 7% × 6/12 =	350,000
20×1년 12월 31일 이자율스왑 순이자비용	10,000,000 × (6% − 6%) × 6/12 =	−
20×2년 6월 30일 이자율스왑 순이자비용	10,000,000 × (6% − 7%) × 6/12 =	50,000
		750,000

(2) ㈜화성

20×1년 12월 31일 장기차입금 이자비용	10,000,000 × 7% × 6/12 =	350,000
20×2년 6월 30일 장기차입금 이자비용	10,000,000 × 8% × 6/12 =	400,000
20×1년 12월 31일 이자율스왑 순이자비용	10,000,000 × (6% − 6%) × 6/12 =	−
20×2년 6월 30일 이자율스왑 순이자비용	10,000,000 × (7% − 6%) × 6/12 =	(−)50,000
		700,000

❸

당기손익에 미친 영향	① (−)400,000
기타포괄손익에 미친 영향	② 0

(1) 계산근거

1) 장기차입금의 20×1년 12월 31일 공정가치: 9,777,409
   * $350,000/1.04 + 350,000/1.04^2 + 350,000/1.04^3 + 350,000/1.04^4 + (10,000,000 + 350,000)/1.04^5$
     $= 9,777,409$

2) 장기차입금의 20×2년 12월 31일 공정가치: 10,185,855
   * $350,000/1.03 + 350,000/1.03^2 + 350,000/1.03^3 + (10,000,000 + 350,000)/1.03^4 = 10,185,855$

3) 장기차입금 평가손실: 9,777,409 − 10,185,855 = (−)408,446

4) 이자율스왑평가이익: 185,855 − (−)222,591 = 408,446

5) 당기손익에 미친 영향: (−)400,000
   * (−)350,000(이자비용) − 50,000(이자비용) − 408,446(장기차입금평가손실) + 408,446(이자율스왑평가이익)
     $= (−)400,000$

6) 기타포괄손익에 미친 영향: 없음(공정가치 위험회피이다)

(2) ㈜분당의 회계처리

[20×1년 6월 30일]

차) 현금	10,000,000	대) 장기차입금	10,000,000

[20×1년 12월 31일]

차) 이자비용	350,000	대) 현금	350,000
차) 장기차입금	222,591	대) 장기차입금평가이익	222,591
차) 이자율스왑평가손실	222,591	대) 이자율스왑	222,591

[20×2년 6월 30일]

차) 이자비용	350,000	대) 현금	350,000
차) 순이자비용	50,000	대) 현금	50,000
차) 장기차입금평가손실	408,446	대) 장기차입금	408,446
차) 이자율스왑	408,446	대) 이자율스왑평가이익	408,446

4

당기손익에 미친 영향	① (−)350,000
기타포괄손익에 미친 영향	② (−)408,446

(1) 계산근거

　　1) 20×1년 12월 31일 현금흐름공정가치 변동누계액: 222,591

　　　　* $50,000/1.04 + 50,000/1.04^2 + 50,000/1.04^3 + 50,000/1.04^4 + 50,000/1.04^5 = 222,591$

　　2) 20×2년 6월 30일 현금흐름공정가치 변동누계액: 185,855

　　　　* $50,000/1.03 + 50,000/1.03^2 + 50,000/1.03^3 + 50,000/1.03^4 = 185,855$

　　3) 20×2년 당기순이익에 미친 영향: (−)400,000(이자비용) − (−)50,000(이자비용) = (−)350,000

　　4) 20×2년 기타포괄손익에 미친 영향: (−)408,446

(2) ㈜화성의 회계처리

　　[20×1년 6월 30일]

차) 현금	10,000,000	대) 장기차입금	10,000,000

　　[20×1년 12월 31일]

차) 이자비용	350,000	대) 현금	350,000
차) 이자율스왑	222,591	대) 현금흐름 위험회피적립금	222,591

　　[20×2년 6월 30일]

차) 이자비용	400,000	대) 현금	400,000
차) 현금	50,000	대) 순이자비용	50,000
차) 현금흐름 위험회피적립금	408,446	대) 이자율스왑	408,446

5

㈜분당의 차입금 장부금액	① 10,185,855
㈜화성의 차입금 장부금액	② 10,000,000

(1) ㈜분당의 차입금 장부금액(고정이자율조건)

　　장기차입금의 공정가치: $350,000/1.03 + 350,000/1.03^2 + 350,000/1.03^3 + (10,000,000 + 350,000)/1.03^4 = 10,185,855$

(2) ㈜화성의 차입금 장부금액(변동이자율조건): 10,000,000

　　⇒ 변동이자율조건인 경우에는 시장이자율이 변동할 때마다 표시이자가 변동하므로 공정가치의 변동이 없다.

01 내재파생상품의 의의

내재파생상품은 파생상품이 아닌 주계약을 포함하는 복합상품의 구성요소로, 복합상품의 현금흐름 중 일부를 독립적인 파생상품의 경우와 비슷하게 변동시키는 효과를 가져온다. 특정 금융상품에 부가되어 있더라도, 계약상 해당 금융상품과는 독립적으로 양도할 수 있거나 해당 금융상품과는 다른 거래상대방이 있는 파생상품은 내재파생상품이 아니며, 별도의 금융상품이다.

02 내재파생상품의 분리 여부

복합계약이 금융상품 기준서의 적용범위에 포함되는 자산을 주계약으로 포함하는 경우에는 해당 복합계약 전체에 대해서 AC, FVOCI, FVPL금융자산으로 분류한다. 복합계약 전체에 대해서 분류할 때는 계약상 현금흐름의 특성과 사업모형을 고려한다.

복합계약이 금융상품 기준서의 적용범위에 포함되는 자산이 아닌 주계약을 포함하는 경우에는 다음을 모두 충족하는 경우에만 내재파생상품을 주계약과 분리하여 파생상품으로 회계처리한다.

① 내재파생상품의 경제적 특성, 위험이 주계약의 경제적 특성, 위험과 밀접하게 관련되어 있지 않다.
② 내재파생상품과 조건이 같은 별도의 금융상품이 파생상품의 정의를 충족한다.
③ 복합계약의 공정가치 변동을 당기손익으로 인식하지 않는다.

Self Study

주계약과 분리하여 파생상품으로 회계처리하는 내재파생상품은 단기매매항목으로 분류하기 때문에 FVPL금융자산이나 FVPL금융부채로 분류한다.

해외사업장은 보고기업과 다른 국가에서 또는 다른 통화로 영업활동을 하는 종속기업, 관계기업, 공동기업, 지점들을 의미한다. 해외사업장의 재무제표는 보고기업의 표시통화로 환산하며, 이때 발생하는 환산차이는 기타포괄손익으로 인식한다.

해외사업장순투자 위험회피대상은 해외사업장의 재무제표를 보고기업의 표시통화로 환산하는 과정에서 발생하는 환율변동위험이다. 해외사업장순투자의 위험회피는 다음과 같이 현금흐름 위험회피와 비슷하게 회계처리한다.

> ① 위험회피수단의 손익 중 위험회피에 효과적인 부분은 기타포괄손익으로 인식하며, 향후 해외사업장의 처분시점에 재분류조정으로 자본에서 당기손익으로 재분류한다.
> ② 위험회피수단의 손익 중 비효과적인 부분은 당기손익으로 인식한다.

외화환산적립금에 누적된 위험회피에 효과적인 부분과 관련된 위험회피수단의 누적손익은 해외사업장을 처분하거나 일부를 처분할 때 재분류조정으로 자본에서 당기손익으로 재분류한다.

01 파생상품은 기초변수의 변동에 따라 그 가치가 변동한다. 여기서 기초변수는 이자율, 금융상품가격, 일반가격, 환율, 가격 또는 비율의 지수, 신용등급이나 신용지수 또는 기타 변수를 말한다. 다만, 비금융변수의 경우에는 계약의 당사자에게 특정되지 아니하여야 한다.

02 위험회피수단은 공정가치나 현금흐름의 변동이 지정된 위험회피대상항목의 공정가치나 현금흐름의 변동을 상쇄할 것으로 기대하여 지정한 파생상품을 말한다. 따라서 비파생상품은 위험회피수단으로 지정할 수 없다.

03 위험회피수단의 비례적 부분을 위험회피관계에서 위험회피수단으로 지정할 수 있으나, 위험회피수단의 잔여만기 중 일부 기간에 대하여 위험회피관계를 지정할 수 없다.

04 확정계약의 외화위험회피에 공정가치 위험회피회계 또는 현금흐름 위험회피회계를 적용할 수 있다.

05 공정가치 위험회피회계에서는 위험회피수단으로 지정된 파생상품의 재측정에 따른 공정가치의 변동과 회피대상위험으로 인한 위험회피대상항목의 손익 모두를 당기손익으로 인식한다.

06 공정가치 위험회피회계에서는 위험회피대상항목을 원가로 측정하거나 공정가치로 측정하지만 기타포괄손익으로 인식하는 경우에도 회피대상위험으로 인한 손익을 당기손익으로 인식하는 것이 원칙이다.

Chapter 7 | 객관식 문제

01 기업회계기준서 제1109호 '금융상품'에 대한 다음 설명 중 옳지 않은 것은?

[공인회계사 2023년]

① 외화위험회피의 경우 비파생금융자산이나 비파생금융부채의 외화위험 부분은 위험 회피수단으로 지정할 수 있다. 다만, 공정가치의 변동을 기타포괄손익으로 표시하기로 선택한 지분상품의 투자는 제외한다.

② 연결실체 내의 화폐성항목이 기업회계기준서 제1021호 '환율변동효과'에 따라 연결재무제표에서 모두 제거되지 않는 외환손익에 노출되어 있다면, 그러한 항목의 외화위험은 연결재무제표에서 위험회피대상항목으로 지정할 수 있다.

③ 위험회피관계가 위험회피비율과 관련된 위험회피 효과성의 요구사항을 더는 충족하지 못하지만 지정된 위험회피관계에 대한 위험관리의 목적이 동일하게 유지되고 있다면, 위험회피관계가 다시 적용조건을 충족할 수 있도록 위험회피관계의 위험회피비율을 조정해야 한다.

④ 단일 항목의 구성요소나 항목 집합의 구성요소는 위험회피대상항목이 될 수 있다.

⑤ 사업결합에서 사업을 취득하기로 하는 확정계약은 위험회피대상항목이 될 수 있다. 다만, 외화위험에 대하여는 위험회피대상항목으로 지정할 수 없다.

㈜대한은 전기차용 배터리를 생산 및 판매하는 회사이다. ㈜대한은 20×2년 3월 말에 100개의 배터리를 국내 전기차 제조사들에게 판매할 가능성이 매우 높은 것으로 예측하였다. ㈜대한은 배터리의 판매가격 하락을 우려하여 20×1년 12월 1일에 선도계약을 체결하고, 이를 위험회피수단으로 지정하였다. 관련 정보는 다음과 같다.

- 선도거래 계약기간: 20×1년 12월 1일 ~ 20×2년 3월 31일(만기 4개월)
- 선도거래 계약내용: 결제일에 100개의 배터리에 대해 선도거래 계약금액(개당 ₩12,000)과 시장가격의 차액이 현금으로 결제된다.
- 현물가격 및 선도가격 정보

일자	현물가격(개당)	선도가격(개당)
20×1. 12. 1.	₩13,000	₩12,000(만기 4개월)
20×1. 12. 31.	12,500	11,300(만기 3개월)
20×2. 3. 31.	10,500	

- 배터리의 개당 제조원가는 ₩10,000이고, 판매와 관련하여 다른 비용은 발생하지 않는다.

예측과 같이, ㈜대한은 20×2년 3월 말에 배터리를 판매하였다. ㈜대한이 위 거래에 대해 현금흐름위험회피회계를 적용하는 경우 ㈜대한의 20×2년도 당기순이익에 미치는 영향은 얼마인가? 단, 파생상품 평가손익 계산 시 화폐의 시간가치는 고려하지 않으며, 배터리 판매가 당기순이익에 미치는 영향은 포함한다.

① ₩0(영향 없음) ② ₩130,000 증가 ③ ₩150,000 증가
④ ₩180,000 증가 ⑤ ₩200,000 증가

03 기업회계기준서 제1109호 '금융상품'에 따른 위험회피회계에 대한 다음 설명 중 옳지 않은 것은?　　　　　　　　　　　　　　　　　　　　　　[공인회계사 2022년]

① 위험회피회계의 목적상, 보고실체의 외부 당사자와 체결한 계약만을 위험회피수단으로 지정할 수 있다.

② 일부 발행한 옵션을 제외하고, 당기손익-공정가치 측정 파생상품은 위험회피수단으로 지정할 수 있다.

③ 인식된 자산이나 부채, 인식되지 않은 확정계약, 예상거래나 해외사업장순투자는 위험회피대상항목이 될 수 있다. 다만, 위험회피대상항목이 예상거래인 경우 그 거래는 발생가능성이 매우 커야 한다.

④ 공정가치 위험회피회계의 위험회피대상항목이 자산을 취득하거나 부채를 인수하는 확정계약인 경우에는 확정계약을 이행한 결과로 인식하는 자산이나 부채의 최초 장부금액이 재무상태표에 인식된 위험회피대상항목의 공정가치 누적 변동분을 포함하도록 조정한다.

⑤ 위험회피수단을 제공하는 거래상대방이 계약을 미이행할 가능성이 높더라도(즉, 신용위험이 지배적이더라도) 위험회피대상항목과 위험회피수단 사이에 경제적 관계가 있는 경우에는 위험회피회계를 적용할 수 있다.

04 ㈜대한은 20×1년 9월 1일에 옥수수 100단위를 ₩550,000에 취득하였다. 20×1년 10월 1일에 ㈜대한은 옥수수 시가 하락을 우려하여 만기가 20×2년 3월 1일인 선도가격(₩520,000)에 옥수수 100단위를 판매하는 선도계약을 체결하여 위험회피관계를 지정하였으며, 이는 위험회피회계 적용요건을 충족한다. 일자별 옥수수 현물가격 및 선도가격은 다음과 같다.

일자	옥수수 100단위 현물가격	옥수수 100단위 선도가격
20×1. 10. 1.	₩550,000	₩520,000(만기 5개월)
20×1. 12. 31.	510,000	480,000(만기 2개월)
20×2. 3. 1.	470,000	

자산에 대한 손상징후에 따른 시가 하락은 고려하지 않는다. 파생상품평가손익 계산 시 화폐의 시간가치는 고려하지 않는다. 20×2년 3월 1일에 수행하는 회계처리가 포괄손익계산서상 당기순이익에 미치는 순효과는 얼마인가? [공인회계사 2021년]

① ₩50,000 이익   ② ₩45,000 손실   ③ ₩30,000 이익

④ ₩30,000 손실   ⑤ ₩10,000 이익

05 ㈜한국은 20×2년 2월 28일에 $500의 상품수출을 계획하고 있으며 판매대금은 미국달러화($)로 수취할 것이 예상된다. ㈜한국은 동 수출과 관련된 환율변동위험에 대비하기 위해 20×1년 11월 1일에 다음과 같은 통화선도계약을 체결하였다.

- 계약기간: 20×1년 11월 1일 ~ 20×2년 2월 28일(만기 4개월)
- 계약내용: 계약만기일에 $500를 ₩1,050/$(선도환율)에 매도하기로 함
- 환율정보

일자	현물환율(₩/$)	통화선도환율(₩/$)
20×1. 11. 1.	1,060	1,050(만기 4개월)
20×1. 12. 31.	1,040	1,020(만기 2개월)
20×2. 2. 28.	1,000	

㈜한국이 위 통화선도계약을 (가) 위험회피수단으로 지정한 경우, 또는 (나) 위험회피수단으로 지정하지 않은 경우에 수행하여야 할 각각의 회계처리에 관하여 옳은 설명은? (단, 파생상품에 대한 현재가치 평가는 고려하지 않는다) [공인회계사 2017년]

① (가)의 경우 ㈜한국은 통화선도거래에 대해 공정가치 위험회피회계를 적용해야 한다.
② (나)의 경우 ㈜한국은 통화선도 계약 체결일에 현물환율과 선도환율의 차이인 ₩5,000을 통화선도(부채)로 인식한다.
③ (가)의 경우 ㈜한국이 20×1년도에 당기손익으로 인식하는 파생상품평가손익은 ₩10,000 이익이다.
④ (나)의 경우 ㈜한국이 20×1년도에 당기손익으로 인식하는 파생상품평가손익은 ₩15,000 손실이다.
⑤ ㈜한국이 20×1년 말 재무상태표에 계상하는 통화선도(자산) 금액은 (가)의 경우와 (나)의 경우가 동일하다.

Chapter 7 | 객관식 문제 정답 및 해설

01 ⑤ 사업결합에서 사업을 취득하기로 하는 확정계약은 위험회피대상항목이 될 수 없다. 다만 외화위험에 대하여는 위험회피대상항목으로 지정할 수 있다. 그 이유는 외화위험이 아닌 다른 회피대상위험은 특정하여 식별할 수도 없고 측정할 수도 없기 때문이다 이러한 다른 위험은 일반적인 사업위험이다.

02 ④ (1) 위험회피수단의 공정가치

구분	20×1년 12월 1일	20×1년 12월 31일	20×2년 3월 31일
받을 돈	$12,000 \times 100 = 1,200,000$	$12,000 \times 100 = 1,200,000$	$12,000 \times 100 = 1,200,000$
(−)줄 돈	$12,000 \times 100 = 1,200,000$	$11,300 \times 100 = 1,130,000$	$10,500 \times 100 = 1,050,000$
	0	70,000	150,000

(2) 위험회피대상항목의 누적예상현금흐름 변동

구분	20×1년 12월 1일	20×1년 12월 31일	20×2년 3월 31일
계약체결일 기대현물가격	$13,000 \times 100 = 1,300,000$	$13,000 \times 100 = 1,300,000$	$13,000 \times 100 = 1,300,000$
특정시점 기대현물가격	$13,000 \times 100 = 1,300,000$	$12,500 \times 100 = 1,250,000$	$10,500 \times 100 = 1,050,000$
	0	(−)50,000	(−)250,000

(3) 위험회피에 효과적인 부분
  1) 20×1년: Min[70,000, 50,000] = 50,000
  2) 20×2년: Min[150,000, 250,000] = 150,000

(4) 회계처리

```
[20×1. 12. 1]
                        −회계처리 없음−
[20×1. 12. 31]
차) 파생상품자산              70,000    대) 현금흐름위험회피적립금(OCI)    50,000
                                          파생상품평가이익(N/I)          20,000
[20×2. 3. 31]
차) 파생상품자산              80,000    대) 현금흐름위험회피적립금(OCI)   100,000
   파생상품평가손실(N/I)       20,000
차) 현금                   1,200,000    대) 현금                      1,050,000
                                          파생상품자산                  150,000
차) 현금                   1,050,000    대) 매출                      1,050,000
차) 매출원가               1,000,000    대) 재고자산                  1,000,000
차) 현금흐름위험회피적립금(OCI)  150,000    대) 파생상품평가이익(N/I)        150,000
```

⇒ 20×2년 당기순이익에 미친 영향: (−)20,000 + 1,050,000 − 1,000,000 + 150,000 = 180,000

해커스 IFRS 정윤돈 고급회계

CH 7

파생상품회계

03 ⑤ 위험회피수단을 제공하는 거래상대방이 계약을 미이행할 가능성이 높더라도(즉, 신용위험이 지배적이더라도) 위험회피대상항목과 위험회피수단 사이에 경제적 관계가 있는 경우에는 위험회피회계를 적용할 수 없다.

04 ④ (1) 20×2년 3월 1일 옥수수의 공정가치 변동에 따른 평가손실: 470,000 − 510,000 = (−)40,000

     (2) 20×2년 3월 1일 옥수수 선도거래이익: (520,000 − 470,000) − (520,000 − 480,000) = 10,000

     (3) 당기순이익에 미치는 효과: (−)40,000 + 10,000 = (−)30,000

05 ⑤ (가) 위험회피수단으로 지정한 경우

     (1) 20×1년 12월 31일 통화선도계약의 공정가치: 15,000

         * 받을 금액 $500 × @1,050 − 줄 금액 $500 × @1,020 = 15,000

     (2) 예상미래현금흐름의 변동누계액: (−)10,000

         * 12월 31일 예상현금흐름 $500 × @1,040 − 계약 체결일의 예상현금흐름 $500 × @1,060 = (−)10,000

     (3) 기타포괄손익으로 처리할 금액(효과적인 부분): Min[15,000, 10,000] = 10,000

     (4) 당기손익으로 처리할 금액(효과적이지 않은 부분): 15,000 − 10,000 = 5,000

     (5) 20×1년 12월 31일 회계처리

차) 통화선도	15,000	대) 현금흐름 위험회피적립금	10,000
		통화선도평가이익	5,000

     (나) 위험회피수단으로 지정하지 않은 경우

     [20×1년 12월 31일]

차) 통화선도	15,000	대) 통화선도평가이익	15,000

Chapter 7 | 주관식 문제

해커스 IFRS 정윤돈 고급회계

문제 01   매매 목적 통화선도거래

㈜세무는 급격한 환율 상승 위험을 관리하기 위해 20×1년 7월 1일에 통화선도계약(만기일인 20×2년 3월 31일에 US $100을 수취하고 ₩130,000을 지급하는 계약)을 체결하였으며, 환율정보가 다음과 같을 때, ① 결산일과 ② 만기일에 통화선도계약과 관련하여 인식할 손익은 각각 얼마인가? (단, 이익/손실 여부를 명확하게 표시하고, 화폐의 시간가치는 고려하지 않는다)

[세무사 2차 2022년]

일자	현물환율	선도환율[1]
20×1년 7월 1일(계약 체결일)	₩1,250	₩1,300
20×1년 12월 31일(결산일)	1,330	1,315
20×2년 3월 31일(만기일)	1,350	–

[1] 만기가 20×2년 3월 31일인 환율이다.

결산일(20×1년 말)	①	만기일(20×2년 3월 말)	②

풀이

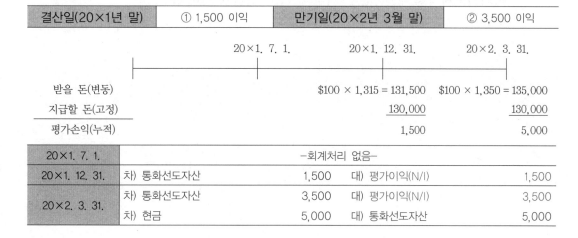

결산일(20×1년 말)	① 1,500 이익	만기일(20×2년 3월 말)	② 3,500 이익

	20×1. 7. 1.	20×1. 12. 31.	20×2. 3. 31.
받을 돈(변동)		$100 × 1,315 = 131,500	$100 × 1,350 = 135,000
지급할 돈(고정)		130,000	130,000
평가손익(누적)		1,500	5,000

20×1. 7. 1.	–회계처리 없음–				
20×1. 12. 31.	차) 통화선도자산	1,500	대) 평가이익(N/I)	1,500
20×2. 3. 31.	차) 통화선도자산	3,500	대) 평가이익(N/I)	3,500
	차) 현금	5,000	대) 통화선도자산	5,000

CH 7 파생상품회계

※ 다음의 각 물음은 독립적이다.

대한민국 소재 기업인 ㈜대한은 12월 말 결산법인이다. 답안을 작성할 때 당기순이익이나 기타
포괄이익 등이 감소하는 경우 금액 앞에 (−)를 표시하시오.   [공인회계사 2차 2022년]

물음 1) ㈜대한은 20×1년 11월 30일 미국으로부터 상품 $200을 수입하고 수입일의 환율을 적
용하여 매입채무를 인식하였다. ㈜대한은 동 수입 거래대금을 3개월 후에 미국달러($)
로 지급하기로 하였다. 회사의 재무담당자는 환율변동위험에 대비하기 위해 3개월 후
에 $200을 ₩1,230/$에 매입하는 통화선도계약을 체결하였다. 위의 거래들이 ㈜대한
의 20×1년 및 20×2년의 당기순이익에 미치는 영향을 각각 계산하시오. (단, 통화선
도의 현재가치 평가는 생략한다)

일자	현물환율	선도환율[1]
20×1. 11. 30.	₩1,200/$	₩1,230/$
20×1. 12. 31.	1,250/$	1,270/$
20×2. 2. 28.	1,300/$	−

[1] 선도환율은 만기가 20×2년 2월 28일이다.

20×1년 당기순이익에 미치는 영향	①
20×2년 당기순이익에 미치는 영향	②

물음 2) ㈜대한은 20×3년 3월 31일에 $300의 상품을 해외로 수출할 계획이며, 거래대
금은 미국달러($)로 수령하려고 한다. ㈜대한은 위의 수출과 관련된 환율변동위험에
대비하기 위해 20×2년 9월 30일에 6개월 후 $300을 ₩1,380/$에 매도하는
통화선도계약을 체결하였다. 다음의 〈요구사항〉에 답하시오.

<요구사항 1>

㈜대한이 이 통화선도계약을 위험회피수단으로 지정(요건충족 가정)한 경우 이 통화선도 계약이 ㈜대한의 20×2년과 20×3년의 기타포괄이익과 당기순이익에 미치는 영향을 각각 계산하시오. (단, 상품의 수출로 인한 매출인식과 위험회피적립금의 재분류조정에 따른 영향은 고려하지 않는다. 통화선도의 현재가치 평가는 생략한다)

일자	현물환율	선도환율[1]
20×2. 9. 30.	₩1,400/$	₩1,380/$
20×2. 12. 31.	₩1,380/$	₩1,350/$
20×3. 3. 31.	₩1,340/$	–

[1] 선도환율은 만기가 20×3년 3월 31일이다.

20×2년 당기순이익에 미치는 영향	①
20×2년 기타포괄이익에 미치는 영향	②
20×3년 당기순이익에 미치는 영향	③
20×3년 기타포괄이익에 미치는 영향	④

<요구사항 2>

㈜대한은 20×3년 3월 31일에 $300의 상품이 예정대로 수출되어 매출을 인식하였다. 이에 따라 위험회피적립금을 재분류조정하려 한다. 이 재분류조정이 20×3년도 당기순이익에 미치는 영향을 계산하시오. (단, 매출인식의 영향은 고려하지 않는다)

20×3년도 당기순이익에 미치는 영향	①

물음 3) ㈜대한은 20×0년 말에 상품(취득금액 CNY5,000)을 외상으로 매입하였으나, 20×1년 말까지 매입대금을 상환하지 못하였다. ㈜대한의 기능통화는 달러화($)이고 표시통화는 원화(₩)라고 가정한다. 환율자료는 다음과 같다.

일자	환율($/CNY)	환율(₩/$)
20×0. 12. 31.	$0.23/CNY	₩1,200/$
20×1. 12. 31.	$0.20/CNY	₩1,250/$

20×1년 말에 ㈜대한이 재무제표를 작성하면서 외화표시 매입채무를 표시통화로 환산할 경우 당기순이익, 기타포괄이익 그리고 총포괄이익에 미치는 영향을 각각 계산하시오.

20×1년 당기순이익에 미치는 영향	①
20×1년 기타포괄이익에 미치는 영향	②
20×1년 총포괄이익에 미치는 영향	③

물음 1)

20×1년 당기순이익에 미치는 영향	① (−)2,000
20×2년 당기순이익에 미치는 영향	② (−)4,000

(1) 계산근거
   1) 20×1년도 당기순이익에 미치는 영향
      ① 20×1년 말 통화선도평가손익
         − 받을 돈: $200 × @1,270 = 254,000
         − 줄 돈: $200 × @1,230 = (−)246,000
         − 통화선도평가이익: 254,000 − 246,000 = 8,000
      ② 환율변동손실: $200 × (@1,250 − @1,200) = 10,000(손실)
      ③ 20×1년 당기순이익에 미치는 영향: 8,000 − 10,000 = (−)2,000
   2) 20×2년도 당기순이익에 미치는 영향
      ① 20×2년 말 통화선도평가손익
         − 받을 돈: $200 × @1,300 = 260,000
         − 줄 돈: $200 × @1,230 = (−)246,000
         − 통화선도평가이익: 260,000 − 246,000 = 14,000
      ② 20×2년 당기순이익에 미치는 영향: 6,000 − 10,000 = (−)4,000
         − 통화선도거래이익: 14,000 − 8,000 = 6,000
         − 매입채무의 한율변동손실: $200 × (@1,300 − @1,250) = ( )10,000
(2) 회계처리
   [20×1년 11월 30일]

차) 재고자산	240,000	대) 매입채무	240,000

   [20×1년 12월 31일]

차) 통화선도	8,000	대) 통화선도평가이익	8,000
차) 환율변동손실	10,000	대) 매입채무	10,000

   [20×2년 2월 28일]

차) 현금	$200 × @1,300 = 260,000	대) 현금	246,000
		통화선도	8,000
		통화선도거래이익	6,000
차) 매입채무	$200 × @1,250 = 250,000	대) 현금	260,000
환율변동손실	10,000		

물음 2) 〈요구사항 1〉

20×2년 당기순이익에 미치는 영향	① 3,000
20×2년 기타포괄이익에 미치는 영향	② 6,000
20×3년 당기순이익에 미치는 영향	③ (−)3,000
20×3년 기타포괄이익에 미치는 영향	④ 6,000

(1) 계산근거
  1) 20×2년도 당기순이익에 미치는 영향
    ① 20×2년 말 통화선도평가손익
      − 받을 돈: $300 × @1,380 = 414,000
      − 줄 돈: $300 × @1,350 = (−)405,000
      − 통화선도평가이익: 414,000 − 405,000 = 9,000
    ② 예상현금흐름의 공정가치 변동누계액
      − 계약 체결일: $300 × @1,400 = 420,000
      − 20×2년 12월 31일: $300 × @1,380 = (−)414,000
      − 손실: 420,000 − 414,000 = 6,000
    ③ 20×2년 당기순이익에 미치는 영향: 9,000 − Min[9,000, 6,000] = 3,000
  2) 20×2년 기타포괄이익에 미치는 영향: Min[9,000, 6,000] = 6,000
  3) 20×3년도 당기순이익에 미치는 영향
    ① 20×3년 말 통화선도평가손익
      − 받을 돈: $300 × @1,380 = 414,000
      − 줄 돈: $300 × @1,340 = (−)402,000
      − 통화선도평가이익: 414,000 − 402,000 = 12,000
    ② 예상현금흐름의 공정가치 변동누계액
      − 계약 체결일: $300 × @1,400 = 420,000
      − 20×3년 3월 31일: $300 × @1,340 = (−)402,000
      − 손실: 420,000 − 402,000 = 18,000
    ③ 위험회피에 효과적인 금액: Min[12,000, 18,000] = 12,000
    ④ 20×3년 당기순이익에 미치는 영향: (−)3,000(회계처리 참고)
  4) 20×2년 기타포괄이익에 미치는 영향: 12,000 − 6,000 = 6,000
(2) 회계처리
  [20×2년 9월 30일]

−회계처리 없음−

  [20×2년 12월 31일]

차) 통화선도	9,000	대) 현금흐름 위험회피적립금	6,000
		통화선도평가이익	3,000

  [20×3년 3월 31일]

차) 통화선도	12,000 − 9,000 = 3,000	대) 현금흐름 위험회피적립금	12,000 − 6,000 = 6,000
통화선도평가손실	3,000		
차) 현금흐름 위험회피적립금	12,000	대) 통화선도평가이익	12,000
차) 현금	402,000	대) 매출	$300 × @1,340 = 402,000

〈요구사항 2〉

20×3년 당기순이익에 미치는 영향	① 12,000

물음 3)

20×1년 당기순이익에 미치는 영향	① 0
20×1년 기타포괄이익에 미치는 영향	② 130,000
20×1년 총포괄이익에 미치는 영향	③ 130,000

(1) 기능통화로의 환산
  1) 20×0년 말 기능통화금액: CNY5,000 × @0.23 = $1,150
  2) 20×1년 말 기능통화금액: CNY5,000 × @0.20 = $1,000
(2) 표시통화로의 환산
  1) 기초 매입채무: $1,150 × @1,200 = 1,380,000
  2) 기말 매입채무: $1,000 × @1,250 = (−)1,250,000
  3) 해외사업환산이익(기타포괄이익): 1,380,000 − 1,250,000 = 130,000

※ 다음의 〈자료〉를 이용하여 물음에 답하시오.

〈자료〉

(1) ㈜대한은 차입금의 시장이자율 변동에 따른 위험을 회피하기 위한 위험회피회계 요건을 충족하여 위험회피회계를 적용하였다.

(2) 차입금 정보
 • 차입일: 20×1년 1월 1일(만기 3년)
 • 차입금액: ₩10,000
 • 차입금리: 차입일의 LIBOR(연 5%)에 연 1%의 신용위험을 가산하여 결정된 연 6% 고정금리 조건이며 매년 말에 이자 지급 조건이다.

(3) 이자율스왑 정보(지정된 위험회피수단)
 • 계약 체결일: 20×1년 1월 1일(만기 3년)
 • 계약금액: ₩10,000
 • 계약내용: 연 5% 고정이자를 수취하고 변동이자율 LIBOR를 지급하며, 매년 말에 이자를 정산하고 이를 결정하는 LIBOR는 매년 초 확정된다.
 • 장기차입금과 이자율스왑의 공정가치는 무이표채할인법에 의하여 산정하며 이자율스왑의 공정가치는 다음과 같다.

일자	LIBOR	이자율스왑 공정가치(₩)
20×1. 1. 1.	5%	–
20×1. 12. 31.	6%[1]	(181)
20×2. 12. 31.	3%	192

[1] 20×1. 12. 31.과 20×2. 1. 1.의 LIBOR는 동일하다.

물음 1) 차입금과 이자율스왑 관련 거래가 ㈜대한의 20×1년 부채와 20×2년 자산에 미치는 영향을 계산하시오. (단, 감소하는 경우 (–)를 숫자 앞에 표시하시오)

20×1년 부채에 미치는 영향	①
20×2년 자산에 미치는 영향	②

물음 2) ㈜대한은 20×2년 1월 1일 차입금액 ₩10,000을 지급하는 조건으로 조기상환하게 되어 위험회피회계의 적용조건을 충족하지 못하게 되었으며 위험회피회계 전체를 중단한 경우, 차입금과 이자율스왑 관련 거래가 ㈜대한의 20×1년과 20×2년 당기순이익에 미치는 영향을 계산하시오. (단, 감소하는 경우 (−)를 숫자 앞에 표시하시오)

20×1년 당기순이익에 미치는 영향	①
20×2년 당기순이익에 미치는 영향	②

풀이

물음 1)

20×1년 부채에 미치는 영향	① 10,000
20×2년 자산에 미치는 영향	② (−)508

(1) 20×1년 부채에 미치는 영향
1) 장기차입금평가이익: 10,000 − 9,819 = 181
- 장부금액: 10,000
- 공정가치: $600/1.07 + (10,000 + 600)/1.07^2 = 9,819$
⇒ 고정이자율 조건의 장기차입금은 공정가치 변동위험에 노출되어 있으므로 공정가치 위험회피에 해당한다. 그러므로 위험회피대상항목인 장기차입금은 공정가치로 평가하고 동 변동액은 당기손익으로 인식한다.
2) 20×1년 말 회계처리

차) 이자비용	600	대) 현금	600
차) 장기차입금	181	대) 장기차입금평가이익	181
차) 이자율스왑평가손실	181	대) 이자율스왑	181

* 이자율스왑의 공정가치: $(500 − 600)/1.07 + (500 − 600)/1.07^2 = 181$
3) 20×1년 부채에 미치는 영향: 9,819(장기차입금의 공정가치) + 181(이자율스왑의 공정가치) = 10,000 증가
⇒ 20×1년 1월 1일에 장기차입금을 차입하였으므로 20×1년도 부채 증가액에 장기차입금도 포함된다. 더하여 이자율스왑에서 평가손실이 발생하였으므로 이자율스왑의 공정가치도 부채가 된다.

(2) 20×2년 자산에 미치는 영향
  1) 장기차입금평가손실: 9,819 − 10,192 = (−)373
     • 장부금액: 9,819
     • 공정가치: (10,000 + 600)/1.04 = 10,192
  2) 20×2년 말 회계처리

차) 이자비용	600	대) 현금	600
차) 현금	500	대) 이자수익	500
차) 장기차입금평가손실	373	대) 장기차입금	373
차) 이자율스왑	192	대) 이자율스왑평가이익	192

  * 이자율스왑의 공정가치: (500 − 300)/1.04 = 192

  3) 20×2년 자산에 미치는 영향: (−)508
     * 이자율스왑의 공정가치 192 − 현금의 감소 700(= −600 − 600 + 500) = (−)508
     ⇒ 이자율스왑에서 평가이익이 발생하였으므로 이자율스왑의 공정가치도 자산이 된다.

물음 2)

20×1년 당기순이익에 미치는 영향	① (−)600
20×2년 당기순이익에 미치는 영향	② 92

(1) 20×1년 당기순이익에 미치는 영향: (−)600(이자비용) + 181(장기차입금평가이익) − 181(이자율스왑평가손실) = (−)600

(2) 20×2년 당기순이익에 미치는 영향: (−)181 − 600 + 500 + 373 = 92

[20×2년 1월 1일]

차) 장기차입금	9,819	대) 현금	10,000
장기차입금상환손실[1]	181		

[1] 장기차입금을 ₩10,000 지급하고 상환하였으므로 장부금액과 차액을 장기차입금상환손익으로 인식한다.

[20×2년 12월 31일]

차) 이자비용	600	대) 현금	600
차) 현금	500	대) 이자수익	500
차) 이자율스왑	373	대) 이자율스왑평가이익	373

⇒ 위험회피회계의 적용조건을 충족하지 못한 경우에는 전진적으로 위험회피회계를 중단한다. 또한 이자율스왑계약이 청산되었다는 내용은 없으므로 이자율스왑계약은 계속 공정가치로 평가한다. 다만, 위험회피수단으로 더 이상 지정된 것은 아니므로 공정가치 변동분은 당기순이익으로 인식한다.

해커스
IFRS
정윤돈 고급회계

개정 2판 1쇄 발행 2024년 5월 28일

지은이	정윤돈
펴낸곳	해커스패스
펴낸이	해커스 경영아카데미 출판팀

주소	서울특별시 강남구 강남대로 428 해커스 경영아카데미
고객센터	02-537-5000
교재 관련 문의	publishing@hackers.com
학원 강의 및 동영상강의	cpa.Hackers.com

ISBN	979-11-7244-053-4 (13320)
Serial Number	02-01-01

회계사 · 세무사 · 경영지도사 단번에 합격,
해커스 경영아카데미 cpa.Hackers.com

해커스 경영아카데미

- 정윤돈 교수님의 **본 교재 인강**(교재 내 할인쿠폰 수록)
- **공인회계사 · 세무사 기출문제, 시험정보/뉴스** 등 추가학습 콘텐츠
- 선배들의 성공 비법을 확인하는 **시험 합격후기**